TS 한국교통안전공단

NCS + 전공 + 최종점검 모의고사 4회

시대에듀

2024 최신판 시대에듀 TS한국교통안전공단
NCS + 전공 + 최종점검 모의고사 4회 + 무료NCS특강

Always **with you**

사람의 인연은 길에서 우연하게 만나거나 함께 살아가는 것만을 의미하지는 않습니다.
책을 펴내는 출판사와 그 책을 읽는 독자의 만남도 소중한 인연입니다.
시대에듀는 항상 독자의 마음을 헤아리기 위해 노력하고 있습니다. 늘 독자와 함께하겠습니다.

머리말

교통사고로부터 국민의 생명과 안전을 지키는 데 집중하는 TS한국교통안전공단은 2024년에 신입직원을 채용할 예정이다. TS한국교통안전공단의 채용절차는 「입사지원서 접수 → 서류전형 → 필기전형 → 인성검사 → 면접전형 → 최종 합격자 발표」 순서로 이루어진다. 필기전형은 직업기초능력평가와 전공평가로 진행한다. 그중 직업기초능력평가는 문제해결능력, 의사소통능력, 정보능력, 수리능력, 자원관리능력, 조직이해능력, 기술능력 총 7개의 영역을 평가하며, 2023년에는 피듈형으로 진행되었다. 또한, 전공평가는 분야별로 내용이 상이하므로 반드시 확정된 채용공고를 확인해야 한다. 따라서 필기전형에서 고득점을 받기 위해 다양한 유형에 대한 폭넓은 학습과 문제풀이능력을 높이는 등 철저한 준비가 필요하다.

TS한국교통안전공단 합격을 위해 시대에듀에서는 TS한국교통안전공단 판매량 1위의 출간 경험을 토대로 다음과 같은 특징을 가진 도서를 출간하였다.

도서의 특징

❶ 기출복원문제를 통한 출제 유형 확인!

- 2023년 주요 공기업 NCS&전공 기출문제를 복원하여 공기업별 필기 유형을 파악할 수 있도록 하였다.

❷ TS한국교통안전공단 필기전형 출제 영역 맞춤 문제를 통한 실력 상승!

- 직업기초능력평가 대표유형&기출예상문제를 수록하여 효과적으로 학습할 수 있도록 하였다.
- 전공평가 기출예상문제를 수록하여 전공까지 완벽히 대비할 수 있도록 하였다.

❸ 최종점검 모의고사를 통한 완벽한 실전 대비!

- 철저한 분석을 통해 실제 유형과 유사한 최종점검 모의고사를 수록하여 자신의 실력을 최종 점검할 수 있도록 하였다.

❹ 다양한 콘텐츠로 최종 합격까지!

- TS한국교통안전공단 채용 가이드와 면접 기출질문을 수록하여 채용을 준비하는 데 부족함이 없도록 하였다.
- 온라인 모의고사를 무료로 제공하여 필기전형에 대비할 수 있도록 하였다.

끝으로 본 도서를 통해 TS한국교통안전공단 채용을 준비하는 모든 수험생 여러분이 합격의 기쁨을 누리기를 진심으로 기원한다.

SDC(Sidae Data Center) 씀

TS한국교통안전공단 이야기 INTRODUCE

미션

안전하고 편리한 교통환경 조성으로 국민이 행복한 세상을 만든다.

비전

안전하고 지속가능한 미래 모빌리티 시대를 열어갑니다.

핵심가치

안전 / 혁신 / 상생 / 공정

경영목표

교통안전 Global TOP 10 진입

미래 모빌리티 상용화 실현

민간 혁신 · 성장 지원 선도

국민 신뢰 최우수 기관 달성

전략방향 및 전략과제

국민 안전을 지키는 스마트 · 예방형 교통안전 체계 강화

- 교통안전 사각지대 제로화
- 자동차 안전관리 및 소비자 권익보호 강화
- 사고예방 스마트플랫폼 확대
- 철도 · 항공 안전관리 체계 최적화

이동의 가치를 넓히는 미래 모빌리티 혁신 실현

- 완전 자율주행 안전관리 체계 선도
- 미래 모빌리티 산업 활성화 선도
- 선제적 드론 · UAM 안전관리 체계화
- 안전한 친환경차 제작 · 운행환경 조성

민간 협력 · 지원 강화를 통한 지역 · 산업 성장 견인

- 지역 수요 지향형 스마트 교통서비스 제공
- 지역 클러스터 활용 교통역할 다변화
- 공단 보유자원 활용 민간 성장 지원
- 자동차산업 특화지역 성장거점 육성

국민에게 신뢰받는 공공 선도기관으로 도약

- 기관 효율성 및 재무건전성 제고
- 청렴하고 유연한 조직문화 정착
- 디지털 기반 고객서비스 혁신
- ESG 중심 지속가능 성장 기반 확보

인재상

미래 선도 인재
- 미래 모빌리티 진화 및 혁신 플랫폼 선도 인재
- 안전하고 지속가능한 교통환경 구축 인재

상생 지향 인재
- 국민의 행복과 지역사회 성장 · 친환경을 지향하는 인재

공정 추구 인재
- 공정한 경영시스템을 구축하고 운영하는 인재

신입 채용 안내 INFORMATION

지원자격(행정 기준)

분야			자격요건
행정	6급	일반	제한 없음
	7급	일반	최종학력이 고등학교 졸업자 중 임용예정일 기준 만 18세 이상인 자

필기전형

구분	분야			내용
직업기초능력평가	전 분야			문제해결능력, 의사소통능력, 정보능력, 수리능력, 자원관리능력, 조직이해능력, 기술능력
전공평가	행정	6급	일반	경영 · 경제 통합
		7급	일반	경영 · 경제 통합(고졸 수준)
	그 외 분야			분야별 상이

면접전형

구분	분야	내용
인성검사	전 분야	공단 인재상 부합 여부 등 확인
면접시험		직업표본 상황 · 발표 면접
		토론(토의) 면접
		관찰 면접
		경험역량(인성) 면접

❖ 위 채용 안내는 2024년 채용공고를 기준으로 작성하였으나, 세부내용은 반드시 확정된 채용공고를 확인하기 바랍니다.

2023 기출분석 ANALYSIS

총평

2023년 TS한국교통안전공단의 필기전형은 피듈형으로 출제되었으며, 50문항을 50분 이내에 풀어야 했기에 시간이 촉박했다는 후기가 많았다. 문제해결능력의 경우 자료 해석 문제가 다수 출제되었으며, 의사소통능력의 경우 공단 관련 기사를 활용한 긴 지문의 비중이 높았다. 또한 수리능력의 경우 응용 수리 및 자료 이해 문제가 많았다.

문제해결능력

구분	내용
출제 특징	• 자료 해석 문제가 다수 출제됨
출제 키워드	• 벤치마킹 등

의사소통능력

구분	내용
출제 특징	• 공단 관련 지문이 다수 출제됨 • 긴 지문이 다수 출제됨
출제 키워드	• 비슷한 의미인 문장 등

정보능력

구분	내용
출제 키워드	• 엑셀 함수 등

수리능력

구분	내용
출제 특징	• 응용 수리 문제가 출제됨 • 자료 이해 및 변환 문제가 다수 출제됨
출제 키워드	• 카드 뽑기 확률, 옳지 않은 그래프 등

자원관리능력

구분	내용
출제 특징	• 금액 계산 문제가 출제됨

조직이해능력

구분	내용
출제 특징	• 직무 관련 업무 문제가 출제됨

기술능력

구분	내용
출제 키워드	• 알고리즘 등

PSAT형

※ 다음은 K공단의 국내 출장비 지급 기준에 대한 자료이다. 이어지는 질문에 답하시오. [15~16]

〈국내 출장비 지급 기준〉

① 근무지로부터 편도 100km 미만의 출장은 공단 차량 이용을 원칙으로 하며, 다음 각호에 따라 "별표 1"에 해당하는 여비를 지급한다.
  ㉠ 일비
    ⓐ 근무시간 4시간 이상 : 전액
    ⓑ 근무시간 4시간 미만 : 1일분의 2분의 1
  ㉡ 식비 : 명령권자가 근무시간이 모두 소요되는 1일 출장으로 인정한 경우에는 1일분의 3분의 1 범위 내에서 지급
  ㉢ 숙박비 : 편도 50km 이상의 출장 중 출장일수가 2일 이상으로 숙박이 필요할 경우, 증빙자료 제출 시 숙박비 지급
② 제1항에도 불구하고 공단 차량을 이용할 수 없어 개인 소유 차량으로 업무를 수행한 경우에는 일비를 지급하지 않고 이사장이 따로 정하는 바에 따라 교통비를 지급한다.
③ 근무지로부터 100km 이상의 출장은 "별표 1"에 따라 교통비 및 일비는 전액을, 식비는 1일분의 3분의 2 해당액을 지급한다. 다만, 업무 형편상 숙박이 필요하다고 인정할 경우에는 출장기간에 대하여 숙박비, 일비, 식비 전액을 지급할 수 있다.

〈별표 1〉

구분	교통비				일비 (1일)	숙박비 (1박)	식비 (1일)
	철도임	선임	항공임	자동차임			
임원 및 본부장	1등급	1등급	실비	실비	30,000원	실비	45,000원
1, 2급 부서장	1등급	2등급	실비	실비	25,000원	실비	35,000원
2, 3, 4급 부장	1등급	2등급	실비	실비	20,000원	실비	30,000원
4급 이하 팀원	2등급	2등급	실비	실비	20,000원	실비	30,000원

1. 교통비는 실비를 기준으로 하되, 실비 정산은 국토해양부장관 또는 특별시장・광역시장・도지사・특별자치도지사 등이 인허한 요금을 기준으로 한다.
2. 선임 구분표 중 1등급 해당자는 특등, 2등급 해당자는 1등을 적용한다.
3. 철도임 구분표 중 1등급은 고속철도 특실, 2등급은 고속철도 일반실을 적용한다.
4. 임원 및 본부장의 식비가 위 정액을 초과하였을 경우 실비를 지급할 수 있다.
5. 운임 및 숙박비의 할인이 가능한 경우에는 할인 요금으로 지급한다.
6. 자동차임 실비 지급은 연료비와 실제 통행료를 지급한다.
   (연료비)=[여행거리(km)]×(유가)÷(연비)
7. 임원 및 본부장을 제외한 직원의 숙박비는 70,000원을 한도로 실비를 정산할 수 있다.

특징
▸ 대부분 의사소통능력, 수리능력, 문제해결능력을 중심으로 출제(일부 기업의 경우 자원관리능력, 조직이해능력을 출제)
▸ 자료에 대한 추론 및 해석 능력을 요구

대행사
▸ 엑스퍼트컨설팅, 커리어넷, 태드솔루션, 한국행동과학연구소(행과연), 휴노 등

모듈형

| 대인관계능력

60 다음 자료는 갈등해결을 위한 6단계 프로세스이다. 3단계에 해당하는 대화의 예로 가장 적절한 것은?

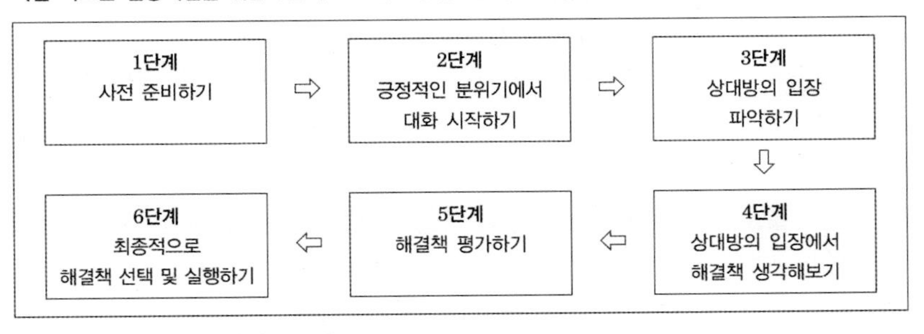

① 그럼 A씨의 생각대로 진행해 보시죠.

특징
- 이론 및 개념을 활용하여 푸는 유형
- 채용 기업 및 직무에 따라 NCS 직업기초능력평가 10개 영역 중 선발하여 출제
- 기업의 특성을 고려한 직무 관련 문제를 출제
- 주어진 상황에 대한 판단 및 이론 적용을 요구

대행사
- 인트로맨, 휴스테이션, ORP연구소 등

피듈형(PSAT형 + 모듈형)

| 문제해결능력

60 P회사는 직원 20명에게 나눠 줄 추석 선물 품목을 조사하였다. 다음은 유통업체별 품목 가격과 직원들의 품목 선호도를 나타낸 자료이다. 이를 참고하여 P회사에서 구매하는 물품과 업체를 바르게 연결한 것은?

〈업체별 품목 금액〉

구분		1세트당 가격	혜택
A업체	돼지고기	37,000원	10세트 이상 주문 시 배송 무료
	건어물	25,000원	
B업체	소고기	62,000원	20세트 주문 시 10% 할인
	참치	31,000원	
C업체	스팸	47,000원	50만 원 이상 주문 시 배송 무료
	김	15,000원	

〈구성원 품목 선호도〉

특징
- 기초 및 응용 모듈을 구분하여 푸는 유형
- 기초인지모듈과 응용업무모듈로 구분하여 출제
- PSAT형보다 난도가 낮은 편
- 유형이 정형화되어 있고, 유사한 유형의 문제를 세트로 출제

대행사
- 사람인, 스카우트, 인크루트, 커리어케어, 트리피, 한국사회능력개발원 등

TS한국교통안전공단

옳지 않은 그래프 ▶ 유형

32 다음은 지역별 초·중·고등학교 개수에 대한 자료이다. 이에 대한 그래프로 옳지 않은 것은?(단, 모든 그래프의 단위는 '개'이다)

〈지역별 초·중·고등학교 현황〉

(단위 : 개)

구분	초등학교	중학교	고등학교
서울	680	660	590
인천	880	820	850
경기	580	520	490
강원	220	180	190
대전	180	150	140
충청	320	290	250
경상	380	250	280
전라	420	390	350
광주	190	130	120
대구	210	160	140
울산	150	120	110
부산	260	220	230
제주	110	100	100
합계	4,580	3,990	3,840

※ 수도권은 서울, 인천, 경기 지역이다.

① 수도권 지역 초·중·고등학교 수

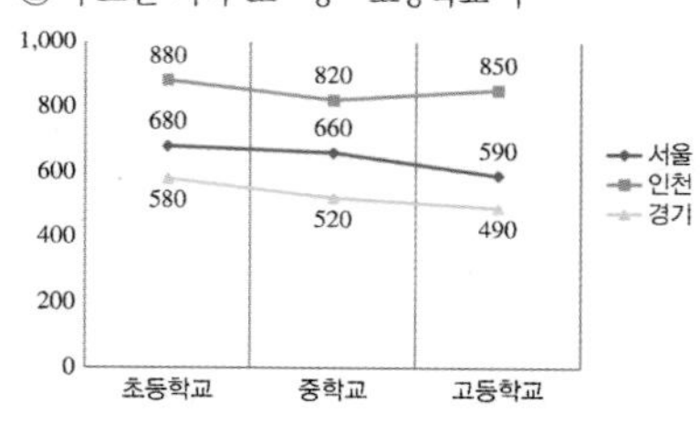

② 광주, 울산, 제주 지역별 초·중·고등학교 수

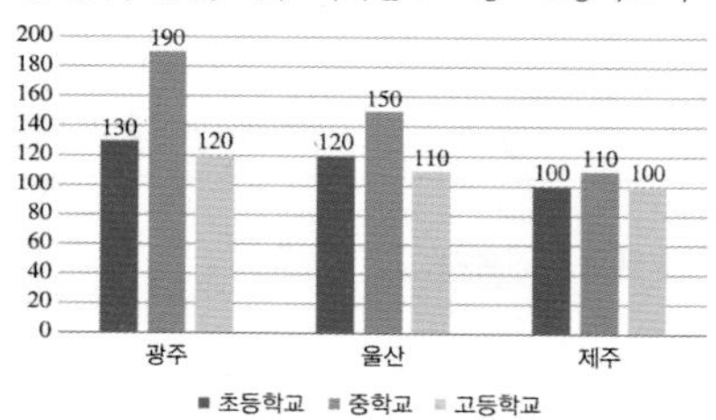

코레일 한국철도공사

이산화탄소 ▸ 키워드

13 다음은 온실가스 총 배출량에 대한 자료이다. 이에 대한 설명으로 옳지 않은 것은?

〈온실가스 총 배출량〉

(단위 : CO_2 eq.)

구분	2016년	2017년	2018년	2019년	2020년	2021년	2022년
총 배출량	592.1	596.5	681.8	685.9	695.2	689.1	690.2
에너지	505.3	512.2	593.4	596.1	605.1	597.7	601.0
산업공정	50.1	47.2	51.7	52.6	52.8	55.2	52.2
농업	21.2	21.7	21.2	21.5	21.4	20.8	20.6
폐기물	15.5	15.4	15.5	15.7	15.9	15.4	16.4
LULUCF	−57.3	−54.5	−48.5	−44.7	−42.7	−42.4	−44.4
순 배출량	534.8	542.0	633.3	641.2	652.5	646.7	645.8
총 배출량 증감률(%)	2.3	0.7	14.3	0.6	1.4	−0.9	0.2

※ CO_2 eq. : 이산화탄소 동가를 뜻하는 단위로, 온실가스 종류별 지구온난화 기여도를 수치로 표현한 지구온난화지수(GWP; Global Warming Potential)를 곱한 이산화탄소 환산량

※ LULUCF(Land Use, Land Use Change, Forestry) : 인간이 토지 이용에 따라 변화하게 되는 온실가스의 증감

※ (순 배출량)=(총 배출량)+(LULUCF)

① 온실가스 순 배출량은 2020년까지 지속해서 증가하다가 2021년부터 감소한다.
② 2022년 농업 온실가스 배출량은 2016년 대비 3%p 이상 감소하였다.
③ 2017 ~ 2022년 중 온실가스 총 배출량이 전년 대비 감소한 해에는 다른 해에 비해 산업공정 온실가스 배출량이 가장 많았다.
④ 2016년 온실가스 순 배출량에서 에너지 온실가스 배출량이 차지하는 비중은 90% 이상이다.
⑤ 2022년 온실가스 총 배출량은 전년 대비 0.2%p 미만으로 증가했다.

인천국제공항공사

단어 연상 ▸ 유형

01 다음 9개의 단어 중 3개의 단어를 통해 연상할 수 있는 단어로 가장 적절한 것은?

유세	성화	물
경품	토끼	투표
후보	포환	공

① 동물
② 경주
③ 선거
④ 달리기
⑤ 수영

주요 공기업 적중 문제 TEST CHECK

LH 한국토지주택공사

신혼부부 ▸ 키워드

66 다음은 L공사의 신혼부부 매입임대주택Ⅰ 예비입주자 모집공고에 대한 자료이다. 이를 토대로 할 때, 신혼부부 매입임대주택Ⅰ 입주자격을 갖추지 못한 사람은?

〈신혼부부 매입임대주택Ⅰ 예비입주자 모집공고〉

신혼부부 매입임대주택Ⅰ은 L공사에서 매입한 주택을 개·보수하여 신혼부부 등을 대상으로 시중 시제 30~40% 수준으로 임대하는 주택입니다.

〈신혼부부 매입임대주택Ⅰ 입주자격〉

공고일 기준 현재 무주택세대구성원으로서 아래의 자격 중 하나에 해당하고, 해당 세대의 월평균 소득이 전년도 도시근로자 가구당 월평균소득의 70%(배우자가 소득이 있는 경우에는 90%) 이하이고, 국민임대자산 기준을 충족(총자산 28,800만 원, 자동차 2,468만 원 이하)하는 신혼부부, 예비신혼부부, 한부모 가족, 유자녀 혼인가구

① 신혼부부 : 공고일 기준 현재 혼인 7년 이내(2015.10.31. ~ 2022.10.30.)인 사람
② 예비신혼부부 : 공고일 기준 현재 혼인 예정인 사람으로서 입주일(2023.10.01.) 전일까지 혼인신고를 하는 사람
③ 한부모 가족 : 만 6세 이하 자녀를 둔 모자가족 또는 부자가족(2015.10.31. 이후 출생한 자녀 및 태아)
④ 유자녀 혼인가구 : 만 6세 이하 자녀가 있는 혼인가구(2015.10.31. 이후 출생한 자녀 및 태아)

• 무주택 세대 구성원 : 세대구성원 전원이 주택을 소유하고 있지 않은 세대의 구성원을 의미함

세대구성원	비고
• 신청자 및 배우자	세대 분리되어 있는 배우자도 포함
• 신청자 직계존속 • 배우자 직계존속 • 신청자 직계비속(배우자 포함)	신청자의 주민등록표등본에 등재되어 있거나 세대 분리된 신청자 배우자의 주민등록표등본에 등재되어 있는 사람에 한함

도로교통공단

경청 ▸ 키워드

01 다음 〈보기〉의 갑 ~ 정 네 사람 중 올바른 경청 방법을 보인 사람을 모두 고르면?

보기

• 자신의 잘못에 대해 상사가 나무라자 갑은 고개를 숙이고 바닥만 응시하다가 상사의 말이 다 끝나자 잘못하였다고 말하였다.
• 을은 후배가 자신의 생각에 반대하는 의견을 말하자 다리를 꼬고 앉아 후배가 말하는 내내 계속하여 쳐다봤다.
• 병은 바쁘게 일하는 나머지 동료직원이 다가와 도움을 요청한 소리를 제대로 못 들어 동료직원에게 상체를 기울여 다시 말해 줄 것을 요청하였다.
• 회사 주가가 연일 하락해 심란한 나머지 자리에 앉지 못하는 대표 정에게 직원이 면담을 요청하자 정은 자리에 앉았다.

① 갑, 을　　② 갑, 병
③ 을, 병　　④ 병, 정

K-water 한국수자원공사

가장 저렴한 업체 ▶ 유형

38 S공사에서 근무하는 K사원은 새로 도입되는 교통관련 정책 홍보자료를 만들어서 배포하려고 한다. 다음 중 가장 저렴한 비용으로 인쇄할 수 있는 업체로 옳은 것은?

〈인쇄업체별 비용 견적〉

(단위 : 원)

업체명	페이지당 비용	표지 가격		권당 제본비용	할인
		유광	무광		
A인쇄소	50	500	400	1,500	–
B인쇄소	70	300	250	1,300	–
C인쇄소	70	500	450	1,000	100부 초과 시 초과 부수만 총비용에서 5% 할인
D인쇄소	60	300	200	1,000	–

※ 홍보자료는 관내 20개 지점에 배포하고, 각 지점마다 10부씩 배포한다.
※ 홍보자료는 30페이지 분량으로 제본하며, 표지는 유광표지로 한다.

① A인쇄소
② B인쇄소
③ C인쇄소
④ D인쇄소

한국공항공사

참 거짓 ▶ 유형

02 다음 중 〈보기〉의 명제에 근거하여 반드시 참인 것은?

보기

- 물을 녹색으로 만드는 조류는 냄새 물질을 배출한다.
- 독소 물질을 배출하는 조류는 냄새 물질을 배출하지 않는다.
- 물을 황색으로 만드는 조류는 물을 녹색으로 만들지 않는다.

① 독소 물질을 배출하는 조류는 물을 녹색으로 만들지 않는다.
② 물을 녹색으로 만들지 않는 조류는 냄새 물질을 배출하지 않는다.
③ 독소 물질을 배출하지 않는 조류는 물을 녹색으로 만든다.
④ 냄새 물질을 배출하지 않는 조류는 물을 황색으로 만들지 않는다.
⑤ 냄새 물질을 배출하는 조류는 독소 물질을 배출한다.

도서 200% 활용하기 STRUCTURES

1 기출복원문제로 출제 경향 파악

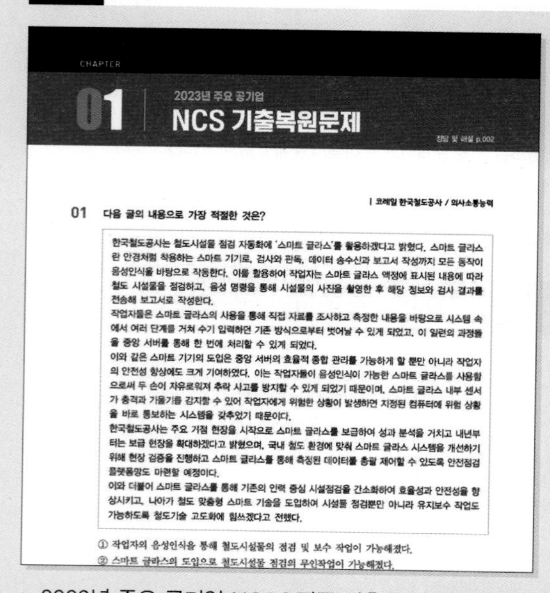

CHAPTER

01 2023년 주요 공기업 NCS 기출복원문제

정답 및 해설 p.002

| 코레일 한국철도공사 / 의사소통능력

01 다음 글의 내용으로 가장 적절한 것은?

한국철도공사는 철도시설물 점검 자동화에 '스마트 글라스'를 활용하겠다고 밝혔다. 스마트 글라스란 안경처럼 착용하는 스마트 기기로, 검사와 판독, 데이터 송수신과 보고서 작성까지 모든 동작이 음성인식을 바탕으로 작동한다. 이를 활용하여 작업자는 스마트 글라스 액정에 표시된 내용에 따라 철도 시설물을 점검하고, 음성 명령을 통해 시설물의 사진을 촬영한 후 해당 정보와 검사 결과를 전송해 보고서로 작성한다.
작업자들은 스마트 글라스의 사용을 통해 직접 자료를 조사하고 측정한 내용을 바탕으로 시스템 속에서 여러 단계를 거쳐 수기 입력하던 기존 방식으로부터 벗어날 수 있게 되었고, 이 일련의 과정들을 중앙 서버를 통해 한 번에 처리할 수 있게 되었다.
이와 같은 스마트 기기의 도입은 중앙 서버의 효율적 종합 관리를 가능하게 할 뿐만 아니라 작업자의 안전성 향상에도 크게 기여하였다. 이는 작업자들이 음성인식이 가능한 스마트 글라스를 사용함으로써 두 손이 자유로워져 추락 사고를 방지할 수 있게 되었기 때문이며, 스마트 글라스 내부 센서가 충격과 기울기를 감지할 수 있어 작업자에게 위험한 상황이 발생하면 지정된 컴퓨터에 위험 상황을 바로 통보하는 시스템을 갖추었기 때문이다.
한국철도공사는 주요 거점 현장을 시작으로 스마트 글라스를 보급하여 성과 분석을 거치고 내년부터는 보급 현장을 확대하겠다고 밝혔으며, 국내 철도 환경에 맞춰 스마트 글라스 시스템을 개선하기 위해 현장 검증을 진행하고 스마트 글라스를 통해 측정된 데이터를 총괄 제어할 수 있도록 안전점검 플랫폼망도 마련할 예정이다.
이와 더불어 스마트 글라스를 통해 기존의 인력 중심 시설점검을 간소화하여 효율성과 안전성을 향상시키고, 나아가 철도 맞춤형 스마트 기술을 도입하여 시설물 점검뿐만 아니라 유지보수 작업도 가능하도록 철도기술 고도화에 힘쓰겠다고 전했다.

① 작업자의 음성인식을 통해 철도시설물의 점검 및 보수 작업이 가능해졌다.
② 스마트 글라스의 도입으로 철도시설물 점검의 무인작업이 가능해졌다.

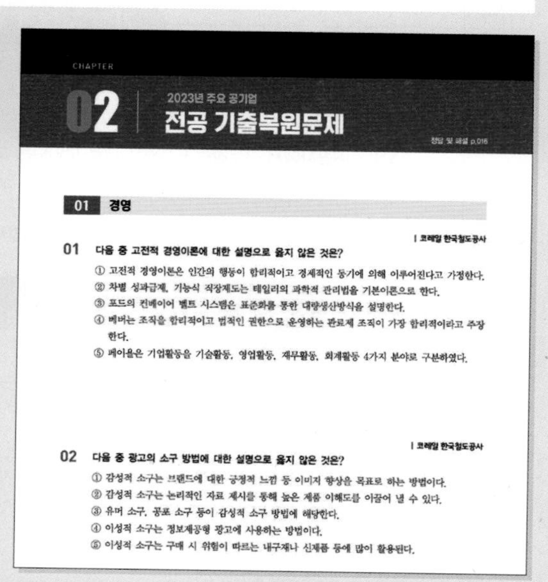

CHAPTER

02 2023년 주요 공기업 전공 기출복원문제

정답 및 해설 p.016

01 경영

| 코레일 한국철도공사

01 다음 중 고전적 경영이론에 대한 설명으로 옳지 않은 것은?

① 고전적 경영이론은 인간의 행동이 합리적이고 경제적인 동기에 의해 이루어진다고 가정한다.
② 차별 성과급제, 기능식 직장제도는 테일러의 과학적 관리법을 기본이론으로 한다.
③ 포드의 컨베이어 벨트 시스템은 표준화를 통한 대량생산방식을 설명한다.
④ 베버는 조직을 합리적이고 법적인 권한으로 운영하는 관료제 조직이 가장 합리적이라고 주장한다.
⑤ 페이욜은 기업활동을 기술활동, 영업활동, 재무활동, 회계활동 4가지 분야로 구분하였다.

| 코레일 한국철도공사

02 다음 중 광고의 소구 방법에 대한 설명으로 옳지 않은 것은?

① 감성적 소구는 브랜드에 대한 긍정적 느낌 등 이미지 향상을 목표로 하는 방법이다.
② 감성적 소구는 논리적인 자료 제시를 통해 높은 제품 이해도를 이끌어 낼 수 있다.
③ 유머 소구, 공포 소구 등이 감성적 소구 방법에 해당한다.
④ 이성적 소구는 정보제공형 광고에 사용하는 방법이다.
⑤ 이성적 소구는 구매 시 위험이 따르는 내구재나 신제품 등에 많이 활용된다.

▸ 2023년 주요 공기업 NCS&전공 기출문제를 복원하여 공기업별 필기 유형을 파악할 수 있도록 하였다.

2 대표유형 + 기출예상문제로 NCS 완벽 대비

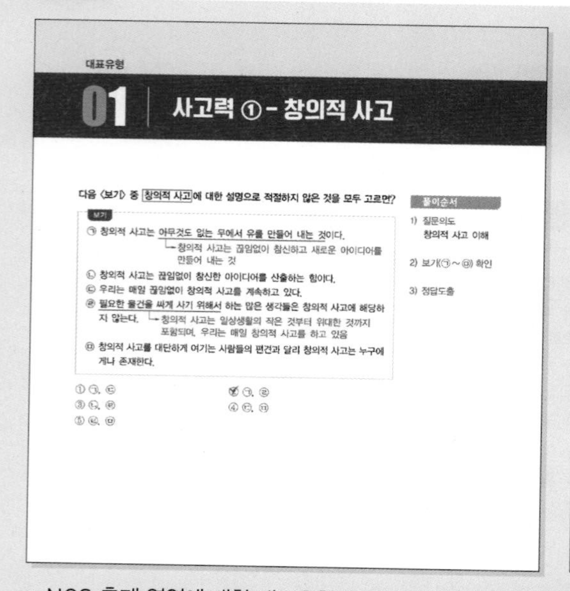

대표유형

01 사고력 ① - 창의적 사고

다음 〈보기〉 중 창의적 사고에 대한 설명으로 적절하지 않은 것을 모두 고르면?

보기
㉠ 창의적 사고는 아무것도 없는 무에서 유를 만들어 내는 것이다.
→ 창의적 사고는 끊임없이 참신하고 새로운 아이디어를 만들어 내는 것
㉡ 창의적 사고는 끊임없이 참신한 아이디어를 산출하는 힘이다.
㉢ 우리는 매일 끊임없이 창의적 사고를 계속하고 있다.
㉣ 필요한 물건을 싸게 사기 위해서 하는 많은 생각들은 창의적 사고에 해당하지 않는다.
→ 창의적 사고는 일상생활의 작은 것부터 위대한 것까지 포함되며, 우리는 매일 창의적 사고를 하고 있음
㉤ 창의적 사고를 대단하게 여기는 사람들의 편견과 달리 창의적 사고는 누구에게나 존재한다.

① ㉠, ㉢
② ㉠, ㉣
③ ㉡, ㉢
④ ㉢, ㉤
⑤ ㉣, ㉤

풀이순서
1) 질문의도
창의적 사고 이해
2) 보기(㉠~㉤) 확인
3) 정답도출

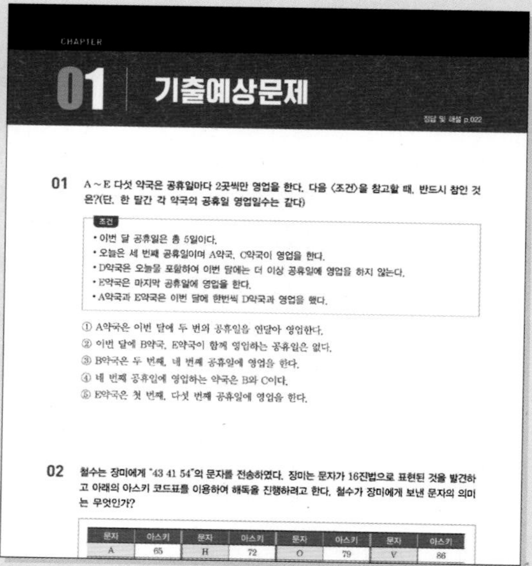

CHAPTER

01 기출예상문제

정답 및 해설 p.022

01 A~E 다섯 약국은 공휴일마다 2곳씩만 영업을 한다. 다음 〈조건〉을 참고할 때, 반드시 참인 것은?(단, 한 달간 각 약국의 공휴일 영업일수는 같다)

조건
• 이번 달 공휴일은 총 5일이다.
• 오늘은 세 번째 공휴일이며 A약국, C약국이 영업을 한다.
• D약국은 오늘을 포함하여 이번 달에는 더 이상 공휴일에 영업을 하지 않는다.
• E약국은 마지막 공휴일에 영업을 한다.
• A약국과 E약국은 이번 달에 한번씩 D약국과 영업을 했다.

① A약국은 이번 달에 두 번의 공휴일을 연달아 영업한다.
② 이번 달에 B약국, E약국이 함께 영업하는 공휴일은 없다.
③ B약국은 두 번째, 네 번째 공휴일에 영업을 한다.
④ 네 번째 공휴일에 영업하는 약국은 B와 C이다.
⑤ E약국은 첫 번째, 다섯 번째 공휴일에 영업을 한다.

02 철수는 장미에게 "43 41 54"의 문자를 전송하였다. 장미는 문자가 16진법으로 표현된 것을 발견하고 아래의 아스키 코드표를 이용하여 해독을 진행하려고 한다. 철수가 장미에게 보낸 문자의 의미는 무엇인가?

문자	아스키	문자	아스키	문자	아스키	문자	아스키
A	65	H	72	O	79	V	86

▸ NCS 출제 영역에 대한 대표유형과 기출예상문제를 수록하여 NCS 문제에 대한 접근 전략을 익히고 점검할 수 있도록 하였다.

3 기출예상문제로 전공까지 완벽 대비

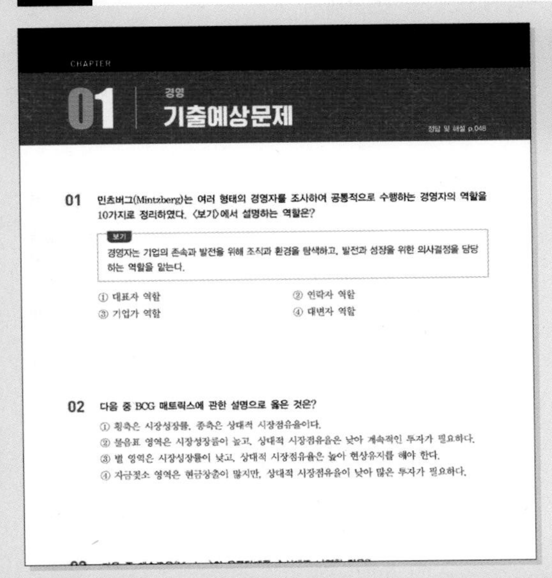
CHAPTER 01 경영 기출예상문제

정답 및 해설 p.048

01 민츠버그(Mintzberg)는 여러 형태의 경영자를 조사하여 공통적으로 수행하는 경영자의 역할을 10가지로 정리하였다. 〈보기〉에서 설명하는 역할은?

보기
경영자는 기업의 존속과 발전을 위해 조직과 환경을 탐색하고, 발전과 성장을 위한 의사결정을 담당하는 역할을 맡는다.

① 대표자 역할 ② 연락자 역할
③ 기업가 역할 ④ 대변자 역할

02 다음 중 BCG 매트릭스에 관한 설명으로 옳은 것은?
① 횡축은 시장성장률, 종축은 상대적 시장점유율이다.
② 물음표 영역은 시장성장률이 높고, 상대적 시장점유율은 낮아 계속적인 투자가 필요하다.
③ 별 영역은 시장성장률이 낮고, 상대적 시장점유율은 높아 현상유지를 해야 한다.
④ 자금젖소 영역은 현금창출이 많지만, 상대적 시장점유율이 낮아 많은 투자가 필요하다.

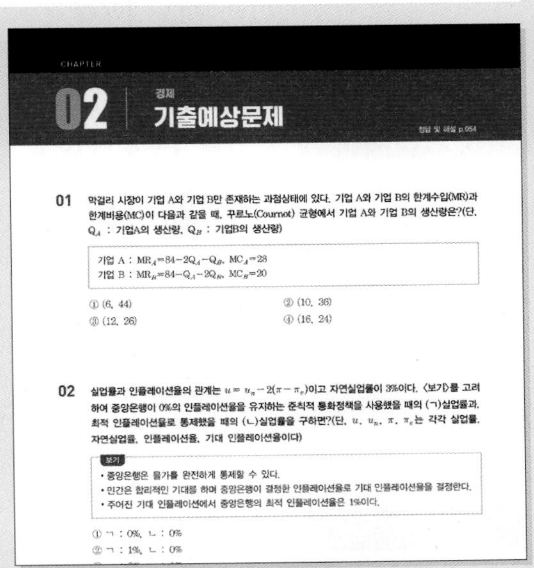
CHAPTER 02 경제 기출예상문제

정답 및 해설 p.054

01 막걸리 시장이 기업 A와 기업 B만 존재하는 과점상태에 있다. 기업 A와 기업 B의 한계수입(MR)과 한계비용(MC)이 다음과 같을 때, 쿠르노(Cournot) 균형에서 기업 A와 기업 B의 생산량은?(단, Q_A : 기업A의 생산량, Q_B : 기업B의 생산량)

기업 A : $MR_A=84-2Q_A-Q_B$, $MC_A=28$
기업 B : $MR_B=84-Q_A-2Q_B$, $MC_B=20$

① (6, 44) ② (10, 36)
③ (12, 26) ④ (16, 24)

02 실업률과 인플레이션율의 관계는 $u=u_n-2(\pi-\pi_e)$이고 자연실업률이 3%이다. 〈보기〉를 고려하여 중앙은행이 0%의 인플레이션율을 유지하는 준칙적 통화정책을 사용했을 때의 (ㄱ)실업률과, 최적 인플레이션율로 통제했을 때의 (ㄴ)실업률을 구하면?(단, u, u_n, π, π_e는 각각 실업률, 자연실업률, 인플레이션율, 기대 인플레이션율이다)

보기
• 중앙은행은 물가를 완전하게 통제할 수 있다.
• 민간은 합리적인 기대를 하며 중앙은행이 결정한 인플레이션율로 기대 인플레이션율을 결정한다.
• 주어진 기대 인플레이션에서 중앙은행의 최적 인플레이션율은 1%이다.

① ㄱ : 0%, ㄴ : 0%
② ㄱ : 1%, ㄴ : 0%

▸ 전공(경영 · 경제) 기출예상문제를 수록하여 전공까지 효과적으로 학습할 수 있도록 하였다.

4 최종점검 모의고사 + OMR을 활용한 실전 연습

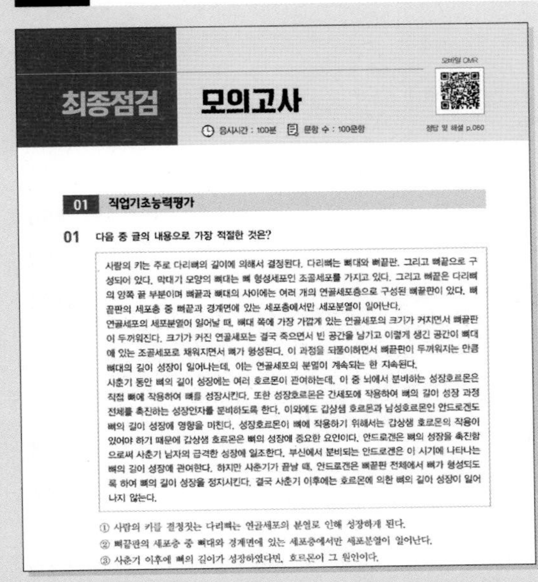
최종점검 모의고사

모바일 OMR

응시시간 : 100분 문항 수 : 100문항

정답 및 해설 p.060

01 직업기초능력평가

01 다음 중 글의 내용으로 가장 적절한 것은?

사람의 키는 주로 다리뼈의 길이에 의해서 결정된다. 다리뼈는 뼈대와 뼈끝판, 그리고 뼈끝으로 구성되어 있다. 막대기 모양의 뼈대는 뼈 형성세포인 조골세포를 가지고 있다. 그리고 뼈끝은 다리뼈의 양쪽 끝 부분이며 뼈끝과 뼈대의 사이에는 여러 개의 연골세포층으로 구성된 뼈끝판이 있다. 뼈끝판의 세포층 중 뼈끝과 경계면에 있는 세포층에서만 세포분열이 일어난다.
연골세포의 세포분열이 일어날 때, 뼈대 쪽에 가장 가깝게 있는 연골세포의 크기가 커지면서 뼈끝판이 두꺼워진다. 크기가 커진 연골세포는 결국 죽으면서 빈 공간을 남기고 이렇게 생긴 공간이 뼈대에 있는 조골세포로 채워지면서 뼈가 형성된다. 이 과정을 되풀이하면서 뼈끝판이 두꺼워지는 만큼 뼈대의 길이 성장이 일어나는데, 이는 연골세포의 분열이 계속되는 한 지속된다.
사춘기 동안 뼈의 길이 성장에는 여러 호르몬이 관여하는데, 이 중 뇌에서 분비하는 성장호르몬은 직접 뼈에 작용하여 뼈를 성장시킨다. 또한 성장호르몬은 간세포에 작용하여 뼈의 길이 성장 과정 전체를 촉진하는 성장인자를 분비하도록 한다. 이외에도 갑상샘 호르몬과 남성호르몬인 안드로겐도 뼈의 길이 성장에 영향을 미친다. 성장호르몬이 뼈에 작용하기 위해서는 갑상샘 호르몬의 작용이 있어야 하기 때문에 갑상샘 호르몬은 뼈의 성장에 중요한 요인이다. 안드로겐은 뼈의 성장을 촉진함으로써 사춘기 남자의 급격한 성장에 일조한다. 부신에서 분비되는 안드로겐은 이 시기에 나타나는 뼈의 길이 성장에 관여한다. 하지만 사춘기가 끝날 때, 안드로겐은 뼈끝판 전체에서 뼈가 형성되도록 하여 뼈의 길이 성장을 정지시킨다. 결국 사춘기 이후에는 호르몬에 의한 뼈의 길이 성장이 일어나지 않는다.

① 사람의 키를 결정짓는 다리뼈는 연골세포의 분열로 인해 성장하게 된다.
② 뼈끝판의 세포층 중 뼈대와 경계면에 있는 세포층에서만 세포분열이 일어난다.
③ 사춘기 이후에 뼈의 길이가 성장하였다면, 호르몬이 그 원인이다.

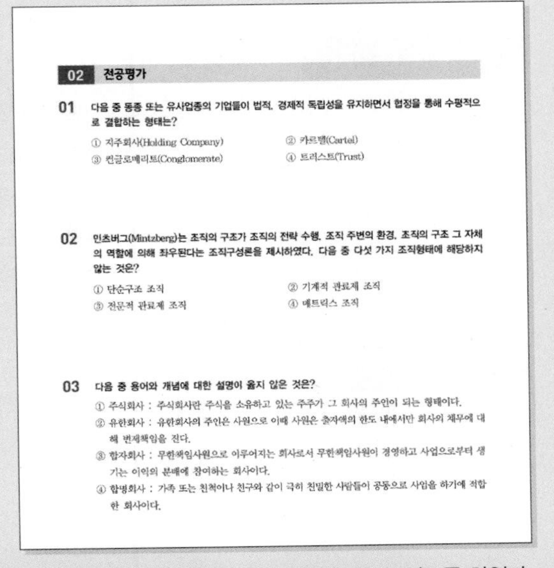
02 전공평가

01 다음 중 동종 또는 유사업종의 기업들이 법적, 경제적 독립성을 유지하면서 협정을 통해 수평적으로 결합하는 형태는?
① 지주회사(Holding Company) ② 카르텔(Cartel)
③ 컨글로메리트(Conglomerate) ④ 트러스트(Trust)

02 민츠버그(Mintzberg)는 조직의 구조가 조직의 전략 수행, 조직 주변의 환경, 조직의 구조 그 자체의 역할에 의해 좌우된다는 조직구성론을 제시하였다. 다음 중 다섯 가지 조직형태에 해당하지 않는 것은?
① 단순구조 조직 ② 기계적 관료제 조직
③ 전문적 관료제 조직 ④ 애드호크라시 조직

03 다음 중 용어와 개념에 대한 설명이 옳지 않은 것은?
① 주식회사 : 주식회사란 주식을 소유하고 있는 주주가 그 회사의 주인이 되는 형태이다.
② 유한회사 : 유한회사의 주인은 사원으로 이때 사원은 출자액의 한도 내에서만 회사의 채무에 대해 변제책임을 진다.
③ 합자회사 : 무한책임사원으로 이루어지는 회사로서 무한책임사원이 경영하고 사업으로부터 생기는 이익의 분배에 참여하는 회사이다.
④ 합명회사 : 가족 또는 친척이나 친구와 같이 극히 친밀한 사람들이 공동으로 사업을 하기에 적합한 회사이다.

▸ 최종점검 모의고사와 OMR 답안카드를 수록하여 실제로 시험을 보는 것처럼 최종 마무리 연습을 할 수 있도록 하였다.
▸ 모바일 OMR 답안채점/성적분석 서비스를 통해 필기전형에 대비할 수 있도록 하였다.

이 책의 차례 CONTENTS

Add+

특별부록

01 2023년 주요 공기업 NCS 기출복원문제

정답 및 해설 p.002

┃ 코레일 한국철도공사 / 의사소통능력

01 다음 글의 내용으로 가장 적절한 것은?

> 한국철도공사는 철도시설물 점검 자동화에 '스마트 글라스'를 활용하겠다고 밝혔다. 스마트 글라스란 안경처럼 착용하는 스마트 기기로, 검사와 판독, 데이터 송수신과 보고서 작성까지 모든 동작이 음성인식을 바탕으로 작동한다. 이를 활용하여 작업자는 스마트 글라스 액정에 표시된 내용에 따라 철도 시설물을 점검하고, 음성 명령을 통해 시설물의 사진을 촬영한 후 해당 정보와 검사 결과를 전송해 보고서로 작성한다.
> 작업자들은 스마트 글라스의 사용을 통해 직접 자료를 조사하고 측정한 내용을 바탕으로 시스템 속에서 여러 단계를 거쳐 수기 입력하던 기존 방식으로부터 벗어날 수 있게 되었고, 이 일련의 과정들을 중앙 서버를 통해 한 번에 처리할 수 있게 되었다.
> 이와 같은 스마트 기기의 도입은 중앙 서버의 효율적 종합 관리를 가능하게 할 뿐만 아니라 작업자의 안전성 향상에도 크게 기여하였다. 이는 작업자들이 음성인식이 가능한 스마트 글라스를 사용함으로써 두 손이 자유로워져 추락 사고를 방지할 수 있게 되었기 때문이며, 스마트 글라스 내부 센서가 충격과 기울기를 감지할 수 있어 작업자에게 위험한 상황이 발생하면 지정된 컴퓨터에 위험 상황을 바로 통보하는 시스템을 갖추었기 때문이다.
> 한국철도공사는 주요 거점 현장을 시작으로 스마트 글라스를 보급하여 성과 분석을 거치고 내년부터는 보급 현장을 확대하겠다고 밝혔으며, 국내 철도 환경에 맞춰 스마트 글라스 시스템을 개선하기 위해 현장 검증을 진행하고 스마트 글라스를 통해 측정된 데이터를 총괄 제어할 수 있도록 안전점검 플랫폼망도 마련할 예정이다.
> 이와 더불어 스마트 글라스를 통해 기존의 인력 중심 시설점검을 간소화하여 효율성과 안전성을 향상시키고, 나아가 철도 맞춤형 스마트 기술을 도입하여 시설물 점검뿐만 아니라 유지보수 작업도 가능하도록 철도기술 고도화에 힘쓰겠다고 전했다.

① 작업자의 음성인식을 통해 철도시설물의 점검 및 보수 작업이 가능해졌다.
② 스마트 글라스의 도입으로 철도시설물 점검의 무인작업이 가능해졌다.
③ 스마트 글라스의 도입으로 철도시설물 점검 작업 시 안전사고 발생 횟수가 감소하였다.
④ 스마트 글라스의 도입으로 철도시설물 작업 시간 및 인력이 감소하고 있다.
⑤ 스마트 글라스의 도입으로 작업자의 안전사고 발생을 바로 파악할 수 있게 되었다.

02 다음 글에 대한 설명으로 적절하지 않은 것은?

2016년 4월 27일 오전 7시 20분경 임실역에서 익산으로 향하던 열차가 전기 공급 중단으로 멈추는 사고가 발생해 약 50분간 열차 운행이 중단되었다. 바로 전차선에 지어진 까치집 때문이었는데, 까치가 집을 지을 때 사용하는 젖은 나뭇가지나 철사 등이 전선과 닿거나 차로에 떨어져 합선과 단전을 일으킨 것이다.

비록 이번 사고는 단전에서 끝났지만, 고압 전류가 흐르는 전차선인 만큼 철사와 젖은 나뭇가지만으로도 자칫하면 폭발사고로 이어질 우려가 있다. 지난 5년간 까치집으로 인한 단전사고는 한 해 평균 3 ~ 4건 발생해 왔으며, 한국철도공사는 사고방지를 위해 까치집 방지 설비를 설치하고 설비가 없는 구간은 작업자가 육안으로 까치집 생성 여부를 확인해 제거하고 있는데, 이렇게 제거해 온 까치집 수가 연평균 8,000개에 달한다. 하지만 까치집은 빠르면 불과 4시간 만에 완성되어 작업자들에게 큰 곤욕을 주고 있다.

이에 한국철도공사는 전차선로 주변 까치집 제거의 효율성과 신속성을 높이기 위해 인공지능(AI)과 사물인터넷(IoT) 등 첨단 기술을 활용하기에 이르렀다. 열차 운전실에 영상 장비를 설치해 달리는 열차에서 전차선을 촬영한 화상 정보를 인공지능으로 분석함으로써 까치집 등의 위험 요인을 찾아 해당 위치와 현장 이미지를 작업자에게 실시간으로 전송하는 '실시간 까치집 자동 검출 시스템'을 개발한 것이다. 하지만 시속 150km로 빠르게 달리는 열차에서 까치집 등의 위험 요인을 실시간으로 판단해 전송하는 것이다 보니 그 정확도는 65%에 불과했다.

이에 한국철도공사는 전차선과 까치집을 정확하게 식별하기 위해 인공지능이 스스로 학습하는 '딥러닝' 방식을 도입했고, 전차선을 구성하는 복잡한 구조 및 까치집과 유사한 형태를 빅데이터로 분석해 이미지를 구분하는 학습을 실시한 결과 까치집 검출 정확도는 95%까지 상승했다. 또한 해당 이미지를 실시간 문자메시지로 작업자에게 전송해 위험 요소와 위치를 인지시켜 현장에 적용할 수 있다는 사실도 확인했다. 현재는 이와 더불어 정기열차가 운행하지 않거나 작업자가 접근하기 쉽지 않은 차량 정비 시설 등에 드론을 띄워 전차선의 까치집을 발견 및 제거하는 기술도 시범 운영하고 있다.

① 인공지능도 학습을 통해 그 정확도를 향상시킬 수 있다.
② 빠른 속도에서 인공지능의 사물 식별 정확도는 낮아진다.
③ 사람의 접근이 불가능한 곳에 위치한 까치집의 제거도 가능해졌다.
④ 까치집 자동 검출 시스템을 통해 실시간으로 까치집 제거가 가능해졌다.
⑤ 인공지능 등의 스마트 기술 도입으로 까치집 생성의 감소를 기대할 수 있다.

03 **다음 글을 이해한 내용으로 적절하지 않은 것은?**

> 열차 내에서의 범죄가 급격하게 증가함에 따라 한국철도공사는 열차 내 범죄 예방과 안전 확보를 위해 2023년까지 현재 운행하고 있는 열차의 모든 객실에 CCTV를 설치하고, 모든 열차 승무원에게 바디캠을 지급하겠다고 밝혔다.
> CCTV는 열차 종류에 따라 운전실에서 비상시 실시간으로 상황을 파악할 수 있는 '네트워크 방식'과 각 객실에서의 영상을 저장하는 '개별 독립 방식'이라는 2가지 방식으로 사용 및 설치가 진행될 예정이며, 객실에는 사각지대를 없애기 위해 4대가량의 CCTV가 설치된다. 이 중 2대는 휴대 물품 도난 방지 등을 위해 휴대 물품 보관대 주변에 위치하게 된다.
> 이에 따라 한국철도공사는 CCTV 제품 품평회를 가져 제품의 형태와 색상, 재질 등에 대한 의견을 나누고 각 제품이 실제로 열차 운행 시 진동과 충격 등에 적합한지 시험을 거친 후 도입할 예정이다.

① 현재는 모든 열차의 객실 전부에 CCTV가 설치되어 있진 않을 것이다.
② 과거에 비해 승무원에 대한 승객의 범죄행위 증거 취득이 유리해질 것이다.
③ CCTV 설치를 통해 인적 피해와 물적 피해 모두 예방할 수 있을 것이다.
④ CCTV 설치를 통해 실시간으로 모든 객실을 모니터링할 수 있을 것이다.
⑤ CCTV의 내구성뿐만 아니라 외적인 디자인도 제품 선택에 영향을 줄 수 있을 것이다.

04 **작년 K대학교에 재학 중인 학생 수는 6,800명이고 남학생과 여학생의 비는 8 : 9였다. 올해 남학생 수와 여학생 수의 비가 12 : 13만큼 줄어들어 7 : 8이 되었다고 할 때, 올해 K대학교의 전체 재학생 수는?**

① 4,440명
② 4,560명
③ 4,680명
④ 4,800명
⑤ 4,920명

05 다음 자료에 대한 설명으로 가장 적절한 것은?

• KTX 마일리지 적립
 – KTX 이용 시 결제금액의 5%가 기본 마일리지로 적립됩니다.
 – 더블적립(×2) 열차로 지정된 열차는 추가로 5%가 적립됩니다(결제금액의 총 10%).
  ※ 더블적립 열차는 홈페이지 및 코레일톡 애플리케이션에서만 승차권 구매 가능
 – 선불형 교통카드 Rail+(레일플러스)로 승차권을 결제하는 경우 1% 보너스 적립도 제공되어 최대 11% 적립이 가능합니다.
 – 마일리지를 적립받고자 하는 회원은 승차권을 발급받기 전에 코레일 멤버십카드 제시 또는 회원번호 및 비밀번호 등을 입력해야 합니다.
 – 해당 열차 출발 후에는 마일리지를 적립받을 수 없습니다.

• 회원 등급 구분

구분	등급 조건	제공 혜택
VVIP	• 반기별 승차권 구입 시 적립하는 마일리지가 8만 점 이상인 고객 또는 기준일부터 1년간 16만 점 이상 고객 중 매년 반기 익월 선정	• 비즈니스 회원 혜택 기본 제공 • KTX 특실 무료 업그레이드 쿠폰 6매 제공 • 승차권 나중에 결제하기 서비스 (열차 출발 3시간 전까지)
VIP	• 반기별 승차권 구입 시 적립하는 마일리지가 4만 점 이상인 고객 또는 기준일부터 1년간 8만 점 이상 고객 중 매년 반기 익월 선정	• 비즈니스 회원 혜택 기본 제공 • KTX 특실 무료 업그레이드 쿠폰 2매 제공
비즈니스	• 철도 회원으로 가입한 고객 중 최근 1년간 온라인에서 로그인한 기록이 있거나, 회원으로 구매실적이 있는 고객	• 마일리지 적립 및 사용 가능 • 회원 전용 프로모션 참가 가능 • 열차 할인상품 이용 등 기본서비스와 멤버십 제휴서비스 등 부가서비스 이용
패밀리	• 철도 회원으로 가입한 고객 중 최근 1년간 온라인에서 로그인한 기록이 없거나, 회원으로 구매실적이 없는 고객	• 멤버십 제휴서비스 및 코레일 멤버십 라운지 이용 등의 부가서비스 이용 제한 • 휴면 회원으로 분류 시 별도 관리하며, 본인 인증 절차로 비즈니스 회원으로 전환 가능

 – 마일리지는 열차 승차 다음날 적립되며, 지연료를 마일리지로 적립하신 실적은 등급 산정에 포함되지 않습니다.
 – KTX 특실 무료 업그레이드 쿠폰 유효기간은 6개월이며, 반기별 익월 10일 이내에 지급됩니다.
 – 실적의 연간 적립 기준일은 7월 지급의 경우 전년도 7월 1일부터 당해 연도 6월 30일까지 실적이며, 1월 지급은 전년도 1월 1일부터 전년도 12월 31일까지의 실적입니다.
 – 코레일에서 지정한 추석 및 설 명절 특별수송기간의 승차권은 실적 적립 대상에서 제외됩니다.
 – 회원 등급 조건 및 제공 혜택은 사전 공지 없이 변경될 수 있습니다.
 – 승차권 나중에 결제하기 서비스는 총 편도 2건 이내에서 제공되며, 3회 자동 취소 발생(열차 출발 전 3시간 내 미결제) 시 서비스가 중지됩니다. 리무진+승차권 결합 발권은 2건으로 간주되며, 정기권, 특가상품 등은 나중에 결제하기 서비스 대상에서 제외됩니다.

① 코레일에서 운행하는 모든 열차는 이용 때마다 결제금액의 최소 5%가 KTX 마일리지로 적립된다.
② 회원 등급이 높아져도 열차 탑승 시 적립되는 마일리지는 동일하다.
③ 비즈니스 등급은 기업회원을 구분하는 명칭이다.
④ 6개월간 마일리지 4만 점을 적립하더라도 VIP 등급을 부여받지 못할 수 있다.
⑤ 회원 등급이 높아도 승차권을 정가보다 저렴하게 구매할 수 있는 방법은 없다.

※ 다음 자료를 보고 이어지는 질문에 답하시오. **[6~8]**

〈2023년 한국의 국립공원 기념주화 예약 접수〉

- 우리나라 자연환경의 아름다움과 생태 보전의 중요성을 널리 알리기 위해 K공사는 한국의 국립공원 기념주화 3종(설악산, 치악산, 월출산)을 발행할 예정임
- 예약 접수일 : 3월 2일(목) ~ 3월 17일(금)
- 배부 시기 : 2023년 4월 28일(금)부터 예약자가 신청한 방법으로 배부
- 기념주화 상세

화종	앞면	뒷면
은화Ⅰ - 설악산	한국의 국립공원 · 설악산 2023 · 한국은행 · 오만원	Korean National Parks · Seoraksan 2023 · BANK OF KOREA · 50000 WON
은화Ⅱ - 치악산	한국의 국립공원 · 치악산 2023 · 한국은행 · 오만원	Korean National Parks · Chiaksan 2023 · BANK OF KOREA · 50000 WON
은화Ⅲ - 월출산	한국의 국립공원 · 월출산 2023 · 한국은행 · 오만원	Korean National Parks · Wolchulsan 2023 · BANK OF KOREA · 50000 WON

- 발행량 : 화종별 10,000장씩 총 30,000장
- 신청 수량 : 단품 및 3종 세트로 구분되며 단품과 세트에 중복신청 가능
  - 단품 : 1인당 화종별 최대 3장
  - 3종 세트 : 1인당 최대 3세트
- 판매 가격 : 액면금액에 판매 부대비용(케이스, 포장비, 위탁판매수수료 등)을 부가한 가격
  - 단품 : 각 63,000원(액면가 50,000원+케이스 등 부대비용 13,000원)
  - 3종 세트 : 186,000원(액면가 150,000원+케이스 등 부대비용 36,000원)
- 접수 기관 : 우리은행, 농협은행, K공사
- 예약 방법 : 창구 및 인터넷 접수
  - 창구 접수
    신분증[주민등록증, 운전면허증, 여권(내국인), 외국인등록증(외국인)]을 지참하고 우리·농협은행 영업점을 방문하여 신청
  - 인터넷 접수
    ① 우리·농협은행의 계좌를 보유한 고객은 개시일 9시부터 마감일 23시까지 홈페이지에서 신청
    ② K공사 온라인 쇼핑몰에서는 가상계좌 방식으로 개시일 9시부터 마감일 23시까지 신청
- 구입 시 유의사항
  - 수령자 및 수령지 등 접수 정보가 중복될 경우 단품별 10장, 3종 세트 10세트만 추첨 명단에 등록
  - 비정상적인 경로나 방법으로 접수할 경우 당첨을 취소하거나 배송을 제한

06 다음 중 한국의 국립공원 기념주화 발행 사업의 내용으로 옳은 것은?

① 국민들을 대상으로 예약 판매를 실시하며, 외국인에게는 판매하지 않는다.
② 1인당 구매 가능한 최대 주화 수는 10장이다.
③ 기념주화를 구입하기 위해서는 우리·농협은행 계좌를 사전에 개설해 두어야 한다.
④ 사전예약을 받은 뒤, 예약 주문량에 맞추어 제한된 수량만 생산한다.
⑤ K공사를 통한 예약 접수는 온라인에서만 가능하다.

| 코레일 한국철도공사 / 문제해결능력

07 외국인 A씨는 이번에 발행되는 기념주화를 예약 주문하려고 한다. 다음 상황을 참고했을 때 A씨가 기념주화 구매 예약을 할 수 있는 방법으로 옳은 것은?

〈외국인 A씨의 상황〉

- A씨는 국내 거주 외국인으로 등록된 사람이다.
- A씨의 명의로 국내은행에 개설된 계좌는 총 2개로, 신한은행, 한국씨티은행에 1개씩이다.
- A씨는 우리은행이나 농협은행과는 거래이력이 없다.

① 여권을 지참하고 우리은행이나 농협은행 지점을 방문한다.
② K공사 온라인 쇼핑몰에서 신용카드를 사용한다.
③ 계좌를 보유한 신한은행이나 한국씨티은행의 홈페이지를 통해 신청한다.
④ 외국인등록증을 지참하고 우리은행이나 농협은행 지점을 방문한다.
⑤ 우리은행이나 농협은행의 홈페이지에서 신청한다.

| 코레일 한국철도공사 / 문제해결능력

08 다음은 기념주화를 예약한 5명의 신청내역이다. 이 중 가장 많은 금액을 지불한 사람의 구매 금액은?

(단위 : 세트, 장)

구매자	3종 세트	단품		
		은화Ⅰ - 설악산	은화Ⅱ - 치악산	은화Ⅲ - 월출산
A	2	1	-	-
B	-	2	3	3
C	2	1	1	-
D	3	-	-	-
E	1	-	2	2

① 558,000원
② 561,000원
③ 563,000원
④ 564,000원
⑤ 567,000원

※ 다음 글을 읽고 이어지는 질문에 답하시오. [9~10]

척추는 신체를 지탱하고, 뇌로부터 이어지는 중추신경인 척수를 보호하는 중요한 뼈 구조물이다. 보통 사람들은 허리에 심한 통증이 느껴지면 허리디스크(추간판탈출증)를 떠올리는데, 디스크 이외에도 통증을 유발하는 척추 질환은 다양하다. 특히 노인 인구가 증가하면서 척추관협착증(요추관협착증)의 발병 또한 늘어나고 있다. 허리디스크와 척추관협착증은 사람들이 혼동하기 쉬운 척추 질환으로, 발병 원인과 치료법이 다르기 때문에 두 질환의 차이를 이해하고 통증 발생 시 질환에 맞춰 적절하게 대응할 필요가 있다.

허리디스크는 척추 뼈 사이에 쿠션처럼 완충 역할을 해주는 디스크(추간판)에 문제가 생겨 발생한다. 디스크는 찐득찐득한 수핵과 이를 둘러싸는 섬유륜으로 구성되는데, 나이가 들어 탄력이 떨어지거나, 젊은 나이에도 급격한 충격에 의해서 섬유륜에 균열이 생기면 속의 수핵이 빠져나오면서 주변 신경을 압박하거나 염증을 유발한다. 허리디스크가 발병하면 초기에는 허리 통증으로 시작되어 점차 허벅지에서 발까지 찌릿하게 저리는 방사통을 유발하고, 디스크에서 수핵이 흘러나오는 상황이기 때문에 허리를 굽히거나 앉아 있으면 디스크에 가해지는 압력이 높아져 통증이 더욱 심해진다. 허리디스크는 통증이 심한 질환이지만, 흘러나온 수핵은 대부분 대식세포에 의해 제거되고, 자연치유가 가능하기 때문에 병원에서는 주로 통증을 줄이고, 안정을 취하는 방법으로 보존치료를 진행한다. 하지만 염증이 심해져 중앙 척수를 건드리게 되면 하반신 마비 등의 증세가 나타날 수 있는데, 이러한 경우에는 탈출된 디스크 조각을 물리적으로 제거하는 수술이 필요하다.

반면, 척추관협착증은 대표적인 척추 퇴행성 질환으로 주변 인대(황색 인대)가 척추관을 압박하여 발생한다. 척추관은 척추 가운데 신경 다발이 지나갈 수 있도록 속이 빈 공간인데, 나이가 들면서 척추가 흔들리게 되면 흔들리는 척추를 붙들기 위해 인대가 점차 두꺼워지고, 척추 뼈에 변형이 생겨 결과적으로 척추관이 좁아지게 된다. 이렇게 오랜 기간 동안 변형된 척추 뼈와 인대가 척추관 속의 신경을 눌러 발생하는 것이 척추관협착증이다. 척추관 속의 신경이 눌리게 되면 통증과 함께 저리거나 당기게 되어 보행이 힘들어지며, 지속적으로 압박받을 경우 척추 신경이 경색되어 하반신 마비 증세로 악화될 수 있다. 일반적으로 서 있을 경우보다 허리를 구부렸을 때 척추관이 더 넓어지므로 허리디스크 환자와 달리 앉아 있을 때 통증이 완화된다. 척추관협착증은 자연치유가 되지 않고 척추관이 다시 넓어지지 않으므로 발병 초기를 제외하면 일반적으로 변형된 부분을 제거하는 수술을 하게 된다.

이와 같이 허리디스크와 척추관협착증은 똑같이 허리 통증을 유발하지만 원인과 증상, 치료법이 서로 상이하다. 비교적 고령인 60대 이상의 사람이 만성적으로 서 있을 때 통증이 나타난다면 ___㉠___을/를 의심해야 하며, 비교적 젊은 20 ~ 50대의 사람이 앉아 있을 때 통증이 급작스럽게 나타날 때는 ___㉡___을/를 의심해야 한다. 척추는 우리의 몸을 지탱하는 중요한 골격이며, 신경계와 밀접한 관련이 있으므로 통증이 발생한다면 자신의 몸 상태를 잘 파악하고, 초기에 치료를 받는 것이 중요하다.

| 국민건강보험공단 / 의사소통능력

09 다음 중 윗글의 내용으로 적절하지 않은 것은?

① 일반적으로 허리디스크는 척추관협착증에 비해 급작스럽게 증상이 나타난다.

② 허리디스크는 서 있을 때 통증이 더 심해진다.

③ 허리디스크에 비해 척추관협착증은 외과적 수술 빈도가 높다.

④ 허리디스크와 척추관협착증 모두 증세가 심해지면 하반신 마비의 가능성이 있다.

10 다음 중 빈칸 ㉠과 ㉡에 들어갈 단어가 바르게 연결된 것은?

	㉠	㉡
①	허리디스크	추간판탈출증
②	허리디스크	척추관협착증
③	척추관협착증	요추관협착증
④	척추관협착증	허리디스크

| 국민건강보험공단 / 의사소통능력

11 다음 문단을 논리적 순서대로 바르게 나열한 것은?

(가) 주장애관리는 장애정도가 심한 장애인이 의원뿐만 아니라 병원 및 종합병원급에서 장애 유형별 전문의에게 전문적인 장애관리를 받을 수 있는 서비스이다. 이전에는 대상 관리 유형이 지체장애, 시각장애, 뇌병변장애로 제한되어 있었으나, 3단계부터는 지적장애, 정신장애, 자폐성 장애까지 확대되어 더 많은 중증장애인들이 장애관리를 받을 수 있게 되었다.

(나) 이와 같이 3단계 장애인 건강주치의 시범사업은 기존 1·2단계 시범사업보다 더욱 확대되어 많은 중증장애인들의 참여를 예상하고 있다. 장애인 건강주치의 시범사업에 신청하기 위해서는 국민건강보험공단 홈페이지의 건강IN에서 장애인 건강주치의 의료기관을 찾은 후 해당 의료기관에 방문하여 장애인 건강주치의 이용 신청사실 통지서를 작성하면 신청할 수 있다.

(다) 장애인 건강주치의 제도가 제공하는 서비스는 일반건강관리, 주(主)장애관리, 통합관리로 나누어진다. 일반건강관리 서비스는 모든 유형의 중증장애인이 만성질환 등 전반적인 건강관리를 받을 수 있는 서비스로, 의원급에서 원하는 의사를 선택하여 참여할 수 있다. 1·2단계까지의 사업에서는 만성질환관리를 위해 장애인 본인이 검사비용의 30%를 부담해야 했지만, 3단계부터는 본인부담금 없이 질환별 검사바우처로 제공한다.

(라) 마지막으로 통합관리는 일반건강관리와 주장애관리를 동시에 받을 수 있는 서비스로, 동네에 있는 의원급 의료기관에 속한 지체·뇌병변·시각·지적·정신·자폐성 장애를 진단하는 전문의가 주장애관리와 만성질환관리를 모두 제공한다. 이 3가지 서비스들은 거동이 불편한 환자를 위해 의사나 간호사가 직접 집으로 방문하는 방문 서비스를 제공하고 있으며 기존까지는 연 12회였으나, 3단계 시범사업부터 연 18회로 증대되었다.

(마) 보건복지부와 국민건강보험공단은 2021년 9월부터 3단계 장애인 건강주치의 시범사업을 진행하였다. 장애인 건강주치의 제도는 중증장애인이 인근 지역에서 주치의로 등록 신청한 의사 중 원하는 의사를 선택하여 장애로 인한 건강문제, 만성질환 등 건강상태를 포괄적이고 지속적으로 관리 받을 수 있는 제도로, 2018년 5월 1단계 시범사업을 시작으로 2단계 시범사업까지 완료되었다.

① (다) – (마) – (가) – (나) – (라)
② (다) – (가) – (라) – (마) – (나)
③ (마) – (가) – (라) – (나) – (다)
④ (마) – (다) – (가) – (라) – (나)

12 다음은 K지역의 연도별 건강보험금 부과액 및 징수액에 대한 자료이다. 직장가입자 건강보험금 징수율이 가장 높은 해와 지역가입자의 건강보험금 징수율이 가장 높은 해를 바르게 짝지은 것은?

〈건강보험금 부과액 및 징수액〉

(단위 : 백만 원)

구분		2019년	2020년	2021년	2022년
직장가입자	부과액	6,706,712	5,087,163	7,763,135	8,376,138
	징수액	6,698,187	4,898,775	7,536,187	8,368,972
지역가입자	부과액	923,663	1,003,637	1,256,137	1,178,572
	징수액	886,396	973,681	1,138,763	1,058,943

※ $(\text{징수율})=\frac{(\text{징수액})}{(\text{부과액})}\times 100$

	직장가입자	지역가입자
①	2022년	2020년
②	2022년	2019년
③	2021년	2020년
④	2021년	2019년

13 다음은 K병원의 하루 평균 이뇨제, 지사제, 진통제 사용량에 대한 자료이다. 이에 대한 설명으로 옳지 않은 것은?

〈하루 평균 이뇨제, 지사제, 진통제 사용량〉

구분	2018년	2019년	2020년	2021년	2022년	1인 1일 투여량
이뇨제	3,000mL	3,480mL	3,360mL	4,200mL	3,720mL	60mL/일
지사제	30정	42정	48정	40정	44정	2정/일
진통제	6,720mg	6,960mg	6,840mg	7,200mg	7,080mg	60mg/일

※ 모든 의약품은 1인 1일 투여량을 준수하여 투여했다.

① 전년 대비 2022년 사용량 감소율이 가장 큰 의약품은 이뇨제이다.
② 5년 동안 지사제를 투여한 환자 수의 평균은 18명 이상이다.
③ 이뇨제 사용량은 증가와 감소를 반복하였다.
④ 매년 진통제를 투여한 환자 수는 이뇨제를 투여한 환자 수의 2배 이하이다.

14 다음은 분기별 상급병원, 종합병원, 요양병원의 보건인력 현황에 대한 자료이다. 분기별 전체 보건인력 중 전체 사회복지사 인력의 비율로 옳지 않은 것은?

〈상급병원, 종합병원, 요양병원의 보건인력 현황〉

(단위 : 명)

구분		2022년 3분기	2022년 4분기	2023년 1분기	2023년 2분기
상급병원	의사	20,002	21,073	22,735	24,871
	약사	2,351	2,468	2,526	2,280
	사회복지사	391	385	370	375
종합병원	의사	32,765	33,084	34,778	33,071
	약사	1,941	1,988	2,001	2,006
	사회복지사	670	695	700	720
요양병원	의사	19,382	19,503	19,761	19,982
	약사	1,439	1,484	1,501	1,540
	사회복지사	1,887	1,902	1,864	1,862
계		80,828	82,582	86,236	86,707

※ 보건인력은 의사, 약사, 사회복지사 인력 모두를 포함한다.

① 2022년 3분기 : 약 3.65%

② 2022년 4분기 : 약 3.61%

③ 2023년 1분기 : 약 3.88%

④ 2023년 2분기 : 약 3.41%

15 다음은 건강생활실천지원금제에 대한 자료이다. 〈보기〉의 신청자 중 예방형과 관리형에 해당하는 사람을 바르게 분류한 것은?

〈건강생활실천지원금제〉

- 사업설명 : 참여자 스스로 실천한 건강생활 노력 및 건강개선 결과에 따라 지원금을 지급하는 제도
- 시범지역

지역	예방형	관리형
서울	노원구	중랑구
경기·인천	안산시, 부천시	인천 부평구, 남양주시, 고양일산(동구, 서구)
충청권	대전 대덕구, 충주시, 충남 청양군(부여군)	대전 동구
전라권	광주 광산구, 전남 완도군, 전주시(완주군)	광주 서구, 순천시
경상권	부산 중구, 대구 남구, 김해시, 대구 달성군	대구 동구, 부산 북구
강원·제주권	원주시, 제주시	원주시

- 참여대상 : 주민등록상 주소지가 시범지역에 해당되는 사람 중 아래에 해당하는 사람

구분	조건
예방형	만 20 ~ 64세인 건강보험 가입자(피부양자 포함) 중 국민건강보험공단에서 주관하는 일반건강검진 결과 건강관리가 필요한 사람*
관리형	고혈압·당뇨병 환자

*건강관리가 필요한 사람 : 다음에 모두 해당하거나 ①, ② 또는 ①, ③에 해당하는 사람
① 체질량지수(BMI) 25kg/m^2 이상
② 수축기 혈압 120mmHg 이상 또는 이완기 혈압 80mmHg 이상
③ 공복혈당 100mg/dL 이상

보기

신청자	주민등록상 주소지	체질량지수	수축기 혈압 / 이완기 혈압	공복혈당	기저질환
A	서울 강북구	22kg/m^2	117mmHg / 78mmHg	128mg/dL	–
B	서울 중랑구	28kg/m^2	125mmHg / 85mmHg	95mg/dL	–
C	경기 안산시	26kg/m^2	142mmHg / 92mmHg	99mg/dL	고혈압
D	인천 부평구	23kg/m^2	145mmHg / 95mmHg	107mg/dL	고혈압
E	광주 광산구	28kg/m^2	119mmHg / 78mmHg	135mg/dL	당뇨병
F	광주 북구	26kg/m^2	116mmHg / 89mmHg	144mg/dL	당뇨병
G	부산 북구	27kg/m^2	118mmHg / 75mmHg	132mg/dL	당뇨병
H	강원 철원군	28kg/m^2	143mmHg / 96mmHg	115mg/dL	고혈압
I	제주 제주시	24kg/m^2	129mmHg / 83mmHg	108mg/dL	–

※ 단, 모든 신청자는 만 20 ~ 64세이며, 건강보험에 가입하였다.

	예방형	관리형
①	A, E	C, D
②	B, E	F, I
③	C, E	D, G
④	F, I	C, H

16 K동에서는 임신한 주민에게 출산장려금을 지원하고자 한다. 출산장려금 지급 기준 및 K동에 거주하는 임산부에 대한 정보가 다음과 같을 때, 출산장려금을 가장 먼저 받을 수 있는 사람은?

〈K동 출산장려금 지급 기준〉

- 출산장려금 지급액은 모두 같으나, 지급 시기는 모두 다르다.
- 지급 순서 기준은 임신일, 자녀 수, 소득 수준 순서이다.
- 임신일이 길수록, 자녀가 많을수록, 소득 수준이 낮을수록 먼저 받는다(단, 자녀는 만 19세 미만의 아동 및 청소년으로 제한한다).
- 임신일, 자녀 수, 소득 수준이 모두 같으면 같은 날에 지급한다.

〈K동 거주 임산부 정보〉

임산부	임신일	자녀	소득 수준
A	150일	만 1세	하
B	200일	만 3세	상
C	100일	만 10세, 만 6세, 만 5세, 만 4세	상
D	200일	만 7세, 만 5세, 만 3세	중
E	200일	만 20세, 만 16세, 만 14세, 만 10세	상

① A임산부
② B임산부
③ D임산부
④ E임산부

17 다음 글의 주제로 가장 적절한 것은?

> 현재 우리나라의 진료비 지불제도 중 가장 주도적으로 시행되는 지불제도는 행위별수가제이다. 행위별수가제는 의료기관에서 의료인이 제공한 의료서비스(행위, 약제, 치료 재료 등)에 대해 서비스별로 가격(수가)을 정하여 사용량과 가격에 의해 진료비를 지불하는 제도로, 의료보험 도입 당시부터 채택하고 있는 지불제도이다. 그러나 최근 관련 전문가들로부터 이러한 지불제도를 개선해야 한다는 목소리가 많이 나오고 있다.
> 조사에 의하면 우리나라의 국민의료비를 증대시키는 주요 원인은 고령화로 인한 진료비 증가와 행위별수가제로 인한 비용의 무한 증식이다. 현재 우리나라의 국민의료비는 OECD 회원국 중 최상위를 기록하고 있으며 앞으로 더욱 심화될 것으로 예측된다. 특히 행위별수가제는 의료행위를 할수록 지불되는 진료비가 증가하므로 CT, MRI 등 영상검사를 중심으로 의료 남용이나 과다 이용 문제가 발생하고 있고, 병원의 이익 증대를 위하여 환자에게는 의료비 부담을, 의사에게는 업무 부담을, 건강보험에는 재정 부담을 증대시키고 있다.
> 이러한 행위별수가제의 문제점을 개선하기 위해 일부 질병군에서는 환자가 입원해서 퇴원할 때까지 발생하는 진료에 대하여 질병마다 미리 정해진 금액을 내는 제도인 포괄수가제를 시행 중이며, 요양병원, 보건기관에서는 입원 환자의 질병, 기능 상태에 따라 입원 1일당 정액수가를 적용하는 정액수가제를 병행하여 실시하고 있지만 비용 산정의 경직성, 의사 비용과 병원 비용의 비분리 등 여러 가지 문제점이 있어 현실적으로 효과를 내지 못하고 있다는 지적이 나오고 있다.
> 기획재정부와 보건복지부는 시간이 지날수록 건강보험 적자가 계속 증대되어 머지않아 고갈될 위기에 있다고 발표하였다. 당장 행위별수가제를 전면적으로 폐지할 수는 없으므로 기존의 다른 수가제의 문제점을 개선하여 확대하는 등 의료비 지불방식의 다변화가 구조적으로 진행되어야 할 것이다.

① 신포괄수가제의 정의
② 행위별수가제의 한계점
③ 의료비 지불제도의 역할
④ 건강보험의 재정 상황
⑤ 다양한 의료비 지불제도 소개

18 다음 중 제시된 단어와 그 뜻이 바르게 연결되지 않은 것은?

① 당위(當爲) : 마땅히 그렇게 하거나 되어야 하는 것
② 구상(求償) : 자연적인 재해나 사회적인 피해를 당하여 어려운 처지에 있는 사람을 도와줌
③ 명문(明文) : 글로 명백히 기록된 문구 또는 그런 조문
④ 유기(遺棄) : 어떤 사람이 종래의 보호를 거부하여 그를 보호받지 못하는 상태에 두는 일
⑤ 추계(推計) : 일부를 가지고 전체를 미루어 계산함

19 질량이 2kg인 공을 지표면으로부터 높이가 50cm인 지점에서 지표면을 향해 수직으로 4m/s의 속력으로 던져 공이 튀어 올랐다. 다음 〈조건〉을 보고 가장 높은 지점에서 공의 위치에너지를 구하면?(단, 에너지 손실은 없으며, 중력가속도는 10m/s^2으로 가정한다)

조건

- (운동에너지)=$\left[\frac{1}{2}\times(\text{질량})\times(\text{속력})^2\right]$J
  (위치에너지)=[(질량)×(중력가속도)×(높이)]J
  (역학적 에너지)=[(운동에너지)+(위치에너지)]J
- 에너지 손실이 없다면 역학적 에너지는 어떠한 경우에도 변하지 않는다.
- 공이 지표면에 도달할 때 위치에너지는 0이고, 운동에너지는 역학적 에너지와 같다.
- 공이 튀어 오른 후 가장 높은 지점에서 운동에너지는 0이고, 위치에너지는 역학적 에너지와 같다.
- 운동에너지와 위치에너지를 구하는 식에 대입하는 질량의 단위는 kg, 속력의 단위는 m/s, 중력가속도의 단위는 m/s^2, 높이의 단위는 m이다.

① 26J
② 28J
③ 30J
④ 32J
⑤ 34J

| 건강보험심사평가원 / 수리능력

20 A부장이 시속 200km의 속력으로 달리는 기차로 1시간 30분 걸리는 출장지에 자가용을 타고 출장을 갔다. 시속 60km의 속력으로 가고 있는데, 속력을 유지한 채 가면 약속시간보다 1시간 늦게 도착할 수 있어 도중에 시속 90km의 속력으로 달려 약속시간보다 30분 일찍 도착하였다. A부장이 시속 90km의 속력으로 달린 거리는?(단, 달리는 동안 속력은 시속 60km로 달리는 도중에 시속 90km로 바뀌는 경우를 제외하고는 그 속력을 유지하는 것으로 가정한다)

① 180km
② 210km
③ 240km
④ 270km
⑤ 300km

| 건강보험심사평가원 / 수리능력

21 S공장은 어떤 상품을 원가에 23%의 이익을 남겨 판매하였으나, 잘 팔리지 않아 판매가에서 1,300원 할인하여 판매하였다. 이때 얻은 이익이 원가의 10%일 때, 상품의 원가는?

① 10,000원
② 11,500원
③ 13,000원
④ 14,500원
⑤ 16,000원

| 건강보험심사평가원 / 수리능력

22 A ~ G 7명은 일렬로 배치된 의자에 다음 〈조건〉과 같이 앉는다. 이때 가능한 경우의 수는?

조건

- A는 양 끝에 앉지 않는다.
- G는 가운데에 앉는다.
- B는 G의 바로 옆에 앉는다.

① 60가지
② 72가지
③ 144가지
④ 288가지
⑤ 366가지

23 S유치원에 다니는 아이 11명의 평균 키는 113cm이다. 키가 107cm인 원생이 유치원을 나가게 되어 원생이 10명이 되었을 때, 남은 유치원생 10명의 평균 키는?

① 113cm
② 113.6cm
③ 114.2cm
④ 114.8cm
⑤ 115.4cm

24 다음 글과 같이 한자어 및 외래어를 순화한 내용으로 적절하지 않은 것은?

> 열차를 타다 보면 한 번쯤은 다음과 같은 안내방송을 들어 봤을 것이다.
> "○○역 인근 '공중사상사고' 발생으로 KTX 열차가 지연되고 있습니다."
> 이때 들리는 안내방송 중 한자어인 '공중사상사고'를 한 번에 알아듣기란 일반적으로 쉽지 않다. 실제로 S교통공사 관계자는 승객들로부터 안내방송 문구가 적절하지 않다는 지적을 받아 왔다고 밝혔으며, 이에 S교통공사는 국토교통부와 협의를 거쳐 보다 이해하기 쉬운 안내방송을 전달하기 위해 문구를 바꾸는 작업에 착수하기로 결정하였다고 전했다.
> 우선 가장 먼저 수정하기로 한 것은 한자어 및 외래어로 표기된 철도 용어이다. 그중 대표적인 것이 '공중사상사고'이다. S교통공사 관계자는 이를 '일반인의 사상사고'나 '열차 운행 중 인명사고' 등과 같이 이해하기 쉬운 말로 바꿀 예정이라고 밝혔다. 이 외에도 열차 지연 예상 시간, 사고복구 현황 등 열차 내 안내방송을 승객에게 좀 더 알기 쉽고 상세하게 전달할 것이라고 전했다.

① 열차시격 → 배차간격
② 전차선 단전 → 선로 전기 공급 중단
③ 우회수송 → 우측 선로로 변경
④ 핸드레일(Handrail) → 안전손잡이
⑤ 키스 앤 라이드(Kiss and Ride) → 환승정차구역

25 다음 글에서 언급되지 않은 내용은?

> 전 세계적인 과제로 탄소중립이 대두되자 친환경적 운송수단인 철도가 주목받고 있다. 특히 국제에너지기구는 철도를 에너지 효율이 가장 높은 운송 수단으로 꼽으며, 철도 수송을 확대하면 세계 수송 부문에서 온실가스 배출량이 그렇지 않을 때보다 약 6억 톤이 줄어들 수 있다고 하였다.
> 특히 철도의 에너지 소비량은 도로의 22분의 1이고, 온실가스 배출량은 9분의 1에 불과해, 탄소배출이 높은 도로 운행의 수요를 친환경 수단인 철도로 전환한다면 수송 부문 총배출량이 획기적으로 감소될 것이라 전망하고 있다.
> 이에 발맞춰 우리나라의 S철도공단도 '녹색교통'인 철도 중심 교통체계를 구축하기 위해 박차를 가하고 있으며, 정부 역시 '2050 탄소중립 실현' 목표에 발맞춰 저탄소 철도 인프라 건설·관리로 탄소를 지속적으로 감축하고자 노력하고 있다.
> S철도공단은 철도 인프라 생애주기 관점에서 탄소를 감축하기 위해 먼저 철도 건설 단계에서부터 친환경·저탄소 자재를 적용해 탄소 배출을 줄이고 있다. 실제로 중앙선 안동～영천 간 궤도 설계 당시 철근 대신에 저탄소 자재인 유리섬유 보강근을 콘크리트 궤도에 적용했으며, 이를 통한 탄소 감축효과는 약 6,000톤으로 추정된다. 이 밖에도 저탄소 철도 건축물 구축을 위해 2025년부터 모든 철도건축물을 에너지 자립률 60% 이상(3등급)으로 설계하기로 결정했으며, 도심의 철도 용지는 지자체와 협업을 통해 도심 속 철길 숲 등 탄소 흡수원이자 지역민의 휴식처로 철도부지 특성에 맞게 조성되고 있다.
> S철도공단은 이와 같은 철도로의 수송 전환으로 약 20%의 탄소 감축 목표를 내세웠으며, 이를 위해서는 정부의 노력도 필요하다고 강조하였다. 특히 수송 수단 간 공정한 가격 경쟁이 이루어질 수 있도록 도로 차량에 집중된 보조금 제도를 화물차의 탄소배출을 줄이기 위한 철도 전환교통 보조금으로 확대하는 등 실질적인 방안의 필요성을 제기하고 있다.

① 녹색교통으로 철도 수송이 대두된 배경
② 철도 수송 확대를 통해 기대할 수 있는 효과
③ 국내의 탄소 감축 방안이 적용된 설계 사례
④ 정부의 철도 중심 교통체계 구축을 위해 시행된 조치
⑤ S철도공단의 철도 중심 교통체계 구축을 위한 방안

26 다음 글의 주제로 가장 적절한 것은?

지난 5월 아이슬란드에 각종 파이프와 열교환기, 화학물질 저장탱크, 압축기로 이루어져 있는 '조지올라 재생가능 메탄올 공장'이 등장했다. 이곳은 이산화탄소로 메탄올을 만드는 첨단 시설로, 과거 2011년 아이슬란드 기업 '카본리사이클링인터내셔널(CRI)'이 탄소 포집·활용(CCU) 기술의 실험을 위해서 지은 곳이다.
이곳에서는 인근 지열발전소에서 발생하는 적은 양의 이산화탄소(CO_2)를 포집한 뒤 물을 분해해 조달한 수소(H_2)와 결합시켜 재생 메탄올(CH_3OH)을 제조하였으며, 이때 필요한 열과 냉각수 역시 지열발전소의 부산물을 이용했다. 이렇게 만들어진 메탄올은 자동차, 선박, 항공 연료는 물론 플라스틱 제조 원료로 활용되는 등 여러 곳에서 활용되었다.
하지만 이렇게 메탄올을 만드는 것이 미래 원료 문제의 근본적인 해결책이 될 수는 없었다. 왜냐하면 메탄올이 만드는 에너지보다 메탄올을 만드는 데 들어가는 에너지가 더 필요하다는 문제점에 더하여 액화천연가스(LNG)를 메탄올로 변환할 경우 이전보다 오히려 탄소배출량이 증가하고, 탄소배출량을 감소시키기 위해서는 태양광과 에너지 저장장치를 활용해 메탄올 제조에 필요한 에너지를 모두 조달해야만 하기 때문이다.
또한 탄소를 포집해 지하에 영구 저장하는 탄소포집 저장방식과 달리, 탄소를 포집해 만든 연료나 제품은 사용 중에 탄소를 다시 배출할 가능성이 있어 이에 대한 논의가 분분한 상황이다.

① 탄소 재활용의 득과 실
② 재생 에너지 메탄올의 다양한 활용
③ 지열발전소에서 탄생한 재활용 원료
④ 탄소 재활용을 통한 미래 원료의 개발
⑤ 미래의 에너지 원료로 주목받는 재활용 원료, 메탄올

| 서울교통공사 / 수리능력

27 다음은 A～C철도사의 연도별 차량 수 및 승차인원에 대한 자료이다. 이에 대한 설명으로 옳지 않은 것은?

〈철도사별 차량 수 및 승차인원〉

구분	2020년			2021년			2022년		
	A	B	C	A	B	C	A	B	C
차량 수(량)	2,751	103	185	2,731	111	185	2,710	113	185
승차인원(천 명/년)	775,386	26,350	35,650	768,776	24,746	33,130	755,376	23,686	34,179

① C철도사가 운영하는 차량 수는 변동이 없다.
② 3년간 전체 승차인원 중 A철도사 철도를 이용하는 승차인원의 비율이 가장 높다.
③ A～C철도사의 철도를 이용하는 연간 전체 승차인원 수는 매년 감소하였다.
④ 3년간 차량 1량당 연간 평균 승차인원 수는 B철도사가 가장 적다.
⑤ C철도사의 차량 1량당 연간 승차인원 수는 200천 명 미만이다.

| 한국산업인력공단 / 수리능력

28 다음은 A～H국의 연도별 석유 생산량에 대한 자료이다. 이에 대한 설명으로 옳은 것은?

〈연도별 석유 생산량〉

(단위 : bbl/day)

국가	2018년	2019년	2020년	2021년	2022년
A	10,356,185	10,387,665	10,430,235	10,487,336	10,556,259
B	8,251,052	8,297,702	8,310,856	8,356,337	8,567,173
C	4,102,396	4,123,963	4,137,857	4,156,121	4,025,936
D	5,321,753	5,370,256	5,393,104	5,386,239	5,422,103
E	258,963	273,819	298,351	303,875	335,371
F	2,874,632	2,633,087	2,601,813	2,538,776	2,480,221
G	1,312,561	1,335,089	1,305,176	1,325,182	1,336,597
H	100,731	101,586	102,856	103,756	104,902

① 석유 생산량이 매년 증가한 국가의 수는 6개이다.
② 2018년 대비 2022년에 석유 생산량 증가량이 가장 많은 국가는 A이다.
③ 매년 E국가의 석유 생산량은 H국가 석유 생산량의 3배 미만이다.
④ 연도별 석유 생산량 상위 2개 국가의 생산량 차이는 매년 감소한다.
⑤ 2018년 대비 2022년에 석유 생산량 감소율이 가장 큰 국가는 F이다.

| 한국산업인력공단 / 수리능력

29 A씨는 최근 승진한 공무원 친구에게 선물로 개당 12만 원인 수석을 보내고자 한다. 다음 부정청탁 및 금품 등 수수의 금지에 관한 법률에 따라 선물을 보낼 때, 최대한 많이 보낼 수 있는 수석의 수는?(단, A씨는 공무원인 친구와 직무 연관성이 없는 일반인이며, 선물은 한 번만 보낸다)

> **금품 등의 수수 금지(부정청탁 및 금품 등 수수의 금지에 관한 법률 제8조 제1항)**
> 공직자 등은 직무 관련 여부 및 기부·후원·증여 등 그 명목에 관계없이 동일인으로부터 1회에 100만 원 또는 매 회계연도에 300만 원을 초과하는 금품 등을 받거나 요구 또는 약속해서는 아니 된다.

① 7개
② 8개
③ 9개
④ 10개
⑤ 11개

| 한국산업인력공단 / 수리능력

30 S대리는 업무 진행을 위해 본사에서 거래처로 외근을 가고자 한다. 본사에서 거래처까지 가는 길이 다음과 같을 때, 본사에서 출발하여 C와 G를 거쳐 거래처로 간다면 S대리의 최소 이동거리는?(단, 어떤 곳을 먼저 가도 무관하다)

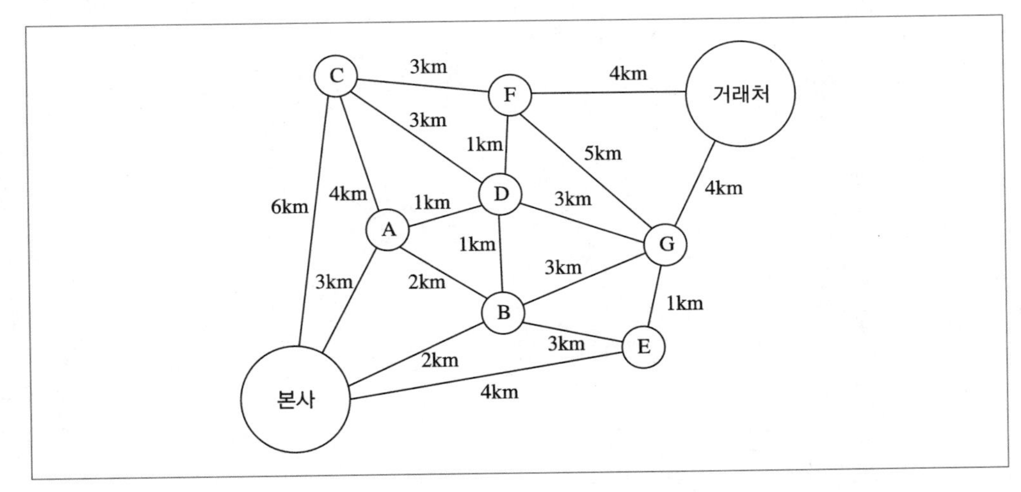

① 8km
② 9km
③ 13km
④ 16km
⑤ 18km

31 총무부에 근무하는 A사원은 각 부서에 필요한 사무용품을 조사한 결과, 볼펜 30자루, 수정테이프 8개, 연필 20자루, 지우개 5개가 필요하다고 한다. 다음 〈조건〉에 따라 비품을 구매할 때, 지불할 수 있는 가장 저렴한 금액은?(단, 필요한 비품 수를 초과하여 구매할 수 있고, 지불하는 금액은 배송료를 포함한다)

조건

- 볼펜, 수정테이프, 연필, 지우개의 판매 금액은 다음과 같다(단, 모든 품목은 낱개로 판매한다).

품목	가격(원/1EA)	비고
볼펜	1,000	20자루 이상 구매 시 개당 200원 할인
수정테이프	2,500	10개 이상 구매 시 개당 1,000원 할인
연필	400	12자루 이상 구매 시 연필 전체 가격의 25% 할인
지우개	300	10개 이상 구매 시 개당 100원 할인

- 품목당 할인을 적용한 금액의 합이 3만 원을 초과할 경우, 전체 금액의 10% 할인이 추가로 적용된다.
- 전체 금액의 10% 할인 적용 전 금액이 5만 원 초과 시 배송료는 무료이다.
- 전체 금액의 10% 할인 적용 전 금액이 5만 원 이하 시 배송료 5,000원이 별도로 적용된다.

① 51,500원
② 51,350원
③ 46,350원
④ 45,090원
⑤ 42,370원

32 S사는 개발 상품 매출 순이익에 기여한 직원에게 성과급을 지급하고자 한다. 기여도에 따른 성과급 지급 기준과 〈보기〉를 참고하여 성과급을 차등지급할 때, 가장 많은 성과급을 지급받는 직원은? (단, 팀장에게 지급하는 성과급은 기준 금액의 1.2배이다)

〈기여도에 따른 성과급 지급 기준〉

매출 순이익	개발 기여도			
	1% 이상 5% 미만	5% 이상 10% 미만	10% 이상 20% 미만	20% 이상
1천만 원 미만	–	–	매출 순이익의 1%	매출 순이익의 2%
1천만 원 이상 3천만 원 미만	5만 원	매출 순이익의 1%	매출 순이익의 2%	매출 순이익의 5%
3천만 원 이상 5천만 원 미만	매출 순이익의 1%	매출 순이익의 2%	매출 순이익의 3%	매출 순이익의 5%
5천만 원 이상 1억 원 미만	매출 순이익의 1%	매출 순이익의 3%	매출 순이익의 5%	매출 순이익의 7.5%
1억 원 이상	매출 순이익의 1%	매출 순이익의 3%	매출 순이익의 5%	매출 순이익의 10%

보기

직원	직책	매출 순이익	개발 기여도
A	팀장	4,000만 원	25%
B	팀장	2,500만 원	12%
C	팀원	1억 2,500만 원	3%
D	팀원	7,500만 원	7%
E	팀원	800만 원	6%

① A
② B
③ C
④ D
⑤ E

33 다음은 S시의 학교폭력 상담 및 신고 건수에 대한 자료이다. 이에 대한 설명으로 옳지 않은 것은?

〈학교폭력 상담 및 신고 건수〉

(단위 : 건)

구분	2022년 7월	2022년 8월	2022년 9월	2022년 10월	2022년 11월	2022년 12월
상담	977	805	3,009	2,526	1,007	871
상담 누계	977	1,782	4,791	7,317	8,324	9,195
신고	486	443	1,501	804	506	496
신고 누계	486	929	2,430	3,234	3,740	4,236
구분	2023년 1월	2023년 2월	2023년 3월	2023년 4월	2023년 5월	2023년 6월
상담	( )	( )	4,370	3,620	1,004	905
상담 누계	9,652	10,109	14,479	18,099	19,103	20,008
신고	305	208	2,781	1,183	557	601
신고 누계	4,541	4,749	7,530	( )	( )	( )

① 2023년 1월과 2023년 2월의 학교폭력 상담 건수는 같다.

② 학교폭력 상담 건수와 신고 건수 모두 2023년 3월에 가장 많다.

③ 전월 대비 학교폭력 상담 건수가 가장 크게 감소한 월과 학교폭력 신고 건수가 가장 크게 감소한 월은 다르다.

④ 전월 대비 학교폭력 상담 건수가 증가한 월은 학교폭력 신고 건수도 같이 증가하였다.

⑤ 2023년 6월까지의 학교폭력 신고 누계 건수는 10,000건 이상이다.

34 다음은 5년 동안 발전원별 발전량 추이에 대한 자료이다. 이에 대한 설명으로 옳지 않은 것은?

〈2018 ~ 2022년 발전원별 발전량 추이〉

(단위 : GWh)

발전원	2018년	2019년	2020년	2021년	2022년
원자력	127,004	138,795	140,806	155,360	179,216
석탄	247,670	226,571	221,730	200,165	198,367
가스	135,072	126,789	138,387	144,976	160,787
신재생	36,905	38,774	44,031	47,831	50,356
유류 · 양수	6,605	6,371	5,872	5,568	5,232
계	553,256	537,300	550,826	553,900	593,958

① 매년 원자력 자원 발전량과 신재생 자원 발전량의 증감 추이는 같다.
② 석탄 자원 발전량의 전년 대비 감소폭이 가장 큰 해는 2021년이다.
③ 신재생 자원 발전량 대비 가스 자원 발전량이 가장 큰 해는 2018년이다.
④ 매년 유류 · 양수 자원 발전량은 전체 발전량의 1% 이상을 차지한다.
⑤ 전체 발전량의 전년 대비 증가폭이 가장 큰 해는 2022년이다.

35 **다음 중 〈보기〉에 해당하는 문제해결방법이 바르게 연결된 것은?**

보기

㉠ 중립적인 위치에서 그룹이 나아갈 방향과 주제에 대한 공감을 이룰 수 있도록 도와주어 깊이 있는 커뮤니케이션을 통해 문제점을 이해하고 창조적으로 해결하도록 지원하는 방법이다.
㉡ 상이한 문화적 토양을 가진 구성원이 사실과 원칙에 근거한 토론을 바탕으로 서로의 생각을 직설적인 논쟁이나 협상을 통해 의견을 조정하는 방법이다.
㉢ 구성원이 같은 문화적 토양을 가지고 서로를 이해하는 상황에서 권위나 공감에 의지하여 의견을 중재하고, 타협과 조정을 통해 해결을 도모하는 방법이다.

	㉠	㉡	㉢
①	하드 어프로치	퍼실리테이션	소프트 어프로치
②	퍼실리테이션	하드 어프로치	소프트 어프로치
③	소프트 어프로치	하드 어프로치	퍼실리테이션
④	퍼실리테이션	소프트 어프로치	하드 어프로치
⑤	하드 어프로치	소프트 어프로치	퍼실리테이션

36 **A～G 7명은 주말 여행지를 고르기 위해 투표를 진행하였다. 다음 〈조건〉과 같이 투표를 진행하였을 때, 투표를 하지 않은 사람을 모두 고르면?**

조건

- D나 G 중 적어도 한 명이 투표하지 않으면, F는 투표한다.
- F가 투표하면, E는 투표하지 않는다.
- B나 E 중 적어도 한 명이 투표하지 않으면, A는 투표하지 않는다.
- A를 포함하여 투표한 사람은 모두 5명이다.

① B, E
② B, F
③ C, D
④ C, F
⑤ F, G

37 다음과 같이 G마트에서 파는 물건을 상품코드와 크기에 따라 엑셀 프로그램으로 정리하였다. 상품코드가 S3310897이고, 크기가 '중'인 물건의 가격을 구하는 함수로 옳은 것은?

	A	B	C	D	E	F
1						
2		상품코드	소	중	대	
3		S3001287	18,000	20,000	25,000	
4		S3001289	15,000	18,000	20,000	
5		S3001320	20,000	22,000	25,000	
6		S3310887	12,000	16,000	20,000	
7		S3310897	20,000	23,000	25,000	
8		S3311097	10,000	15,000	20,000	
9						

① =HLOOKUP(S3310897,$B$2:$E$8,6,0)

② =HLOOKUP("S3310897",$B$2:$E$8,6,0)

③ =VLOOKUP("S3310897",$B$2:$E$8,2,0)

④ =VLOOKUP("S3310897",$B$2:$E$8,6,0)

⑤ =VLOOKUP("S3310897",$B$2:$E$8,3,0)

38 다음 중 Windows Game Bar 녹화 기능에 대한 설명으로 옳지 않은 것은?

① 〈Windows 로고 키〉+〈Alt〉+〈G〉를 통해 백그라운드 녹화 기능을 사용할 수 있다.

② 백그라운드 녹화 시간은 변경할 수 있다.

③ 녹화한 영상의 저장 위치는 변경할 수 없다.

④ 각 메뉴의 단축키는 본인이 원하는 키 조합에 맞추어 변경할 수 있다.

⑤ 게임 성능에 영향을 줄 수 있다.

※ 다음 글을 읽고 이어지는 질문에 답하시오. [39~41]

우리나라에서 500MW 규모 이상의 발전설비를 보유한 발전사업자(공급의무자)는 신재생에너지 공급의무화 제도(RPS; Renewable Portfolio Standard)에 의해 의무적으로 일정 비율 이상을 기존의 화석연료를 변환시켜 이용하거나 햇빛·물·지열·강수·생물유기체 등 재생 가능한 에너지를 변환시켜 이용하는 에너지인 신재생에너지로 발전해야 한다. 이에 따라 공급의무자는 매년 정해진 의무공급비율에 따라 신재생에너지를 사용하여 전기를 공급해야 하는데 의무공급비율은 매년 확대되고 있으므로 여기에 맞춰 태양광, 풍력 등 신재생에너지 발전설비를 추가로 건설하기에는 여러 가지 한계점이 있다. ___㉠___ 공급의무자는 의무공급비율을 외부 조달을 통해 충당하게 되는데 이를 인증하는 것이 신재생에너지 공급인증서(REC; Renewable Energy Certificates)이다. 공급의무자는 신재생에너지 발전사에서 판매하는 REC를 구매하는 것으로 의무공급비율을 달성하게 되며, 이를 이행하지 못할 경우 미이행 의무량만큼 해당 연도 평균 REC 거래가격의 1.5배 이내에서 과징금이 부과된다.
신재생에너지 공급자가 공급의무자에게 REC를 판매하기 위해서는 먼저 「신에너지 및 재생에너지 개발·이용·보급 촉진법(신재생에너지법)」 제12조의7에 따라 공급인증기관(에너지관리공단 신재생에너지센터, 한국전력거래소 등)으로부터 공급 사실을 증명하는 공급인증서를 신청해야 한다. 인증 신청을 받은 공급인증기관은 신재생에너지 공급자, 신재생에너지 종류별 공급량 및 공급기간, 인증서 유효기간을 명시한 공급인증서를 발급해 주는데, 여기서 공급인증서의 유효기간은 발급받은 날로부터 3년이며, 공급량은 발전방식에 따라 실제 공급량에 가중치를 곱해 표기한다. 이렇게 발급받은 REC는 공급인증기관이 개설한 거래시장인 한국전력거래소에서 거래할 수 있으며, 거래시장에서 공급의무자가 구매하여 의무공급량에 충당한 공급인증서는 효력을 상실하여 폐기하게 된다.
RPS 제도를 통한 REC 거래는 최근 더욱 확대되고 있다. 시행 초기에는 전력거래소에서 신재생에너지 공급자와 공급의무자 간 REC를 거래하였으나, 2021년 8월 이후 에너지관리공단에서 운영하는 REC 거래시장을 통해 한국형 RE100에 동참하는 일반기업들도 신재생에너지 공급자로부터 REC를 구매할 수 있게 되었고 여기서 구매한 REC는 기업의 온실가스 감축실적으로 인정되어 인센티브 등 다양한 혜택을 받을 수 있게 된다.

| 한국남동발전 / 의사소통능력

39 다음 중 윗글의 내용으로 적절하지 않은 것은?

① 공급의무자는 의무공급비율 달성을 위해 반드시 신재생에너지 발전설비를 건설해야 한다.
② REC 거래를 위해서는 먼저 공급인증기관으로부터 인증서를 받아야 한다.
③ 일반기업도 REC 구매를 통해 온실가스 감축실적을 인정받을 수 있다.
④ REC에 명시된 공급량은 실제 공급량과 다를 수 있다.

| 한국남동발전 / 의사소통능력

40 다음 중 빈칸 ㉠에 들어갈 접속부사로 가장 적절한 것은?

① 한편 ② 그러나
③ 그러므로 ④ 예컨대

| 한국남동발전 / 자원관리능력

41 다음 자료를 토대로 신재생에너지법상 바르게 거래된 것은?

〈REC 거래내역〉

(거래일 : 2023년 10월 12일)

설비명	에너지원	인증서 발급일	판매처	거래시장 운영소
A발전소	풍력	2020.10.06	E기업	에너지관리공단
B발전소	천연가스	2022.10.12	F발전	한국전력거래소
C발전소	태양광	2020.10.24	G발전	한국전력거래소
D발전소	수력	2021.04.20	H기업	한국전력거래소

① A발전소 ② B발전소
③ C발전소 ④ D발전소

※ 다음 기사를 읽고 이어지는 질문에 답하시오. [42~43]

N전력공사가 밝힌 에너지 공급비중을 살펴보면 2022년 우리나라의 발전비중 중 가장 높은 것은 석탄(32.51%)이고, 두 번째는 액화천연가스(27.52%) 즉 LNG 발전이다. LNG의 경우 석탄에 비해 탄소 배출량이 적어 화석연료와 신재생에너지의 전환단계인 교량 에너지로서 최근 크게 비중이 늘었지만, 여전히 많은 양의 탄소를 배출한다는 문제점이 있다. 지구 온난화 완화를 위해 어떻게든 탄소 배출량을 줄여야 하는 상황에서 이에 대한 현실적인 대안으로 수소혼소 발전이 주목받고 있다. (가)
수소혼소 발전이란 기존의 화석연료인 LNG와 친환경에너지인 수소를 혼합 연소하여 발전하는 방식이다. 수소는 지구에서 9번째로 풍부하여 고갈될 염려가 없고, 연소 시 탄소를 배출하지 않는 친환경에너지이다. 발열량 또한 1kg당 142MJ로, 다른 에너지원에 비해 월등이 높아 같은 양으로 훨씬 많은 에너지를 생산할 수 있다. (나)
그러나 수소를 발전 연료로서 그대로 사용하기에는 여러 가지 문제점이 있다. 수소는 LNG에 비해 7 ~ 8배 빠르게 연소되므로 제어에 실패하면 가스 터빈에서 급격하게 발생한 화염이 역화하여 폭발할 가능성이 있다. 또한 높은 온도로 연소되므로 그만큼 공기 중의 질소와 반응하여 많은 질소산화물(NOx)을 발생시키는데, 이는 미세먼지와 함께 대기오염의 주요 원인이 된다. 마지막으로 연료로 사용할 만큼 정제된 수소를 얻기 위해서는 물을 전기분해해야 하는데, 여기에는 많은 전력이 들어가므로 수소 생산 단가가 높아진다는 단점이 있다. (다)
이러한 수소의 문제점을 해결하기 위한 대안이 바로 수소혼소 발전이다. 인프라적인 측면에서 기존의 LNG 발전설비를 활용할 수 있기 때문에 수소혼소 발전은 친환경에너지로 전환하는 사회적·경제적 충격을 완화할 수 있다. 또한 수소를 혼입하는 비율이 많아질수록 그만큼 LNG를 대체하게 되므로 기술발전으로 인해 혼입하는 수소의 비중이 높아질수록 발전으로 인한 탄소의 발생을 줄일 수 있다. 아직 많은 기술적·경제적 문제점이 남아있지만, 세계의 많은 나라들은 탄소 배출량 저감을 위해 수소혼소 발전 기술에 적극적으로 뛰어들고 있다. 우리나라 또한 2024년 세종시에 수소혼소 발전이 가능한 열병합발전소가 들어설 예정이며, 한화, 포스코 등 많은 기업들이 수소혼소 발전 실현을 위해 사업을 추진하고 있다. (라)

| 한국남동발전 / 의사소통능력

42 다음 중 윗글의 내용으로 적절하지 않은 것은?

① 수소혼소 발전은 기존 LNG 발전설비를 활용할 수 있다.
② 수소를 연소할 때에도 공해물질은 발생한다.
③ 수소혼소 발전은 탄소를 배출하지 않는 발전 기술이다.
④ 수소혼소 발전에서 수소를 더 많이 혼입할수록 탄소 배출량은 줄어든다.

| 한국남동발전 / 의사소통능력

43 다음 중 〈보기〉의 문장이 들어갈 위치로 가장 적절한 곳은?

보기

따라서 수소는 우리나라의 2050 탄소중립을 실현하기 위한 최적의 에너지원이라 할 수 있다.

① (가) ② (나)
③ (다) ④ (라)

44 다음은 N사의 비품 구매 신청 기준이다. 부서별로 비품 수량 현황과 기준을 참고하여 비품을 신청해야 할 때, 비품 신청 수량이 바르게 연결되지 않은 부서는?

〈비품 구매 신청 기준〉

비품	연필	지우개	볼펜	수정액	테이프
최소 수량	30자루	45개	60자루	30개	20개

- 팀별 비품 보유 수량이 비품 구매 신청 기준 이하일 때, 해당 비품을 신청할 수 있다.
- 각 비품의 신청 가능한 개수는 최소 수량에서 부족한 수량 이상 최소 보유 수량의 2배 이하이다.

예 연필 20자루, 지우개 50개, 볼펜 50자루, 수정액 40개, 테이프 30개가 있다면 지우개, 수정액, 테이프는 신청할 수 없고, 연필은 10자루 이상 60자루 이하, 볼펜은 10자루 이상 120자루 이하를 신청할 수 있다.

〈N사 부서별 비품 수량 현황〉

팀 \ 비품	연필	지우개	볼펜	수정액	테이프
총무팀	15자루	30개	20자루	15개	40개
연구개발팀	45자루	60개	50자루	20개	30개
마케팅홍보팀	40자루	40개	15자루	5개	10개
인사팀	25자루	50개	80자루	50개	5개

	팀	연필	지우개	볼펜	수정액	테이프
①	총무팀	15자루	15개	40자루	15개	0개
②	연구개발팀	0자루	0개	100자루	20개	0개
③	마케팅홍보팀	20자루	10개	50자루	50개	40개
④	인사팀	45자루	0개	0자루	0개	30개

※ 다음은 N사 인근의 지하철 노선도 및 관련 정보이다. 이어지는 질문에 답하시오. **[45~47]**

〈N사 인근 지하철 노선도〉

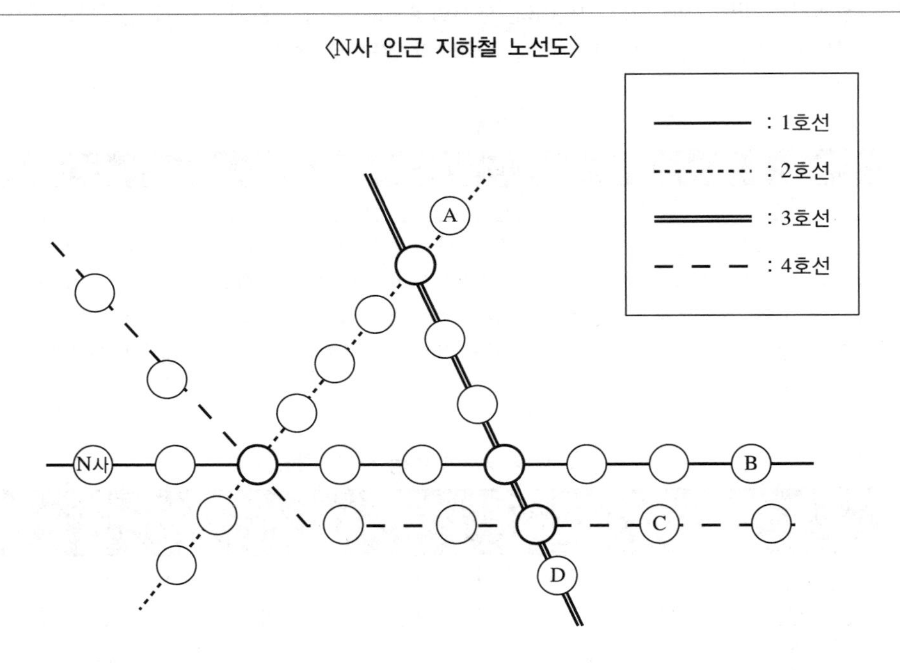

〈N사 인근 지하철 관련 정보〉

- 역간 거리 및 부과요금은 다음과 같다.

열차	역간 거리	기본요금	거리비례 추가요금
1호선	900m	1,200원	5km 초과 시 500m마다 50원 추가
2호선	950m	1,500원	5km 초과 시 1km마다 100원 추가
3호선	1,000m	1,800원	5km 초과 시 500m마다 100원 추가
4호선	1,300m	2,000원	5km 초과 시 1.5km마다 150원 추가

- 모든 노선에서 다음 역으로 이동하는 데 걸리는 시간은 2분이다.
- 모든 노선에서 환승하는 데 걸리는 시간은 3분이다.
- 기본요금이 더 비싼 열차로 환승할 때에는 부족한 기본요금을 추가로 부과하며, 기본요금이 더 저렴한 열차로 환승할 때에는 요금을 추가로 부과하거나 공제하지 않는다.
- 1회 이상 환승할 때의 거리비례 추가요금은 이용한 열차 중 기본요금이 가장 비싼 열차를 기준으로 적용한다.
  예 1호선으로 3,600m 이동 후 3호선으로 환승하여 3,000m 더 이동했다면, 기본요금 및 거리비례 추가요금은 3호선 기준이 적용되어 1,800+300=2,100원이다.

| 한국남동발전 / 문제해결능력

45 다음 중 N사와 A지점을 왕복하는 데 걸리는 최소 이동시간은?

① 28분　② 34분
③ 40분　④ 46분

| 한국남동발전 / 문제해결능력

46 다음 중 N사로부터 이동거리가 가장 짧은 지점은?

① A지점　② B지점
③ C지점　④ D지점

| 한국남동발전 / 문제해결능력

47 다음 중 N사에서 이동하는 데 드는 비용이 가장 적은 지점은?

① A지점　② B지점
③ C지점　④ D지점

※ 다음 글을 읽고 이어지는 질문에 답하시오. [48~50]

SF 영화나 드라마에서만 나오던 3D 푸드 프린터를 통해 음식을 인쇄하여 소비하는 모습은 더 이상 먼 미래의 모습이 아니게 되었다. 2023년 3월 21일 미국의 컬럼비아 대학교에서는 3D 푸드 프린터와 땅콩버터, 누텔라, 딸기잼 등 7가지의 반죽형 식용 카트리지로 7겹 치즈케이크를 만들었다고 국제학술지 'NPJ 식품과학'에 소개하였다. (가) 특히 이 치즈케이크는 베이킹 기능이 있는 레이저와 식물성 원료를 사용한 비건식 식용 카트리지를 통해 만들어졌다. ㉠ 그래서 이번 발표는 대체육과 같은 다른 관련 산업에서도 많은 주목을 받게 되었다.

3D 푸드 프린터는 산업 현장에서 사용되는 일반적인 3D 프린터가 사용자가 원하는 대로 3차원의 물체를 만드는 것처럼 사람이 섭취가 가능한 페이스트, 반죽, 분말 등을 카트리지로 사용하여 사용자가 원하는 디자인으로 압출・성형하여 음식을 만들어 내는 것이다. (나) 현재 3D 푸드 프린터는 산업용 3D 프린터처럼 페이스트를 층층이 쌓아서 만드는 FDM(Fused Deposition Modeling) 방식, 분말형태로 된 재료를 접착제로 굳혀 찍어내는 PBF(Powder Bed Fusion), 레이저로 굳혀 찍어내는 SLS(Selective Laser Sintering) 방식이 주로 사용된다.

(다) 3D 푸드 프린터는 아직 대중화되지 않았지만, 많은 장점을 가지고 있어 미래에 활용가치가 아주 높을 것으로 예상되고 있다. ㉡ 예를 들어 증가하는 노령인구에 맞춰 씹고 삼키는 것이 어려운 사람을 위해 질감과 맛을 조정하거나, 개인별로 필요한 영양소를 첨가하는 등 사용자의 건강관리를 수월하게 해 준다. ㉢ 또한 우주 등 음식을 조리하기 어려운 곳에서 평소 먹던 음식을 섭취할 수 있게 하는 등 활용도는 무궁무진하다. 특히 대체육 부분에서 주목받고 있는데, 3D 푸트 프린터로 육류를 제작하게 된다면 동물을 키우고 도살하여 고기를 얻는 것보다 환경오염을 줄일 수 있다. (라) 대체육은 식물성 원료를 소재로 하는 것이므로 일반적인 고기보다는 맛은 떨어지게 된다. 실제로 대체육 전문 기업인 리디파인 미트(Redefine Meat)에서는 대체육이 축산업에서 발생하는 일반 고기보다 환경오염을 95% 줄일 수 있다고 밝히고 있다.

㉣ 따라서 3D 푸드 프린터는 개발 초기 단계이므로 아직 개선해야 할 점이 많다. 가장 중요한 것은 맛이다. 3D 푸드 프린터에 들어가는 식용 카트리지의 주원료는 식물성 재료이므로 실제 음식의 맛을 내기까지는 아직 많은 노력이 필요하다. (마) 디자인의 영역도 간과할 수 없는데, 길쭉한 필라멘트(3D 프린터에 사용되는 플라스틱 줄) 모양으로 성형된 음식이 '인쇄'라는 인식과 함께 음식을 섭취하는 데 심리적인 거부감을 주는 것도 해결해야 하는 문제이다. ㉤ 게다가 현재 주로 사용하는 방식은 페이스트, 분말을 레이저나 압출로 성형하는 것이므로 만들 수 있는 요리의 종류가 매우 제한적이며, 전력 소모 또한 많다는 것도 해결해야 하는 문제이다.

| LH 한국토지주택공사 / 의사소통능력

48 윗글의 내용에 대한 추론으로 적절하지 않은 것은?

① 설탕 케이크 장식 제작은 SLS 방식의 3D 푸드 프린터가 적절하다.
② 3D 푸드 프린터는 식감 등으로 발생하는 편식을 줄일 수 있다.
③ 3D 푸드 프린터는 사용자 맞춤 식단을 제공할 수 있다.
④ 현재 3D 푸드 프린터로 제작된 음식은 거부감을 일으킬 수 있다.
⑤ 컬럼비아 대학교에서 만들어 낸 치즈케이크는 PBF 방식으로 제작되었다.

| LH 한국토지주택공사 / 의사소통능력

49 윗글의 (가) ~ (마) 중 삭제해야 할 문장으로 가장 적절한 것은?

① (가)
② (나)
③ (다)
④ (라)
⑤ (마)

| LH 한국토지주택공사 / 의사소통능력

50 윗글의 접속부사 ㉠ ~ ㉤ 중 문맥상 적절하지 않은 것은?

① ㉠
② ㉡
③ ㉢
④ ㉣
⑤ ㉤

02 2023년 주요 공기업 전공 기출복원문제

정답 및 해설 p.016

01 경영

| 코레일 한국철도공사

01 다음 중 고전적 경영이론에 대한 설명으로 옳지 않은 것은?

① 고전적 경영이론은 인간의 행동이 합리적이고 경제적인 동기에 의해 이루어진다고 가정한다.
② 차별 성과급제, 기능식 직장제도는 테일러의 과학적 관리법을 기본이론으로 한다.
③ 포드의 컨베이어 벨트 시스템은 표준화를 통한 대량생산방식을 설명한다.
④ 베버는 조직을 합리적이고 법적인 권한으로 운영하는 관료제 조직이 가장 합리적이라고 주장한다.
⑤ 페이욜은 기업활동을 기술활동, 영업활동, 재무활동, 회계활동 4가지 분야로 구분하였다.

| 코레일 한국철도공사

02 다음 중 광고의 소구 방법에 대한 설명으로 옳지 않은 것은?

① 감성적 소구는 브랜드에 대한 긍정적 느낌 등 이미지 향상을 목표로 하는 방법이다.
② 감성적 소구는 논리적인 자료 제시를 통해 높은 제품 이해도를 이끌어 낼 수 있다.
③ 유머 소구, 공포 소구 등이 감성적 소구 방법에 해당한다.
④ 이성적 소구는 정보제공형 광고에 사용하는 방법이다.
⑤ 이성적 소구는 구매 시 위험이 따르는 내구재나 신제품 등에 많이 활용된다.

| 코레일 한국철도공사

03 다음 중 정가가 10,000원인 제품을 9,900원으로 판매하는 가격전략은 무엇인가?

① 명성가격
② 준거가격
③ 단수가격
④ 관습가격
⑤ 유인가격

❙ 코레일 한국철도공사

04 **다음 중 마이클 포터의 가치사슬에 대한 설명으로 옳지 않은 것은?**

① 가치사슬은 거시경제학을 기반으로 하는 분석 도구이다.
② 기업의 수행활동을 제품설계, 생산, 마케팅, 유통 등 개별적 활동으로 나눈다.
③ 구매, 제조, 물류, 판매, 서비스 등을 기업의 본원적 활동으로 정의한다.
④ 기술개발, 조달활동 등을 기업의 지원적 활동으로 정의한다.
⑤ 가치사슬에서 말하는 이윤은 수입에서 가치창출을 위해 발생한 모든 비용을 제외한 값이다.

❙ 코레일 한국철도공사

05 **다음 〈보기〉 중 JIT시스템의 장점으로 옳지 않은 것을 모두 고르면?**

보기
㉠ 현장 낭비 제거를 통한 생산성 향상
㉡ 다기능공 활용을 통한 작업자 노동부담 경감
㉢ 소 LOT 생산을 통한 재고율 감소
㉣ 단일 생산을 통한 설비 이용률 향상

① ㉠, ㉡
② ㉠, ㉢
③ ㉡, ㉢
④ ㉡, ㉣
⑤ ㉢, ㉣

❙ 코레일 한국철도공사

06 **다음 중 주식회사의 특징으로 옳지 않은 것은?**

① 구성원인 주주와 별개의 법인격이 부여된다.
② 주주는 회사에 대한 주식의 인수가액을 한도로 출자의무를 부담한다.
③ 주주는 자신이 보유한 지분을 자유롭게 양도할 수 있다.
④ 설립 시 발기인은 최소 2인 이상을 필요로 한다.
⑤ 소유와 경영을 분리하여 이사회로 경영권을 위임한다.

| 서울교통공사

07 다음 중 주식 관련 상품에 대한 설명으로 옳지 않은 것은?

① ELS : 주가지수 또는 종목의 주가 움직임에 따라 수익률이 결정되며, 만기가 없는 증권이다.
② ELB : 채권, 양도성 예금증서 등 안전자산에 주로 투자하며, 원리금이 보장된다.
③ ELD : 수익률이 코스피200지수에 연동되는 예금으로, 주로 정기예금 형태로 판매한다.
④ ELT : ELS를 특정금전신탁 계좌에 편입하는 신탁상품으로, 투자자의 의사에 따라 운영한다.
⑤ ELF : ELS와 ELD의 중간 형태로, ELS를 기초 자산으로 하는 펀드를 말한다.

| 서울교통공사

08 다음 〈보기〉에 해당하는 재고유형은 무엇인가?

보기

- 불확실한 수요 변화에 대처하기 위한 재고로, 완충재고라고도 한다.
- 생산의 불확실성, 재료확보의 불확실성에 대비하여 보유하는 재고이다.
- 품절 또는 재고부족 상황에 대비함으로써 납기일을 준수하여 고객 신뢰도를 높일 수 있다.

① 파이프라인재고
② 이동재고
③ 주기재고
④ 예비재고
⑤ 안전재고

| 서울교통공사

09 다음 중 인사와 관련된 이론에 대한 설명으로 옳지 않은 것은?

① 허즈버그는 욕구를 동기요인과 위생요인으로 나누었으며, 동기요인에는 인정감, 성취, 성장 가능성, 승진, 책임감, 직무 자체가 해당되고, 위생요인에는 보수, 대인관계, 감독, 직무안정성, 근무환경, 회사의 정책 및 관리가 해당된다.
② 블룸은 동기 부여에 대해 기대 이론을 적용하여 기대감, 적합성, 신뢰성을 통해 구성원의 직무에 대한 동기 부여를 결정한다고 주장하였다.
③ 매슬로는 욕구의 위계를 생리적 욕구, 안전의 욕구, 애정과 공감의 욕구, 존경의 욕구, 자아실현의 욕구로 나누어 단계별로 욕구가 작용한다고 설명하였다.
④ 맥그리거는 인간의 본성에 대해 부정적인 관점인 X이론과 긍정적인 관점인 Y이론이 있으며, 경영자는 조직목표 달성을 위해 근로자의 본성(X, Y)을 파악해야 한다고 주장하였다.
⑤ 로크는 인간이 합리적으로 행동한다는 가정하에 개인이 의식적으로 얻으려고 설정한 목표가 동기와 행동에 영향을 미친다고 주장하였다.

| 서울교통공사

10 다음 〈보기〉에 해당하는 마케팅 STP 단계는 무엇인가?

보기
- 서로 다른 욕구를 가지고 있는 다양한 고객들을 하나의 동질적인 고객집단으로 나눈다.
- 인구, 지역, 사회, 심리 등을 기준으로 활용한다.
- 전체시장을 동질적인 몇 개의 하위시장으로 구분하여 시장별로 차별화된 마케팅을 실행한다.

① 시장세분화
② 시장매력도 평가
③ 표적시장 선정
④ 포지셔닝
⑤ 재포지셔닝

| K-water 한국수자원공사

11 다음 K기업 재무회계 자료를 참고할 때, 기초부채를 계산하면 얼마인가?

- 기초자산 : 100억 원
- 기말자본 : 65억 원
- 총수익 : 35억 원
- 총비용 : 20억 원

① 35억 원
② 40억 원
③ 50억 원
④ 60억 원

| K-water 한국수자원공사

12 다음 중 ERG 이론에 대한 설명으로 옳지 않은 것은?

① 매슬로의 욕구 5단계설을 발전시켜 주장한 이론이다.
② 인간의 욕구를 중요도 순으로 계층화하여 정의하였다.
③ 인간의 욕구를 존재욕구, 관계욕구, 성장욕구의 3단계로 나누었다.
④ 상위에 있는 욕구를 충족시키지 못하면 하위에 있는 욕구는 더욱 크게 감소한다.

K-water 한국수자원공사

13 다음 중 기업이 사업 다각화를 추진하는 목적으로 볼 수 없는 것은?

① 기업의 지속적인 성장 추구
② 사업위험 분산
③ 유휴자원의 활용
④ 기업의 수익성 강화

K-water 한국수자원공사

14 다음 중 직무관리의 절차를 순서대로 바르게 나열한 것은?

① 직무설계 → 직무분석 → 직무기술서 / 직무명세서 → 직무평가
② 직무설계 → 직무기술서 / 직무명세서 → 직무분석 → 직무평가
③ 직무분석 → 직무기술서 / 직무명세서 → 직무평가 → 직무설계
④ 직무분석 → 직무평가 → 직무기술서 / 직무명세서 → 직무설계

한국중부발전

15 다음 중 종단분석과 횡단분석의 비교가 옳지 않은 것은?

구분	종단분석	횡단분석
방법	시간적	공간적
목표	특성이나 현상의 변화	집단의 특성 또는 차이
표본 규모	큼	작음
횟수	반복	1회

① 방법
② 목표
③ 표본 규모
④ 횟수

한국중부발전

16 다음 중 향후 채권이자율이 시장이자율보다 높아질 것으로 예상될 때 나타날 수 있는 현상으로 옳은 것은?

① 별도의 이자 지급 없이 채권발행 시 이자금액을 공제하는 방식을 선호하게 된다.
② 1년 만기 은행채, 장기신용채 등의 발행이 늘어난다.
③ 만기에 가까워질수록 채권가격 상승에 따른 이익을 얻을 수 있다.
④ 채권가격이 액면가보다 높은 가격에 거래되는 할증채 발행이 증가한다.

| 한국서부발전

17 **다음 중 BCG 매트릭스에 대한 설명으로 옳은 것은?**

① 스타(Star) 사업 : 높은 시장점유율로 현금창출은 양호하나, 성장 가능성은 낮은 사업이다.
② 현금젖소(Cash Cow) 사업 : 성장률과 시장점유율이 모두 낮아 철수가 필요한 사업이다.
③ 개(Dog) 사업 : 성장률과 시장점유율이 모두 높아서 계속 투자가 필요한 유망 사업이다.
④ 물음표(Question Mark) 사업 : 신규 사업 또는 현재 시장점유율은 낮으나, 향후 성장 가능성이 높은 사업이다.

| 한국서부발전

18 **다음 중 인지부조화에 따른 행동 사례로 볼 수 없는 것은?**

① A는 흡연자지만 동료가 담배를 필 때마다 담배를 끊을 것을 권유한다.
② B는 다이어트를 결심하고 저녁을 먹지 않을 것이라 말했지만 저녁 대신 빵을 먹었다.
③ C는 E정당의 정책방향을 지지하지만 선거에서는 F정당의 후보에게 투표하였다.
④ D는 중간고사 시험을 망쳤지만 시험 난이도가 너무 어려워 당연한 결과라고 생각하였다.

| 한국서부발전

19 **다음 중 기업이 해외에 진출하려고 할 때, 계약에 의한 진출 방식으로 볼 수 없는 것은?**

① 프랜차이즈
② 라이센스
③ M&A
④ 턴키

| 한국서부발전

20 **다음 중 테일러의 과학적 관리법의 특징에 대한 설명으로 옳지 않은 것은?**

① 작업능률을 최대로 높이기 위하여 노동의 표준량을 정한다.
② 작업에 사용하는 도구 등을 개별 용도에 따라 다양하게 제작하여 성과를 높인다.
③ 작업량에 따라 임금을 차등하여 지급한다.
④ 관리에 대한 전문화를 통해 노동자의 태업을 사전에 방지한다.

02 경제

ㅣ 서울교통공사

01 다음 중 수요의 가격탄력성에 대한 설명으로 옳지 않은 것은?

① 수요의 가격탄력성은 가격의 변화에 따른 수요의 변화를 의미한다.
② 분모는 상품 가격의 변화량을 상품 가격으로 나눈 값이다.
③ 대체재가 많을수록 수요의 가격탄력성은 탄력적이다.
④ 가격이 1% 상승할 때 수요가 2% 감소하였으면 수요의 가격탄력성은 2이다.
⑤ 가격탄력성이 0보다 크면 탄력적이라고 할 수 있다.

ㅣ 서울교통공사

02 다음 중 대표적인 물가지수인 GDP 디플레이터를 구하는 계산식으로 옳은 것은?

① (실질 GDP)÷(명목 GDP)×100
② (명목 GDP)÷(실질 GDP)×100
③ (실질 GDP)+(명목 GDP)÷2
④ (명목 GDP)−(실질 GDP)÷2
⑤ (실질 GDP)÷(명목 GDP)×2

ㅣ 서울교통공사

03 다음 〈조건〉을 참고할 때, 한계소비성향(MPC) 변화에 따른 현재 소비자들의 소비 변화폭은?

조건

- 기존 소비자들의 연간 소득은 3,000만 원이며, 한계소비성향은 0.6을 나타내었다.
- 현재 소비자들의 연간 소득은 4,000만 원이며, 한계소비성향은 0.7을 나타내었다.

① 700
② 1,100
③ 1,800
④ 2,500
⑤ 3,700

| 한국가스기술공사

04 다음 〈보기〉의 빈칸에 들어갈 단어가 바르게 나열된 것은?

보기

- 환율이 ___㉠___하면 순수출이 증가한다.
- 국내이자율이 높아지면 환율은 ___㉡___한다.
- 국내물가가 오르면 환율은 ___㉢___한다.

	㉠	㉡	㉢
①	하락	상승	하락
②	하락	상승	상승
③	하락	하락	하락
④	상승	하락	상승
⑤	상승	하락	하락

| 한국가스기술공사

05 다음 중 독점적 경쟁시장에 대한 설명으로 옳지 않은 것은?

① 독점적 경쟁시장은 완전경쟁시장과 독점시장의 중간 형태이다.
② 대체성이 높은 제품의 공급자가 시장에 다수 존재한다.
③ 시장진입과 퇴출이 자유롭다.
④ 독점적 경쟁기업의 수요곡선은 우하향하는 형태를 나타낸다.
⑤ 가격경쟁이 비가격경쟁보다 활발히 진행된다.

| 한국가스기술공사

06 다음 중 고전학파와 케인스학파에 대한 설명으로 옳지 않은 것은?

① 케인스학파는 경기가 침체할 경우, 정부의 적극적 개입이 바람직하지 않다고 주장하였다.
② 고전학파는 임금이 매우 신축적이어서 노동시장이 항상 균형상태에 이르게 된다고 주장하였다.
③ 케인스학파는 저축과 투자가 국민총생산의 변화를 통해 같아지게 된다고 주장하였다.
④ 고전학파는 실물경제와 화폐를 분리하여 설명한다.
⑤ 케인스학파는 단기적으로 화폐의 중립성이 성립하지 않는다고 주장하였다.

| 한국가스기술공사

07 다음 중 〈보기〉의 사례에서 나타나는 현상으로 옳은 것은?

보기

- 물은 사용 가치가 크지만 교환 가치가 작은 반면, 다이아몬드는 사용 가치가 작지만 교환 가치는 크게 나타난다.
- 한계효용이 작을수록 교환 가치가 작으며, 한계효용이 클수록 교환 가치가 크다.

① 매몰비용의 오류
② 감각적 소비
③ 보이지 않는 손
④ 가치의 역설
⑤ 희소성

| 한국가스기술공사

08 다음 〈조건〉을 따를 때, 실업률은 얼마인가?

조건

- 생산가능인구 : 50,000명
- 취업자 : 20,000명
- 실업자 : 5,000명

① 10%
② 15%
③ 20%
④ 25%
⑤ 30%

| 한국중부발전

09 J기업이 다음 〈조건〉과 같이 생산량을 늘린다고 할 때, 한계비용은 얼마인가?

조건

- J기업의 제품 1단위당 노동가격은 4, 자본가격은 6이다.
- J기업은 제품 생산량을 50개에서 100개로 늘리려고 한다.
- 평균비용 $P=2L+K+\frac{100}{Q}$ (L : 노동가격, K : 자본가격, Q : 생산량)

① 10
② 12
③ 14
④ 16

| 한국서부발전

10 다음은 A국과 B국이 노트북 1대와 TV 1대를 생산하는 데 필요한 작업 시간을 나타낸 자료이다. A국과 B국의 비교우위에 대한 설명으로 옳은 것은?

구분	노트북	TV
A국	6시간	8시간
B국	10시간	8시간

① A국이 노트북, TV 생산 모두 비교우위에 있다.
② B국이 노트북, TV 생산 모두 비교우위에 있다.
③ A국은 노트북 생산, B국은 TV 생산에 비교우위가 있다.
④ A국은 TV 생산, B국은 노트북 생산에 비교우위가 있다.

| 한국서부발전

11 다음 중 다이내믹 프라이싱에 대한 설명으로 옳지 않은 것은?

① 동일한 제품과 서비스에 대한 가격을 시장 상황에 따라 변화시켜 적용하는 전략이다.
② 호텔, 항공 등의 가격을 성수기 때 인상하고, 비수기 때 인하하는 것이 대표적인 예이다.
③ 기업은 소비자별 맞춤형 가격을 통해 수익을 극대화할 수 있다.
④ 소비자 후생이 증가해 소비자의 만족도가 높아진다.

| 한국서부발전

12 다음 〈보기〉 중 빅맥 지수에 대한 설명으로 옳은 것을 모두 고르면?

보기
㉠ 빅맥 지수를 최초로 고안한 나라는 미국이다.
㉡ 각 나라의 물가수준을 비교하기 위해 고안된 지수로, 구매력 평가설을 근거로 한다.
㉢ 맥도날드 빅맥 가격을 기준으로 한 이유는 전 세계에서 가장 동질적으로 판매되고 있는 상품이기 때문이다.
㉣ 빅맥 지수를 구할 때 빅맥 가격은 제품 가격과 서비스 가격의 합으로 계산한다.

① ㉠, ㉡
② ㉠, ㉢
③ ㉡, ㉢
④ ㉡, ㉣

| 한국서부발전

13 **다음 중 확장적 통화정책의 영향으로 옳은 것은?**

① 건강보험료가 인상되어 정부의 세금 수입이 늘어난다.
② 이자율이 하락하고, 소비 및 투자가 감소한다.
③ 이자율이 상승하고, 환율이 하락한다.
④ 은행이 채무불이행 위험을 줄이기 위해 더 높은 이자율과 담보 비율을 요구한다.

| 한국서부발전

14 **다음 중 노동의 수요공급곡선에 대한 설명으로 옳지 않은 것은?**

① 노동 수요는 파생수요라는 점에서 재화시장의 수요와 차이가 있다.
② 상품 가격이 상승하면 노동 수요곡선은 오른쪽으로 이동한다.
③ 토지, 설비 등이 부족하면 노동 수요곡선은 오른쪽으로 이동한다.
④ 노동에 대한 인식이 긍정적으로 변화하면 노동 공급곡선은 오른쪽으로 이동한다.

| 한국서부발전

15 **다음 〈조건〉에 따라 S씨가 할 수 있는 최선의 선택은?**

조건

- S씨는 퇴근 후 운동을 할 계획으로 헬스, 수영, 자전거, 달리기 중 하나를 고르려고 한다.
- 각 운동이 주는 만족도(이득)는 헬스 5만 원, 수영 7만 원, 자전거 8만 원, 달리기 4만 원이다.
- 각 운동에 소요되는 비용은 헬스 3만 원, 수영 2만 원, 자전거 5만 원, 달리기 3만 원이다.

① 헬스
② 수영
③ 자전거
④ 달리기

PART 1

직업기초능력평가

CHAPTER 01

문제해결능력

합격 CHEAT KEY

문제해결능력은 업무를 수행하면서 여러 가지 문제 상황이 발생하였을 때, 창의적이고 논리적인 사고를 통하여 이를 올바르게 인식하고 적절히 해결하는 능력을 말한다. 하위능력으로는 사고력과 문제처리능력이 있다.

문제해결능력은 NCS 기반 채용을 진행하는 대다수의 공사·공단에서 채택하고 있으며, 문항 수는 평균 24% 정도로 상당히 많이 출제되고 있다. 하지만 많은 수험생들은 더 많이 출제되는 다른 영역에 몰입하고 문제해결능력에는 집중하지 않는 실수를 하고 있다. 다른 영역보다 더 많은 노력이 필요할 수는 있지만 그렇기에 차별화를 할 수 있는 득점 영역이므로 포기하지 말고 꾸준하게 노력해야 한다.

01 질문의 의도를 정확하게 파악하라!

문제해결능력은 문제에서 무엇을 묻고 있는지 정확하게 파악하여 먼저 풀이 방향을 설정하는 것이 가장 효율적인 방법이다. 특히, 조건이 주어지고 답을 찾는 창의적·분석적인 문제가 주로 출제되고 있기 때문에 처음에 정확한 풀이 방향이 설정되지 않는다면 시간만 허비하고 결국 문제도 풀지 못하게 되므로 첫 번째로 출제의도 파악에 집중해야 한다.

02 중요한 정보는 반드시 표시하라!

위에서 말한 출제의도를 정확히 파악하기 위해서는 문제의 중요한 정보를 반드시 표시하거나 메모하여 하나의 조건, 단서도 잊고 넘어가는 일이 없도록 해야 한다. 실제 시험에서는 시간의 압박과 긴장감으로 정보를 잘못 적용하거나 잊어버리는 실수가 많이 발생하므로 사전에 충분한 연습이 필요하다.
가령 명제 문제의 경우 주어진 명제와 그 명제의 대우를 본인이 한눈에 파악할 수 있도록 기호화, 도식화하여 메모하면 흐름을 이해하기가 더 수월하다. 이를 통해 자신만의 풀이 순서와 방향, 기준 또한 생길 것이다.

03 반복 풀이를 통해 취약 유형을 파악하라!

길지 않은 한정된 시간 동안 모든 문제를 다 푸는 것은 조금은 어려울 수도 있다. 따라서 고득점을 할 수 있는 효율적인 문제 풀이 방법을 찾아야 한다. 이때, 반복적인 문제 풀이를 통해 자신이 취약한 유형을 파악하는 것이 중요하다. 취약 유형 파악은 종료 시간이 임박했을 때 빛을 발할 것이다. 풀 수 있는 문제부터 빠르게 풀고 취약한 유형은 나중에 푸는 효율적인 문제 풀이를 통해 최대한 고득점을 맞는 것이 중요하다. 그러므로 본인의 취약 유형을 파악하기 위해서 많은 문제를 풀어 봐야 한다.

04 타고나는 것이 아니므로 열심히 노력하라!

대부분의 수험생들이 문제해결능력은 공부해도 실력이 늘지 않는 영역이라고 생각한다. 하지만 그렇지 않다. 문제해결능력이야말로 노력을 통해 충분히 고득점이 가능한 영역이다. 정확한 질문 의도 파악, 취약한 유형의 반복적인 풀이, 빈출유형 파악 등의 방법으로 충분히 실력을 향상시킬 수 있다. 자신감을 갖고 공부하기 바란다.

01 사고력 ① - 창의적 사고

다음 〈보기〉 중 창의적 사고에 대한 설명으로 적절하지 않은 것을 모두 고르면?

보기

㉠ 창의적 사고는 아무것도 없는 무에서 유를 만들어 내는 것이다.
→ 창의적 사고는 끊임없이 참신하고 새로운 아이디어를 만들어 내는 것

㉡ 창의적 사고는 끊임없이 참신한 아이디어를 산출하는 힘이다.

㉢ 우리는 매일 끊임없이 창의적 사고를 계속하고 있다.

㉣ 필요한 물건을 싸게 사기 위해서 하는 많은 생각들은 창의적 사고에 해당하지 않는다.
→ 창의적 사고는 일상생활의 작은 것부터 위대한 것까지 포함되며, 우리는 매일 창의적 사고를 하고 있음

㉤ 창의적 사고를 대단하게 여기는 사람들의 편견과 달리 창의적 사고는 누구에게나 존재한다.

① ㉠, ㉢
② ㉠, ㉣
③ ㉡, ㉣
④ ㉢, ㉤
⑤ ㉣, ㉤

풀이순서

1) 질문의도
창의적 사고 이해

2) 보기(㉠~㉤) 확인

3) 정답도출

유형 분석 • 주어진 설명을 통해 이론이나 개념을 활용하여 풀어가는 문제이다.
응용 문제 : 주로 빠른 시간 안에 정답을 도출하는 문제가 출제된다.

풀이 전략 모듈이론에 대한 전반적인 학습을 미리 해 두어야 하며, 이를 토대로 주어진 문제에 적용하여 문제를 해결해 나가도록 한다.

대표유형

02 사고력 ② - 명제

게임 동호회 회장인 귀하는 주말에 진행되는 게임 행사에 동호회 회원인 A ~ E의 참여 가능 여부를 조사하려고 한다. 다음을 참고하여 E가 행사에 참여하지 않는다고 할 때, 행사에 참여 가능한 사람은 모두 몇 명인가? ~e

> • A가 행사에 참여하지 않으면, B가 행사에 참여한다. (~a, b) ~a → b의 대우 : ~b → a
> • A가 행사에 참여하면, C는 행사에 참여하지 않는다. (a, ~c)
> • B가 행사에 참여하면, D는 행사에 참여하지 않는다. (b, ~d) b → ~d의 대우 : d → ~b
> • D가 행사에 참여하지 않으면, E가 행사에 참여한다. (~d, e) ~d → e의 대우 : ~e → d

① 0명 ② 1명
③ 2명 ④ 3명
⑤ 4명

풀이순서

1) 질문의도
명제 추리

2) 문장분석
기호화

3) 정답도출
~e → d
d → ~b
~b → a
a → ~c
∴ 2명

PART 1

유형 분석
• 주어진 문장을 토대로 논리적으로 추론하여 참 또는 거짓을 구분하는 문제이다.
• 대체로 연역추론을 활용한 명제 문제가 출제된다.
응용문제 : 자료를 제시하고 새로운 결과나 자료에 주어지지 않은 내용을 추론해 가는 형식의 문제가 출제된다.

풀이 전략
명제와 관련한 기본적인 논법에 대해서는 미리 학습해 두며, 이를 바탕으로 각 문장에 있는 핵심단어 또는 문구를 기호화하여 정리한 후, 선택지와 비교하여 참 또는 거짓을 판단한다.

대표유형

03 문제처리 ① - SWOT 분석

다음은 분식점에 대한 SWOT 분석 결과이다. 이에 대한 대응 방안으로 가장 적절한 것은?

S(강점)	W(약점)
• 좋은 품질의 재료만 사용 • 청결하고 차별화된 이미지	• 타 분식점에 비해 한정된 메뉴 • 배달서비스를 제공하지 않음
O(기회)	**T(위협)**
• 분식점 앞에 곧 학교가 들어설 예정 • 최근 TV프로그램 섭외 요청을 받음	• 프랜차이즈 분식점들로 포화 상태 • 저렴한 길거리 음식으로 취급하는 경향이 있음

① ST전략 : 비싼 재료들을 사용하여 가격을 올려 저렴한 길거리 음식이라는 인식을 바꾼다.
② WT전략 : 다른 분식점들과 차별화된 전략을 유지하기 위해 배달서비스를 시작한다.
③ SO전략 : TV프로그램에 출연해 좋은 품질의 재료만 사용한다는 점을 부각시킨다.
O S
④ WO전략 : TV프로그램 출연용으로 다양한 메뉴를 일시적으로 개발한다.
⑤ WT전략 : 포화 상태의 시장에서 살아남기 위해 다른 가게보다 저렴한 가격으로 판매한다.

풀이순서

1) 질문의도
SWOT 분석

2) SWOT 분석

3) 정답도출

유형 분석
• 상황에 대한 환경 분석 결과를 통해 주요 과제를 도출하는 문제이다.
• 주로 3C 분석 또는 SWOT 분석을 활용한 문제들이 출제되고 있으므로 해당 분석도구에 대한 사전 학습이 요구된다.

풀이 전략
문제에 제시된 분석도구를 확인한 후, 분석 결과를 종합적으로 판단하여 각 선택지의 전략 과제와 일치 여부를 판단한다.

대표유형

04 문제처리 ② - 공정 관리

다음은 제품 생산에 소요되는 작업 시간을 정리한 자료이다. 〈조건〉이 다음과 같을 때, 이에 대한 설명으로 가장 적절한 것은?

〈제품 생산에 소요되는 작업 시간〉

(단위 : 시간)

제품 \ 작업 구분	절삭 작업	용접 작업
a	2	1
b	1	2
c	3	3

조건

- a, b, c제품을 각 1개씩 생산한다.
- 주어진 기계는 절삭기 1대, 용접기 1대이다.
- 각 제품은 절삭 작업을 마친 후 용접 작업을 해야 한다.
- 총 작업 시간을 최소화하기 위해 제품의 제작 순서는 관계없다.

① 가장 적게 소요되는 총 작업 시간은 8시간이다.
b → c → a의 순서
② 가장 많이 소요되는 총 작업 시간은 12시간이다.
a → c → b의 순서 : 총 10시간
③ 총 작업 시간을 최소화하기 위해 제품 b를 가장 늦게 만든다.
④ 총 작업 시간을 최소화하기 위해 제품 a를 가장 먼저 만든다.
⑤ b → c → a의 순서로 작업할 때, b 작업 후 1시간 동안 용접을 더 하면 작업 시간이 늘어난다.
b 작업 후 1시간의 유휴 시간이 있으므로 작업 시간 변함 없음

풀이순서

1) 질문의도
공정 관리 이해

2) 조건확인

3) 정답도출

PART 1

유형 분석
- 주어진 상황과 정보를 종합적으로 활용하여 풀어가는 문제이다.
- 비용, 시간, 순서, 해석 등 다양한 주제를 다루고 있어 유형을 한 가지로 단일화하기 어렵다.

풀이 전략
문제에서 묻는 것을 정확히 파악한 후, 필요한 상황과 정보를 찾아 이를 활용하여 문제를 풀어간다.

01 기출예상문제

정답 및 해설 p.022

01 A～E 다섯 약국은 공휴일마다 2곳씩만 영업을 한다. 다음 〈조건〉을 참고할 때, 반드시 참인 것은?(단, 한 달간 각 약국의 공휴일 영업일수는 같다)

조건

- 이번 달 공휴일은 총 5일이다.
- 오늘은 세 번째 공휴일이며 A약국, C약국이 영업을 한다.
- D약국은 오늘을 포함하여 이번 달에는 더 이상 공휴일에 영업을 하지 않는다.
- E약국은 마지막 공휴일에 영업을 한다.
- A약국과 E약국은 이번 달에 한번씩 D약국과 영업을 했다.

① A약국은 이번 달에 두 번의 공휴일을 연달아 영업한다.
② 이번 달에 B약국, E약국이 함께 영업하는 공휴일은 없다.
③ B약국은 두 번째, 네 번째 공휴일에 영업을 한다.
④ 네 번째 공휴일에 영업하는 약국은 B와 C이다.
⑤ E약국은 첫 번째, 다섯 번째 공휴일에 영업을 한다.

02 철수는 장미에게 “43 41 54”의 문자를 전송하였다. 장미는 문자가 16진법으로 표현된 것을 발견하고 아래의 아스키 코드표를 이용하여 해독을 진행하려고 한다. 철수가 장미에게 보낸 문자의 의미는 무엇인가?

문자	아스키	문자	아스키	문자	아스키	문자	아스키
A	65	H	72	O	79	V	86
B	66	I	73	P	80	W	87
C	67	J	74	Q	81	X	88
D	68	K	75	R	82	Y	89
E	69	L	76	S	83	Z	90
F	70	M	77	T	84		
G	71	N	78	U	85		

① CAT
② SIX
③ BEE
④ CUP
⑤ SUN

03 T공단의 기획팀 B팀장은 C사원에게 T공단에 대한 마케팅 전략 보고서를 요청하였다. C사원이 제출한 SWOT 분석이 다음과 같을 때, 다음 ㉠~㉤ 중 SWOT 분석에 들어갈 내용으로 적절하지 않은 것은?

구분	내용
강점(Strength)	• 새롭고 혁신적인 서비스 • ㉠ 직원들에게 가치를 더하는 공사의 다양한 측면 • 특화된 마케팅 전문 지식
약점(Weakness)	• 낮은 품질의 서비스 • ㉡ 경쟁자의 시장 철수로 인한 시장 진입 가능성
기회(Opportunity)	• ㉢ 합작회사를 통한 전략적 협력 구축 가능성 • 글로벌 시장으로의 접근성 향상
위협(Threat)	• ㉣ 주력 시장에 나타난 신규 경쟁자 • ㉤ 경쟁 기업의 혁신적 서비스 개발 • 경쟁 기업과의 가격 전쟁

① ㉠
② ㉡
③ ㉢
④ ㉣
⑤ ㉤

04 T공단의 출근 시각은 오전 9:00이다. J사원, M대리, H과장 세 사람의 시계가 고장이 나서 세 사람의 오늘 출근 시각이 평소와 달랐다. 다음 상황으로 미루어보았을 때, J사원, M대리, H과장의 출근 순서로 옳은 것은?

- 각자 자신의 시계를 기준으로 H과장과 J사원은 출근 시각 5분 전에, M대리는 10분 전에 항상 사무실에 도착한다.
- J사원의 시계는 M대리의 시계보다 15분이 느리다.
- H과장의 시계는 J사원의 시계보다 10분 빠르다.
- 첫 번째로 도착한 사람과 두 번째로 도착한 사람, 두 번째로 도착한 사람과 세 번째로 도착한 사람의 시간 간격은 같다.
- 가장 빨리 도착한 사람이 회사에 도착한 시각은 9시 5분이다.

① M대리 → H과장 → J사원
② M대리 → J사원 → H과장
③ H과장 → J사원 → M대리
④ H과장 → M대리 → J사원
⑤ J사원 → H과장 → M대리

05 A～C는 각각 킥보드, 자전거, 오토바이 중 한 대를 가지고 있고, 그 이름을 쌩쌩이, 날쌘이, 힘찬이로 지었다. 다음 〈조건〉을 보고 기구를 가진 사람과 이름, 기구를 순서에 맞게 나열한 것은?

조건

- A가 가진 것은 힘찬이와 부딪힌 적이 있다.
- B가 가진 자전거는 쌩쌩이와 색깔이 같지 않고, 날쌘이와 색깔이 같다.
- C의 날쌘이는 오토바이보다 작다.

① A – 날쌘이 – 오토바이
② A – 쌩쌩이 – 킥보드
③ B – 날쌘이 – 자전거
④ C – 힘찬이 – 자전거
⑤ C – 날쌘이 – 킥보드

06 인적자원관리과는 봄을 맞아 부서단합행사로 소풍을 가고자 한다. A사원, B사원, C주임, D주임, E대리 5명은 서로 다른 색의 접시에 각기 다른 한 가지의 과일을 준비하였다. 다음 〈조건〉에 따라 판단할 때, B사원이 준비한 접시의 색깔과 C주임이 준비한 과일은?

조건

- 부서원들이 준비한 과일들은 A사원, B사원, C주임, D주임, E대리 순서로 놓여있다.
- 접시의 색은 빨강, 노랑, 초록, 검정, 회색이다.
- 과일은 참외, 수박, 사과, 배, 바나나가 있다.
- 수박과 참외는 이웃하지 않는다.
- 노란색 접시에 배가 담겨있고, 회색 접시에 참외가 담겨있다.
- B사원은 바나나를 준비하였다.
- 양쪽 끝 접시는 빨간색과 초록색이며, 이 두 접시에 담긴 과일의 이름은 두 글자이다.
- 바나나와 사과는 이웃한다.

	B사원이 준비한 접시의 색깔	C주임이 준비한 과일
①	검정	사과
②	빨강	사과
③	검정	참외
④	초록	참외
⑤	회색	수박

07 다음 〈조건〉에 따라 오피스텔 입주민들이 쓰레기를 배출한다고 할 때, 옳지 않은 것은?

조건

- 5개 동 주민들은 모두 다른 날에 쓰레기를 버린다.
- 쓰레기 배출은 격일로 이루어진다.
- 5개 동 주민들은 A동, B동, C동, D동, E동 순서대로 쓰레기를 배출한다.
- 규칙은 A동이 첫째 주 일요일에 쓰레기를 배출하는 것으로 시작한다.

① A와 E는 같은 주에 쓰레기를 배출할 수 있다.
② 10주 차 일요일에는 A동이 쓰레기를 배출한다.
③ A동은 모든 요일에 쓰레기를 배출한다.
④ 2주에 걸쳐 쓰레기를 2회 배출할 수 있는 동은 두 개 동이다.
⑤ B동이 처음으로 수요일에 쓰레기를 버리는 주는 8주 차이다.

PART 1

08 다음은 R대리가 부산 출장을 갔다 올 때, 선택할 수 있는 교통편에 대한 자료이다. R대리가 모바일로 교통편 하나를 선택하여 왕복티켓으로 예매하려고 할 때, 가장 저렴한 교통편은 무엇인가?

〈출장 시 이용가능한 교통편 현황〉

교통편	종류	비용	기타
버스	일반버스	24,000원	–
	우등버스	32,000원	모바일 예매 1% 할인
기차	무궁화호	28,000원	왕복 예매 시 15% 할인
	새마을호	36,000원	왕복 예매 시 20% 할인
	KTX	58,000원	1+1 이벤트(편도 금액으로 왕복 예매 가능)

① 일반버스
② 우등버스
③ 무궁화호
④ 새마을호
⑤ KTX

09 다음은 같은 동아리에서 활동하는 두 학생의 대화 내용이다. 빈칸에 들어갈 가장 작은 수는?

> 효수 : 우리 동아리 회원끼리 뮤지컬 보러 갈까?
> 연지 : 그래, 정말 좋은 생각이다. 관람료는 얼마니?
> 효수 : 개인관람권은 10,000원이고, 30명 이상 단체 구입 시에는 15%를 할인해 준대!
> 연지 : 30명 미만이 간다면 개인관람권을 사야겠네?
> 효수 : 아니야, 잠깐만! 계산을 해 보면…….
> 아하! (　　)명 이상이면 단체 관람으로 30장을 사는 것이 유리해!

① 25
② 26
③ 27
④ 28
⑤ 29

10 T공단은 일정한 규칙에 따라 만든 암호를 팀별 보안키로 활용한다. x와 y의 합은?

A팀	B팀	C팀	D팀	E팀	F팀
1938	2649	3576	6537	9642	2766
G팀	**H팀**	**I팀**	**J팀**	**K팀**	**L팀**
19344	21864	53193	84522	9023x	7y352

① 11
② 13
③ 15
④ 17
⑤ 19

11 T공단 홍보실에 근무하는 A사원은 12일부터 15일까지 워크숍을 가게 되었다. 워크숍을 떠나기 직전 A사원은 자신의 스마트폰 날씨예보 어플을 통해 워크숍 장소인 춘천의 날씨를 확인해보았다. 다음 중 A사원이 확인한 날씨예보의 내용으로 적절한 것은?

① 워크숍 기간 중 오늘이 일교차가 가장 크므로 감기에 유의해야 한다.
② 내일 춘천지역의 미세먼지가 심하므로 주의해야 한다.
③ 워크숍 기간 중 비를 동반한 낙뢰가 예보된 날이 있다.
④ 내일모레 춘천지역의 최고·최저기온이 모두 영하이므로 야외활동 시 옷을 잘 챙겨 입어야 한다.
⑤ 글피엔 비는 내리지 않지만 최저기온이 영하이다.

12 T공단은 사내 화재예방 강화를 위하여 2023년 1월 1일에 대대적인 화재안전점검을 실시하였다. 점검한 결과 일부 노후화되거나 불량인 소화기가 발견되어 신형 축압식 소화기로 교체하려고 한다. 다음 중 처분 및 교체비용으로 가장 적절한 것은?

〈소화기 처분조건〉

적용순서	조건	미충족 시 적용 방안
1	내구연한 8년 미만	폐기처분으로 충족
2	지시압력계가 초록색으로 유지	신형 소화기로 교체하여 충족
3	화재안전기준에 의해 최소 60개 이상 보유	신형 소화기를 구매하여 충족

※ 소화기 폐기처분 비용은 1만 원, 신형 소화기 교체(구매) 비용은 5만 원

〈소화기 전수조사 결과〉

제조연도 / 지시압력계	2014년	2015년	2016년	2017년	2018년
노란색(부족)	8	5	3	1	1
초록색(정상)	10	13	18	15	10
빨간색(과다)	3	–	2	1	–
총계	21	18	23	17	11

※ 2023년도 1월 1일 기준으로 전수조사를 통해 작성하였다.
※ 내구연한은 제조연도로만 계산한다.

① 100만 원
② 112만 원
③ 124만 원
④ 135만 원
⑤ 140만 원

13 대구에서 광주까지 편도운송을 하는 T사의 화물차량 운행상황은 다음과 같다. 만약, 적재효율을 기존의 1,000상자에서 1,200상자로 높여 운행 횟수를 줄이고자 한다면, T사가 얻을 수 있는 월 수송비 절감액은?

- 차량 운행대수 : 4대
- 1대당 1일 운행횟수 : 3회
- 1대당 1회 수송비 : 100,000원
- 월 운행일수 : 20일

① 3,500,000원
② 4,000,000원
③ 4,500,000원
④ 5,000,000원
⑤ 5,500,000원

14 다음은 도서에 부여되는 ISBN의 끝자리 숫자를 생성하는 과정을 나타낸 것이다. 최종 결괏값 (가)로 옳은 것은?

- 과정 1 : ISBN의 '–'을 제외한 12개 숫자의 홀수 번째에는 1을, 짝수 번째에는 3을 곱한 후 그 값들을 모두 더한다.
- 과정 2 : [과정 1]에서 구한 값을 10으로 나누어 나머지를 얻는다(단, 나머지가 0인 경우 [과정 3]은 생략한다).
- 과정 3 : [과정 2]에서 얻은 나머지를 2로 나눈다.

① 0
② 1
③ 2
④ 3
⑤ 4

15 S도시락 전문점은 요일별 도시락 할인 이벤트를 진행하고 있다. T사가 지난 한 주간 S도시락 전문점에서 구매한 내역이 〈보기〉와 같을 때, T사의 지난주 도시락 구매비용은?

〈S도시락 요일별 할인 이벤트〉

요일	월		화		수		목		금	
할인품목	치킨마요		동백		돈가스		새치고기		진달래	
구분	원가	할인가	원가	할인가	원가	할인가	원가	할인가	원가	할인가
가격(원)	3,400	2,900	5,000	3,900	3,900	3,000	6,000	4,500	7,000	5,500

요일	토		일				매일			
할인품목	치킨제육		육개장		김치찌개		치킨(대)		치킨(중)	
구분	원가	할인가	원가	할인가	원가	할인가	원가	할인가	원가	할인가
가격(원)	4,300	3,400	4,500	3,700	4,300	3,500	10,000	7,900	5,000	3,900

※ 요일별 할인품목이 아닌 품목들은 원가로 계산한다.

보기

〈T사의 S도시락 구매내역〉

요일	월	화	수	목	금	토	일
구매내역	동백 3개 치킨마요 10개	동백 10개 김치찌개 3개	돈가스 8개 치킨(중) 2개	새치고기 4개 치킨(대) 2개	진달래 4개 김치찌개 7개	돈가스 2개 치킨제육 10개	육개장 10개 새치고기 4개

① 316,400원
② 326,800원
③ 352,400원
④ 375,300원
⑤ 380,000원

아이들이 답이 있는 질문을 하기 시작하면 그들이 성장하고 있음을 알 수 있다.

– 존 J. 플롬프 –

CHAPTER 02
의사소통능력

합격 CHEAT KEY

의사소통능력은 평가하지 않는 공사·공단이 없을 만큼 필기시험에서 중요도가 높은 영역이다. 또한, 의사소통능력의 문제 출제 비중은 가장 높은 편이다. 이러한 점을 볼 때, 의사소통능력은 NCS를 준비하는 수험생이라면 반드시 정복해야 하는 과목이다.

국가직무능력표준에 따르면 의사소통능력의 세부 유형은 문서이해, 문서작성, 의사표현, 경청, 기초외국어로 나눌 수 있다. 문서이해·문서작성과 같은 제시문에 대한 주제찾기, 내용일치 문제의 출제 비중이 높으며, 공문서·기획서·보고서·설명서 등 문서의 특성을 파악하는 문제도 출제되고 있다. 따라서 이러한 분석을 바탕으로 전략을 세우는 것이 매우 중요하다.

01 문제에서 요구하는 바를 먼저 파악하라!

의사소통능력에서 가장 중요한 것은 제한된 시간 안에 빠르고 정확하게 답을 찾아내는 것이다. 그러기 위해서는 우리가 의사소통능력을 공부하는 이유를 잊지 말아야 한다. 우리는 지식을 쌓기 위해 의사소통능력 지문을 보는 것이 아니다. 의사소통능력에서는 지문이 아니라 문제가 주인공이다! 지문을 보기 전에 문제를 먼저 파악해야 한다. 주제찾기 문제라면 첫 문장과 마지막 문장 또는 접속어를 주목하자! 내용일치 문제라면 지문과 문항의 일치 / 불일치 여부만 파악한 뒤 빠져나오자! 지문에 빠져드는 순간 소중한 시험 시간은 속절없이 흘러 버린다!

02 잠재되어 있는 언어능력을 발휘하라!

의사소통능력에는 끝이 없다! 의사소통의 방대함에 포기한 적이 있는가? 세상에 글은 많고 우리가 학습할 수 있는 시간은 한정적이다. 이를 극복할 수 있는 방법은 다양한 글을 접하는 것이다. 실제 시험장에서 어떤 내용의 지문이 나올지 아무도 예측할 수 없다. 따라서 평소에 신문, 소설, 보고서 등 여러 글을 접하는 것이 필요하다. 잠재되어 있는 글에 대한 안목이 시험장에서 빛을 발할 것이다.

03 상황을 가정하라!

업무 수행에 있어 상황에 따른 언어 표현은 중요하다. 같은 말이라도 상황에 따라 다르게 해석될 수 있기 때문이다. 그런 의미에서 자신의 의견을 효과적으로 전달할 수 있는 능력을 평가하는 것은 당연하다. 따라서 다양한 상황에서의 언어표현능력을 함양하기 위한 연습의 과정이 요구된다. 업무를 수행하면서 발생할 수 있는 여러 상황을 가정하고 그에 따른 올바른 언어표현을 정리하는 것이 필요하다. 의사표현 영역의 경우 출제 빈도가 높지는 않지만 상황에 따른 판단력을 평가하는 문항인 만큼 대비하는 것이 필요하다.

04 말하는 이의 입장에서 생각하라!

잘 듣는 것 또한 하나의 능력이다. 상대방의 이야기에 귀 기울이고 공감하는 태도는 업무를 수행하는 관계 속에서 필요한 요소이다. 그런 의미에서 다양한 상황에서 듣는 능력을 평가하는 것이다. 말하는 이가 요구하는 듣는 이의 태도를 파악하고, 이에 따른 판단을 할 수 있도록 언제나 말하는 사람의 입장이 되는 연습이 필요하다.

05 반복만이 살길이다!

학창 시절 외국어를 공부하던 때를 떠올려 보자! 셀 수 없이 많은 표현들을 익히기 위해 얼마나 많은 반복의 과정을 거쳤는가? 의사소통능력 역시 그러하다. 하나의 문제 유형을 마스터하기 위해 가장 중요한 것은 바로 여러 번, 많이 풀어 보는 것이다.

대표유형

01 문서이해 ①

다음 중 글의 내용을 잘못 이해한 것은?

> 우리 은하에서 가장 가까이 위치한 은하인 안드로메다은하까지의 거리는 220만 광년이다. 이처럼 엄청난 거리로 떨어져 있는 천체까지의 거리는 어떻게 측정한 것인가?
> 첫 번째 측정 방법은 삼각 측량법이다. 그러나 피사체가 매우 멀리 있는 경우라면 삼각형의 밑변이 충분히 길 필요가 있다. 지구는 1년에 한 바퀴씩 태양 주변을 공전하는데 우리는 이 공전 궤도 반경을 알고 있기 때문에 이를 밑변으로 삼아 별까지의 거리를 측정할 수 있다. ❸ 그러나 가까이 있는 별까지의 거리도 지구 궤도 반지름에 비하면 엄청나게 커서 연주 시차는 아주 작은 값이 되므로 측정하기가 쉽지 않다. 두 번째 측정 방법은 주기적으로 별의 밝기가 변하는 변광성의 주기와 밝기를 연구하는 과정에서 얻어졌다. 보통 별의 밝기는 거리의 제곱에 반비례해서 어두워지는데, 1등급과 6등급의 별은 100배의 밝기 차이가 있다. ❷ 그러나 밝은 별이 반드시 어두운 별보다 가까이 있는 것은 아니다. ❹ 별의 거리는 밝기의 절대 등급과 겉보기 등급의 비교를 통해 확정되기 때문이다. ❶·❹ 즉, 모든 별이 같은 거리에 놓여 있다고 가정하고, 밝기 등급을 매긴 것을 절대 등급이라 하는데, 만약 이 등급이 낮은(밝은) 별이 겉보기에 어둡다면 이 별은 매우 멀리 있는 것으로 볼 수 있다.

① 절대 등급과 겉보기 등급은 다를 수 있다.
② 별은 항상 같은 밝기를 가지고 있지 않다.
③ 삼각 측량법은 지구의 궤도 반경을 알아야 측정이 가능하다.
✓④ 어두운 별은 밝은 별보다 항상 멀리 있기 때문에 밝기에 의해 거리의 차가 있다.

풀이순서

1) 질문의도
 지문 이해

2) 선택지 키워드 찾기

3) 지문독해
 선택지와 비교

4) 정답도출

유형 분석

- 주어진 지문을 읽고 일치하는 선택지를 고르는 전형적인 독해 문제이다.
- 지문은 주로 신문기사(보도자료 등), 업무 보고서, 시사 등이 제시된다.
- 대체로 지문이 긴 경우가 많아 푸는 시간이 많이 소요된다.

응용문제 : 지문의 주제를 찾는 문제나, 지문의 핵심내용을 근거로 추론하는 문제가 출제된다.

풀이 전략

먼저 선택지의 키워드를 체크한 후, 지문의 내용과 비교하며 내용의 일치유무를 신속히 판단한다.

대표유형

02 문서이해 ②

다음 글을 바탕으로 한 추론으로 옳은 것을 고르면?

> 예술의 각 사조는 특정한 역사적 현실 위에서, 특정한 이데올로기를 표현하기 위하여 등장한다. 따라서 특정한 예술 사조를 받아들일 때, 그 예술의 형식 뒤에 숨은 이데올로기를 충분히 소화하고 있느냐가 문제가 된다. 그렇지 못한 모방행위는 형식 미학 또는 관념 미학이 갖는 오류에서 벗어나지 못한다. 가령 어느 예술가가 인상파의 영향을 받았다면, 동시에 그는 그것의 시대적 한계와 약점까지 추적해야 한다. 그리고 그것을 자신이 사는 시대에 접목하였을 경우 현실의 문화적 풍토 위에서 성장할 수 있는가를 가늠해야 한다.

① 모방행위는 예술 사조에 포함되지 않는다.
② 예술 사조는 역사적 현실과 불가분의 관계이다.
③ 예술 사조는 현실적 가치만을 반영한다.
④ 예술 사조는 예술가가 현실과 조율한 타협점이다.
⑤ 모든 예술 사조는 오류를 피하고 완벽을 추구한다.

풀이순서

1) 질문의도
내용추론 → 적용

2) 지문파악

4) 지문독해
선택지와 비교

3) 선택지 키워드 찾기

5) 정답도출

유형 분석
- 주어진 지문에 대한 이해를 바탕으로 유추할 수 있는 내용을 고르는 문제이다.
- 지문은 주로 업무 보고서, 기획서, 보도자료 등이 제시된다.
- 일반적인 독해 문제와는 달리 선택지의 내용이 애매모호한 경우가 많으므로 꼼꼼히 살펴보아야 한다.

풀이 전략
주어진 지문이 어떠한 내용을 다루고 있는지 파악한 후 선택지의 키워드를 체크한다. 그리고 나서 지문의 내용에서 도출할 수 있는 내용을 선택지에서 찾아야 한다.

대표유형

03 문서작성 ①

다음 밑줄 친 단어와 유사한 의미를 가진 단어로 적절한 것은?

같은 극의 자석이 지니는 동일한 자기적 속성과 그로 인해 발생하는 척력

① 성질 : 사람이 지닌 본바탕
② 성급 : 성질이 급함
③ 성찰 : 자신의 마음을 반성하고 살핌
④ 종속 : 자주성이 없이 주가 되는 것에 딸려 붙음
⑤ 예속 : 다른 사람의 지배 아래 매임

풀이순서

1) 질문의도
유의어

2) 지문파악
문맥을 보고 단어의 뜻 유추

3) 정답도출

유형 분석
- 주어진 지문에서 밑줄 친 단어의 유의어를 찾는 문제이다.
- 자료는 지문, 보고서, 약관, 공지 사항 등 다양하게 제시된다.
- 다른 문제들에 비해 쉬운 편에 속하지만 실수를 하기 쉽다.

응용문제 : 틀린 단어를 올바르게 고치는 등 맞춤법과 관련된 문제가 출제된다.

풀이 전략
앞뒤 문장을 읽어 문맥을 파악하여 밑줄 친 단어의 의미를 찾는다.

대표유형

04 문서작성 ②

기획안을 작성할 때 유의할 점에 대해 김대리가 조언했을 말로 가장 적절하지 않은 것은?

> 발신인 : 김□□
> 수신인 : 이○○
> ○○씨, 김□□ 대리입니다. 기획안 잘 받아봤어요. 검토가 더 필요해서 결과는 시간이 좀 걸릴 것 같고요, 기왕 메일을 드리는 김에 기획안을 쓸 때 지켜야 할 점들에 대해서 말씀드리려고요. 문서는 내용 못지않게 형식을 지키는 것도 매우 중요하니까 다음 기획안을 쓸 때 참고하시면 도움이 될 겁니다.

① 표나 그래프를 활용하는 경우에는 내용이 잘 드러나는지 꼭 점검하세요.
② 마지막엔 반드시 '끝'을 붙여 문서의 마지막임을 확실하게 전달해야 해요.
→ 문서의 마지막에 꼭 '끝'을 써야하는 것은 공문서이다.
③ 전체적으로 내용이 많은 만큼 구성에 특히 신경을 써야 합니다.
④ 완벽해야 하기 때문에 꼭 여러 번 검토를 하세요.
⑤ 내용 준비 이전에 상대가 요구하는 것이 무엇인지 고려하는 것부터 해야 합니다.

풀이순서

1) 질문의도
문서작성 방법

3) 정답도출

2) 선택지 확인
기획안 작성법

PART 1

유형 분석
- 실무에서 적용할 수 있는 공문서 작성 방법의 개념을 익히고 있는지 평가하는 문제이다.
- 지문은 실제 문서 형식, 조언하는 말하기, 조언하는 대화가 주로 제시된다.

응용문제 : 문서 유형별 문서작성 방법에 대한 내용이 출제된다. 맞고 틀리고의 문제가 아니라 적합한 방법을 묻는 것이기 때문에 구분이 안 되어 있으면 틀리기 쉽다.

풀이 전략
각 문서의 작성법을 익히고 해당 내용이 올바르게 적용되었는지 파악한다.

대표유형

05 경청

대화 상황에서 바람직한 경청의 방법으로 가장 적절한 것은?

① 상대의 말에 대한 원활한 대답을 위해 상대의 말을 들으면서 미리 대답할 말을 준비한다.

② 대화내용에서 상대방의 잘못이 드러나는 경우, 교정을 위해 즉시 비판적인 조언을 해준다.

③ 상대의 말을 모두 들은 후에 적절한 행동을 하도록 한다.

④ 상대가 전달할 내용에 대해 미리 짐작하여 대비한다.

⑤ 대화내용이 지나치게 사적이다 싶으면 다른 대화주제를 꺼내 화제를 옮긴다.

풀이순서

1) 질문의도
경청 방법

2) 선택지 확인
적절한 경청 방법

3) 정답도출

유형 분석

- 경청 방법에 대해 이해하고 있는지를 묻는 문제이다.
- 경청 방법에 대한 지식이 있어도 대화 상황이나 예가 제시되었을 때 그 자료를 해석하지 못하면 소용이 없다. 지식과 예를 연결 지어 학습해야 한다.

응용문제 : 경청하는 태도와 방법에 대한 질문, 경청을 방해하는 요인 등의 지식을 묻는 문제들이 출제된다.

풀이 전략

경청에 대한 지식을 익히고 문제에 적용한다.

대표유형

06 의사표현

다음 중 김대리의 의사소통을 저해하는 요인으로 가장 적절한 것은?

> 김대리는 업무를 처리할 때 담당자들과 별도의 상의를 하지 않고 스스로 판단해서 업무를 지시한다. 담당자들은 김대리의 지시 내용이 실제 업무 상황에 적합하지 않다고 생각하지만, 김대리는 자신의 판단에 확신을 가지고 자신의 지시 내용에 변화를 주지 않는다.

① 의사소통 기법의 미숙
② 잠재적 의도
③ 선입견과 고정관념
④ 평가적이며 판단적인 태도
⑤ 과거의 경험

풀이순서

1) 질문의도
의사소통 저해요인

2) 지문파악
'일방적으로 말하고', '일방적으로 듣는' 무책임한 마음
→ 의사소통 기법의 미숙

3) 정답도출

유형 분석

- 상황에 적합한 의사표현법에 대한 이해를 묻는 문제이다.
- 의사표현 방법에 대한 지식이 있어도 대화 상황이나 예가 제시되었을 때 그 자료를 해석하지 못하면 소용이 없다. 지식과 예를 연결지어 학습해야 한다.

응용문제 : 의사표현방법, 의사표현을 방해하는 요인 등의 지식을 묻는 문제들이 출제된다.

풀이 전략

의사소통의 저해요인에 대한 지식을 익히고 문제에 적용한다.

02 기출예상문제

정답 및 해설 p.026

01 다음 글을 읽고 이해한 것으로 적절하지 않은 것은?

> 신혼부부 가구의 주거안정을 위해서는 우선적으로 육아·보육지원 정책의 확대·강화가 필요한 것으로 나타났다.
> 신혼부부 가구는 주택 마련 지원 정책보다 육아수당, 육아보조금, 탁아시설 확충과 같은 육아·보육지원 정책의 확대·강화가 더 필요하다고 생각하고 있으며 특히, 믿고 안심할 수 있는 육아·탁아시설의 확대가 필요한 것으로 나타났다. 이는 최근 부각된 보육기관에서의 아동학대문제 등 사회적 분위기의 영향과 맞벌이 가구의 경우, 안정적인 자녀 보육환경이 전제되어야만 안심하고 경제활동을 할 수 있기 때문인 것으로 보인다.
> 신혼부부 가구 중 아내의 경제활동 비율은 평균 38.3%이며 맞벌이 비율은 평균 37.2%로 나타났으나, 일반적으로 자녀 출산 시기로 볼 수 있는 혼인 3년 차에서의 맞벌이 비율은 30% 수준까지 낮아지는 경향을 보이는데 자녀의 육아환경 때문으로 판단된다. 또한, 외벌이 가구의 81.5%가 자녀의 육아·보육을 위해 맞벌이를 하지 않는다고 하였으며 이는 결혼 여성의 경제활동 지원을 위해서는 무엇보다 육아를 위한 보육시설의 확대가 필요하다는 것을 시사한다.
> 맞벌이의 주된 목적이 주택비용 마련임을 고려할 때, 보육시설의 확대는 결혼 여성에게 경제활동의 기회를 제공하여 신혼부부 가구의 경제력을 높이고, 내 집 마련 시기를 앞당길 수 있다는 점에서 중요성을 갖는다.
> 특히, 신혼부부 가구가 계획하고 있는 총 자녀의 수는 1.83명이지만, 자녀 양육 환경문제 등으로 추가적인 자녀계획을 포기하는 경우가 나타날 수 있으므로 실제 이보다 낮은 자녀 수를 보일 것으로 예상된다. 따라서 출산장려를 위해서도 결혼 여성의 경제활동을 지원하기 위한 강화된 국가적 차원의 배려와 관심이 필요하다고 할 수 있다.

① 육아·보육지원은 신혼부부의 주거안정을 위한 정책이다.
② 신혼부부들은 육아수당, 육아보조금 등이 주택 마련 지원보다 더 필요하다고 생각한다.
③ 자녀의 보육환경이 개선되면 맞벌이 비율이 상승할 것이다.
④ 경제활동에 참여하는 여성이 많아질수록 출산율은 낮아질 것이다.
⑤ 보육환경의 개선은 신혼부부 가구가 내 집 마련을 보다 이른 시기에 할 수 있게 해 준다.

02 **다음 제시된 글을 읽고, 이어질 문장을 논리적 순서대로 바르게 나열한 것은?**

서양연극의 전통적이고 대표적인 형식인 비극은 인생을 진지하고 엄숙하게 바라보는 견해에서 생겼다. 근본 원리는 아리스토텔레스의 견해에 의존하지만, 개념과 형식은 시대 배경에 따라 다양하다. 특히 16세기 말 영국의 대표적인 극작가 중 한 명인 셰익스피어의 등장은 비극의 역사에 새로운 장을 열었다. 셰익스피어는 1600년 이후, 이전과는 다른 분위기의 비극을 발표하기 시작하는데, 이 중 대표적인 작품 4개를 '셰익스피어의 4대 비극'이라고 한다. 셰익스피어는 4대 비극을 통해 영국의 사회적·문화적 가치관과 인간의 보편적 정서를 유감없이 보여주는데, 특히 당시 영국 사회 질서의 개념과 관련되어 있다. 보통 사회 질서가 깨어지고 그 붕괴의 양상이 매우 급하고 강렬할수록 사회의 변혁 또한 크게 일어날 가능성이 큰데, 이와 같은 질서의 파괴로 일어나는 격변을 배경으로 하여 쓴 대표적인 작품이 바로 『맥베스』이다.

(가) 이로 인해 『맥베스』는 인물 내면의 갈등이 섬세하게 묘사된 작품이라는 평가는 물론, 다른 작품들에 비해 비교적 짧지만, 사건이 속도감 있고 집약적으로 전개된다는 평가도 받는다.
(나) 특히 셰익스피어는 작품의 전개를 사건 및 정치적 욕망의 경위가 아닌 인간의 양심과 영혼의 붕괴를 집중적으로 다룬다.
(다) 『맥베스』는 셰익스피어의 고전적 특성과 현대성이 가장 잘 드러나 있는 작품으로, 죄책감에 빠진 주인공 맥베스가 왕위 찬탈 과정에서 공포와 절망 속에 갇혀 파멸해가는 과정을 그린 작품이다.
(라) 이는 질서의 파괴 속에서 인간 내면에 자리하고 있는 선과 악에 대한 근본적인 자세에 의문을 가지면서 그로 인한 번민, 새로운 깨달음, 그리고 비극적인 파멸의 과정을 깊이 있게 보여주고자 함이다.

① (가) – (나) – (다) – (라)
② (가) – (다) – (라) – (나)
③ (나) – (다) – (라) – (가)
④ (다) – (나) – (가) – (라)
⑤ (다) – (나) – (라) – (가)

03 다음 중 의사소통을 저해하는 요인이 아닌 것은?

① 선입견과 고정관념
② 의사소통 기법의 능숙
③ 표현능력의 부족
④ 이해능력의 부족
⑤ 평가적이며 판단적인 태도

04 다음 중 경청방법에 대한 내용으로 적절하지 않은 것은?

① 상대를 정면으로 마주하는 자세는 상대방이 자칫 위축되거나 부담스러워할 수 있으므로 지양한다.
② 손이나 다리를 꼬지 않는 개방적인 자세는 상대에게 마음을 열어놓고 있음을 알려주는 신호이다.
③ 우호적인 눈의 접촉(Eye-Contact)은 자신이 상대방에게 관심을 가지고 있음을 알려준다.
④ 비교적 편안한 자세는 전문가다운 자신만만함과 아울러 편안한 마음을 상대방에게 전할 수 있다.
⑤ 상대방을 향하여 상체를 기울여 다가앉은 자세는 자신이 열심히 듣고 있다는 사실을 강조한다.

05 다음 문단을 논리적 순서대로 바르게 나열한 것은?

(가) 친환경 농업은 최소한의 농약과 화학비료만을 사용하거나 전혀 사용하지 않은 농업을 일컫는다. 친환경 농업으로 수확한 농산물이 각광받는 이유는 우리가 먹고 마시는 것들이 우리네 건강과 직결되기 때문이다.

(나) 사실상 병충해를 막고 수확량을 늘리는 데 있어, 농약은 전 세계에 걸쳐 관행적으로 사용되었다. 그러나 깨끗이 씻어도 쌀에 남아있는 잔류농약은 완전히 제거하기는 어렵다는 문제점이 있다. 이렇게 제거되지 못한 잔류농약은 아토피와 각종 알레르기를 유발하기도 하고 출산율을 저하시키며, 유전자 변이의 원인이 되기도 한다. 특히 제초제 성분이 체내에 들어올 경우, 면역체계에 치명적인 손상을 일으킨다.

(다) 미국 환경보호청은 제초제 성분의 60%를 발암물질로 규정했다. 결국 더 많은 농산물을 재배하기 위한 농약과 제초제 사용이 오히려 인체에 치명적인 피해를 줄지 모를 '잠재적 위험요인'으로 자리매김한 셈이다.

① (가) – (나) – (다)
② (나) – (가) – (다)
③ (나) – (다) – (가)
④ (다) – (가) – (나)
⑤ (다) – (나) – (가)

06 다음 문장을 논리적 순서대로 바르게 나열한 것은?

(A) 그래서 부모나 교사로부터 영향을 받을 가능성이 큽니다.

(B) 이는 성인이 경험을 통해서 자신의 판단력을 향상시킬 수 있는 데 비해 청소년은 그럴 기회가 별로 없기 때문입니다.

(C) 대다수 청소년은 정치적 판단 능력이 성숙하지 않습니다.

(D) 따라서 청소년에게 정치적 판단에 대한 책임을 지우기 전에 이를 감당할 수 있도록 돕는 것이 우선이라고 봅니다.

① (C) – (B) – (D) – (A)
② (C) – (A) – (D) – (B)
③ (C) – (D) – (A) – (B)
④ (C) – (D) – (B) – (A)
⑤ (C) – (A) – (B) – (D)

※ 다음 글의 빈칸에 들어갈 말로 가장 적절한 것을 고르시오. [7~8]

07

현대 자본주의 사회에서 대중은 예술미보다 상품미에 더 민감하다. 상품미란 이윤을 얻기 위해 대량으로 생산하는 상품이 가지는 아름다움을 의미한다. '______________________'라고, 요즈음 생산자는 상품을 많이 팔기 위해 디자인과 색상에 신경을 쓰고, 소비자는 같은 제품이라도 겉모습이 화려하거나 아름다운 것을 사려고 한다. 결국, 우리가 주위에서 보는 거의 모든 상품은 상품미를 추구하고 있다. 그래서인지 모든 것을 다 상품으로 취급하는 자본주의 사회에서는 돈벌이를 위해서라면 모든 사물, 심지어는 인간까지도 상품미를 추구하는 대상으로 삼는다.

① 같은 값이면 다홍치마
② 술 익자 체 장수 지나간다
③ 원님 덕에 나팔 분다
④ 구슬이 서 말이라도 꿰어야 보배
⑤ 바늘 가는 데 실 간다

08

19세기 중반 화학자 분젠은 불꽃 반응에서 나타나는 물질 고유의 불꽃색에 대한 연구를 진행하고 있었다. 그는 버너 불꽃의 색을 제거한 개선된 버너를 고안함으로써 물질의 불꽃색을 더 잘 구별할 수 있도록 하였다. __________ 이에 물리학자 키르히호프는 프리즘을 통한 분석을 제안했고 둘은 협력하여 불꽃의 색을 분리시키는 분광 분석법을 창안했다. 이것은 과학사에 길이 남을 업적으로 이어졌다.

① 이를 통해 잘못 알려져 있었던 물질 고유의 불꽃색을 정확히 판별할 수 있었다.
② 하지만 두 종류 이상의 금속이 섞인 물질의 불꽃은 색깔이 겹쳐서 분간이 어려웠다.
③ 그러나 불꽃색은 물질의 성분뿐만 아니라 대기의 상태에 따라 큰 차이를 보였다.
④ 이 버너는 현재에도 실험실에서 널리 이용되고 있다.
⑤ 그렇지만 육안으로는 불꽃색의 미세한 차이를 구분하기 어려웠다.

09 다음 글의 내용으로 적절하지 않은 것은?

간디는 절대로 몽상가는 아니다. 그가 말한 것은 폭력을 통해서는 인도의 해방도, 보편적인 인간 해방도 없다는 것이었다. 민족 해방은 단지 외국 지배자의 퇴각을 의미하는 것일 수는 없다. 참다운 해방은 지배와 착취와 억압의 구조를 타파하고 그 구조에 길들여져 온 심리적 습관과 욕망을 뿌리로부터 변화시키는 일 – 다시 말하여 일체의 '칼의 교의(敎義)' – 로부터의 초월을 실현하는 것이다. 간디의 관점에서 볼 때, 무엇보다 큰 폭력은 인간의 근원적인 영혼의 요구에 대해서는 조금도 고려하지 않고, 물질적 이득의 끊임없는 확대를 위해 착취와 억압의 구조를 제도화한 서양의 산업 문명이었다.

① 간디는 비폭력주의자이다.
② 간디는 산업 문명에 부정적이었다.
③ 간디는 반외세 사회주의자이다.
④ 간디는 외세가 인도를 착취하였다고 보았다.
⑤ 간디는 서양의 산업 문명을 큰 폭력이라고 보았다.

PART 1

10 다음 글의 내용으로 가장 적절한 것은?

우리 속담에 '울다가도 웃을 일이다.'라는 말이 있듯이 슬픔의 아름다움과 해학의 아름다움이 함께 존재한다면 이것은 우리네의 곡절 많은 역사 속에 밴 미덕의 하나라고 할 만하다. 울다가도 웃을 일이라는 말은 물론 어처구니가 없을 때 하는 말이기도 하지만 애수가 아름다울 수 있고 또 익살이 세련되어 아름다울 수 있다면 그 사회의 서정과 조형미에 나타나는 표현에도 의당 이러한 것이 반영되어 있어야 한다.
이러한 고요의 아름다움과 슬픔의 아름다움이 조형 작품 위에 옮겨질 수 있다면 이것은 바로 예술에서 말하는 적조미의 세계이며, 익살의 아름다움이 조형 위에 구현된다면 물론 이것은 해학미의 세계일 것이다.

① 익살은 우리 민족만이 지닌 특성이다.
② 익살은 풍속화에서 가장 잘 표현된다.
③ 익살이 조형 위에 구현된다면 적조미이다.
④ 익살은 우리 민족의 삶의 정서를 반영한다.
⑤ 익살은 예술 작품을 통해서만 표현될 수 있다.

11 다음 글을 서두에 배치하여 세태를 비판하는 글을 쓴다고 할 때, 이어질 내용으로 가장 적절한 것은?

> 순자(荀子)는 "군자의 학문은 귀로 들어와 마음에 붙어서 온몸으로 퍼져 행동으로 나타난다. 소인의 학문은 귀로 들어와 입으로 나온다. 입과 귀 사이에는 네 치밖에 안 되니 어찌 일곱 자나 되는 몸을 아름답게 할 수 있을 것인가?"라고 했다.

① 줏대 없이 이랬다저랬다 하는 행동
② 약삭빠르게 이익만을 추종하는 태도
③ 간에 붙었다 쓸개에 붙었다 하는 행동
④ 실천은 하지 않고 말만 앞세우는 현상
⑤ 타인에게 책임을 떠넘기는 태도

12 다음 글의 논지를 이끌 수 있는 첫 문장으로 가장 적절한 것은?

> 사람과 사람이 직접 얼굴을 맞대고 하는 접촉이 라디오나 텔레비전 등의 매체를 통한 접촉보다 결정적인 영향력을 미친다는 것이 일반적인 견해로 알려져 있다. 매체는 어떤 마음의 자세를 준비하게 하는 구실을 하여 나중에 직접 어떤 사람에게서 새 어형을 접했을 때 그것이 텔레비전에서 자주 듣던 것이면 더 쉽게 그쪽으로 마음의 문을 열게 하는 면에서 영향력을 행사하기는 하지만, 새 어형이 전파되는 것은 매체를 통해서보다 상면하는 사람과의 직접적인 접촉에 의해서라는 것이 더 일반화된 견해이다. 사람들은 한두 사람의 말만 듣고 언어 변화에 가담하지는 않고, 주위의 여러 사람들이 다 같은 새 어형을 쓸 때 비로소 그것을 받아들이게 된다고 한다. 매체를 통해서보다 자주 접촉하는 사람들을 통해 언어 변화가 진전된다는 사실은 언어 변화의 여러 면을 바로 이해하는 하나의 핵심적인 내용이라 해도 좋을 것이다.

① 일반적으로 젊은 층이 언어 변화를 주도한다.
② 언어 변화는 결국 접촉에 의해 진행되는 현상이다.
③ 접촉의 형식도 언어 변화에 영향을 미치는 요소로 지적되고 있다.
④ 매체의 발달이 언어 변화에 중요한 영향을 미치는 것으로 알려져 있다.
⑤ 언어 변화는 외부와의 접촉이 극히 제한되어 있는 곳일수록 속도가 느리다.

※ 다음 글의 서술상 특징으로 가장 적절한 것을 고르시오. [13~14]

13

'디드로 효과'는 프랑스의 계몽주의 철학자인 드니 디드로의 이름을 따서 붙여진 것으로, 소비재가 어떤 공통성이나 통일성에 의해 연결되어 있음을 시사하는 개념이다. 디드로는 '나의 옛 실내복과 헤어진 것에 대한 유감'이라는 제목의 에세이에서, 친구로부터 받은 실내복에 관한 이야기를 풀어놓는다. 그는 '다 헤지고 시시하지만 편안했던 옛 실내복'을 버리고, 친구로부터 받은 새 실내복을 입었는데, 그로 인해 변화가 일어났다. 그는 한두 주 후 실내복에 어울리게끔 책상을 바꿨고, 이어 서재의 벽에 걸린 장식을 바꿨으며, 결국엔 모든 걸 바꾸고 말았다. 달라진 것은 그것뿐만이 아니었다. 전에는 서재가 초라했지만 사람들이 붐볐고, 그래서 혼잡했지만 잠시 행복함을 느끼기도 했다. 하지만 실내복을 바꾼 이후의 변화를 통해서 주변 환경은 우아하고 질서 정연하고 아름답게 꾸며졌지만, 결국 자신은 우울해졌다는 것이다.

① 묘사를 통해 대상을 구체적으로 드러내고 있다.
② 다양한 개념들을 분류의 방식으로 설명하고 있다.
③ 일련의 벌어진 일들을 인과관계에 따라 서술하고 있다.
④ 권위 있는 사람의 말을 인용하여 주장을 뒷받침하고 있다.
⑤ 비교의 방식을 통해 두 가지 개념의 특징을 드러내고 있다.

14

그동안 지방은 여러 질병의 원인으로서 인체에 해로운 것으로 인식되었다. 하지만 문제가 되는 것은 지방 자체가 아니라 전이지방이다. 전이지방은 특수한 물리·화학적 처리에 따라 생성되는 것으로서, 몸에 해로운 포화지방의 비율이 자연 상태의 기름보다 높다. 전이지방을 섭취하면 심혈관계 질환이나 유방암 등이 발병할 수 있다. 이러한 전이지방이 지방을 대표하는 것으로 여겨지면서 지방이 여러 질병의 원인으로 지목됐던 것이다.

중요한 것은 지방이라고 모두 같은 지방이 아니라는 사실이다. 불포화지방의 섭취는 오히려 각종 질병의 위험을 감소시키며, 체내 지방 세포는 장수에 도움을 주기도 한다.

지방이 각종 건강상의 문제를 야기하는 것은 지방 그 자체의 속성 때문이라기보다는 지방을 섭취하는 인간의 자기 관리가 허술했기 때문이다.

① 새로운 용어를 소개하고 그 유래를 밝히고 있다.
② 대상에 대한 다양한 견해들의 장단점을 분석하고 있다.
③ 서로 대립하는 견해를 비교하고 이를 절충하여 통합하고 있다.
④ 현재의 상황을 객관적으로 분석함으로써 미래를 전망하고 있다.
⑤ 대상에 대한 통념의 문제점을 지적하고 올바른 이해를 유도하고 있다.

15 다음 글에서 글쓴이가 설명하는 핵심 내용을 가장 적절하게 추론한 것은?

지구상에서는 매년 약 10만 명 중 한 명이 목에 걸린 음식물 때문에 질식사하고 있다. 이러한 현상은 인간의 호흡 기관(기도)과 소화 기관(식도)이 목구멍 부위에서 교차하는 구조로 되어 있기 때문에 발생한다. 인간과 달리, 곤충이나 연체동물 같은 무척추동물은 교차 구조가 아니어서 음식물로 인한 질식의 위험이 없다. 인간의 호흡 기관이 이렇게 불합리한 구조를 갖게 된 원인은 무엇일까? 바다 속에 서식했던 척추동물의 조상형 동물들은 체와 같은 구조를 이용하여 물속의 미생물을 걸러 먹었다. 이들은 몸집이 아주 작아서 물 속에 녹아 있는 산소가 몸 깊숙한 곳까지 자유로이 넘나들 수 있었기 때문에 별도의 호흡계가 필요하지 않았다. 그런데 몸집이 커지면서 먹이를 거르던 체와 같은 구조가 호흡 기능까지 갖게 되어 마침내 아가미 형태로 변형되었다. 즉, 소화계의 일부가 호흡 기능을 담당하게 된 것이다. 그 후 호흡계의 일부가 변형되어 허파로 발달하고, 그 허파는 위장으로 이어지는 식도 아래쪽으로 뻗어 나갔다. 한편, 공기가 드나드는 통로는 콧구멍에서 입천장을 뚫고 들어가 입과 아가미 사이에 자리 잡게 되었다. 이러한 진화 과정을 보여 주는 것이 폐어(肺魚) 단계의 호흡계 구조이다.

이후 진화 과정이 거듭되면서 호흡계와 소화계가 접하는 지점이 콧구멍 바로 아래로부터 목 깊숙한 곳으로 이동하였다. 그 결과 머리와 목구멍의 구조가 변형되지 않는 범위 내에서 호흡계와 소화계가 점차 분리되었다. 즉, 처음에는 길게 이어져 있던 호흡계와 소화계의 겹친 부위가 점차 짧아졌고, 마침내 하나의 교차점으로만 남게 된 것이다.

이것이 인간을 포함한 고등 척추동물에서 볼 수 있는 호흡계의 기본 구조이다. 따라서 음식물로 인한 인간의 질식 현상은 척추동물 조상형 단계를 지나 자리 잡게 된 허파의 위치(당시에는 최선의 선택이었을) 때문에 생겨난 진화의 결과라 할 수 있다.

이처럼 진화는 반드시 이상적이고 완벽한 구조를 창출해 내는 방향으로만 이루어지는 것은 아니다. 진화 과정에서는 새로운 환경에 적응하기 위한 최선의 구조가 선택되지만, 그 구조는 기존의 구조를 허물고 처음부터 다시 만들어 낸 최상의 구조와는 차이가 있다. 그래서 진화는 불가피하게 타협적인 구조를 선택하는 방향으로 이루어지며, 순간순간의 필요에 대응한 결과가 축적되는 과정이라고 할 수 있다. 질식의 원인이 되는 교차된 기도와 식도의 경우처럼, 진화의 산물이 우리가 보기에는 납득할 수 없는 불합리한 구조를 지니게 되는 이유가 바로 여기에 있다.

① 인간이 진화 과정을 통하여 얻은 이익과 손해는 무엇인가?
② 무척추동물과 척추동물의 호흡계 구조에는 어떤 차이가 있는가?
③ 인간의 호흡계와 소화계가 지니고 있는 근본적인 결함은 무엇인가?
④ 질식사에 대한 인간의 불안감을 해소시킬 방안에는 어떤 것이 있는가?
⑤ 진화 과정에서 인간의 호흡계와 같은 불합리한 구조가 발생하는 이유는 무엇인가?

많이 보고 많이 겪고 많이 공부하는 것은 배움의 세 기둥이다.

– 벤자민 디즈라엘리 –

CHAPTER 03

정보능력

합격 CHEAT KEY

정보능력은 업무를 수행함에 있어 기본적인 컴퓨터를 활용하여 필요한 정보를 수집, 분석, 활용하는 능력을 의미한다. 또한 업무와 관련된 정보를 수집하고, 이를 분석하여 의미있는 정보를 얻는 능력이다.

국가직무능력표준에 따르면 정보능력의 세부 유형은 컴퓨터활용능력・정보처리능력으로 나눌 수 있다.

정보능력은 NCS 기반 채용을 진행한 곳 중 52% 정도가 다뤘으며, 문항 수는 전체에서 평균 6% 정도 출제되었다.

01 평소에 컴퓨터 활용 스킬을 틈틈이 익혀라!

윈도우(OS)에서 어떠한 설정을 할 수 있는지, 응용프로그램(엑셀 등)에서 어떠한 기능을 활용할 수 있는지를 평소에 직접 사용해 본다면 문제를 보다 수월하게 해결할 수 있다. 여건이 된다면 컴퓨터활용능력에 관련된 자격증 공부를 하는 것도 이론과 실무를 익히는 데 도움이 될 것이다.

02 문제의 규칙을 찾는 연습을 하라!

일반적으로 코드체계나 시스템 논리체계를 제공하고 이를 분석하여 문제를 해결하는 유형이 출제된다. 이러한 문제는 문제해결능력과 같은 맥락으로 규칙을 파악하여 접근하는 방식으로 연습이 필요하다.

03 현재 보고 있는 그 문제에 집중하자!

정보능력의 모든 것을 공부하려고 한다면 양이 너무나 방대하다. 그렇기 때문에 수험서에서 본인이 현재 보고 있는 문제들을 집중적으로 공부하고 기억하려고 해야 한다. 그러나 엑셀의 함수 수식, 연산자 등 암기를 필요로 하는 부분들은 필수적으로 암기를 해서 출제가 되었을 때 오답률을 낮출 수 있도록 한다.

04 사진 · 그림을 기억하자!

컴퓨터활용능력을 파악하는 영역이다 보니 컴퓨터 속 옵션, 기능, 설정 등의 사진 · 그림이 문제에 같이 나오는 경우들이 있다. 그런 부분들은 직접 컴퓨터를 통해서 하나하나 확인을 하면서 공부한다면 더 기억에 잘 남게 된다. 조금 귀찮더라도 한 번씩 클릭하면서 확인을 해보도록 한다.

대표유형

01 엑셀 함수

「=INDEX(배열로 입력된 셀의 범위, 배열이나 참조의 행 번호, 배열이나 참조의 열 번호)」

다음 시트에서 [E10] 셀에 수식 「=INDEX(E2:E9,MATCH(0,D2:D9,0))」를 입력했을 때, [E10] 셀에 표시되는 결괏값은?

「=MATCH(찾으려고 하는 값, 연속된 셀 범위, 되돌릴 값을 표시하는 숫자)」

	A	B	C	D	E
1	부서	직위	사원명	근무연수	근무월수
2	재무팀	사원	이수연	2	11
3	교육사업팀	과장	조민정	3	5
4	신사업팀	사원	최지혁	1	3
5	교육컨텐츠팀	사원	김다연	0	2
6	교육사업팀	부장	민경희	8	10
7	기구설계팀	대리	김형준	2	1
8	교육사업팀	부장	문윤식	7	3
9	재무팀	대리	한영혜	3	0
10					

① 0 ② 1

③ 2 (정답) ④ 3

⑤ 4

「=INDEX(E2:E9,MATCH(0,D2:D9,0))'」을 입력하면 근무연수가 0인 사람의 근무월수가 셀에 표시된다. 따라서 2가 표시된다.

풀이순서

1) 질문의도
엑셀 함수의 활용 방법

2) 자료비교

3) 정답도출

유형 분석

- 주어진 상황에 사용할 적절한 엑셀 함수가 무엇인지 묻는 문제이다.
- 주로 업무 수행 중에 많이 활용되는 대표적인 엑셀 함수가 출제된다.

응용문제 : 엑셀시트를 제시하여 각 셀에 들어갈 함수식을 고르는 문제가 출제된다.

풀이 전략

제시된 조건의 엑셀 함수를 파악 후, 함수를 적용하여 값을 구한다. 엑셀 함수에 대한 기본적인 지식을 익혀 두면 풀이시간을 단축할 수 있다.

대표유형

02 프로그램 언어(코딩)

다음 프로그램의 결괏값으로 옳은 것은?

```
#include <stdio.h>

int main(){
        int i = 4;
        int k = 2;
        switch(i) {
                case 0:
                case 1:
                case 2:
                case 3: k = 0;
                case 4: k += 5;
                case 5: k -= 20;
                default: k++;
        }
        printf("%d", k);
}
```

i가 4기 때문에 case 4부터 시작한다. k는 2이고, k+=5를 하면 7이 된다. case 5에서 k−=20을 하면 −13이 되고, default에서 1이 증가하여 결괏값은 −12가 된다.

① 12
② −12
③ 10
④ −10
⑤ −11

풀이순서

1) 질문의도
C언어 연산자의 이해

2) 자료비교
· 연산자 +
· 연산자 −
· 연산자 ++

3) 정답도출

PART 1

유형 분석
• 주어진 정보를 통해 결괏값이 무엇인지 묻는 문제이다.
• 주로 C언어 연산자를 적용하여 나오는 값을 구하는 문제가 출제된다.
응용문제 : 정보를 제공하지 않고, 기본적인 C언어 지식을 통해 결괏값을 구하는 문제가 출제된다.

풀이 전략
제시된 C언어 연산자를 파악 후, 연산자를 적용하여 값을 구한다. C언어에 대한 기본적인 지식을 익혀 두면 코딩 및 풀이시간을 줄일 수 있다.

03 기출예상문제

정답 및 해설 p.028

01 다음 중 스프레드 시트의 고급필터에 대한 설명으로 옳지 않은 것은?

① 고급필터는 자동필터에 비해 복잡한 조건을 사용하거나 여러 필드를 결합하여 조건을 지정할 경우에 사용한다.

② 원본 데이터와 다른 위치에 추출된 결과를 표시할 수 있으며, 조건에 맞는 특정한 필드(열)만을 추출할 수도 있다.

③ 조건을 지정하거나 특정한 필드만을 추출할 때 사용하는 필드명은 반드시 원본 데이터의 필드명과 같아야 한다.

④ AND조건은 지정한 모든 조건을 만족하는 데이터만 출력되며 조건을 모두 같은 행에 입력해야 한다.

⑤ OR조건은 지정한 조건 중 하나의 조건이라도 만족하는 경우 데이터가 출력되며 조건을 모두 같은 열에 입력해야 한다.

02 다음 중 Windows에서 바로가기 아이콘에 대한 설명으로 옳은 것은?

① 아이콘을 실행하면 연결된 프로그램이 실행되며, 바로가기의 확장자는 'raw'이다.

② 바로가기 아이콘의 [속성] – [일반] 탭에서 바로가기 아이콘의 위치, 크기를 확인할 수 있다.

③ 바로가기 아이콘은 [탐색기] 창에서 실행 파일을 〈Ctrl〉+〈Alt〉를 누른 상태로 바탕 화면에 드래그 앤 드롭하면 만들 수 있다.

④ 바로가기 아이콘을 삭제하면 연결된 프로그램도 함께 삭제된다.

⑤ 원본 파일이 있는 위치와 다른 위치에 만들 수 없다.

03 T공사 총무부에서 근무하는 S사원은 워드프로세서 프로그램을 사용해 결재 문서를 작성해야 하는데 결재란을 페이지마다 넣고 싶어 했다. 다음 중 S사원이 사용해야 하는 워드프로세서 기능은?

① 스타일

② 쪽 번호

③ 미주

④ 머리말

⑤ 글자겹치기

04

T공사 인사부에 근무하는 김대리는 신입사원들의 교육점수를 다음과 같이 정리한 후 VLOOKUP 함수를 이용해 교육점수별 등급을 입력하려고 한다. [E2:F8]의 데이터 값을 이용해 (A) 셀에 함수식을 입력한 후 자동 채우기 핸들로 사원들의 교육점수별 등급을 입력할 때, (A) 셀에 입력해야 할 함수식으로 옳은 것은?

	A	B	C	D	E	F
1	사원	교육점수	등급		교육점수	등급
2	최○○	100	(A)		100	A
3	이○○	95			95	B
4	김○○	95			90	C
5	장○○	70			85	D
6	정○○	75			80	E
7	소○○	90			75	F
8	신○○	85			70	G
9	구○○	80				

① =VLOOKUP(B2,E2:F8,2,1)

② =VLOOKUP(B2,E2:F8,2,0)

③ =VLOOKUP(B2,$E$2:$F$8,2,0)

④ =VLOOKUP(B2,$E$2:$F$8,1,0)

⑤ =VLOOKUP(B2,$E$2:$F$8,1,1)

05

고객들의 주민등록번호 앞자리를 정리해 생년, 월, 일로 구분하고자 한다. 각 셀에 사용할 함수식으로 옳은 것은?

	A	B	C	D	E
1	이름	주민등록번호 앞자리	생년	월	일
2	김천국	950215			
3	김지옥	920222			
4	박세상	940218			
5	박우주	630521			
6	강주변	880522			
7	홍시요	891021			
8	조자주	910310			

① C2 : =LEFT(B2,2)

② D3 : =LEFT(B3,4)

③ E7 : =RIGHT(B7,3)

④ D8 : =MID(B7,3,2)

⑤ E4 : =MID(B4,4,2)

06 **다음 중 워드프로세서의 복사(Copy)와 잘라내기(Cut)에 대한 설명으로 옳은 것은?**

① 복사하거나 잘라내기를 할 때 영역을 선택한 다음에 해야 한다.
② 한 번 복사하거나 잘라낸 내용은 한 번만 붙이기를 할 수 있다.
③ 복사한 내용은 버퍼(Buffer)에 보관되며, 잘라내기한 내용은 내문서에 보관된다.
④ 복사하거나 잘라내기를 하여도 문서의 분량에는 변화가 없다.
⑤ 〈Ctrl〉+〈C〉는 잘라내기, 〈Ctrl〉+〈X〉는 복사하기의 단축키이다.

07 **다음 중 워드프로세서 스타일(Style)에 대한 설명으로 옳지 않은 것은?**

① 자주 사용하는 글자 모양이나 문단 모양을 미리 정해 놓고 쓰는 것을 말한다.
② 특정 문단을 사용자가 원하는 스타일로 변경할 수 있다.
③ 해당 문단의 글자 모양과 문단 모양을 한꺼번에 바꿀 수 있다.
④ 스타일을 적용하려면 항상 범위를 설정하여야 한다.
⑤ 한 번 설정된 스타일은 저장되므로, 다른 문서를 불러들여 사용할 수도 있다.

08 **다음은 워드프로세서의 기능을 설명한 것이다. (가), (나)에 들어갈 용어를 순서대로 바르게 나열한 것은?**

워드프로세서의 기능 중 자주 쓰이는 문자열을 따로 등록해 놓았다가, 필요할 때 등록한 준말을 입력하면 본말 전체가 입력되도록 하는 기능을 (가) (이)라고 하고, 본문에 들어가는 그림이나 표, 글상자, 그리기 개체, 수식에 번호와 제목, 간단한 설명 등을 붙이는 기능을 (나) (이)라고 한다.

	(가)	(나)
①	매크로	캡션달기
②	매크로	메일머지
③	상용구	메일머지
④	상용구	캡션달기
⑤	스타일	캡션달기

09 다음 C대리의 답변 중 (가)~(마)에 들어갈 내용으로 적절하지 않은 것은?

A과장 : C대리, 파워포인트 슬라이드 쇼 실행 화면에서 단축키 좀 알려줄 수 있을까? 내 마음대로 슬라이드를 움직일 수가 없어서 답답해서 말이지.
C대리 : 네 과장님, 제가 알려드리겠습니다.
A과장 : 그래, 우선 발표가 끝나고 쇼 실행 화면에서 화면을 검게 하고 싶은데 가능한가?
C대리 : (가)
A과장 : 그렇군. 혹시 흰색으로 설정도 가능한가?
C대리 : (나)
A과장 : 혹시 원하는 슬라이드로 이동하는 방법도 있나? 예를 들어 7번 슬라이드로 바로 넘어가고 싶네만.
C대리 : (다)
A과장 : 슬라이드 쇼 실행 화면에서 모든 슬라이드를 보고 싶은 경우도 있네.
C대리 : (라)
A과장 : 맞다. 형광펜 기능도 있다고 들었는데?
C대리 : (마)

① (가) : [.](마침표) 버튼을 누르시면 됩니다.
② (나) : [,](쉼표) 버튼을 누르시면 됩니다.
③ (다) : [7](해당번호)를 누르고, [Enter] 버튼을 누르시면 됩니다.
④ (라) : [+](플러스) 버튼을 누르시면 됩니다.
⑤ (마) : [Ctrl](컨트롤) 버튼과 [I](영어 I) 버튼을 같이 누르시면 됩니다.

10 다음 대화에서 K사원의 답변 중 (가)에 들어갈 내용으로 적절한 것은?

C대리 : K씨, 이번에 신제품 기획안을 프레젠테이션으로 핵심 부분을 표시해가면서 발표하고 싶은데 좋은 방법이 없을까?
K사원 : 슬라이드 쇼 실행 화면에서 화살표를 펜으로 변경하여 핵심 부분을 표시하면서 발표하시면 어떨까요?
C대리 : 좋은 생각이야. 그런데 펜 기능을 사용하려면 어떻게 해야 하지?
K사원 : 네 대리님, 슬라이드 쇼 실행 화면에서 (가)를 누르시면 화살표가 펜으로 변경됩니다.

① 〈Ctrl〉+〈P〉
② 〈Ctrl〉+〈A〉
③ 〈Ctrl〉+〈S〉
④ 〈Ctrl〉+〈M〉
⑤ 〈Ctrl〉+〈E〉

11 직장인 K씨는 아침회의에 프레젠테이션을 이용하여 발표를 진행하다가 키보드의 〈Home〉 버튼을 잘못 눌러 슬라이드 쇼 화면 상태에서 슬라이드가 처음으로 되돌아가버렸다. 발표를 진행 했던 슬라이드부터 프레젠테이션을 실행하기 위해 〈ESC〉 버튼을 눌러 쇼 화면 상태에서 나간 후, [여러 슬라이드]에서 해당 슬라이드를 선택하여 프레젠테이션을 실행하려고 할 때, 직장인 K씨가 눌러야 할 단축키 내용으로 적절한 것은?

① 〈Ctrl〉+〈S〉
② 〈Shift〉+〈F5〉
③ 〈Ctrl〉+〈P〉
④ 〈Shift〉+〈F10〉
⑤ 〈Ctrl〉+〈M〉

12 다음 중 워크시트의 데이터 입력에 대한 설명으로 옳은 것은?

① 숫자와 문자가 혼합된 데이터가 입력되면 문자열로 입력된다.
② 문자 데이터는 기본적으로 오른쪽으로 정렬된다.
③ 날짜 데이터는 자동으로 셀의 왼쪽으로 정렬된다.
④ 수치 데이터는 셀의 왼쪽으로 정렬된다.
⑤ 시간 데이터는 세미콜론(;)을 이용하여 시, 분, 초를 구분한다.

13 다음 중 워드프로세서의 하이퍼텍스트(Hypertext)에 대한 설명으로 옳지 않은 것은?

① 문서와 문서가 순차적인 구조를 가지고 있어서 관련된 내용을 차례대로 참조하는 기능이다.
② Windows의 도움말이나 인터넷 웹 페이지에 사용된다.
③ 하이퍼텍스트에서 다른 문서간의 연결을 링크(Link)라고 한다.
④ 하나의 문서를 보다가 내용 중의 특정 부분과 관련된 다른 부분을 쉽게 참조할 수 있다.
⑤ 하이퍼텍스트 구조를 멀티미디어까지 이용 범위를 확장시켜 정보를 활용하는 방법은 하이퍼미디어(Hyper-media)라고 한다.

14 **파워포인트에서 도형을 그릴 때, 다음 중 옳지 않은 설명은?**

① 타원의 경우 도형 선택 후 〈Shift〉 버튼을 누르고 드래그하면 정원으로 크기 조절이 가능하다.
② 도형 선택 후 〈Shift〉 버튼을 누르고 도형을 회전시키면 30° 간격으로 회전시킬 수 있다.
③ 타원을 중심에서부터 정비례로 크기를 조절하려면 〈Ctrl〉+〈Shift〉 버튼을 함께 누른 채 드래그한다.
④ 도형 선택 후 〈Ctrl〉+〈D〉 버튼을 누르면 크기와 모양이 같은 도형이 일정한 간격으로 반복해서 나타난다.
⑤ 도형을 선택하고 〈Ctrl〉+〈Shift〉 버튼을 누르고 수직 이동하면 수직 이동된 도형이 하나 더 복사된다.

15 **T공단에는 시각 장애를 가진 C사원이 있다. C사원의 원활한 컴퓨터 사용을 위해 동료 사원들이 도움을 주고자 대화를 나누었다. 다음 중 옳게 설명한 사람은?**

① A사원 : C사원은 Windows [제어판]에서 [접근성 센터]의 기능에 도움을 받는 게 좋겠어.
② B사원 : 아니야. [동기화 센터]의 기능을 활용해야지.
③ D사원 : [파일 탐색기]의 [옵션]을 활용하면 도움이 될 거야.
④ E사원 : [관리 도구]의 기능이 좋을 것 같아.
⑤ F사원 : [프로그램 및 기능]에서 도움을 받아야 하지 않을까?

CHAPTER 04
수리능력

합격 CHEAT KEY

수리능력은 사칙연산 · 통계 · 확률의 의미를 정확하게 이해하고 이를 업무에 적용하는 능력으로, 기초연산과 기초통계, 도표분석 및 작성의 문제 유형으로 출제된다. 수리능력 역시 채택하지 않는 공사 · 공단이 거의 없을 만큼 필기시험에서 중요도가 높은 영역이다.

수리능력은 NCS 기반 채용을 진행한 거의 모든 기업에서 다루었으며, 문항 수는 전체의 평균 16% 정도로 많이 출제되었다. 특히, 난이도가 높은 공사 · 공단의 시험에서는 도표분석, 즉 자료해석 유형의 문제가 많이 출제되고 있고, 응용수리 역시 꾸준히 출제하는 공사 · 공단이 많기 때문에 기초연산과 기초통계에 대한 공식의 암기와 자료해석능력을 기를 수 있는 꾸준한 연습이 필요하다.

01 응용수리능력의 공식은 반드시 암기하라!

응용수리능력은 지문이 짧지만, 풀이 과정은 긴 문제도 자주 볼 수 있다. 그렇기 때문에 응용수리능력의 공식을 반드시 암기하여 문제의 상황에 맞는 공식을 적절하게 적용하여 답을 도출해야 한다. 따라서 문제에서 묻는 것을 정확하게 파악하여 그에 맞는 공식을 적절하게 적용하는 꾸준한 노력과 공식을 암기하는 연습이 필요하다.

02 통계에서의 사건이 동시에 발생하는지 개별적으로 발생하는지 구분하라!

통계에서는 사건이 개별적으로 발생했을 때 경우의 수는 합의 법칙, 확률은 덧셈정리를 활용하여 계산하며, 사건이 동시에 발생했을 때 경우의 수는 곱의 법칙, 확률은 곱셈정리를 활용하여 계산한다. 특히, 기초통계능력에서 출제되는 문제 중 순열과 조합의 계산 방법이 필요한 문제도 다수이므로 순열(순서대로 나열)과 조합(순서에 상관없이 나열)의 차이점을 숙지하는 것 또한 중요하다. 통계 문제에서의 사건 발생 여부만 잘 판단하여도 계산과 공식을 적용하기가 수월하므로 문제의 의도를 잘 파악하는 것이 중요하다.

03 자료의 해석은 자료에서 즉시 확인할 수 있는 지문부터 확인하라!

대부분의 수험생들이 어려워 하는 영역이 수리영역 중 도표분석, 즉 자료해석능력이다. 자료는 표 또는 그래프로 제시되고, 쉬운 지문은 증가·감소 추이 또는 간단한 사칙연산으로 풀이가 가능한 문제들이 있고, 자료의 조사기간 동안 전년 대비 증가율 혹은 감소율이 가장 높은 기간을 찾는 문제들도 있다. 따라서 일단 증가·감소 추이와 같이 눈으로 확인이 가능한 지문을 먼저 확인한 후 복잡한 계산이 필요한 지문을 확인하는 방법으로 문제를 풀이한다면, 시간을 조금이라도 아낄 수 있다. 특히, 그래프와 같은 경우에는 그래프에 대한 특징을 알고 있다면, 그래프의 길이 혹은 높낮이 등으로 대략적인 수치를 빠르게 확인할 수 있으므로 이에 대한 숙지도 필요하다. 또한, 여러 가지 보기가 주어진 문제 역시 지문을 잘 확인하고 문제를 풀이한다면 불필요한 계산을 생략할 수 있으므로 항상 지문부터 확인하는 습관을 들여야 한다.

04 도표작성능력에서 지문에 작성된 도표의 제목을 반드시 확인하라!

도표작성은 하나의 자료 혹은 보고서와 같은 수치가 표현된 자료를 도표로 작성하는 형식으로 출제되는데, 대체로 표보다는 그래프를 작성하는 형태로 많이 출제된다. 지문을 살펴보면 각 지문에서 주어진 도표에도 소제목이 있는 경우가 대부분이다. 이때, 자료의 수치와 도표의 제목이 일치하지 않는 경우 함정이 존재하는 문제일 가능성이 높으므로 도표의 제목을 반드시 확인하는 것이 중요하다. 도표작성의 경우 대부분 비율 계산이 많이 출제되는데, 도표의 제목과는 다른 수치로 작성된 도표가 존재하는 경우가 있다. 그렇기 때문에 지문에서 작성된 도표의 소제목을 먼저 확인하는 연습을 하여 간단하지 않은 비율 계산을 두 번 하는 일이 없도록 해야 한다.

01 기초연산 ①

S출판사는 어떤 창고에 도서를 보관하기로 하였다. 창고 A에 보관 작업 시 작업자 3명이 5시간 동안 10,300권의 책을 보관ⓐ할 수 있다. 창고 B에는 작업자 5명을 투입ⓑ시킨다면 몇 시간 후에 일이 끝마치게 되며, 몇 권까지 보관이 되겠는가?(단, 〈보기〉에 주어진 조건을 고려한다)

〈창고 A〉

사이즈 : 가로 10m×세로 5m×높이 3mⓒ → $150m^3$: 10,300권

↓ 2배

〈창고 B〉

사이즈 : 가로 15m×세로 10m×높이 2mⓓ → $300m^3$: 20,600권

보기

1. 도서가 창고공간을 모두 차지한다고 가정ⓔ한다.
2. 작업자의 작업능력은 동일ⓕ하다.

	보관 도서 수	시간
①	약 10,300권	약 5시간
②	약 10,300권	약 6시간
③	약 20,600권	약 5시간
④ (✔)	약 20,600권	약 6시간
⑤	약 25,100권	약 5시간

ⓐ 1시간 당 1명이 작업한 도서 수
10,300÷5÷3=686.67권

ⓑ 1시간 당 보관 도서 수
686.67×5=3,433.35권

∴ 20,600÷3,433.35≒6시간

풀이순서

1) 질문의도
보관 도서 수 및 작업 시간

2) 조건확인
ⓐ~ⓕ

3) 계산

4) 정답도출

유형 분석

- 문제에서 제공하는 정보를 파악한 뒤 사칙연산을 활용하여 계산하는 응용수리 문제이다.
- 제시된 문제 안에 풀이를 위한 정보가 산재되어 있는 경우가 많으므로 문제 속 조건이나 보기 등을 꼼꼼히 읽어야 한다.

응용문제 : 최소공배수 등 수학 이론을 활용하여 계산하는 문제도 자주 출제된다.

풀이 전략

문제에서 요구하는 답을 정확히 이해하고, 주어진 상황과 조건을 식으로 치환하여 신속하게 계산한다.

02 기초연산 ②

둘레의 길이가 10km ⓐ인 원형의 공원이 있다. 어느 지점에서 민수와 민희는 서로 반대 방향ⓑ으로 걷기 시작했다. 민수의 속력이 시속 3km ⓒ, 민희의 속력이 시속 2km ⓓ일 때, 둘은 몇 시간 후에 만나는가?

① 1시간
② 2시간
③ 2시간 30분
④ 2시간 50분
⑤ 3시간 20분

풀이순서

1) 질문의도
만나는 데 걸린 시간

2) 조건확인
ⓐ～ⓓ

3) 계산

4) 정답도출

ⓒ 민수의 속력 : 3km/h
ⓓ 민희의 속력 : 2km/h
민수와 민희가 걸은 시간은 x시간으로 같다.

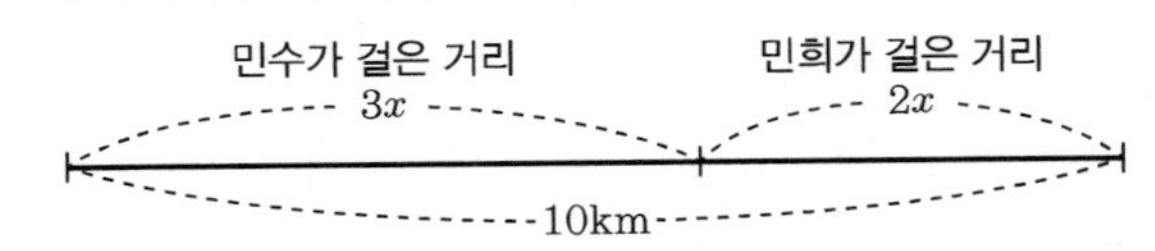

$3x+2x=10 \rightarrow 5x=10$
$\therefore x=2$시간

유형 분석

- 문제에서 제공하는 정보를 파악한 뒤 방정식을 세워 계산하는 응용수리 문제이다.
- 거리, 속력, 시간의 상관관계를 이해하고 이를 바탕으로 원하는 값을 도출할 수 있는지를 확인하므로 기본적인 공식은 알고 있어야 한다.

응용문제 : 농도, 확률 등 방정식 및 수학 공식을 활용하여 계산하는 문제도 자주 출제된다.

풀이 전략

문제에서 요구하는 답을 미지수로 하여 방정식을 세우고, (거리)=(속력)×(시간) 공식을 통해 필요한 값을 계산한다.

03 | 통계분석

다음은 2019 ~ 2021년의 행정구역별 인구에 관한 자료이다. 전년 대비 2021년의 대구 지역의 인구 증가율을 구하면?(단, 소수점 둘째 자리에서 반올림한다)

〈행정구역별 인구〉

(단위 : 천 명)

구분	2019년	2020년	2021년
전국	20,726	21,012	21,291
서울	4,194	4,190	4,189
부산	1,423	1,438	1,451
대구	971	982	994
(중략)			
경북	1,154	1,170	1,181
경남	1,344	1,367	1,386
제주	247	257	267

① 약 1.1%
② 약 1.2%
③ 약 1.3%
④ 약 1.4%
⑤ 약 1.5%

• 2020년 대구의 인구 수 : 982명
• 2021년 대구의 인구 수 : 994명
• 2021년 대구의 전년 대비 인구 수 증가율 : $\frac{994-982}{994} \times 100 \fallingdotseq 1.2\%$

풀이순서

1) 질문의도
2021년 대구의 전년 대비 인구 증가율

2) 조건확인
ⓐ 대구의 2020년 인구 수 : 982명
ⓑ 대구의 2021년 인구 수 : 994명

3) 계산

4) 정답도출

유형 분석

• 표를 통해 제시된 자료를 해석하고 계산하는 자료계산 문제이다.
• 주어진 자료를 통해 증가율이나 감소율 등의 정보를 구할 수 있는지 확인하는 문제이다.
응용문제 : 주어진 자료에 대한 해석을 묻는 문제도 자주 출제된다.

풀이 전략

제시되는 자료의 양이 많지만 문제를 푸는 데 반드시 필요한 정보는 적은 경우가 많으므로 질문을 빠르게 이해하고, 필요한 정보를 먼저 체크하면 풀이 시간을 줄일 수 있다.

대표유형

04 | 도표분석

다음은 2009 ~ 2021년 축산물 수입 추이를 나타낸 그래프이다. 이에 대한 설명으로 옳지 않은 것은?

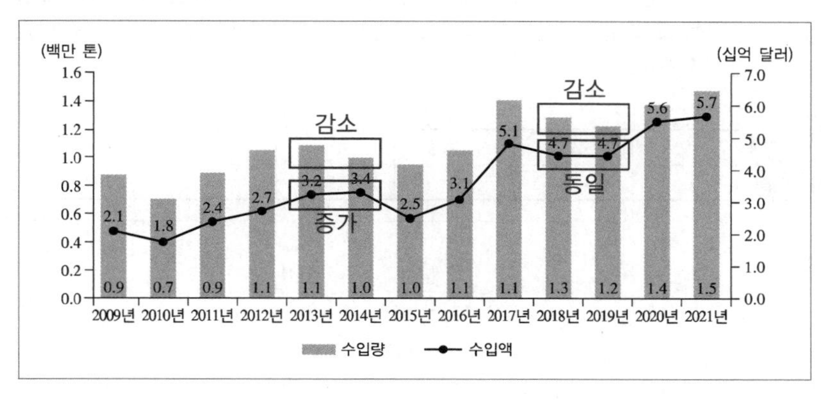

① 2021년 축산물 수입량은 2011년 대비 약 67% 증가하였다.
② 처음으로 2009년 축산물 수입액의 두 배 이상 수입한 해는 2017년이다.
③ 전년 대비 축산물 수입액의 증가율이 가장 높았던 해는 2017년이다.
④ 축산물 수입량과 수입액의 변화 추세는 동일하다.
⑤ 2011년부터 2014년까지 축산물 수입액은 전년 대비 증가했다.

풀이순서

1) 질문의도
도표분석

2) 선택지 키워드 찾기

3) 도표분석
축산물 수입량 / 수입액 추이

4) 정답도출

유형 분석

- 제시된 도표를 분석하여 각 선택지의 정답 유무를 판단하는 자료해석 문제이다.
- 막대 그래프, 꺾은선 그래프 등 다양한 형태의 그래프가 제시되며, 증감률·비율·추세 등을 확인하는 문제이다.
- 경영·경제·산업 등 최신 이슈를 많이 다룬다.

응용문제 : 표의 형식으로 자료를 제시하고 그래프로 변환하는 등의 문제도 자주 출제된다.

풀이 전략

각 선택지의 진위 여부를 파악하는 문제이므로 선택지 별로 필요한 정보가 무엇인지 빠르게 파악하고, 필요한 부분을 체크하여 혼동하지 않도록 한다.

04 기출예상문제

정답 및 해설 p.031

01 자동차의 정지거리는 공주거리와 제동거리의 합이다. 공주거리는 공주시간 동안 진행한 거리이며, 공주시간은 주행 중 운전자가 브레이크를 밟아서 실제 제동이 시작될 때까지 걸리는 시간이다. 자동차의 평균제동거리가 다음 표와 같을 때, 시속 72km로 달리는 자동차의 정지거리는 몇 m인가?(단, 공주시간은 1초로 가정한다)

속도(km/h)	12	24	36	48	60	72
평균제동거리(m)	1	4	9	16	25	36

① 50m
② 52m
③ 54m
④ 56m
⑤ 58m

02 다음 자료를 참고했을 때, 하루 동안 고용할 수 있는 최대 인원은?

총예산	본예산	500,000원
	예비비	100,000원
고용비	1인당 수당	50,000원
	산재보험료	(수당)×0.504%
	고용보험료	(수당)×1.3%

① 10명
② 11명
③ 12명
④ 13명
⑤ 14명

03 다음은 주요 온실가스의 연평균 농도 변화 추이를 나타낸 표이다. 이에 대한 설명으로 옳지 않은 것은?

〈주요 온실가스의 연평균 농도 변화 추이〉

구분	2016년	2017년	2018년	2019년	2020년	2021년	2022년
이산화탄소(CO_2, ppm)	387.2	388.7	389.9	391.4	392.5	394.5	395.7
오존전량(O_3, DU)	331	330	328	325	329	343	335

① 이산화탄소의 농도는 계속해서 증가하고 있다.
② 오존전량은 계속해서 증가하고 있다.
③ 2022년 오존전량은 2016년의 오존전량보다 4DU 증가했다.
④ 2022년 이산화탄소의 농도는 2017년보다 7ppm 증가했다.
⑤ 오존전량이 가장 크게 감소한 해는 2022년이다.

04 다음은 연도별 뺑소니 교통사고 통계현황에 대한 자료이다. 이에 대한 설명으로 옳은 것을 〈보기〉에서 모두 고르면?

〈연도별 뺑소니 교통사고 통계현황〉

(단위 : 건, 명)

구분	2018년	2019년	2020년	2021년	2022년
사고건수	15,500	15,280	14,800	15,800	16,400
검거 수	12,493	12,606	12,728	13,667	14,350
사망자 수	1,240	1,528	1,850	1,817	1,558
부상자 수	9,920	9,932	11,840	12,956	13,940

- $[\text{검거율}(\%)]=\frac{(\text{검거 수})}{(\text{사고건수})}\times 100$
- $[\text{사망률}(\%)]=\frac{(\text{사망자 수})}{(\text{사고건수})}\times 100$
- $[\text{부상률}(\%)]=\frac{(\text{부상자 수})}{(\text{사고건수})}\times 100$

보기

ㄱ. 사고건수는 매년 감소하지만 검거 수는 매년 증가한다.
ㄴ. 2020년의 사망률과 부상률이 2021년의 사망률과 부상률보다 모두 높다.
ㄷ. 2020 ~ 2022년의 사망자 수와 부상자 수의 증감추이는 반대이다.
ㄹ. 2019 ~ 2022년 검거율은 매년 높아지고 있다.

① ㄱ, ㄴ
② ㄱ, ㄹ
③ ㄴ, ㄹ
④ ㄷ, ㄹ
⑤ ㄱ, ㄷ, ㄹ

05 다음은 한국생산성본부에서 작성한 혁신클러스터 시범단지 현황이다. 반월시화공단과 울산공단의 업체당 평균 고용인원의 차이는 얼마인가?(단, 업체당 평균 고용인원은 소수점 이하 둘째 자리에서 반올림한다)

〈혁신클러스터 시범단지 현황〉

단지명	특화업종	입주기업(개사)	생산규모(억 원)	수출액(백만 불)	고용인원(명)	지정시기
창원	기계	1,893	424,399	17,542	80,015	2022년
구미	전기전자	1,265	612,710	36,253	65,884	2022년
반월시화	부품소재	12,548	434,106	6,360	195,635	2022년
울산	자동차	1,116	1,297,185	57,329	101,677	2022년

① 83.1명
② 75.5명
③ 71.4명
④ 68.6명
⑤ 65.9명

06 매일의 날씨 자료를 수집 및 분석한 결과, 전날의 날씨를 기준으로 그 다음 날의 날씨가 변할 확률은 다음과 같았다. 만약 내일 날씨가 화창하다면, 사흘 뒤에 비가 올 확률은 얼마인가?

전날 날씨	다음 날 날씨	확률
화창	화창	25%
화창	비	30%
비	화창	40%
비	비	15%

※ 날씨는 '화창'과 '비'로만 구분하여 분석함

① 12%
② 13%
③ 14%
④ 15%
⑤ 17%

07 다음 자료는 A ~ D사의 남녀 직원비율에 대한 자료이다. 이에 대한 설명으로 옳지 않은 것은?

〈회사별 남녀 직원비율〉

(단위 : %)

구분	A사	B사	C사	D사
남자	54	48	42	40
여자	46	52	58	60

① 여직원 대비 남직원 비율이 가장 높은 회사는 A사이며, 가장 낮은 회사는 D사이다.
② B, C, D사의 여직원 수의 합은 남직원 수의 합보다 크다.
③ A사의 남직원이 B사의 여직원보다 많다.
④ A, B사의 전체 직원 중 남직원이 차지하는 비율이 52%라면 A사의 전체 직원 수는 B사 전체 직원 수의 2배이다.
⑤ A, B, C사의 전체 직원 수가 같다면 A, C사 여직원 수의 합은 B사 여직원 수의 2배이다.

08 다음 자료는 어느 나라의 2021년과 2022년의 노동 가능 인구구성의 변화를 나타낸 것이다. 2021년도와 비교한 2022년도의 상황을 설명한 것으로 옳은 것은?

〈노동 가능 인구구성의 변화〉

구분	취업자	실업자	비경제활동인구
2021년	55%	25%	20%
2022년	43%	27%	30%

① 이 자료에서 실업자의 수는 알 수 없다.
② 실업자의 비율은 감소하였다.
③ 경제활동인구는 증가하였다.
④ 취업자 비율의 증감폭이 실업자 비율의 증감폭보다 작다.
⑤ 비경제활동인구의 비율은 감소하였다.

09 다음은 A, B 두 국가의 사회이동에 따른 계층 구성비율의 변화를 나타낸 자료이다. 2002년과 비교한 2022년에 대한 설명으로 옳은 것은?

〈2002년 사회이동에 따른 계층 구성비율〉

구분	A국가	B국가
상층	7%	17%
중층	67%	28%
하층	26%	55%

〈2022년 사회이동에 따른 계층 구성비율〉

구분	A국가	B국가
상층	18%	23%
중층	23%	11%
하층	59%	66%

① A국가의 상층 비율은 9%p 증가하였다.
② 중층 비율은 두 국가가 증감폭이 같다.
③ A국가 하층 비율의 증가폭은 B국가의 증가폭보다 크다.
④ B국가에서 가장 높은 비율을 차지하는 계층이 바뀌었다.
⑤ B국가의 하층 비율은 20년 동안 10% 증가하였다.

10 다음 표는 1년 동안 어느 병원을 찾은 당뇨병 환자수에 대한 자료이다. 이에 대한 설명으로 옳지 않은 것은?

〈당뇨병 환자수〉

(단위 : 명)

당뇨병 / 나이	경증		중증	
	여자	남자	여자	남자
50세 미만	9	13	8	10
50세 이상	10	18	8	24

① 여자 환자 중 중증인 환자의 비율은 $\frac{16}{35}$ 이다.
② 경증 환자 중 남자 환자의 비율은 중증 환자 중 남자 환자의 비율보다 높다.
③ 50세 이상의 환자 수는 50세 미만 환자 수의 1.5배이다.
④ 중증인 여자 환자의 비율은 전체 당뇨병 환자의 16%이다.
⑤ 50세 미만 남자 중에서 경증 환자 비율은 50세 이상 여자 중에서 경증 환자 비율보다 높다.

11 다음은 T농가의 수확량이다. 각 수확량의 소득은 10%로 동일할 때, 2020 ~ 2022년 총소득이 많은 순서대로 나열한 것은?

〈T농가 수확량〉

(단위 : 천 개)

구분	2020년	2021년	2022년
옥수수	100	200	300
감자	200	150	150
가지	150	200	100

① 옥수수 – 감자 – 가지
② 감자 – 옥수수 – 가지
③ 옥수수 – 가지 – 감자
④ 감자 – 가지 – 옥수수
⑤ 가지 – 옥수수 – 감자

12 K사원은 인사평가에서 A ~ D 네 가지 항목의 점수를 받았다. 이 점수를 각각 1 : 1 : 1 : 1의 비율로 평균을 구하면 82.5점이고, 2 : 3 : 2 : 3의 비율로 평균을 구하면 83점, 2 : 2 : 3 : 3의 비율로 평균을 구하면 83.5점이다. 각 항목의 만점은 100점이라고 할 때, K사원이 받을 수 있는 최고점과 최저점의 차는?

① 45점
② 40점
③ 30점
④ 25점
⑤ 20점

13 다음은 2022년 연령별 인구수 현황을 나타낸 그래프이다. 각 연령대를 기준으로 남성 인구가 40% 이하인 연령대 ㉠과 여성 인구가 50% 초과 60% 이하인 연령대 ㉡이 바르게 연결된 것은?

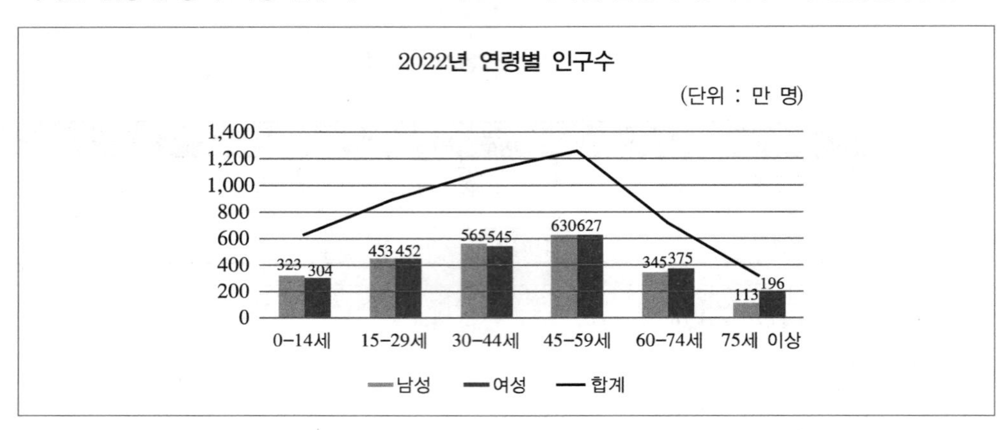

	㉠	㉡
①	0 ~ 14세	15 ~ 29세
②	30 ~ 44세	15 ~ 29세
③	45 ~ 59세	60 ~ 74세
④	75세 이상	60 ~ 74세
⑤	75세 이상	45 ~ 59세

14 다음은 우리나라의 농축산물 대미 수입규모에 대한 자료이다. 이를 분석한 내용으로 옳지 않은 것은?

〈농축산물 대미 수입규모〉

(단위 : 천 톤/백만 달러)

구분		전체 수입규모		대미 수입규모		
		물량	금액	물량	금액	비중
농산물		32,777	17,896	8,045	4,408	24.6%
	곡류	15,198	3,872	4,867	1,273	24.6%
	밀	4,064	1,127	1,165	363	32.9%
	옥수수	10,368	2,225	3,539	765	32.3%
	대두	1,330	654	532	287	43.9%
축산물		1,464	5,728	410	1,761	30.7%
	쇠고기	331	2,008	115	802	39.9%
	돼지고기	494	1,424	151	455	32.0%
	치즈	116	502	55	251	50.0%
합계		34,241	23,624	8,455	6,169	26.1%

① 대두에 대한 수입규모는 미국이 세계에서 가장 크다.
② 전체 수입규모 중 금액이 가장 큰 품목은 곡류이다.
③ 수입품목 중 대미 수입규모가 가장 큰 비중을 차지하는 것은 치즈이다.
④ 밀은 미국에서 수입하는 물량보다 전 세계에서 수입하는 물량이 3배 이상 많다.
⑤ 돼지고기는 축산물 수입품목 중 물량이 가장 많다.

PART 1

15 다음은 비만도 측정에 관한 자료와 3명의 학생의 신체조건이다. 이에 대한 설명으로 옳지 않은 것은?(단, 비만도는 소수점 이하 첫째 자리에서 반올림한다)

〈비만도 측정법〉

- (표준체중)=[(신장)−100]×0.9
- (비만도)=$\frac{(\text{현재 체중})}{(\text{표준 체중})}\times 100$

〈비만도 구분〉

구분	조건
저체중	90% 미만
정상체중	90% 이상 110% 이하
과체중	110% 초과 120% 이하
경도비만	120% 초과 130% 이하
중등도비만	130% 초과 150% 이하
고도비만	150% 이상 180% 이하
초고도비만	180% 초과

〈신체조건〉

- 혜지 : 키 158cm, 몸무게 58kg
- 기원 : 키 182cm, 몸무게 71kg
- 용준 : 키 175cm, 몸무게 96kg

① 혜지의 표준체중은 52.2kg이며 기원이의 표준체중은 73.8kg이다.

② 기원이가 과체중이 되기 위해선 5kg 이상 체중이 증가해야 한다.

③ 3명의 학생 중 정상체중인 학생은 기원이뿐이다.

④ 용준이가 약 22kg 이상 체중을 감량하면 정상체중 범주에 포함된다.

⑤ 혜지의 현재 체중과 표준 체중의 비만도 차이에 4배를 한 값은 용준이의 현재 체중과 표준 체중의 비만도 차이 값보다 더 크다.

배우기만 하고 생각하지 않으면 얻는 것이 없고, 생각만 하고 배우지 않으면 위태롭다.

– 공자 –

CHAPTER 05

자원관리능력

합격 CHEAT KEY

자원관리능력은 현재 NCS 기반 채용을 진행하는 많은 공사·공단에서 핵심영역으로 자리 잡아, 일부를 제외한 대부분의 시험에서 출제 영역으로 꼽히고 있다. 전체 문항수의 10 ~ 15% 비중으로 출제되고 있고, 난이도가 상당히 높기 때문에 NCS를 치를 수험생이라면 반드시 준비해야 할 필수 과목이다.

실제 시험 기출 키워드를 살펴보면 비용 계산, 해외파견 지원금 계산, 주문 제작 단가 계산, 일정 조율, 일정 선정, 행사 대여 장소 선정, 최단거리 구하기, 시차 계산, 소요시간 구하기, 해외파견 근무 기준에 부합한 또는 부합하지 않는 직원 고르기 등 크게 자원계산, 자원관리 문제유형이 출제된다. 대표유형을 바탕으로 응용되는 방식의 문제가 출제되고 있기 때문에 비슷한 유형을 계속해서 풀어보면서 감을 익히는 것이 중요하다.

01 시차를 먼저 계산하자!

시간자원관리문제의 대표유형 중 시차를 계산하여 일정에 맞는 항공권을 구입하거나 회의시간을 구하는 문제에서는 각각의 나라 시간을 한국 시간으로 전부 바꾸어 계산하는 것이 편리하다. 조건에 맞는 나라들의 시간을 전부 한국 시간으로 바꾸고 한국 시간과의 시차만 더하거나 빼면 시간을 단축하여 풀 수 있다.

02 선택지를 활용하자!

예산자원관리문제의 대표유형에서는 계산을 해서 값을 요구하는 문제들이 있다. 이런 문제유형에서는 문제 선택지를 먼저 본 후 자리 수가 몇 단위로 끝나는지 확인한다. 예를 들어 412,300원, 426,700원, 434,100원, 453,800원인 선택지가 있다고 할 때, 이 선택지는 100원 단위로 끝나기 때문에 제시된 조건에서 100원 단위로 나올 수 있는 항목을 찾아 그 항목만 계산하여 시간을 단축시키는 방법이 있다.

또한, 일일이 계산하는 문제가 많다. 예를 들어 640,000원, 720,000원, 810,000원 등의 수를 이용해 푸는 문제가 있다고 할 때, 만 원 단위를 절사하고 계산하여 64, 72, 81처럼 요약하여 적는 것도 시간을 단축하는 방법이다.

03 최적의 값을 구하는 문제인지 파악하자!

물적자원관리문제의 대표유형에서는 제한된 자원 내에서 최대의 만족 또는 이익을 얻을 수 있는 방법을 강구하는 문제가 출제된다. 이때, 구하고자 하는 값을 x, y로 정하고 연립방정식을 이용해 x, y 값을 구한다. 최소 비용으로 목표생산량을 달성하기 위한 업무 및 인력 할당, 정해진 시간 내에 최대 이윤을 낼 수 있는 업체 선정, 정해진 인력으로 효율적 업무 배치 등을 구하는 문제에서 사용되는 방법이다.

04 각 평가항목을 비교해보자!

인적자원관리문제의 대표유형에서는 각 평가항목을 비교하여 기준에 적합한 인물을 고르거나, 저렴한 업체를 선정하거나, 총점이 높은 업체를 선정하는 문제가 출제된다. 이런 문제를 해결할 때는 평가항목에서 가격이나 점수 차이에 영향을 많이 미치는 항목을 찾아 지우면 1 ~ 2개의 선택지를 삭제하고 3 ~ 4개의 선택지만 계산하여 시간을 단축할 수 있다.

05 문제의 단서를 이용하자!

자원관리능력은 계산문제가 많기 때문에, 복잡한 계산은 딱 떨어지게끔 조건을 제시하는 경우가 많다. 단서를 보고 부합하지 않는 선택지를 1 ~ 2개 먼저 소거한 뒤 계산을 하는 것도 시간을 단축하는 방법이다.

대표유형

01 시간자원관리

H공사는 한국 현지 시각 기준으로 오후 4시부터 5시까지 외국 지사와 화상 회의를 진행하려고 한다. 모든 지사는 각국 현지 시각으로 오전 8시부터 오후 6시까지 근무한다고 할 때, 다음 중 회의에 참석할 수 없는 지사는?(단, 서머타임을 시행하는 국가는 +1:00을 반영한다)

국가	시차	국가	시차
파키스탄	−4:00	불가리아	−6:00
호주	+1:00	영국	−9:00
싱가포르	−1:00		

※ 오후 12시부터 1시까지는 점심시간이므로 회의를 진행하지 않는다.

※ 서머타임 시행 국가 : 영국

① 파키스탄 지사(오후 12 ~ 1시) → 회의 참석 불가능(점심시간)

② 호주 지사(오후 5 ~ 6시) → 회의 참석 가능

③ 싱가포르 지사 (오후 3 ~ 4시) → 회의 참석 가능

④ 불가리아 지사(오전 10 ~ 11시) → 회의 참석 가능

⑤ 영국 지사(오전 8 ~ 9시) → 회의 참석 가능

풀이순서

1) 질문의도
회의에 참석할 수 없는 지사

2) 조건확인
(ⅰ) 오후 12시부터 1시까지 점심시간 : 회의 ×
(ⅱ) 서머타임 시행 국가 : 영국

3) 조건적용

4) 정답도출

유형 분석

- 시간자원과 관련된 다양한 정보를 활용하여 문제풀이를 이어간다.
- 대체로 교통편 정보나 국가별 시차 정보가 제공되며, 이를 근거로 '회의에 참석할 수 없는 지사'를 고르는 문제가 출제된다.
- 업무수행에 필요한 기술의 개념·원리·절차, 관련 용어, 긍정적·부정적 영향에 대한 이해를 평가한다.

풀이 전략

먼저 문제에서 묻는 것을 정확히 파악한다. 특히 제한사항에 대해서는 빠짐없이 확인해 두어야 한다. 이후 제시된 정보(시차 등)에서 필요한 것을 선별하여 문제를 풀어간다.

대표유형

02 예산자원관리

K공사 임직원은 신입사원 입사를 맞아 워크숍을 가려고 한다. 총 13명의 임직원이 워크숍에 참여한다고 할 때, 다음 중 가장 저렴한 비용으로 이용할 수 있는 교통편의 조합은 무엇인가?

〈이용 가능한 교통편 현황〉

구분	탑승 인원	비용	주유비	비고
소형버스	10명	200,000원	0원	1일 대여 비용
대형버스	40명	500,000원	0원	-
렌터카	5명	80,000원(대당)	50,000원	동일 기간 3대 이상 렌트 시 렌트비용 5% 할인
택시	3명	120,000원(편도)	0원	-
대중교통	제한 없음	13,400원 (1인당, 편도)	0원	10명 이상 왕복티켓 구매 시 총금액에서 10% 할인

① 대형버스 1대 → 500,000원
② 소형버스 1대, 렌터카 1대 → 200,000+130,000=330,000원
③ 소형버스 1대, 택시 1대 → 200,000+(120,000×2)=440,000원
④ 렌터카 3대 → (80,000×3×0.95)+(50,000×3)=378,000원
⑤ 대중교통 13명 → 13,400×13×2×0.9=313,560원

풀이순서

1) 질문의도
가장 저렴한 비용인 교통편의 조합

2) 조건확인
비고란

3) 조건적용

4) 정답도출

유형 분석 • 가장 저렴한 비용으로 예산관리를 수행할 수 있는 업무에 대해 묻는 문제이다.

풀이 전략 제한사항인 예산을 고려하여 문제에서 묻는 것을 정확히 파악한 후 제시된 정보에서 필요한 것을 선별하여 문제를 풀어간다.

대표유형

03 | 물적자원관리

대학교 입학을 위해 지방에서 올라온 대학생 S씨는 자취방을 구하려고 한다. 대학교 근처 자취방의 월세와 대학교까지 거리는 아래와 같다. 한 달을 기준으로 S씨가 지출하게 될 자취방 월세와 자취방에서 대학교까지 왕복 시 거리비용을 합산할 때, S씨가 선택할 수 있는 가장 저렴한 비용의 자취방은?

구분	월세	대학교까지 거리
A자취방	330,000원	1.8km
B자취방	310,000원	2.3km
C자취방	350,000원	1.3km
D자취방	320,000원	1.6km
E자취방	340,000원	1.4km

※ 대학교 통학일(한 달 기준)=15일
※ 거리비용=1km당 2,000원

① A자취방
330,000+(1.8×2,000×2×15)=438,000원
② B자취방
310,000+(2.3×2,000×2×15)=448,000원
③ C자취방
350,000+(1.3×2,000×2×15)=428,000원
④ D자취방
320,000+(1.6×2,000×2×15)=416,000원
⑤ E자취방
340,000원+(1.4km×2,000원×2(왕복)×15일)=424,000원

풀이순서

1) 질문의도
조건에 적합한 가장 저렴한 비용의 장소 찾기

2) 조건확인
① 대학교 통학일(한 달 기준)=15일
② 거리비용=1km 당 2,000원

3) 조건적용

4) 정답도출

유형 분석
- 물적자원과 관련된 다양한 정보를 활용하여 풀어가는 문제이다.
- 주로 공정도·제품·시설 등에 대한 가격·특징·시간 정보가 제시되며, 이를 종합적으로 고려하는 문제가 출제된다.

풀이 전략
문제에서 묻고자 하는 바를 정확히 파악하는 것이 중요하다. 문제에서 제시한 물적자원의 정보를 문제의 의도에 맞게 선별하면서 풀어간다.

대표유형

04 인적자원관리

다음은 어느 회사의 승진대상과 승진 규정이다. 다음의 규정에 따를 때, 2022년 현재 직급이 대리인 사람은?

〈승진규정〉

- 2021년까지 근속연수가 3년 이상인 자 ⓐ를 대상으로 한다.
- 출산 휴가 및 병가 기간은 근속 연수에서 제외 ⓑ 한다.
- 평가연도 업무평가 점수가 80점 이상 ⓒ인 자를 대상으로 한다.
- 평가연도 업무평가 점수는 직전연도 업무평가 점수에서 벌점을 차감한 점수 ⓓ이다.
- 벌점은 결근 1회당 −10점, 지각 1회당 −5점 ⓔ이다.

〈승진후보자 정보〉

구분	근무기간	작년 업무평가	근태현황		기타
			지각	결근	
사원 A	1년 4개월	79	1	−	−
주임 B	3년 1개월	86	−	1	출산휴가 35일
대리 C	7년 1개월	89	1	1	병가 10일
과장 D	10년 3개월	82	−	−	−
차장 E	12년 7개월	81	2	−	−

① A　② B
③ C　④ D
⑤ E

풀이순서

1) 질문의도
현재 직급 확인

2) 조건확인
ⓐ~ⓔ

3) 조건적용

4) 정답도출

PART 1

유형 분석
- 인적자원과 관련된 다양한 정보를 활용하여 문제를 풀어가는 문제이다.
- 주로 근무명단, 휴무일, 업무할당 등의 주제로 다양한 정보를 활용하여 종합적으로 풀어나가는 문제가 출제된다.

풀이 전략
문제에서 근무자배정 혹은 인력배치 등의 주제가 출제될 경우에는 주어진 규정 혹은 규칙을 꼼꼼히 확인하여야 한다. 이를 근거로 각 선택지가 어긋나지 않는지 검토하며 문제를 풀어간다.

05 기출예상문제

정답 및 해설 p.035

01 다음 글을 근거로 판단할 때, 〈보기〉에서 옳은 것을 모두 고르면?

- A국의 1일 통관 물량은 1,000건이며, 모조품은 1일 통관 물량 중 1%의 확률로 존재한다.
- 검수율은 전체 통관 물량 중 검수대상을 무작위로 선정해 실제로 조사하는 비율을 뜻하는데, 현재 검수율은 10%로 전문 조사 인력은 매일 10명을 투입한다.
- 검수율을 추가로 10%p 상승시킬 때마다 전문 조사 인력은 1일당 20명이 추가로 필요하다.
- 인건비는 1인당 1일 기준 30만 원이다.
- 모조품 적발 시 부과되는 벌금은 건당 1,000만 원이며, 이 중 인건비를 차감한 나머지를 세관의 '수입'으로 한다.

※ 검수대상에 포함된 모조품은 모두 적발되고, 부과된 벌금은 모두 징수된다.

보기

ㄱ. 1일 평균 수입은 700만 원이다.
ㄴ. 모든 통관 물량을 전수조사한다면 수입보다 인건비가 더 클 것이다.
ㄷ. 검수율이 40%면 1일 평균 수입은 현재의 4배 이상일 것이다.
ㄹ. 검수율을 30%로 하는 방안과 검수율을 10%로 유지한 채 벌금을 2배로 인상하는 방안을 비교하면 벌금을 인상하는 방안의 1일 평균 수입이 더 많을 것이다.

① ㄱ, ㄴ
② ㄴ, ㄷ
③ ㄱ, ㄴ, ㄹ
④ ㄱ, ㄷ, ㄹ
⑤ ㄴ, ㄷ, ㄹ

02 김과장은 4월 3일 월요일부터 2주 동안 미얀마, 베트남, 캄보디아의 해외지사를 방문한다. 원래는 모든 일정이 끝난 4월 14일 입국 예정이었으나, 현지 사정에 따라 일정이 변경되어 4월 15일 23시에 모든 일정이 마무리된다는 것을 출국 3주 전인 오늘 알게 되었다. 이를 바탕으로 가장 효율적인 항공편을 다시 예약하려고 한다. 어떤 항공편을 이용해야 하며, 취소 수수료를 포함하여 드는 총 비용은 얼마인가?(단, 늦어도 4월 16일 자정까지는 입국해야 하며, 비용에 상관없이 비행시간이 적게 걸릴수록 효율적이다)

◆ 해외지점 방문 일정

대한민국 인천 → 미얀마 양곤(농협은행) → 베트남 하노이(농협은행) → 베트남 하노이(NH투자증권) → 캄보디아 프놈펜(농협은행) → 대한민국 인천

※ 마지막 날에는 프놈펜 ◇◇호텔에서 지점장과의 만찬이 있다.

◆ 항공권 취소 수수료

구분	출발 전 50일 ~ 31일	출발 전 30일 ~ 21일	출발 전 20일 ~ 당일 출발	당일 출발 이후 (No – Show)
일반운임	13,000원	18,000원	23,000원	123,000원

◆ 항공편 일정

- 서울과 프놈펜의 시차는 2시간이며, 서울이 더 빠르다.
- 숙박하고 있는 프놈펜 ◇◇호텔은 공항에서 30분 거리에 위치하고 있다.

항공편	출발	도착	비용	경유 여부
	PNH, 프놈펜 (현지 시각 기준)	ICN, 서울 (현지 시각 기준)		
103	4/16 11:10	4/17 07:10	262,500원	1회 쿠알라룸푸르
150	4/16 18:35	4/17 07:10	262,500원	1회 쿠알라룸푸르
300	4/16 06:55	4/16 16:25	582,900원	1회 호치민
503	4/16 23:55	4/17 07:05	504,400원	직항
402	4/16 14:30	4/17 13:55	518,100원	1회 광주(중국)
701	4/16 08:00	4/16 22:10	570,700원	2회 북경 경유, 광주(중국) 체류

① 503 항공편, 522,400원
② 300 항공편, 600,900원
③ 503 항공편, 527,400원
④ 300 항공편, 605,900원
⑤ 503 항공편, 600,900원

03 해외영업부에서 근무하는 K부장은 팀원과 함께 해외출장을 가게 되었다. 인천공항에서 대한민국 시간으로 7월 14일 09:00에 모스크바로 출발하고, 모스크바에서 일정시간 동안 체류한 후, 영국 시간으로 7월 14일 18:30에 런던에 도착하는 일정이다. 다음 중 모스크바에 체류한 시간으로 가장 적절한 것은?

경로	출발	도착	비행시간
인천 → 모스크바	7월 14일 09:00	–	9시간 30분
모스크바 → 런던	–	7월 14일 18:30	4시간

※ 시차정보(GMT기준) : 영국 0, 러시아 +3, 대한민국 +9

① 1시간
② 2시간
③ 3시간
④ 5시간
⑤ 7시간

04 T회사에서는 냉방 효율을 위하여 층별 에어컨 수와 종류를 조정하기 위해 판매하는 구형 에어컨과 구입하는 신형 에어컨의 수를 최소화하려고 한다. 이 경우, 에어컨을 사고팔 때 드는 비용은 얼마인가?

〈냉방 효율 조정 방안〉

구분	조건	미충족 시 조정 방안
1	층별 전기료 월 75만 원 미만	구형 에어컨을 판매해 조건 충족
2	각 층별 구형 에어컨 대비 신형 에어컨 비율 $\frac{1}{2}$ 이상 유지	신형 에어컨을 구입해 조건 충족

※ 구형 에어컨 1대 전기료는 월 5만 원이고, 신형 에어컨 1대 전기료는 월 3만 원이다.
※ 구형 에어컨 1대 중고 판매가는 10만 원이고, 신형 에어컨 1대 가격은 50만 원이다.
※ 조건과 조정방안은 1번부터 적용한다.

〈층별 냉방시설 현황〉

(단위 : 대)

구분	1층	2층	3층	4층	5층
구형	10	13	15	11	12
신형	4	5	7	6	5

① 50만 원
② 55만 원
③ 60만 원
④ 70만 원
⑤ 80만 원

05 T회사 B과장이 내년에 해외근무 신청을 위해서는 의무 교육이수 기준을 만족해야 한다. B과장이 지금까지 글로벌 경영교육 17시간, 해외사무영어교육 50시간, 국제회계교육 24시간을 이수하였다며, 의무 교육이수 기준에 미달인 과목과 그 과목의 부족한 점수는 몇 점인가?

〈의무 교육이수 기준〉

(단위 : 점)

구분	글로벌 경영	해외사무영어	국제회계
이수 완료 점수	15	60	20
시간당 점수	1	1	2

※ 초과 이수 시간은 시간당 0.2점으로 환산하여 해외사무영어 점수에 통합한다.

	과목	점수		과목	점수
①	해외사무영어	6.8점	②	해외사무영어	7.0점
③	글로벌경영	7.0점	④	국제회계	6.8점
⑤	국제회계	5.8점			

06 T공단에서 직원들에게 자기계발 교육비용을 일부 지원하기로 하였다. 총무인사팀에 A～E의 직원이 자료와 같이 교육프로그램을 신청하였을 때, 다음 중 공단에서 총무인사팀 직원들에게 지원하는 총 교육비는 얼마인가?

〈자기계발 수강료 및 지원 금액〉

구분	영어회화	컴퓨터 활용	세무회계
수강료	7만 원	5만 원	6만 원
지원 금액 비율	50%	40%	80%

〈신청한 교육프로그램〉

구분	영어회화	컴퓨터 활용	세무회계
A	○		○
B	○	○	○
C		○	○
D	○		
E		○	

① 307,000원
② 308,000원
③ 309,000원
④ 310,000원
⑤ 311,000원

※ 다음은 수발실에서 근무하는 직원들에 대한 3분기 근무평정 자료이다. 이어지는 질문에 답하시오. [7~8]

〈정보〉

- 수발실은 공단으로 수신되거나 공단에서 발송하는 문서를 분류, 배부하는 업무를 한다. 문서 수발이 중요한 업무인 만큼, 공단은 매분기 수발실 직원별로 사고 건수를 조사하여 다음의 벌점 산정 방식에 따라 벌점을 부과한다.
- 공단은 이번 3분기 수발실 직원들에 대해 벌점을 부과한 후, 이를 반영하여 성과급을 지급하고자 한다.

〈벌점 산정방식〉

- 분기 벌점은 사고 유형별 건수와 유형별 벌점의 곱의 총합으로 계산한다.
- 전분기 무사고였던 직원의 경우, 해당분기 벌점에서 5점을 차감하는 혜택을 부여받는다.
- 전분기에 무사고였더라도, 해당분기 발신사고 건수가 4건 이상인 경우 벌점차감 혜택을 적용받지 못한다.

〈사고 건수당 벌점〉

(단위 : 점)

사고 종류	수신사고		발신사고	
	수신물 오분류	수신물 분실	미발송	발신물 분실
벌점	2	4	4	6

〈3분기 직원별 오류발생 현황〉

(단위 : 건)

직원	수신물 오분류	수신물 분실	미발송	발신물 분실	전분기 총사고 건수
A	–	2	–	4	2
B	2	3	3	–	–
C	2	–	3	1	4
D	–	2	2	2	8
E	1	–	3	2	–

07 벌점 산정방식에 따를 때, 수발실 직원 중 두 번째로 높은 벌점을 부여받는 직원은?

① A직원
② B직원
③ C직원
④ D직원
⑤ E직원

08 공단은 수발실 직원들의 등수에 따라 3분기 성과급을 지급하고자 한다. 수발실 직원들의 경우 해당 분기 벌점이 적을수록 부서 내 등수가 높다고 할 때, 다음 중 B직원과 E직원이 지급받을 성과급 총액은 얼마인가?

〈성과급 지급 기준〉

- (성과급)=(부서별 성과급 기준액)×(등수별 지급비율)
- 수발실 성과급 기준액 : 100만 원
- 등수별 성과급 지급비율

등수	1등	2~3등	4~5등
지급비율	100%	90%	80%

※ 분기당 벌점이 30점을 초과하는 경우 등수와 무관하게 성과급 기준액의 50%만 지급한다.

① 100만 원
② 160만 원
③ 180만 원
④ 190만 원
⑤ 200만 원

※ T공단 인사팀에 근무하고 있는 E대리는 다른 부서의 D대리와 B과장의 승진심사를 위해 다음과 같이 표를 작성하였다. 이어지는 질문에 답하시오. **[9~10]**

〈승진심사 점수〉

(단위 : 점)

구분	기획력	업무실적	조직 성과업적	청렴도	승진심사 평점
B과장	80	72	78	70	
D대리	60	70	48		63.6

※ 승진심사 평점은 기획력 30%, 업무실적 30%, 조직 성과업적 25%, 청렴도 15%로 계산한다.
※ 각 부문별 만점 기준점수는 100점이다.

09 다음 중 D대리의 청렴도 점수로 옳은 것은?

① 80점
② 81점
③ 82점
④ 83점
⑤ 84점

10 T공단에서 과장이 승진후보에 오르기 위해서는 승진심사 평점이 80점 이상이어야 할 때, B과장이 과장 승진후보가 되기 위해 몇 점이 더 필요한가?

① 4.2점
② 4.4점
③ 4.6점
④ 4.8점
⑤ 5.0점

11 같은 해에 입사한 동기 A ~ E는 모두 T공단 소속으로 서로 다른 부서에서 일하고 있다. 이들이 근무하는 부서와 해당 부서의 성과급은 다음과 같다. 부서배치에 관한 조건, 휴가에 관한 조건을 참고했을 때, 다음 중 항상 옳은 것은?

〈부서별 성과급〉

비서실	영업부	인사부	총무부	홍보부
60만 원	20만 원	40만 원	60만 원	60만 원

※ 각 사원은 모두 각 부서의 성과급을 동일하게 받는다.

〈부서배치 조건〉

- A는 성과급이 평균보다 적은 부서에서 일한다.
- B와 D의 성과급을 더하면 나머지 세 명의 성과급 합과 같다.
- C의 성과급은 총무부보다는 적지만 A보다는 많이 받는다.
- C와 D 중 한 사람은 비서실에서 일한다.
- E는 홍보부에서 일한다.

〈휴가 조건〉

- 영업부 직원은 비서실 직원보다 휴가를 더 늦게 가야 한다.
- 인사부 직원은 첫 번째 또는 제일 마지막으로 휴가를 가야 한다.
- B의 휴가 순서는 이들 중 세 번째이다.
- E는 휴가를 반납하고 성과급을 두 배로 받는다.

① A의 3개월 치 성과급은 C의 2개월 치 성과급보다 많다.
② C가 맨 먼저 휴가를 갈 경우, B가 맨 마지막으로 휴가를 가게 된다.
③ D가 C보다 성과급이 많다.
④ 휴가철이 끝난 직후, 급여명세서에 D와 E의 성과급 차이는 세 배이다.
⑤ B는 A보다 휴가를 먼저 출발한다.

12 T사 총무부에 근무하는 K씨는 T사 사원들을 대상으로 사무실에 필요한 사무용품에 대해 설문조사하여 다음과 같은 결과를 얻게 되었다. 설문조사 시 사원들에게 하나의 제품만 선택하도록 하였고, 연령을 구분하여 추가적으로 분석한 결과에 대해 비고란에 적었다. 이를 볼 때, 설문 조사 결과에 대해 옳은 것은?(단, 설문조사에 참여한 T사 사원들은 총 100명이다)

〈사무용품 필요도 설문조사〉

구분	비율	비고
복사기	15%	• 복합기를 원하는 사람들 중 20대는 절반을 차지했다. • 정수기를 원하는 사람들은 모두 30대이다. • 냉장고를 원하는 사람들 중 절반은 40대이다. • 복사기를 원하는 사람들 중 20대는 2/3를 차지했다. • 안마의자를 원하는 사람들은 모두 40대이다. • 기타용품을 원하는 20대, 30대, 40대 인원은 동일하다.
냉장고	26%	
안마의자	6%	
복합기	24%	
커피머신	7%	
정수기	13%	
기타용품	9%	

① 냉장고를 원하는 20대가 복합기를 원하는 20대보다 적다.
② 기타용품을 원하는 40대가 안마의자를 원하는 40대보다 많다.
③ 사원들 중 20대가 총 25명이라면, 냉장고를 원하는 20대는 없다.
④ 복합기를 원하는 30대는 냉장고를 원하는 40대보다 많을 수 있다.
⑤ 40대는 안마의자를 가장 많이 원한다.

13 T회사에서 근무하는 김사원은 수출계약 건으로 한국에 방문하는 바이어를 맞이하기 위해 인천공항에 가야한다. 미국 뉴욕에서 오는 바이어는 현지시각으로 21일 오전 8시 30분에 한국행 비행기에 탑승할 예정이며, 비행시간은 17시간이다. T회사에서 인천공항까지는 1시간 30분이 걸리고, 바이어의 도착 예정시각보다는 30분 일찍 도착하여 대기하려고 할 때, 김사원이 적어도 회사에서 출발해야 하는 시각은?(단, 뉴욕은 한국보다 13시간이 느리다)

① 21일 10시 30분
② 21일 12시 30분
③ 22일 12시
④ 22일 12시 30분
⑤ 22일 14시 30분

14 A과장은 월요일에 사천연수원에서 진행될 세미나에 참석해야 한다. 세미나는 월요일 낮 12시부터 시작이며, 수요일 오후 6시까지 진행된다. 갈 때는 세미나에 늦지 않게만 도착하면 되지만, 올 때는 목요일 회의 준비를 위해 최대한 일찍 서울로 올라와야 한다. 교통비는 회사에 청구하지만 가능한 적은 비용으로 세미나 참석을 원할 때, 교통비는 얼마가 들겠는가?

〈KTX〉

구분	월요일		수요일		가격
서울 – 사천	08:00 ~ 11:00	09:00 ~ 12:00	08:00 ~ 11:00	09:00 ~ 12:00	65,200원
사천 – 서울	16:00 ~ 19:00	20:00 ~ 23:00	16:00 ~ 19:00	20:00 ~ 23:00	66,200원 (10% 할인 가능)

※ 사천역에서 사천연수원까지 택시비는 22,200원이며, 30분이 걸린다(사천연수원에서 사천역까지의 비용과 시간도 동일하다).

〈비행기〉

구분	월요일		수요일		가격
서울 – 사천	08:00 ~ 09:00	09:00 ~ 10:00	08:00 ~ 09:00	09:00 ~ 10:00	105,200원
사천 – 서울	19:00 ~ 20:00	20:00 ~ 21:00	19:00 ~ 20:00	20:00 ~ 21:00	93,200원 (10% 할인 가능)

※ 사천공항에서 사천연수원까지 택시비는 21,500원이며, 30분이 걸린다(사천연수원에서 사천공항까지의 비용과 시간도 동일하다).

① 168,280원
② 178,580원
③ 192,780원
④ 215,380원
⑤ 232,080원

15 다음과 같은 〈조건〉에서 귀하가 판단할 수 있는 내용으로 옳지 않은 것은?

조건

- 프로젝트는 A부터 E까지의 작업으로 구성되며, 모든 작업은 동일 작업장 내에서 행해진다.
- 각 작업의 필요 인원과 기간은 다음과 같다.

프로젝트	A작업	B작업	C작업	D작업	E작업
필요 인원(명)	5	3	5	2	4
기간(일)	10	18	50	18	16

  – B작업은 A작업이 완료된 이후에 시작할 수 있음
  – E작업은 D작업이 완료된 이후에 시작할 수 있음
- 각 인력은 A부터 E까지 모든 작업에 동원될 수 있으며, 각 작업에 투입된 인력의 생산성은 동일하다.
- 프로젝트에 소요되는 비용은 1인당 1일 10만 원의 인건비와 1일 50만 원의 작업장 사용료로 구성된다.
- 각 작업의 필요 인원은 증원 또는 감원될 수 없다.

① 프로젝트를 완료하기 위해 필요한 최소 인력은 5명이다.
② 프로젝트를 완료하기 위해 소요되는 최단기간은 50일이다.
③ 프로젝트를 완료하는 데 들어가는 비용은 최소 6천만 원 이하이다.
④ 프로젝트를 최단기간에 완료하는 데 투입되는 최소 인력은 10명이다.
⑤ 프로젝트를 최소 인력으로 완료하는 데 소요되는 최단기간은 94일이다.

우리가 해야 할 일은 끊임없이 호기심을 갖고 새로운 생각을 시험해보고
새로운 인상을 받는 것이다.

– 월터 페이터 –

CHAPTER 06

조직이해능력

합격 CHEAT KEY

조직이해능력은 업무를 원활하게 수행하기 위해 조직의 체제와 경영을 이해하고 국제적인 추세를 이해하는 능력이다. 현재 많은 공사·공단에서 출제 비중을 높이고 있는 영역이기 때문에 미리 대비하는 것이 중요하며 실제 업무 상황에서 조직이해능력을 요구하기 때문에 중요도는 점점 높아질 것이다.

국가직무능력표준에 따르면 조직이해능력의 세부 유형은 조직체제이해능력·경영이해능력·업무이해능력·국제감각으로 나눌 수 있다. 조직도를 제시하는 문제가 출제되거나 조직의 체계를 파악해 경영의 방향성을 예측하고, 업무의 우선순위를 파악하는 문제가 출제된다. 조직이해능력은 NCS 기반 채용을 진행한 기업 중 70% 정도가 다뤘으며, 문항 수는 전체에서 평균 5% 정도로 상대적으로 적게 출제되었다.

01 문제 속에 정답이 있다!

경력이 없는 경우 조직에 대한 이해가 낮을 수밖에 없다. 그러나 문제 자체가 실무적인 내용을 담고 있어도 문제 안에는 해결의 단서가 주어진다. 부담을 갖지 않고 접근하는 것이 중요하다.

02 경영·경제학원론 정도의 수준은 갖추도록 하라!

지원한 직군마다 차이는 있을 수 있으나, 경영·경제이론을 접목시킨 문제가 꾸준히 출제되고 있다. 따라서 기본적인 경영·경제이론은 익혀 둘 필요가 있다.

03 지원하는 공사·공단의 조직도를 파악하자!

출제되는 문제는 각 공사·공단의 세부내용일 경우가 많기 때문에 지원하는 공사·공단의 조직도를 파악해 두어야 한다. 조직이 운영되는 방법과 전략을 이해하고, 조직을 구성하는 체제를 파악하고 간다면 조직이해능력영역에서 조직도가 나올 때 단시간에 문제를 풀 수 있을 것이다.

04 실제 업무에서도 요구되므로 이론을 익혀두자!

각 공사·공단의 직무 특성상 일부 영역에 중요도가 가중되는 경우가 있어서 많은 수험생들이 일부 영역에만 집중한다. 하지만 실제 업무 상황에서 직업기초능력 10개 영역이 골고루 요구되는 경우가 많고, 현재는 필기시험에서도 조직이해능력을 출제하는 기관의 비중이 늘어나고 있기 때문에 미리 이론을 익혀 둔다면 모듈형 문제에서 고득점을 노릴 수 있다.

대표유형

01 경영전략

다음은 경영전략 추진과정을 나타낸 내용이다. (가)에 대한 사례 중 그 성격이 다른 것은?

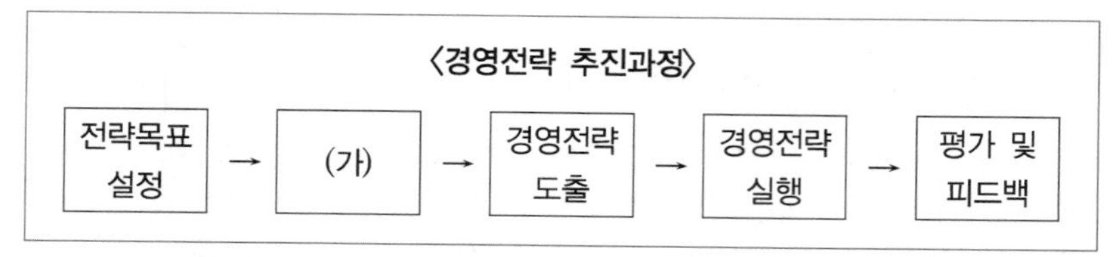

① 제품 개발을 위해 우리가 가진 예산의 현황을 파악해야 한다. → 내부 환경
② 우리 제품의 시장 개척을 위해 법적으로 문제가 없는지 확인해 봐야 한다. → 외부 환경
③ 이번에 발표된 정부의 정책으로 우리 제품이 어떠한 영향을 받을 수 있는지 확인해 볼 필요가 있다. → 외부 환경
④ 신제품 출시를 위해 경쟁사들의 동향을 파악해 봐야 한다. → 외부 환경
⑤ 우리가 공급받고 있는 원재료들의 원가를 확인해야 한다. → 외부 환경

풀이순서

1) 질문의도
내부 환경과 외부 환경의 구분

2) 선택지분석
- 내부 환경 : 회사 내부의 제어할 수 있는 강점과 약점
- 외부 환경 : 회사 외부의 제어할 수 없는 기회와 위협

3) 정답도출

유형 분석
- 경영전략 추진과정에 대한 이해를 묻는 문제이다.
- 경영전략을 추진하는 순서와 각 단계에 따른 세부적인 내용을 알고 있어야 한다.

풀이 전략
선택지를 보며 해당 단계의 절차와 맞는지 확인한다.

대표유형

02 조직구조

대학생인 지수의 일과인 다음 〈조건〉을 통해 알 수 있는 사실로 가장 적절한 것은?

조건

지수는 화요일에 학교 수업, 아르바이트, 스터디, 봉사활동 등을 한다.
다음은 지수의 화요일 일과이다.

- 오전 11시부터 오후 4시까지 수업이 있다. → 5시간
  학교 : 공식조직, 비영리조직, 대규모조직
- 수업이 끝나고 학교 앞 프랜차이즈 카페에서 아르바이트를 3시간 동안 한다.
  카페 : 공식조직, 영리조직, 대규모조직
- 아르바이트를 마친 후, NCS 공부를 하기 위해 스터디를 2시간 동안 한다.
  스터디 : 비공식조직, 비영리조직, 소규모조직

① 비공식조직이면서 소규모조직에 3시간 있었다.
② 하루 중 공식조직에서 9시간 있었다.
③ 비영리조직이면서 대규모조직에서 5시간 있었다. → 학교
④ 영리조직에서 2시간 있었다.
⑤ 비공식조직이면서 비영리조직에서 3시간 있었다.

풀이순서

1) 질문의도
조직 유형 이해

2) 조건확인
조직별 유형 분류

3) 정답도출

유형 분석
- 조직의 유형을 분류하는 문제이다.
- 조직의 개념과 그 특징에 대한 문제가 자주 출제된다.

풀이 전략
주어진 조건을 면밀하게 분석해야 한다. 해당 조직이 어떤 유형인지 확인한 후 선택지와 비교하면서 풀어야 한다.

03 업무 지시사항

다음 중 제시된 업무 지시사항에 대한 판단으로 적절하지 않은 것은?

> 은경씨, 금요일 오후 2시부터 10명의 인 · 적성검사 합격자의 1차 면접이 진행(③) 될 예정입니다. 5층 회의실 사용 예약을 지금 미팅이 끝난 직후 해 주시고, 2명씩 5개 조로 구성하여 10분씩 면접(①)을 진행하니 지금 드리는 지원 서류를 참고하시어 수요일 오전까지 5개 조를 구성한 보고서(②)를 저에게 주십시오. 그리고 2명의 면접 위원님께 목요일 오전에 면접 진행에 대해 말씀드려(⑤) 미리 일정 조정을 완료해 주시기 바랍니다.

① 면접은 10분씩 진행된다.
② 은경씨는 수요일 오전까지 보고서를 제출해야 한다.
③ 면접은 금요일 오후에 10명을 대상으로 실시된다.
④ 인 · 적성검사 합격자는 본인이 몇 조인지 알 수 있다. ✔
⑤ 은경씨는 면접 위원님에게 면접 진행에 대해 알려야 한다.

풀이순서

1) 질문의도
업무 지시사항의 이해

2) 선택지분석
지시사항 확인

3) 정답도출

유형 분석 • 제시된 지시사항을 제대로 이해하고 있는지 확인하는 문제이다.
응용 문제 : 여러 가지 지시사항을 제시하고 일의 처리 순서를 나열하는 문제가 출제된다.

풀이 전략 제시문에 나오는 키워드를 찾고 선택지와 비교하여 풀어야 한다. 이때 제시문을 정확하게 파악하는 것이 중요하다.

대표유형

04 | 국제동향

언어적 커뮤니케이션과 달리 상대국의 문화적 배경의 생활양식, 행동규범, 가치관 등을 이해하여 서로 다른 문화적 배경을 지닌 사람과 소통하는 것을 비언어적 커뮤니케이션이라고 한다. 다음 중 적절하지 않은 비언어적 커뮤니케이션은?

① 스페인에서는 악수할 때 손을 강하게 잡을수록 반갑다는 의미를 가지고 있다. 따라서 스페인 사람과 첫 협상 시에는 강하게 악수하여 반가움을 표현하는 것이 적절하다.

✓② 이탈리아에서는 연회 시 소금이나 후추 등이 다른 사람 손에 거치면 좋지 않다는 풍습이 있다. 따라서 이탈리아에서 연회 참가 시 소금과 후추가 필요할 때는 웨이터를 부르도록 한다.

→ 웨이터를 부르는 것보다 자신이 직접 가져오는 것이 적절함

③ 일본에서 칼은 관계의 단절을 의미한다. 따라서 일본인에게 선물할 때 칼은 피하는 것이 좋다.

④ 중국에서는 상대방이 선물을 권할 때 선뜻 받기보다 세 번 정도 거절하는 것이 예의라고 생각한다. 따라서 중국인에게 선물할 때 세 번 거절당하더라도 한 번 더 받기를 권하는 것이 좋다.

⑤ 키르키즈스탄에서는 왼손을 더러운 것으로 느끼는 풍습이 있다. 따라서 키르키즈스탄인에게 명함을 건넬 때는 반드시 오른손으로 주도록 한다.

풀이순서

1) 질문의도
국제 매너 이해 및 행동

2) 선택지분석
문화별 가치관에 부합하지 않는 행동 선택

3) 정답도출

유형 분석
- 국제 매너에 대한 이해를 묻는 문제이다.
- 국제 공통 예절과 국가별 예절을 구분해서 알아야 하며, 특히 식사 예절은 필수로 알아 두어야 한다.

풀이 전략 문제에서 묻는 내용(적절한, 적절하지 않은)을 분명히 확인한 후 문제를 풀어야 한다.

06 | 기출예상문제

정답 및 해설 p.040

01 **다음 중 경영전략 추진과정을 바르게 나열한 것은?**

① 경영전략 도출 → 환경분석 → 전략목표 설정 → 경영전략 실행 → 평가 및 피드백
② 경영전략 도출 → 경영전략 실행 → 전략목표 설정 → 환경분석 → 평가 및 피드백
③ 전략목표 설정 → 환경분석 → 경영전략 도출 → 경영전략 실행 → 평가 및 피드백
④ 전략목표 설정 → 경영전략 도출 → 경영전략 실행 → 환경분석 → 평가 및 피드백
⑤ 환경분석 → 전략목표 설정 → 경영전략 도출 → 경영전략 실행 → 평가 및 피드백

02 **해외공항이나 국제기구 및 정부당국 등과 교육협약(MOU)을 맺고 이를 관리하는 업무를 담당하는 글로벌교육팀의 K팀장은 업무와 관련하여 팀원들이 글로벌 경쟁력을 갖출 수 있도록 글로벌 매너에 대해 교육하고자 한다. 다음 중 팀원들에게 교육해야 할 글로벌 매너로 적절하지 않은 것은?**

① 미국 사람들은 시간엄수를 중요하게 생각한다.
② 아랍 국가 사람들은 약속한 시간이 지나도 상대방이 당연히 기다려줄 것으로 생각한다.
③ 아프리카 사람들과 이야기할 때는 눈을 바라보며 대화하는 것이 예의이다.
④ 미국 사람들과 인사를 하거나 이야기할 때는 적당한 거리를 유지하는 것이 좋다.
⑤ 러시아 사람들은 포옹으로 인사를 하는 경우가 많다.

03 다음 중 이사원이 처리해야 할 업무를 순서대로 바르게 나열한 것은?

현재 시각은 10시 30분. 이사원은 30분 후 거래처 직원과의 미팅이 예정되어 있다. 거래처 직원에게는 회사의 제1회의실에서 미팅을 진행하기로 미리 안내하였으나, 오늘 오전 현재 제1회의실 예약이 모두 완료되어 금일 사용이 불가능하다는 연락을 받았다. 또한 이사원은 오후 2시에 김팀장과 면담 예정이었으나, 오늘까지 문서 작업을 완료해달라는 부서장의 요청을 받았다. 이사원은 면담 시간을 미뤄보려 했지만 김팀장은 이사원과의 면담 이후 부서 회의에 참여해야 하므로 면담 시간을 미룰 수 없다고 답변했다.

㉠ 거래처 직원과의 미팅
㉡ 11시에 사용 가능한 회의실 사용 예약
㉢ 거래처 직원에게 미팅 장소 변경 안내
㉣ 김팀장과의 면담
㉤ 부서장이 요청한 문서 작업 완료

① ㉠－㉢－㉡－㉣－㉤
② ㉡－㉢－㉠－㉤－㉣
③ ㉡－㉢－㉠－㉣－㉤
④ ㉢－㉡－㉠－㉤－㉣
⑤ ㉢－㉡－㉠－㉣－㉤

04 다음 그림에서 단계별로 들어갈 개념을 바르게 연결한 것은?

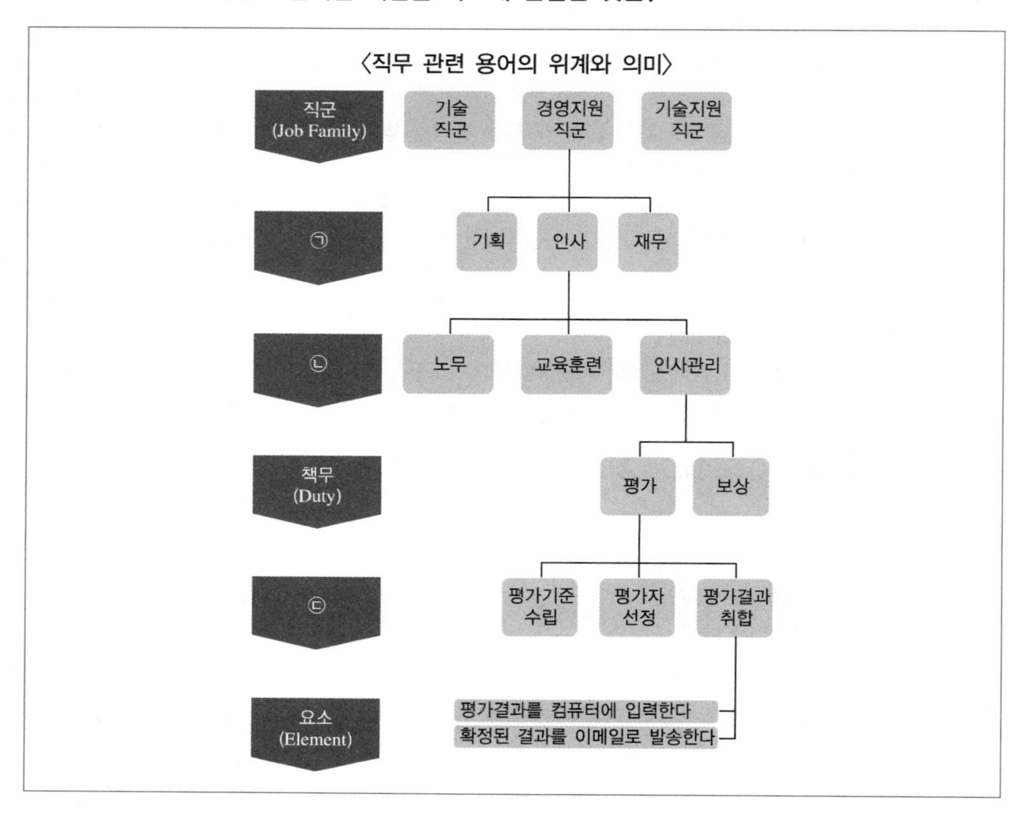

	㉠	㉡	㉢
①	과업	직무	직렬
②	직무	직렬	과업
③	직무	과업	직렬
④	직렬	직무	과업
⑤	직렬	과업	직무

05 다음 중 국제문화에 대해 적절하지 않은 말을 한 사람은?

철수 : 오늘 뉴스를 보니까 엔화가 계속해서 하락하고 있다고 하더라.
만수 : 환율이 많이 떨어져서 일본으로 여행가기에는 정말 좋겠다.
영수 : 요즘 100엔에 900원 정도 밖에 안하지?
희수 : 나는 여름휴가로 미국을 가려고 했는데 전자여권으로 ESTA를 신청해야 하더라.
병수 : 엇, 아니야! 미국은 무조건 비자를 받아서 가야 하지 않아?

① 철수
② 만수
③ 희수
④ 병수
⑤ 없음

06 다음과 같은 상황에서 A과장이 취할 수 있는 가장 좋은 행동(Best)과 가장 좋지 않은 행동(Worst)을 바르게 연결한 것은?

A과장은 동료 직원과 공동으로 맡은 프로젝트가 있다. 프로젝트의 업무 보고서를 내일까지 E차장에게 작성해서 제출해야 한다. 또한 A과장은 오늘 점심식사 후에 있을 회의 자료도 준비해야 한다. 회의 시작까지 남은 시간은 3시간이고, 프로젝트 업무 보고서 제출기한은 내일 오전 중이다.

구분	행동
㉠	동료 직원과 업무 보고서에 관해 논의한 뒤 분담해 작성한다.
㉡	동료 직원의 업무 진행상황을 묻고 우선순위를 논의한 뒤 회의 자료를 준비한다.
㉢	다른 팀 사원에게 상황을 설명하고 도움을 요청한 뒤 회의 자료를 준비한다.
㉣	회의 자료를 준비한 후 동료와 업무 진행 상황을 논의해 우선순위를 정하고, 업무 보고서를 작성한다.

① Best : ㉠, Worst : ㉢
② Best : ㉡, Worst : ㉣
③ Best : ㉢, Worst : ㉠
④ Best : ㉣, Worst : ㉠
⑤ Best : ㉢, Worst : ㉡

07 T사의 인사담당자인 귀하는 채용설명회에 사용할 포스터를 만들려고 한다. 제시된 인재상을 실제 업무환경과 관련지어 포스터에 문구를 삽입하려고 할 때, 적절한 문구가 아닌 것은?

인재상	업무환경
1. 책임감	1. 격주 토요일 근무
2. 고객지향	2. 자유로운 분위기
3. 열정	3. 잦은 출장
4. 목표의식	4. 고객과 직접 대면하는 업무
5. 글로벌인재	5. 해외지사와 업무협조

① 고객을 최우선으로 생각하고 행동하는 인재
② 자신의 일을 사랑하고 책임질 수 있는 인재
③ 어느 환경에서도 잘 적응할 수 있는 인재
④ 중압적인 분위기를 잘 이겨낼 수 있는 열정적인 인재
⑤ 글로벌화에 발맞춰 소통으로 회사의 미래를 만드는 인재

08 조직의 목적이나 규모에 따라 업무는 다양하게 구성될 수 있다. 조직 내의 업무 종류에 대한 설명으로 적절하지 않은 것은?

① 총무부 : 주주총회 및 이사회개최 관련 업무, 의전 및 비서업무, 집기비품 및 소모품의 구매와 관리, 사무실 임차 및 관리 등
② 인사부 : 조직기구의 개편 및 조정, 업무분장 및 조정, 인력수급계획 및 관리, 직무 및 정원의 조정 종합, 노사관리 등
③ 기획부 : 교육체계 수립 및 관리, 임금제도, 복리후생제도 및 지원업무, 복무 관리, 퇴직관리 등
④ 회계부 : 재무상태 및 경영실적 보고, 결산 관련 업무, 재무제표 분석 및 보고 등
⑤ 영업부 : 판매계획, 판매예산의 편성, 시장조사, 광고·선전, 견적 및 계약 등

09 다음은 경쟁사의 매출이 나날이 오르는 것에 경각심을 느낀 T회사의 신제품 개발 회의의 일부이다. 효과적인 회의의 5가지 원칙에 기반을 두었을 때, 가장 효과적으로 회의에 임한 사람은?

〈효과적인 회의의 5가지 원칙〉

1. 긍정적인 어법으로 말하라.
2. 창의적인 사고를 할 수 있게 분위기를 조성하라.
3. 목표를 공유하라.
4. 적극적으로 참여하라.
5. 주제를 벗어나지 마라.

팀장 : 매운맛 하면 역시 우리 회사 라면이 가장 잘 팔렸는데 최근 너도나도 매운맛을 만들다 보니 우리 회사 제품의 매출이 상대적으로 줄어든 것 같아서 신제품 개발을 위해 오늘 회의를 진행하게 되었습니다. 아주 중요한 회의이니만큼 각자 좋은 의견을 내주시기 바랍니다.

A사원 : 저는 사실 저희 라면이 그렇게 매출이 좋았던 것도 아닌데 괜한 걱정을 하는 것이라고 생각해요. 그냥 전이랑 비슷한 라면에 이름만 바꿔서 출시하면 안 됩니까?

B사원 : 하지만 그렇게 했다간 입소문이 안 좋아져서 회사가 문을 닫게 될지도 모릅니다.

C사원 : 그나저나 이번에 타사에서 출시된 까불면이 아주 맛있던데요?

E사원 : 까불면도 물론 맛있긴 하지만, 팀장님 말씀대로 매운맛 하면 저희 회사 제품이 가장 잘 팔린 것으로 알고 있습니다. 더 다양한 소비자층을 끌기 위해 조금 더 매운맛과 덜 매운맛까지 3가지 맛을 출시하면 매출성장에 도움이 될 것 같습니다.

C사원 : D씨는 어때요? 의견이 없으신가요?

D사원 : 어… 그… 저는… 그, 글쎄요… 매, 매운 음식을 잘… 못 먹어서….

① A사원
② B사원
③ C사원
④ D사원
⑤ E사원

10 새로운 조직 개편 기준에 따라 아래에 제시된 조직도 (가)를 조직도 (나)로 변경하려 할 때 조직도 (나)의 빈칸에 들어갈 팀으로 적절하지 않은 것은?

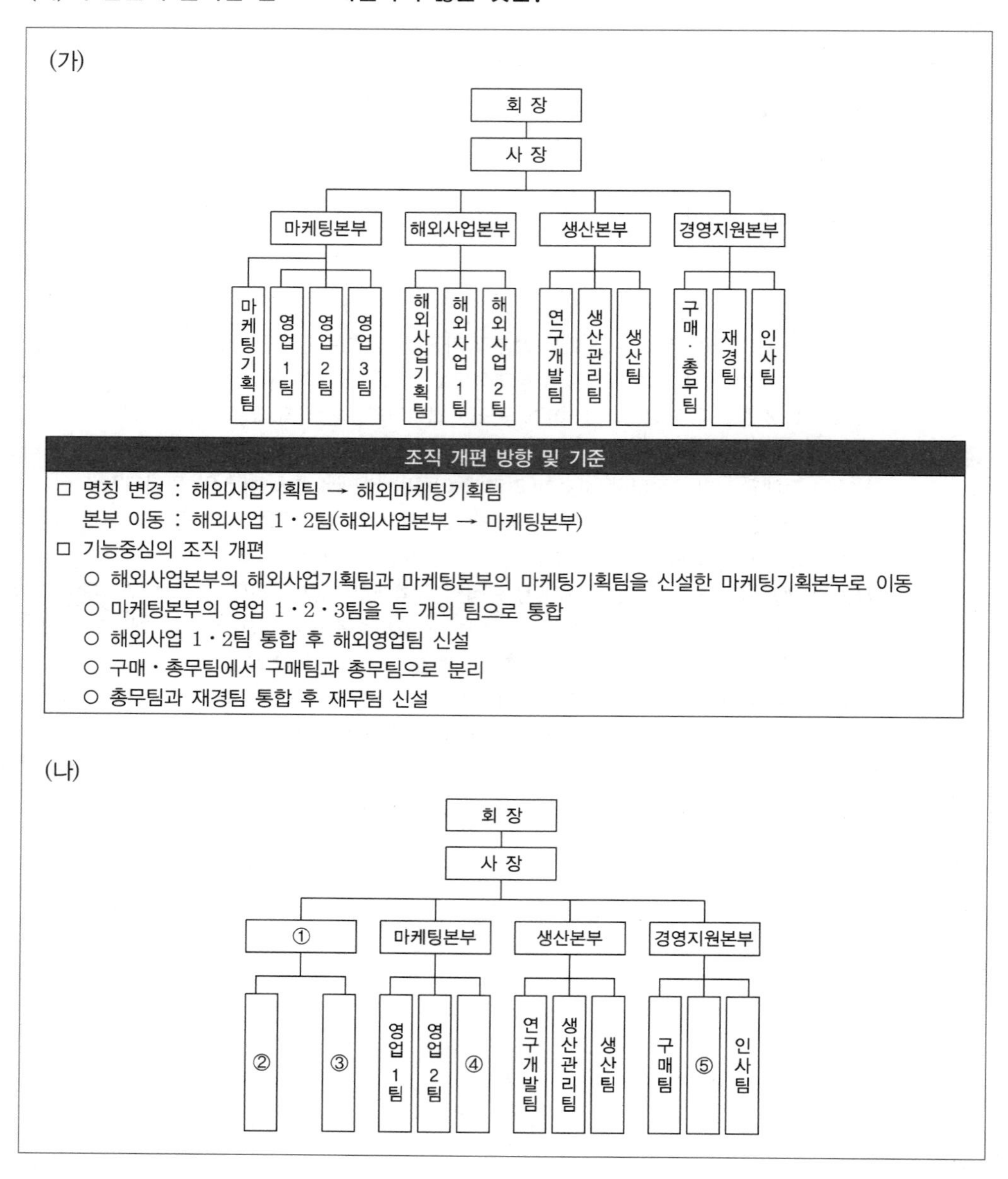

① 마케팅기획본부
② 해외마케팅기획팀
③ 영업 3팀
④ 해외영업팀
⑤ 재무팀

11 다음은 업무 수행 과정에서 발생하는 문제의 유형 3가지를 소개한 자료이다. 문제의 유형과 〈보기〉의 사례가 적절하게 연결된 것은?

〈문제의 유형〉

발생형 문제	현재 직면한 문제로, 어떤 기준에 대하여 일탈 또는 미달함으로써 발생하는 문제이다.
탐색형 문제	탐색하지 않으면 나타나지 않는 문제로, 현재 상황을 개선하거나 효율을 더 높이기 위해 발생하는 문제이다.
설정형 문제	미래지향적인 새로운 과제 또는 목표를 설정하면서 발생하는 문제이다.

보기

(가) A회사는 초콜릿 과자에서 애벌레로 보이는 곤충 사체가 발견되어 과자 제조과정에 대해 고민하고 있다.
(나) B회사는 점차 다가오는 초고령사회에 대비하여 노인들을 위한 애플리케이션을 개발하기로 했다.
(다) C회사는 현재의 충전지보다 더 많은 전압을 회복시킬 수 있는 충전지를 연구하고 있다.
(라) D회사는 발전하고 있는 드론시대를 위해 드론센터를 건립하기로 결정했다.
(마) E회사는 업무 효율을 높이기 위해 근로시간을 단축하기로 결정했다.
(바) F회사는 올해 개발한 침대에 방사능이 검출되어 안전기준에 부적합 판정을 받았다.

	발생형 문제	탐색형 문제	설정형 문제
①	(가), (바)	(다), (마)	(나), (라)
②	(가), (마)	(나), (라)	(다), (바)
③	(가), (나)	(다), (바)	(라), (마)
④	(가), (나)	(마), (바)	(다), (라)
⑤	(가), (바)	(나), (다)	(라), (마)

PART 1

12 다음은 발명 기법인 SCAMPER 발상법의 7단계이다. 〈보기〉의 사례는 각각 어느 단계에 속하는가?

〈SCAMPER〉

S	C	A	M	P	E	R
대체하기	결합하기	조절하기	수정·확대·축소하기	용도 바꾸기	제거하기	역발상·재정리하기

보기

㉠ 짚신 → 고무신 → 구두
㉡ 스마트폰=컴퓨터+휴대폰+카메라
㉢ 화약 : 폭죽 → 총

	㉠	㉡	㉢
①	A	E	E
②	S	C	P
③	M	C	C
④	A	P	P
⑤	S	R	S

13 C사원은 베트남에서의 국내 자동차 판매량에 대해 조사를 하던 중에 한 가지 특징을 발견했다. 베트남 사람들은 간접적인 방법을 통해 구매하는 것보다 매장에 직접 방문해 구매하는 것을 더 선호한다는 사실이다. 이를 참고하여 C사원이 기획한 신사업 전략으로 적절하지 않은 것은?

① 인터넷과 TV광고 등 비대면채널 홍보를 활성화한다.
② 쾌적하고 깔끔한 매장 환경을 조성한다.
③ 언제 손님이 방문할지 모르므로 매장에 항상 영업사원을 배치한다.
④ 매장 곳곳에 홍보물을 많이 비치해둔다.
⑤ 정확한 설명을 위해 사원들에게 신차에 대한 정보를 숙지하게 한다.

14 다음 글의 밑줄 친 '마케팅 기법'에 대한 설명으로 적절한 것을 〈보기〉에서 모두 고르면?

> 기업들이 신제품을 출시하면서 한정된 수량만 제작 판매하는 한정판 제품을 잇따라 내놓고 있다. 이번 기회가 아니면 더 이상 구입할 수 없다는 메시지를 끊임없이 던지며 소비자의 호기심을 자극하는 <u>마케팅 기법</u>이다. ○○자동차 회사는 가죽 시트와 일부 외형이 기존 제품과 다른 모델을 8,000대 한정 판매하였는데, 단기간에 매진을 기록하였다.

보기

㉠ 소비자의 충동 구매를 유발하기 쉽다.
㉡ 이윤 증대를 위한 경영 혁신의 한 사례이다.
㉢ 의도적으로 공급의 가격탄력성을 크게 하는 방법이다.
㉣ 소장 가치가 높은 상품을 대상으로 하면 더 효과적이다.

① ㉠, ㉡
② ㉠, ㉢
③ ㉡, ㉣
④ ㉠, ㉡, ㉣
⑤ ㉡, ㉢, ㉣

15 같은 말이나 행동도 나라에 따라서 다르게 받아들여질 수 있기 때문에 직업인은 국제 매너를 갖춰야 한다. 국제 매너와 관련된 다음 설명 중 적절한 것을 모두 고르면?

㉠ 미국 바이어와 악수를 할 때는 눈이나 얼굴을 보면서 손끝만 살짝 잡거나 왼손으로 상대방의 왼손을 힘주어서 잡았다가 놓아야 한다.
㉡ 이라크 사람들은 시간을 돈과 같이 생각해서 시간엄수를 중요하게 생각하므로 약속 시간에 늦지 않게 주의해야 한다.
㉢ 러시아와 라틴아메리카 사람들은 친밀함의 표시로 포옹을 한다.
㉣ 명함은 받으면 구기거나 계속 만지지 않고, 한번 보고 나서 탁자 위에 보이는 채로 대화를 하거나 명함집에 넣는다.
㉤ 수프는 바깥쪽에서 몸 쪽으로 숟가락을 사용한다.
㉥ 생선요리는 뒤집어 먹지 않는다.
㉦ 빵은 아무 때나 먹어도 관계없다.

① ㉠, ㉢, ㉣, ㉤
② ㉡, ㉢, ㉣, ㉥
③ ㉢, ㉣, ㉥
④ ㉣, ㉤, ㉥
⑤ ㉡, ㉣, ㉥

CHAPTER 07

기술능력

합격 CHEAT KEY

기술능력은 업무를 수행함에 있어 도구, 장치 등을 포함하여 필요한 기술에 어떠한 것들이 있는지 이해하고, 실제 업무를 수행함에 있어 적절한 기술을 선택하여 적용하는 능력이다. 사무직을 제외한 특수 직렬을 지원하는 수험생이라면 전공을 포함하여 반드시 준비해야 하는 영역이다.

국가직무능력표준에 따르면 기술능력의 세부 유형은 기술이해능력 · 기술선택능력 · 기술적용능력으로 나눌 수 있다. 제품설명서나 상황별 매뉴얼을 제시하는 문제 또는 명령어를 제시하고 규칙을 대입할 수 있는지 묻는 문제가 출제되기 때문에 이런 유형들을 공략할 수 있는 전략을 세워야 한다.

기술능력은 NCS 기반 채용을 진행한 기업 중 50% 정도가 채택했으며, 문항 수는 전체에서 평균 2% 정도 출제되었다.

01 긴 지문이 출제될 때는 선택지의 내용을 미리 보자!

기술능력에서 자주 출제되는 제품설명서나 상황별 매뉴얼을 제시하는 유형에서는 기술을 이해하고, 상황에 알맞은 원인 및 해결방안을 고르는 문제가 출제된다. 실제 시험장에서 문제를 풀 때는 시간적 여유가 없기 때문에 선택지를 먼저 읽고, 그다음 긴 지문을 보면서 동시에 선택지와 일치하는 내용이 나오는지 확인해 가면서 푸는 것이 좋다.

02 모듈형에 대비하라!

모듈형 문제의 비중이 늘어나는 추세이므로 공사·공단 취업을 준비하는 수험생이라면 모듈형 문제에 대비해야 한다. 기술능력의 모듈형 이론 부분을 학습하고 모듈형 문제를 풀어보고 여러 번 읽으며 이론을 확실히 익혀두면 실제 시험장에서 이론을 묻는 문제가 나왔을 때 단번에 답을 고를 수 있다.

03 전공 이론도 익혀두자!

지원하는 직렬의 전공 이론이 기술능력으로 출제되는 경우가 많기 때문에 전공 이론을 익혀두는 것이 좋다. 깊이 있는 지식을 묻는 문제가 아니더라도 출제되는 문제의 소재가 전공과 관련된 내용일 가능성이 크기 때문에 최소한 지원하는 직렬의 전공 용어는 확실히 익혀두어야 한다.

04 포기하지 말자!

직업기초능력에서 주요 영역이 아니면 소홀한 경우가 많다. 시험장에서 기술능력을 읽어보지도 않고 포기하는 경우가 많은데 차근차근 읽어보면 지문만 잘 읽어도 풀 수 있는 문제들이 출제되는 경우가 있다. 이론을 모르더라도 풀 수 있는 문제인지 파악해보자.

대표유형

01 기술선택능력

다음은 기술선택을 위한 절차를 나타낸 것이다. (ㄱ) ~ (ㄹ)에 들어갈 내용을 바르게 짝지은 것은?

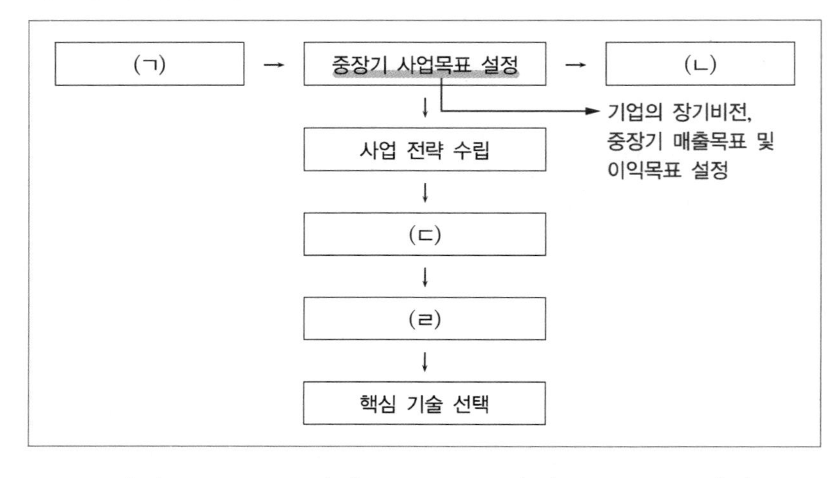

	(ㄱ)	(ㄴ)	(ㄷ)	(ㄹ)
①	내부 역량 분석	외부 환경 분석	요구 기술 분석	기술 전략 수립
②	내부 역량 분석	외부 환경 분석	기술 전략 수립	요구 기술 분석
③	외부 환경 분석	내부 역량 분석	요구 기술 분석	기술 전략 수립
	수요변화 및 경쟁자 변화, 기술변화 등을 분석	기술능력, 생산능력, 마케팅 · 영업능력, 재무능력 등	제품 설계 · 디자인 기술, 제품 생산 공정, 원재료 · 부품 제조기술에 대한 분석	핵심 기술을 선택하거나, 기술 획득 방법을 결정
④	외부 환경 분석	내부 역량 분석	기술 전략 수립	요구 기술 분석
⑤	외부 환경 분석	기술 전략 수립	내부 역량 분석	요구 기술 분석

풀이순서

1) 질문의도
기술선택 절차

2) 기술선택 절차 파악

3) 선택지분석

4) 정답도출

유형 분석

- 제시된 지문만으로 해결하기 어려울 수 있으므로, 사전에 관련 개념과 특징을 숙지하고 있어야 한다.
- 업무수행에 필요한 기술의 개념 · 원리 · 절차, 관련 용어, 긍정적 · 부정적 영향에 대한 이해를 평가한다.

풀이 전략

질문을 읽고 문제에서 묻는 바를 이해한 뒤 선택지와 지문의 내용을 하나씩 대조하며 정답을 도출한다.

대표유형

02 기술적용능력

E사원은 회사의 기기를 관리하는 업무를 맡고 있다. 어느 날, 동료 사원들로부터 전자레인지를 사용할 때 가끔씩 불꽃이 튀고 음식이 잘 데워지지 않는다는 이야기를 들었다. 서비스를 접수하기 전에 점검할 사항으로 옳지 않은 것은?

증상	원인	조치 방법
전자레인지가 작동하지 않는다.	• 전원 플러그가 콘센트에 바르게 꽂혀 있습니까? • 문이 확실히 닫혀 있습니까? • 배전판 퓨즈나 차단기가 끊어지지 않았습니까? • 조리방법을 제대로 선택하셨습니까?	• 전원 플러그를 바로 꽂아주십시오. • 문을 다시 닫아 주십시오. • 끊어졌으면 교체하고 연결시켜 주십시오. • 취소를 누르고 다시 시작하십시오.
동작 시 불꽃이 튄다.	• ④ 조리실 내벽에 금속 제품 등이 닿지 않았습니까? • ② 금선이나 은선으로 장식된 그릇을 사용하고 계십니까? • ① 조리실 내에 찌꺼기가 있습니까?	• 벽에 닿지 않도록 하십시오. • 금선이나 은선으로 장식된 그릇은 사용하지 마십시오. • 깨끗이 청소해 주십시오.
조리 상태가 나쁘다.	• ⑤ 조리 순서, 시간 등 사용 방법을 잘 선택하셨습니까?	• 요리책을 다시 확인하고 사용해 주십시오.
회전 접시가 불균일하게 돌거나 돌지 않는다.	• 회전 접시와 회전 링이 바르게 놓여 있습니까?	• 각각을 정확한 위치에 놓아주십시오.
불의 밝기나 동작 소리가 불균일하다.	• 출력의 변화에 따라 일어난 현상이니 안심하고 사용하셔도 됩니다.	

① 조리실 내 위생 상태 점검
② 사용 가능 용기 확인
③ 사무실, 전자레인지 전압 확인
④ 조리실 내벽 확인
⑤ 조리 순서, 시간 확인

풀이순서

1) 질문의도
원인 → 점검 사항

2) 지문파악
전자레인지 설명서

3) 선택지분석
주어진 증상에 대한 원인과 조치 방법 확인

4) 정답도출
사무실, 전자레인지 전압 확인 → 증상에 따른 원인으로 제시되지 않은 사항

유형 분석
• 제품설명서 등을 읽고 제시된 문제 상황에 적절한 해결 방법을 찾는 문제이다.
• 직업생활에 필요한 기술은 그대로 적용하고 불필요한 기술은 버릴 수 있는지 평가한다.
• 지문의 길이가 길고 복잡하므로, 문제에서 요구하는 정보를 놓치지 않도록 주의해야 한다.

풀이 전략
질문을 읽고 문제 상황을 파악한 뒤 지문에 제시된 선택지를 하나씩 소거하며 정답을 도출한다.

07 기출예상문제

정답 및 해설 p.043

01 **다음 중 기술적용 시 고려해야 할 사항이 아닌 것은?**

① 기술적용에 따른 비용
② 기술의 수명주기
③ 기술의 전략적 중요도
④ 기술 매뉴얼 유무
⑤ 기술의 잠재적 응용 가능성

02 **다음 중 기술선택을 위한 우선순위 결정요인으로 옳지 않은 것은?**

① 제품의 성능이나 원가에 미치는 영향력이 큰 기술
② 쉽게 구할 수 있는 기술
③ 기업 간에 모방이 어려운 기술
④ 최신 기술로 진부화될 가능성이 적은 기술
⑤ 기업이 생산하는 제품 및 서비스에 보다 광범위하게 활용할 수 있는 기술

03 **다음은 기술선택을 설명한 글이다. 글을 읽고 이해한 내용으로 옳지 않은 것은?**

> 기술선택이란 기업이 어떤 기술에 대하여 외부로부터 도입할 것인가 또는 그 기술을 자체 개발하여 활용할 것인가를 결정하는 것이다. 기술을 선택하는 데에 대한 의사결정은 크게 다음과 같은 두 가지 방법이다.
> 먼저 상향식 기술선택(Bottom-Up Approach)은 기업 전체 차원에서 필요한 기술에 대한 체계적인 분석이나 검토 없이 연구자나 엔지니어들이 자율적으로 기술을 선택하도록 하는 것이다.
> 다음으로 하향식 기술선택(Top-Down Approach)은 기술경영진과 기술기획담당자들에 의한 체계적인 분석을 통해 기업이 획득해야 하는 대상기술과 목표기술수준을 결정하는 것이다.

① 상향식 기술선택은 시장의 고객들이 요구하는 제품이나 서비스를 개발하는 데 부적합한 기술이 선택될 수 있다.
② 하향식 기술선택은 먼저 기업이 직면하고 있는 외부환경과 보유 자원에 대한 분석을 통해 중·장기적인 사업목표를 설정하는 것이다.
③ 상향식 기술선택은 경쟁기업과의 경쟁에서 승리할 수 없는 기술이 선택될 수 있다.
④ 하향식 기술선택은 사업전략의 성공적인 수행을 위해 필요한 기술들을 열거하고, 각각의 기술에 대한 획득의 우선순위를 결정하는 것이다.
⑤ 상향식 기술선택은 기술자들의 창의적인 아이디어를 얻기 어렵다는 단점이 있다.

04 상담원인 A씨는 전자파와 관련된 고객의 문의전화를 받았다. 다음 가전제품 전자파 절감 가이드라인을 참고할 때, 상담내용 중 적절하지 않은 것을 모두 고르면?

〈가전제품 전자파 절감 가이드라인〉

오늘날 전자파는 우리 생활을 풍요롭고 편리하게 해주는 떼려야 뗄 수 없는 존재가 되었습니다. 일상생활에서 사용하는 가전제품의 전자파 세기는 매우 미약하고 안전하지만 여전히 걱정이 된다고요? 그렇다면 일상생활에서 전자파를 줄이는 가전제품 사용 가이드라인에 대해 알려 드리겠습니다.

1. 가전제품 사용 시에는 가급적 30cm 이상 거리를 유지하세요.
   - 가전제품의 전자파는 30cm 거리를 유지하면 밀착하여 사용할 때보다 1/10로 줄어듭니다.
2. 전기장판은 담요를 깔고, 낮은 온도로 사용하고, 온도조절기는 멀리하세요.
   - 전기장판의 자기장은 3 ~ 5cm 두께의 담요나 이불을 깔고 사용하면 밀착 시에 비해 50% 정도 줄어듭니다.
   - 전기장판의 자기장은 저온(취침모드)으로 낮추면 고온으로 사용할 때에 비해 50% 줄어듭니다.
   - 온도조절기와 전원접속부는 전기장판보다 전자파가 많이 발생하니 가급적 멀리 두고 사용하세요.
3. 전자레인지 동작 중에는 가까운 거리에서 들여다보지 마세요.
   - 사람의 눈은 민감하고 약한 부위이므로 전자레인지 동작 중에는 가까운 거리에서 내부를 들여다보는 것을 삼가는 것이 좋습니다.
4. 헤어드라이기를 사용할 때에는 커버를 분리하지 마세요.
   - 커버가 없을 경우 사용부위(머리)와 가까워져 전자파에 2배 정도 더 노출됩니다.
5. 가전제품은 필요한 시간만 사용하고 사용 후에는 항상 전원을 뽑으세요.
   - 가전제품을 사용한 후 전원을 뽑으면 불필요한 전자파를 줄일 수 있습니다.
6. 시중에서 판매되고 있는 전자파 차단 필터는 효과가 없습니다.
7. 숯, 선인장 등은 전자파를 줄이거나 차단하는 효과가 없습니다.

상담원 : 안녕하십니까, 고객상담팀 김○○입니다.

고객 : 안녕하세요, 문의할 게 있어서 전화했습니다. 이번에 전기장판을 사용하는데 윙윙거리는 전자파 소리가 들려서 도저히 불안해서 사용할 수가 없네요. 전기장판에서 발생하는 전자파는 어느 정도인가요?

상담원 : ㉠ <u>일상생활에서 사용하는 모든 가전제품에서는 전자파가 나오지만 그 세기는 매우 미약하고 안전하니 걱정하지 않으셔도 됩니다.</u>

고객 : 하지만 괜히 몸도 피곤하고 전기장판에서 자면 개운하지 않은 것 같아서요.

상담원 : ㉡ <u>혹시 온도조절기가 몸과 가까이 있지 않나요? 온도조절기와 전원접속부는 전기장판보다 전자파가 더 많이 발생하니 멀리 두고 사용하면 전자파를 줄일 수 있습니다.</u>

고객 : 네, 온도조절기가 머리 가까이 있었는데 위치를 바꿔야겠네요.

상담원 : ㉢ <u>또한 전기장판은 저온으로 장시간 이용하는 것보다 고온으로 온도를 올리고 있다가 저온으로 낮춰 사용하는 것이 전자파 절감에 더 효과가 있습니다.</u>

고객 : 그럼 혹시 핸드폰에서 발생하는 전자파를 절감할 수 있는 방법도 있나요?

상담원 : ㉣ <u>핸드폰의 경우 시중에 판매하는 전자파 차단 필터를 사용하시면 50% 이상의 차단 효과를 보실 수 있습니다.</u>

---

① ㉠, ㉡　　② ㉠, ㉣

③ ㉡, ㉢　　④ ㉡, ㉣

⑤ ㉢, ㉣

05 다음 중 긴급자동차에 해당하지 않는 것은?

① 소방차
② 어린이통학버스
③ 구급차
④ 혈액공급차량
⑤ 경호업무수행에 공무로 사용되는 차

06 다음 중 기술혁신 과정의 핵심적인 역할이 아닌 것은?

① 아이디어 모방
② 챔피언
③ 프로젝트 관리
④ 정보 수문장
⑤ 후원

07 다음 중 도로에 관한 용어와 설명의 연결이 옳지 않은 것은?

① 보행자전용도로 : 보행자만 다닐 수 있도록 안전표지나 그와 비슷한 인공구조물로 표시한 도로
② 정차 : 운전자가 5분을 초과하지 않고 차를 정지하는 것으로서 주차 외의 정지 상태
③ 중앙선 : 차마의 통행 방향을 명확하게 구분하기 위하여 도로에 황색실선이나 황색점선 등의 안전표지로 표시한 선 또는 중앙분리대나 울타리 등으로 설치한 시설물
④ 횡단보도 : 보도와 차도가 구분되지 않은 도로에서 보행자의 안전을 확보하기 위하여 안전표지 등으로 경계를 표시한 도로의 가장자리 부분
⑤ 서행 : 운전자가 차 또는 노면전차를 즉시 정지시킬 수 있는 정도의 느린 속도로 진행하는 것

08 D사 휴게실에는 직원들의 편의를 위해 전자레인지가 구비되어 있다. 회사의 기기를 관리하는 업무를 맡고 있는 E사원은 어느 날 동료 사원들로부터 전자레인지를 사용할 때 가끔씩 불꽃이 튀고 음식이 잘 데워지지 않는다는 이야기를 들었다. A/S 서비스를 접수하기 전 다음 제품 설명서를 토대로 점검할 사항이 아닌 것은?

〈제품 설명서〉

증상	원인	조치 방법
전자레인지가 작동하지 않는다.	• 전원 플러그가 콘센트에 바르게 꽂혀 있습니까? • 문이 확실히 닫혀 있습니까? • 배전판 퓨즈나 차단기가 끊어지지 않았습니까? • 조리방법을 제대로 선택하셨습니까? • 혹시 정전은 아닙니까?	• 전원 플러그를 바로 꽂아주십시오. • 문을 다시 닫아 주십시오. • 끊어졌으면 교체하고 연결시켜 주십시오. • 취소를 누르고 다시 시작하십시오.
동작 시 불꽃이 튄다.	• 조리실 내벽에 금속 제품 등이 닿지 않았습니까? • 금선이나 은선으로 장식된 그릇을 사용하고 계십니까? • 조리실 내에 찌꺼기가 있습니까?	• 벽에 닿지 않도록 하십시오. • 금선이나 은선으로 장식된 그릇은 사용하지 마십시오. • 깨끗이 청소해 주십시오.
조리 상태가 나쁘다.	• 조리 순서, 시간 등 사용 방법을 잘 선택하셨습니까?	• 요리책을 다시 확인하고 사용해 주십시오.
회전 접시가 불균일하게 돌거나 돌지 않는다.	• 회전 접시와 회전 링이 바르게 놓여 있습니까?	• 각각을 정확한 위치에 놓아 주십시오.
불의 밝기나 동작 소리가 불균일하다.	• 출력의 변화에 따라 일어난 현상이니 안심하고 사용하셔도 됩니다.	

① 조리실 내 위생 상태 점검
② 사용 가능 용기 확인
③ 사무실, 전자레인지 전압 확인
④ 조리실 내벽 확인
⑤ 조리 순서, 시간 확인

※ 다음 자료를 참고하여 이어지는 질문에 답하시오. [9~11]

스위치	기능
○	1번과 2번 기계를 시계 방향으로 90° 회전함
●	1번과 4번 기계를 시계 방향으로 90° 회전함
□	2번과 3번 기계를 시계 방향으로 90° 회전함
■	1번과 3번 기계를 시계 반대 방향으로 90° 회전함
◐	2번과 4번 기계를 시계 반대 방향으로 90° 회전함
◑	3번과 4번 기계를 시계 반대 방향으로 90° 회전함

09 처음 상태에서 스위치를 두 번 눌렀더니 화살표 모양과 같은 상태로 바뀌었다. 어떤 스위치를 눌렀는가?

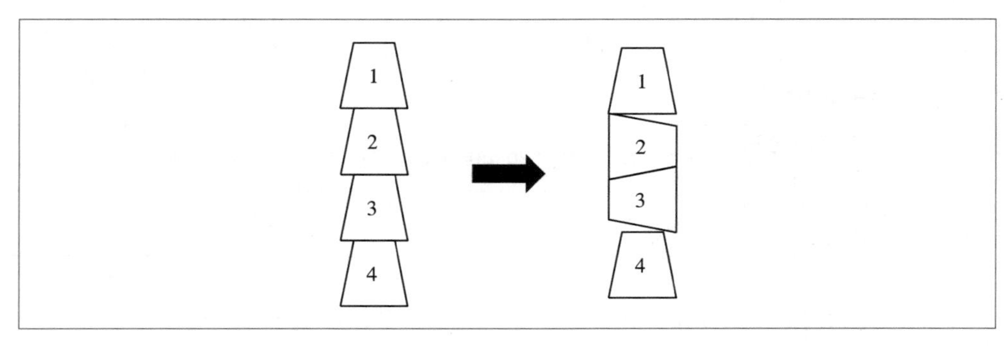

① ○■
② □◑
③ ●■
④ □◐
⑤ ●□

10 처음 상태에서 스위치를 두 번 눌렀더니 화살표 모양과 같은 상태로 바뀌었다. 어떤 스위치를 눌렀는가?

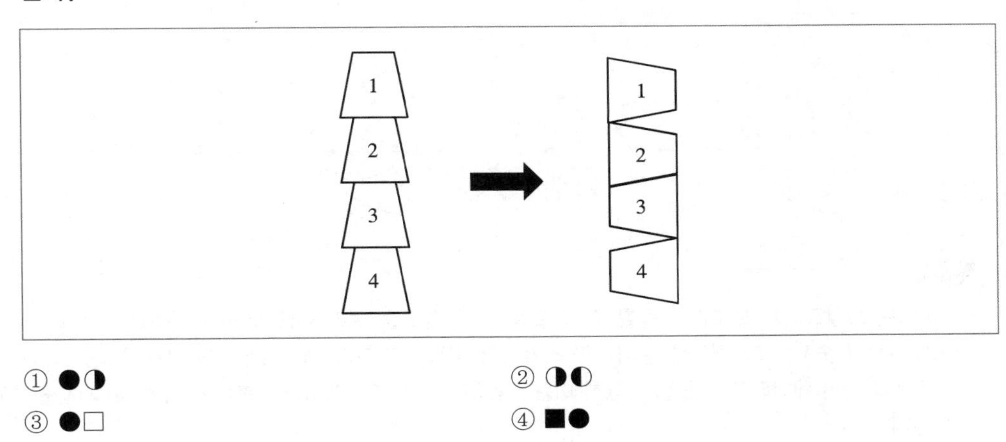

① ●◑
② ◑◐
③ ●□
④ ■●
⑤ ○◑

11 처음 상태에서 스위치를 세 번 눌렀더니 화살표 모양과 같은 상태로 바뀌었다. 어떤 스위치를 눌렀는가?

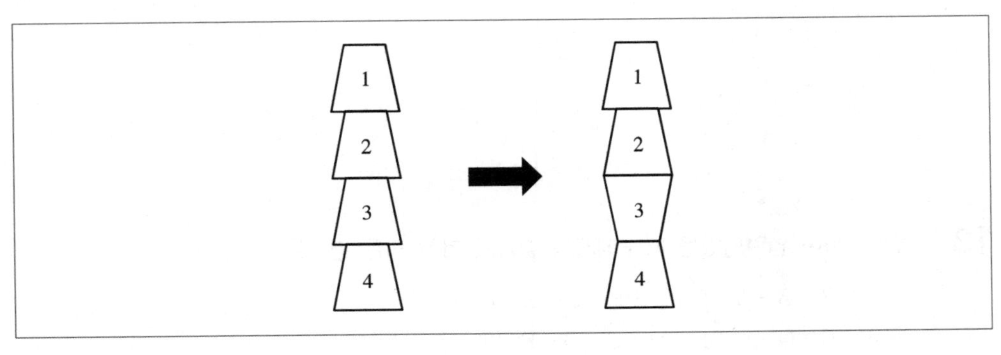

① ○□●
② □◑○
③ ◑■●
④ ■○□
⑤ ■○●

PART 1

※ 귀하가 근무하는 기술자격팀에서 작년부터 연구해 온 데이터의 흐름도가 완성되었다. 다음 자료와 〈조건〉을 보고 이어지는 질문에 답하시오. **[12~13]**

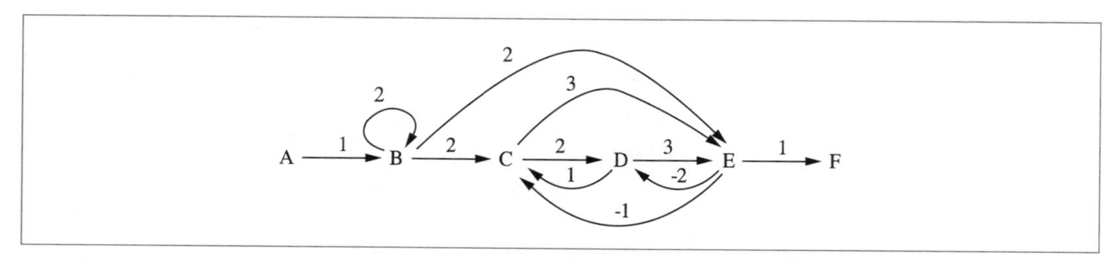

조건

- 데이터는 화살표 방향으로만 이동할 수 있으며, 같은 경로를 여러 번 반복해서 이동할 수 있다.
- 화살표 위의 숫자는 그 경로를 통해 데이터가 1회 이동할 때마다 데이터에 곱해지는 수치를 의미한다.
- 각 경로를 따라 데이터가 이동할 때, 1회 이동 시간은 1시간이며, 데이터의 총이동시간은 10시간을 초과할 수 없다.
- 데이터의 대소 관계는 [음수<0<양수]의 원칙에 따른다.

12 A에서 1이 입력되었을 때 F에서의 결과가 가장 크게 되는 값은?

① 256
② 384
③ 432
④ 864
⑤ 1,296

13 A에 100이 입력되었을 때 F에서의 결과가 가장 작은 경로는?

① A－B－B－E－D－C－E－C－E－F
② A－B－C－D－E－D－C－D－E－F
③ A－B－E－D－C－E－C－D－E－F
④ A－B－C－D－E－D－E－D－E－F
⑤ A－B－B－C－E－D－E－D－E－F

14 산업재해가 기업에게 끼치는 영향이 아닌 것은?

① 재해를 당한 근로자의 보상 부담
② 재해를 당한 노동 인력의 결손으로 인한 작업 지연
③ 재해로 인한 건물·기계·기구 등의 파손
④ 재해로 인한 근로의욕 침체와 생산성 저하
⑤ 재해로 인한 일시적 또는 영구적인 노동력 상실

15 다음 제품 매뉴얼과 업무 매뉴얼에 대한 설명을 읽고 이해한 내용으로 옳지 않은 것은?

> 제품 매뉴얼이란 사용자를 위해 제품의 특징이나 기능 설명, 사용방법과 고장 조치방법, 유지 보수 및 A/S, 폐기까지 제품에 관련된 모든 서비스에 대해 소비자가 알아야 할 모든 정보를 제공하는 것을 말한다.
> 다음으로 업무 매뉴얼이란 어떤 일의 진행 방식, 지켜야 할 규칙, 관리상의 절차 등을 여러 사람이 보고 따라할 수 있도록 일관성 있게 표준화하여 설명하는 지침서이다.

① 제품 매뉴얼은 제품의 설계상 결함이나 위험 요소를 대변해야 한다.
② '재난대비 국민행동 매뉴얼'은 업무 매뉴얼의 사례로 볼 수 있다.
③ 제품 매뉴얼은 제품의 의도된 안전한 사용과 사용 중 해야 할 일 또는 하지 말아야 할 일까지 정의해야 한다.
④ 제품 매뉴얼과 업무 매뉴얼 모두 필요한 정보를 빨리 찾을 수 있도록 구성되어야 한다.
⑤ 제품 매뉴얼은 혹시 모를 사용자의 오작동까지 고려하여 만들어져야 한다.

인생이란 결코 공평하지 않다. 이 사실에 익숙해져라.

– 빌 게이츠 –

PART 2

전공평가

01 경영 기출예상문제

정답 및 해설 p.048

01 민츠버그(Mintzberg)는 여러 형태의 경영자를 조사하여 공통적으로 수행하는 경영자의 역할을 10가지로 정리하였다. 〈보기〉에서 설명하는 역할은?

> 보기
>
> 경영자는 기업의 존속과 발전을 위해 조직과 환경을 탐색하고, 발전과 성장을 위한 의사결정을 담당하는 역할을 맡는다.

① 대표자 역할
② 연락자 역할
③ 기업가 역할
④ 대변자 역할

02 다음 중 BCG 매트릭스에 관한 설명으로 옳은 것은?

① 횡축은 시장성장률, 종축은 상대적 시장점유율이다.
② 물음표 영역은 시장성장률이 높고, 상대적 시장점유율은 낮아 계속적인 투자가 필요하다.
③ 별 영역은 시장성장률이 낮고, 상대적 시장점유율은 높아 현상유지를 해야 한다.
④ 자금젖소 영역은 현금창출이 많지만, 상대적 시장점유율이 낮아 많은 투자가 필요하다.

03 다음 중 매슬로우(Maslow)의 욕구단계를 순서대로 나열한 것은?

> ㄱ. 생리적 욕구
> ㄴ. 안전 욕구
> ㄷ. 소속 욕구
> ㄹ. 존경 욕구
> ㅁ. 자아실현 욕구

① ㄱ－ㄴ－ㄷ－ㄹ－ㅁ
② ㄱ－ㄷ－ㄴ－ㄹ－ㅁ
③ ㄱ－ㄷ－ㄴ－ㅁ－ㄹ
④ ㄴ－ㄱ－ㄷ－ㄹ－ㅁ

04 다음 〈보기〉 중 피들러(Fiedler)의 리더십 상황이론에 대한 설명으로 옳지 않은 것을 모두 고르면?

보기

㉠ 과업지향적 리더십과 관계지향적 리더십을 모두 갖춘 리더가 가장 높은 성과를 달성한다.
㉡ 리더의 특성을 LPC 설문에 의해 측정하였다.
㉢ 상황변수로서 리더－구성원 관계, 과업구조, 부하의 성숙도를 고려하였다.
㉣ 리더가 처한 상황이 호의적인 경우, 관계지향적 리더십이 적합하다.
㉤ 리더가 처한 상황이 비호의적인 경우, 과업지향적 리더십이 적합하다.

① ㉠, ㉢
② ㉠, ㉣
③ ㉡, ㉣
④ ㉠, ㉢, ㉣

PART 2

05 다음 중 직무평가의 방법에 해당하지 않는 것은?

① 서열법
② 요소비교법
③ 워크샘플링법
④ 점수법

06 다음 중 제품수명주기(Product Life Cycle)에 대한 설명으로 옳지 않은 것은?

① 성장기에는 제품선호형 광고에서 정보제공형 광고로 전환한다.
② 도입기에는 제품인지도를 높이기 위해 광고비가 많이 소요된다.
③ 성숙기에는 제품의 매출성장률이 점차적으로 둔화되기 시작한다.
④ 쇠퇴기에는 매출이 떨어지고 순이익이 감소하기 시작한다.

07 다음 중 시장세분화에 대한 설명으로 옳지 않은 것은?

① 효과적인 시장세분화를 위해서는 시장의 규모가 측정 가능해야 한다.
② 시장세분화를 통해 소비자들의 다양한 욕구를 보다 잘 만족시킬 수 있다.
③ 하나의 특정한 시장세분화 기준변수가 모든 상황에서 가장 효과적인 것은 아니다.
④ 시장세분화에서는 동일한 세분시장 내에 있는 소비자들의 이질성이 극대화되도록 해야 한다.

08 **다음 중 목표 달성과 새로운 가치창출을 위해 공급업체들과 자원 및 정보를 협력하여 하나의 기업처럼 움직이는 생산시스템은?**

① 공급사슬관리(SCM)
② 적시생산시스템(JIT)
③ 유연생산시스템(FMS)
④ 컴퓨터통합생산(CIM)

09 **다음 중 경제적주문량모형(EOQ)이 성립하기 위한 가정으로 옳지 않은 것은?**

① 단위당 재고유지비용과 1회당 재고주문비용은 주문량과 관계없이 일정하다.
② 주문량은 한 번에 모두 도착한다.
③ 연간 재고 수요량을 정확히 파악하고 있다.
④ 재고 부족현상이 발생할 수 있으며, 주문 시 정확한 리드타임이 적용된다.

10 **다음 중 순현가법에 대한 설명으로 옳은 것은?**

① 자본예산기법의 하나로 투자금액을 투자로부터 산출되는 순현금흐름의 미래가치로부터 차감한 기법이다.
② 순현가가 1보다 크면 투자안을 선택하고 1보다 작으면 투자안을 기각하는 의사결정기준이다.
③ 기업의 할인율로 현금흐름을 할인한다.
④ 순현가법은 현금흐름을 할인하여 대안을 평가하지만 내부수익률법은 현금흐름을 할인하지 않고 평가한다는 차이가 있다.

11 **다음 중 프랑스의 사업가 앙리 페이욜(Henry Fayol)의 '관리 5요소론'에 해당하지 않는 것은?**

① 계획
② 조직
③ 지휘
④ 분업

12 **다음 중 포터(M. Porter)의 경쟁전략 유형에 해당하는 것은?**

① 차별화(Differentiation) 전략
② 블루오션(Blue Ocean) 전략
③ 방어자(Defender) 전략
④ 반응자(Reactor) 전략

13 다음 사례에서 A의 행동을 설명하는 동기부여이론은?

> 팀원 A씨는 작년도 목표 대비 업무실적을 100% 달성하였다. 이에 반해 같은 팀 동료인 B씨는 동일 목표 대비 업무실적이 10% 부족하였지만 A씨와 동일한 인센티브를 받았다. 이 사실을 알게 된 A씨는 팀장에게 추가 인센티브를 요구하였으나 받아들여지지 않자 결국 이직하였다.

① 기대이론
② 공정성이론
③ 욕구단계이론
④ 목표설정이론

14 평가센터법(Assessment Center)에 대한 설명으로 옳지 않은 것은?

① 평가에 대한 신뢰성이 양호하다.
② 승진에 대한 의사결정에 유용하다.
③ 교육훈련에 대한 타당성이 높다.
④ 다른 평가기법에 비해 상대적으로 비용과 시간이 적게 소요된다.

15 최저임금제의 필요성으로 옳지 않은 것은?

① 계약자유 원칙의 한계 보완
② 저임금 노동자 보호
③ 임금인하 경쟁 방지
④ 소비자 부담 완화

16 인사평가방법 중 피평가자의 능력, 태도, 작업, 성과 등에 관련된 표준행동들을 제시하고 평가자가 해당 서술문을 대조하여 평가하는 방법은?

① 서열법
② 평정척도법
③ 체크리스트법
④ 중요사건기술법

17 교육훈련 필요성을 파악하기 위한 분석방법이 아닌 것은?

① 전문가자문법
② 역할연기법
③ 자료조사법
④ 면접법

18 맥그리거(D. McGregor)의 X－Y 이론은 인간에 대한 기본 가정에 따라 동기부여방식이 달라진다는 것이다. 다음 중 Y이론에 해당하는 가정 또는 동기부여방식이 아닌 것은?

① 문제해결을 위한 창조적 능력 보유
② 직무수행에 대한 분명한 지시
③ 조직목표 달성을 위한 자기 통제
④ 성취감과 자아실현 추구

19 서번트(Servant) 리더의 특성으로 옳지 않은 것은?

① 부하의 성장을 위해 헌신한다.
② 부하의 감정에 공감하고 이해하려고 노력한다.
③ 권력이나 지시보다는 설득으로 부하를 대한다.
④ 비전 달성을 위해 위험감수 등 비범한 행동을 보인다.

20 다음에서 설명하는 것은?

- 기업이 주어진 인건비로 평시보다 더 많은 부가가치를 창출하였을 경우, 이 초과된 부가가치를 노사협동의 산물로 보고 기업과 종업원 간에 배분하는 제도
- 노무비 외 원재료비 및 기타 비용의 절감액도 인센티브 산정에 반영함

① 연봉제 ② 개인성과급제
③ 임금피크제 ④ 럭커 플랜

21 다음에서 설명하는 소비재는?

- 특정 브랜드에 대한 고객 충성도가 높다.
- 제품마다 고유한 특성을 지니고 있다.
- 브랜드마다 차이가 크다.
- 구매시 많은 시간과 노력을 필요로 한다.

① 편의품(Convenience Goods) ② 선매품(Shopping Goods)
③ 전문품(Speciality Goods) ④ 자본재(Capital Items)

22 **다음 중 노나카(Nonaka)의 지식 창조 소용돌이 모델에 대한 설명으로 옳지 않은 것은?**

① 표출화를 통해 암묵지는 형식지로 변환한다.
② 표출화를 통해 형식지는 조합에 의한 정보활용과 지식의 체계화가 이루어진다.
③ 내면화를 통해 형식지는 암묵지로 변환한다.
④ 내면화를 통해 형식지는 구체화되고 새로운 암묵지를 체득한다.

23 **효과적인 시장세분화를 위한 요건으로 옳지 않은 것은?**

① 측정가능성
② 충분한 시장 규모
③ 접근가능성
④ 세분시장 간의 동질성

24 **촉진믹스(Promotion Mix) 활동에 해당되지 않는 것은?**

① 옥외광고
② 방문판매
③ 홍보
④ 개방적 유통

25 **재무비율 분석을 분류할 때 활동성비율, 안정성비율, 수익성비율의 순서로 적절한 것은?**

① 토빈의 Q 비율 – 유동비율 – 순이익증가율
② 매출액증가율 – 유동비율 – 재고자산회전율
③ 재고자산회전율 – 주가순자산비율 – 매출액순이익률
④ 재고자산회전율 – 자기자본비율 – 주당순이익

26 **자본예산은 투자로 인한 수익이 1년 이상에 걸쳐 장기적으로 실현될 투자결정에 관한 일련의 과정을 말한다. 투자안의 평가방법에 해당하지 않는 것은?**

① 유동성분석법
② 수익성지수법
③ 순현재가치법
④ 내부수익률법

27 T기업은 2021년 1월 1일에 150만 원을 투자하여 2021년 12월 31일과 2022년 12월 31일에 각각 100만 원을 회수하는 투자안을 고려하고 있다. T기업의 요구수익률이 연 10%일 때, 이 투자안의 순현재가치(NPV)는 약 얼마인가?(단, 연 10% 기간이자율에 대한 2기간 단일현가계수와 연금현가계수는 각각 0.8264, 1.7355이다)

① 90,910원
② 173,550원
③ 182,640원
④ 235,500원

28 최종품목 또는 완제품의 주생산일정계획(Master Production Schedule)을 기반으로 제품생산에 필요한 각종 원자재, 부품, 중간조립품의 주문량과 주문시기를 결정하는 재고관리방법은?

① 자재소요계획(MRP)
② 적시(JIT) 생산시스템
③ 린(Lean) 생산
④ 공급사슬관리(SCM)

29 다음 중 비공식조직에 대한 설명으로 옳지 않은 것은?

① 자연발생적으로 생겨난 조직으로 대집단의 성질을 띠며, 조직 구성원은 밀접한 관계를 형성한다.
② 비공식적인 가치관, 규범, 기대 및 목표를 가지고 있으며, 조직의 목표달성에 큰 영향을 미친다.
③ 비공식조직의 구성원은 집단접촉의 과정에서 저마다 나름대로의 역할을 담당한다.
④ 비공식조직의 구성원은 감정적 관계 및 개인적 접촉이다.

30 재고품목을 가치나 상대적 중요도에 따라 차별화하여 관리하는 ABC 재고관리에 관한 설명으로 옳은 것은?

① A등급은 재고가치가 낮은 품목들이 속한다.
② A등급 품목은 로트 크기를 크게 유지한다.
③ C등급 품목은 재고유지비가 높다.
④ 가격, 사용량 등을 기준으로 등급을 구분한다.

기출예상문제

정답 및 해설 p.054

01 막걸리 시장이 기업 A와 기업 B만 존재하는 과점상태에 있다. 기업 A와 기업 B의 한계수입(MR)과 한계비용(MC)이 다음과 같을 때, 꾸르노(Cournot) 균형에서 기업 A와 기업 B의 생산량은?(단, Q_A : 기업A의 생산량, Q_B : 기업B의 생산량)

> 기업 A : $MR_A=84-2Q_A-Q_B$, $MC_A=28$
> 기업 B : $MR_B=84-Q_A-2Q_B$, $MC_B=20$

① (6, 44)　　② (10, 36)
③ (12, 26)　　④ (16, 24)

02 실업률과 인플레이션율의 관계는 $u=u_n-2(\pi-\pi_e)$이고 자연실업률이 3%이다. 〈보기〉를 고려하여 중앙은행이 0%의 인플레이션율을 유지하는 준칙적 통화정책을 사용했을 때의 (ㄱ)실업률과, 최적 인플레이션율로 통제했을 때의 (ㄴ)실업률을 구하면?(단, u, u_n, π, π_e는 각각 실업률, 자연실업률, 인플레이션율, 기대 인플레이션율이다)

> 보기
> • 중앙은행은 물가를 완전하게 통제할 수 있다.
> • 민간은 합리적인 기대를 하며 중앙은행이 결정한 인플레이션율로 기대 인플레이션율을 결정한다.
> • 주어진 기대 인플레이션에서 중앙은행의 최적 인플레이션율은 1%이다.

① ㄱ : 0%, ㄴ : 0%
② ㄱ : 1%, ㄴ : 0%
③ ㄱ : 2%, ㄴ : 1%
④ ㄱ : 3%, ㄴ : 3%

03 화폐수량설과 피셔방정식(Fisher Equation)이 성립하고 화폐유통속도가 일정한 경제에서 실질경제성장률이 3%, 통화증가율이 6%, 명목이자율이 10%라면 실질이자율은?

① 3%　　② 5%
③ 7%　　④ 8%

04 솔로우(Solow)의 성장모형에 대한 설명으로 옳은 것은?

① 생산요소 간의 비대체성을 전제로 한다.
② 인구증가율이 높아질 경우 새로운 정상상태(Steady-state)의 1인당 산출량은 증가한다.
③ 저축률은 1인당 자본량을 증가시키므로 항상 저축률이 높을수록 좋다.
④ 기술진보는 균형성장경로의 변화 요인이다.

05 통화정책과 재정정책에 대한 설명으로 옳지 않은 것은?

① 경제가 유동성 함정에 빠져 있을 경우에는 통화정책보다는 재정정책이 효과적이다.
② 전통적인 케인즈 경제학자들은 통화정책이 재정정책보다 더 효과적이라고 주장했다.
③ 재정정책과 통화정책을 적절히 혼합하여 사용하는 것을 정책혼합(policy mix)이라고 한다.
④ 화폐공급의 증가가 장기에서 물가만을 상승시킬 뿐 실물변수에는 아무런 영향을 미치지 못하는 현상을 화폐의 장기중립성이라고 한다.

06 다음 중 주어진 물가수준에서 총수요곡선을 오른쪽으로 이동시키는 원인으로 옳은 것을 모두 고르면?

ㄱ. 개별소득세 인하
ㄴ. 장래경기에 대한 낙관적인 전망
ㄷ. 통화량 감소에 따른 이자율 상승
ㄹ. 해외경기 침체에 따른 순수출의 감소

① ㄱ, ㄴ
② ㄴ, ㄷ
③ ㄷ, ㄹ
④ ㄱ, ㄴ, ㄷ

07 시장실패에 대한 설명으로 적절하지 않은 것은?

① 시장실패를 교정하려는 정부의 개입으로 인하여 오히려 사회적 비효율이 초래되는 정부실패가 나타날 수 있다.
② 타 산업에 양(+)의 외부효과를 초래하는 재화의 경우에 수입관세를 부과하는 것보다 생산보조금을 지불하는 것이 시장실패를 교정하기 위해 더 바람직한 정책이다.
③ 공공재의 경우에 무임승차의 유인이 존재하므로 사회적으로 바람직한 수준보다 적게 생산되는 경향이 있다.
④ 거래비용의 크기에 관계없이 재산권이 확립되어 있으면 당사자 간 자발적인 협상을 통하여 외부효과에 따른 시장실패를 해결할 수 있다.

08 완전경쟁산업 내의 한 개별기업에 대한 설명으로 옳지 않은 것은?

① 한계수입은 시장가격과 일치한다.
② 이 개별기업이 직면하는 수요곡선은 우하향한다.
③ 시장가격보다 높은 가격을 책정하면 시장점유율은 없다.
④ 이윤극대화 생산량에서는 시장가격과 한계비용이 일치한다.

09 소규모 개방경제에서 국내 생산자들을 보호하기 위해 X재의 수입에 대하여 관세를 부과할 때의 설명으로 가장 적절한 것은?(X재에 대한 국내 수요곡선은 우하향하고 국내공급곡선은 우상향한다.)

① X재의 국내 생산이 감소한다.
② 국내 소비자잉여가 증가한다.
③ X재에 대한 수요와 공급의 가격탄력성이 낮을수록 관세부과로 인한 자중손실이 작아진다.
④ 관세부과로 인한 경제적 손실 크기는 X재에 대한 수요와 공급의 가격탄력성과 관계없다.

10 기업은 가격차별을 통해 보다 많은 이윤을 획득하고자 한다. 다음 중 기업이 가격차별을 할 수 있는 환경이 아닌 것은?

① 제품의 재판매가 용이하다.
② 소비자들의 특성이 다양하다.
③ 기업의 독점적 시장지배력이 높다.
④ 분리된 시장에서 수요의 가격탄력성이 서로 다르다.

11 소비이론에 대한 설명으로 옳은 것은?

① 항상소득가설에 따르면 호황기에 일시적으로 소득이 증가할 때 소비가 늘지 않지만 불황기에 일시적으로 소득이 감소할 때 종전보다 소비가 줄어든다.
② 생애주기가설에 따르면 소비는 일생 동안의 소득을 염두에 두고 결정되는 것은 아니다.
③ 한계저축성향과 평균저축성향의 합은 언제나 1이다.
④ 절대소득가설에 따르면 소비는 현재의 처분가능소득으로 결정된다.

12 다음 〈보기〉 중 화폐발행이득(Seigniorage)에 대한 설명으로 옳은 것을 모두 고르면?

보기

ㄱ. 정부가 화폐공급량 증가를 통해 얻게 되는 추가적 재정수입을 가리킨다.
ㄴ. 화폐라는 세원에 대해 부과하는 조세와 같다는 뜻에서 인플레이션 조세라 부른다.
ㄷ. 화폐공급량 증가로 인해 생긴 인플레이션이 민간이 보유하는 화폐자산의 실질가치를 떨어뜨리는 데서 나온다.

① ㄱ
② ㄴ
③ ㄱ, ㄷ
④ ㄱ, ㄴ, ㄷ

13 다음 표는 A국 노동자와 B국 노동자가 각각 동일한 기간에 생산할 수 있는 쌀과 옷의 양을 나타낸 것이다. 리카도의 비교우위에 대한 설명으로 옳지 않은 것은?(단, 노동이 유일한 생산요소이다)

구분	A국	B국
쌀(섬)	5	4
옷(벌)	5	2

① 쌀과 옷 생산 모두 A국의 노동생산성이 B국보다 더 크다.
② A국은 쌀을 수출하고 옷을 수입한다.
③ A국의 쌀 1섬 생산의 기회비용은 옷 1벌이다.
④ B국의 옷 1벌 생산의 기회비용은 쌀 2섬이다.

14 다음 중 리카도의 대등정리가 성립하는 경우로 옳은 것은?

① 조세징수가 국채발행이 더 효과적인 재원조달방식이다.
② 정부가 발행한 국채는 민간의 순자산을 증가시키지 않는다.
③ 조세감면으로 발생한 재정적자를 국채발행을 통해 보전하면 이자율이 상승한다.
④ 조세감면으로 재정적자가 발생하면 민간의 저축이 감소한다.

15 통화승수에 대한 설명으로 옳지 않은 것은?

① 통화승수는 법정지급준비율을 낮추면 커진다.
② 통화승수는 이자율 상승으로 요구불예금이 증가하면 작아진다.
③ 통화승수는 대출을 받은 개인과 기업들이 더 많은 현금을 보유할수록 작아진다.
④ 통화승수는 은행들이 지급준비금을 더 많이 보유할수록 작아진다.

16 인플레이션에 대한 설명으로 옳은 것은?

① 피셔가설은 '(명목이자율)=(실질이자율)+(물가상승률)'이라는 명제로서 예상된 인플레이션이 금융거래에 미리 반영됨을 의미한다.
② 예상된 인플레이션의 경우에는 어떤 형태의 사회적 비용도 발생하지 않는다.
③ 실제 물가상승률이 예상된 물가상승률보다 더 큰 경우, 채권자는 이득을 보고 채무자는 손해를 본다.
④ 실제 물가상승률이 예상된 물가상승률보다 더 큰 경우, 고정된 명목임금을 받는 노동자와 기업 사이의 관계에서 노동자는 이득을 보고 기업은 손해를 보게 된다.

17 물가지수에 대한 설명으로 옳지 않은 것은?

① 소비자물가지수는 소비재를 기준으로 측정하고, 생산자물가지수는 원자재 혹은 자본재 등을 기준으로 측정하기 때문에 두 물가지수는 일치하지 않을 수 있다.
② 소비자물가지수는 상품가격 변화에 대한 소비자의 반응을 고려하지 않는다.
③ GDP 디플레이터는 국내에서 생산된 상품만을 조사 대상으로 하기 때문에 수입상품의 가격동향을 반영하지 못한다.
④ 물가지수를 구할 때 모든 상품의 가중치를 동일하게 반영한다.

18 다음 중 수요의 탄력성에 대한 설명으로 옳은 것은?

① 재화가 기펜재라면 수요의 소득탄력성은 양(+)의 값을 갖는다.
② 두 재화가 서로 대체재의 관계에 있다면 수요의 교차탄력성은 음(−)의 값을 갖는다.
③ 우하향하는 직선의 수요곡선상에 위치한 두 점에서 수요의 가격탄력성은 동일하다.
④ 수요곡선이 수직선일 때 모든 점에서 수요의 가격탄력성은 '0'이다.

19 A국은 세계 철강시장에서 무역을 시작하였다. 무역 이전과 비교하여 무역 이후에 A국 철강시장에서 발생하는 현상으로 옳은 것을 〈보기〉에서 모두 고르면?(단, 세계 철강시장에서 A국은 가격수용자이고, 세계 철강 가격은 무역 이전 A국의 국내 가격보다 높으며 무역 관련 거래비용은 없다)

보기

ㄱ. A국의 국내 철강 가격은 세계 가격보다 높아진다.
ㄴ. A국의 국내 철강 거래량은 감소한다.
ㄷ. 소비자잉여는 감소한다.
ㄹ. 생산자잉여는 증가한다.
ㅁ. 총잉여는 감소한다.

① ㄱ, ㄴ, ㄷ
② ㄱ, ㄴ, ㄹ
③ ㄱ, ㄷ, ㅁ
④ ㄴ, ㄷ, ㄹ

20 다음 중 정부의 가격통제에 대한 설명으로 적절하지 않은 것은?(단, 시장은 완전경쟁이며 암시장은 존재하지 않는다)

① 가격상한제란 정부가 설정한 최고가격보다 낮은 가격으로 거래하지 못하도록 하는 제도이다.
② 가격하한제는 시장의 균형가격보다 높은 수준에서 설정되어야 효력을 가진다.
③ 최저임금제는 저임금근로자의 소득을 유지하기 위해 도입하지만 실업을 유발할 수 있는 단점이 있다.
④ 전쟁시에 식료품 가격안정을 위해서 시장균형보다 낮은 수준에서 최고가격을 설정하여야 효력을 가진다.

21 다음 중 독점기업의 가격차별전략에 대한 설명으로 옳지 않은 것은?

① 독점기업이 시장에서 한계수입보다 높은 수준으로 가격을 책정하는 것은 가격차별전략이다.
② 1급 가격차별의 경우 생산량은 완전경쟁시장과 같다.
③ 2급 가격차별은 소비자들의 구매수량과 같이 구매 특성에 따라서 다른 가격을 책정하는 경우 발생한다.
④ 3급 가격차별의 경우 재판매가 불가능해야 가격차별이 성립한다.

22 다음 중 정보의 비대칭성에 대한 설명으로 가장 적절한 것은?

① 정보의 비대칭성이 존재하면 항상 역선택과 도덕적 해이의 문제가 발생한다.
② 통신사가 서로 다른 유형의 이용자들로 하여금 자신이 원하는 요금제도를 선택하도록 하는 것은 선별(Screening)의 한 예이다.
③ 공동균형(Pooling Equilibrium)에서도 서로 다른 선호체계를 갖고 있는 경제주체들은 다른 선택을 할 수 있다.
④ 사고가 날 확률이 높은 사람일수록 이 사고에 대한 보험에 가입할 가능성이 큰 것은 도덕적 해이의 한 예이다.

23 다음 중 소득분배를 측정하는 방식에 대한 설명으로 적절하지 않은 것은?

① 지니계수 값이 커질수록 더 불균등한 소득분배를 나타낸다.
② 십분위분배율 값이 커질수록 더 균등한 소득분배를 나타낸다.
③ 모든 구성원의 소득이 동일하다면 로렌츠 곡선은 대각선이다.
④ 동일한 지니계수 값을 갖는 두 로렌츠 곡선은 교차할 수 없다.

24 다음 국제거래 중 우리나라의 경상수지 흑자를 증가시키는 것은?

① 외국인이 우리나라 기업의 주식을 매입하였다.
② 우리나라 학생의 해외유학이 증가하였다.
③ 미국 기업이 우리나라에 자동차 공장을 건설하였다.
④ 우리나라 기업이 중국기업으로부터 특허료를 지급받았다.

25 시간당 임금이 5,000에서 6,000으로 인상될 때, 노동수요량이 10,000에서 9,000으로 감소하였다면 노동수요의 임금탄력성은?(단, 노동수요의 임금탄력성은 절댓값이다)

① 0.67% ② 1%
③ 0.5% ④ 1

26 생산물에 물품세가 부과될 경우 상품시장과 노동시장에서 발생하는 현상으로 옳은 것은?(단, 상품시장과 노동시장은 완전경쟁시장이며, 생산에서 자본은 고정되어 있다)

① 고용은 감소한다.
② 임금은 상승한다.
③ 구매자가 내는 상품가격이 하락한다.
④ 노동공급곡선이 왼쪽으로 이동한다.

27 다음 중 수요독점 노동시장에서 기업이 이윤을 극대화하기 위한 조건은?(단, 상품시장은 독점이고 생산에서 자본은 고정되어 있다)

① 한계비용과 임금이 일치
② 한계비용과 평균수입이 일치
③ 노동의 한계생산물가치(Value of Marginal Product of Labor)와 임금이 일치
④ 노동의 한계수입생산(Marginal Revenue Product)과 한계노동비용이 일치

28 다음 〈보기〉 중 노동시장에 대한 설명으로 적절한 것을 모두 고르면?

보기

ㄱ. 완전경쟁 노동시장이 수요독점화되면 고용은 줄어든다.
ㄴ. 단기 노동수요곡선은 장기 노동수요곡선보다 임금의 변화에 비탄력적이다.
ㄷ. 채용비용이 존재할 때 숙련 노동수요곡선은 미숙련 노동수요곡선보다 임금의 변화에 더 탄력적이다.

① ㄱ
② ㄷ
③ ㄱ, ㄴ
④ ㄴ, ㄷ

29 노동시장에 대한 설명으로 적절하지 않은 것은?

① 교육과 현장훈련을 받는 행위를 인적투자라고 한다.
② 선별가설(Screen Hypothesis)은 교육이 노동수익을 높이는 원인이라는 인적자본이론을 비판한다.
③ 똑같은 일에 종사하는 사람에게는 똑같은 임금이 지급되어야 한다는 원칙을 상응가치(Comparable Worth)원칙이라고 한다.
④ 이중노동시장이론에 의하면 내부노동시장은 하나의 기업 내에서 이루어지는 노동시장을 말한다.

30 소득－여가 선택모형에서 A의 효용함수가 $U=Y+2L$이고, 총가용시간은 24시간이다. 시간당 임금이 변화할 때, A의 노동공급시간과 여가시간에 대한 설명으로 옳은 것을 〈보기〉에서 모두 고르면?(단, U=효용, Y=소득, L=여가시간이다)

보기

ㄱ. 시간당 임금의 상승은 언제나 노동공급시간을 증가시킨다.
ㄴ. 시간당 임금이 1이면 노동공급시간은 30이다.
ㄷ. 시간당 임금이 3이면 여가시간은 0이다.
ㄹ. 시간당 임금이 3에서 4로 상승하면 임금상승에도 불구하고 노동공급시간은 더 이상 증가하지 않는다.

① ㄱ, ㄴ
② ㄴ, ㄷ
③ ㄷ, ㄹ
④ ㄱ, ㄴ, ㄷ

PART 3

최종점검 모의고사

최종점검
모의고사

※ TS한국교통안전공단 최종점검 모의고사는 채용공고를 기준으로 구성한 것으로 실제 시험과 다를 수 있습니다.

■ 취약영역 분석

01 | 직업기초능력평가

번호	O/×	영역
1		의사소통능력
2		
3		문제해결능력
4		
5		
6		정보능력
7		수리능력
8		정보능력
9		
10		자원관리능력
11		의사소통능력
12		기술능력
13		
14		문제해결능력
15		수리능력
16		
17		

번호	O/×	영역
18		조직이해능력
19		의사소통능력
20		자원관리능력
21		문제해결능력
22		
23		정보능력
24		수리능력
25		
26		의사소통능력
27		정보능력
28		문제해결능력
29		
30		
31		기술능력
32		수리능력
33		
34		

번호	O/×	영역
35		정보능력
36		문제해결능력
37		
38		자원관리능력
39		의사소통능력
40		
41		
42		조직이해능력
43		의사소통능력
44		문제해결능력
45		
46		정보능력
47		자원관리능력
48		
49		의사소통능력
50		

02 | 전공평가

번호	O/×	영역
1		경영
2		
3		
4		
5		
6		
7		
8		
9		
10		
11		
12		
13		
14		
15		
16		
17		

번호	O/×	영역
18		경영
19		
20		
21		
22		
23		
24		
25		
26		경제
27		
28		
29		
30		
31		
32		
33		
34		

번호	O/×	영역
35		경제
36		
37		
38		
39		
40		
41		
42		
43		
44		
45		
46		
47		
48		
49		
50		

평가문항	100문항	평가시간	100분
시작시간	:	종료시간	:
취약영역			

최종점검 모의고사

모바일 OMR

응시시간 : 100분　문항 수 : 100문항

정답 및 해설 p.060

01 직업기초능력평가

01 다음 중 글의 내용으로 가장 적절한 것은?

> 사람의 키는 주로 다리뼈의 길이에 의해서 결정된다. 다리뼈는 뼈대와 뼈끝판, 그리고 뼈끝으로 구성되어 있다. 막대기 모양의 뼈대는 뼈 형성세포인 조골세포를 가지고 있다. 그리고 뼈끝은 다리뼈의 양쪽 끝 부분이며 뼈끝과 뼈대의 사이에는 여러 개의 연골세포층으로 구성된 뼈끝판이 있다. 뼈끝판의 세포층 중 뼈끝과 경계면에 있는 세포층에서만 세포분열이 일어난다.
> 연골세포의 세포분열이 일어날 때, 뼈대 쪽에 가장 가깝게 있는 연골세포의 크기가 커지면서 뼈끝판이 두꺼워진다. 크기가 커진 연골세포는 결국 죽으면서 빈 공간을 남기고 이렇게 생긴 공간이 뼈대에 있는 조골세포로 채워지면서 뼈가 형성된다. 이 과정을 되풀이하면서 뼈끝판이 두꺼워지는 만큼 뼈대의 길이 성장이 일어나는데, 이는 연골세포의 분열이 계속되는 한 지속된다.
> 사춘기 동안 뼈의 길이 성장에는 여러 호르몬이 관여하는데, 이 중 뇌에서 분비하는 성장호르몬은 직접 뼈에 작용하여 뼈를 성장시킨다. 또한 성장호르몬은 간세포에 작용하여 뼈의 길이 성장 과정 전체를 촉진하는 성장인자를 분비하도록 한다. 이외에도 갑상샘 호르몬과 남성호르몬인 안드로겐도 뼈의 길이 성장에 영향을 미친다. 성장호르몬이 뼈에 작용하기 위해서는 갑상샘 호르몬의 작용이 있어야 하기 때문에 갑상샘 호르몬은 뼈의 성장에 중요한 요인이다. 안드로겐은 뼈의 성장을 촉진함으로써 사춘기 남자의 급격한 성장에 일조한다. 부신에서 분비되는 안드로겐은 이 시기에 나타나는 뼈의 길이 성장에 관여한다. 하지만 사춘기가 끝날 때, 안드로겐은 뼈끝판 전체에서 뼈가 형성되도록 하여 뼈의 길이 성장을 정지시킨다. 결국 사춘기 이후에는 호르몬에 의한 뼈의 길이 성장이 일어나지 않는다.

① 사람의 키를 결정짓는 다리뼈는 연골세포의 분열로 인해 성장하게 된다.
② 뼈끝판의 세포층 중 뼈대와 경계면에 있는 세포층에서만 세포분열이 일어난다.
③ 사춘기 이후에 뼈의 길이가 성장하였다면, 호르몬이 그 원인이다.
④ 성장호르몬은 간세포에 작용하여 뼈 성장을 촉진하는 성장인자를 분비하는 등 뼈 성장에 간접적으로 도움을 준다.
⑤ 뼈의 성장을 촉진시키는 호르몬인 안드로겐은 남성호르몬으로서, 여자에게서는 생성되지 않는다.

02 다음 중 공문서의 특성에 대한 설명으로 적절한 것은?

① 회사 내부로 전달되는 글이므로 누가, 언제, 어디서, 무엇을, 어떻게(혹은 왜)가 드러나지 않아도 된다.
② 날짜 다음에 괄호를 사용할 경우 반드시 마침표를 찍어야 한다.
③ 복잡한 내용은 도표를 통해 시각화하여 이해도를 높인다.
④ 여러 장에 담아내는 것이 원칙이다.
⑤ 반드시 일정한 양식과 격식을 갖추어 작성하여야 한다.

03 T기업은 신제품의 품번을 다음과 같은 규칙에 따라 정한다. 제품에 설정된 임의의 영단어가 'INTELLECTUAL'이라면 이 제품의 품번으로 옳은 것은?

〈규칙〉

1단계 : 알파벳 A～Z를 숫자 1, 2, 3, …으로 변환하여 계산한다.
2단계 : 제품에 설정된 임의의 영단어를 숫자로 변환한 값의 합을 구한다.
3단계 : 임의의 영단어 속 자음의 합에서 모음의 합을 뺀 값의 절댓값을 구한다.
4단계 : 2단계와 3단계의 값을 더한 다음 4로 나누어 2단계의 값에 더한다.
5단계 : 4단계의 값이 정수가 아닐 경우에는 소수점 첫째 자리에서 버림한다.

① 120
② 140
③ 160
④ 180
⑤ 200

PART 3

04 T공사의 사보에는 최근 업무를 통해 쉽게 발생할 수 있는 논리적 오류를 조심하자는 의미로 다음과 같이 3가지의 논리적 오류를 소개하였다. 다음 중 3가지 논리적 오류에 해당하지 않는 것은?

> ▶ 권위에 호소하는 오류
> – 논지와 직접적인 관련이 없는 권위자의 견해를 신뢰하여 발생하는 오류
> ▶ 인신공격의 오류
> – 주장이나 반박을 할 때 관련된 내용을 근거로 제시하지 않고, 성격이나 지적 수준, 사상, 인종 등과 같이 주장과 무관한 내용을 근거로 사용할 때 발생하는 오류
> ▶ 대중에 호소하는 오류
> – 많은 사람들이 생각하거나 선택했다는 이유로 자신의 결론이 옳다고 주장할 때 발생하는 오류

① 우리 회사의 세탁기는 최근 조사 결과, 소비자의 80%가 사용하고 있다는 점에서 성능이 매우 뛰어나다는 것을 알 수 있습니다. 주저하지 마시고 우리 회사 세탁기를 구매해주시기 바랍니다.
② 인사부 최부장님께 의견을 여쭤보았는데, 우리 다음 도서의 디자인은 A안으로 가는 것이 좋겠어.
③ 최근 일본의 예법을 주제로 한 자료를 보면 알 수 있듯이, 일본인들 대부분은 예의가 바르다고 할 수 있습니다. 따라서 우리 회사의 효도상품을 일본 시장에 진출시킬 필요가 있겠습니다.
④ K사원이 제시한 기획서 내용은 잘못되었다고 생각해. K사원은 평소에 이해심이 없기로 유명하거든.
⑤ 최근 많은 사람들이 의학용 대마초가 허용되는 것에 찬성하고 있어. 따라서 우리 회사도 대마초와 관련된 의약개발에 투자를 해야 할 것으로 생각돼.

05 T기업의 영업1팀은 강팀장, 김대리, 이대리, 박사원, 유사원으로 이루어져 있었으나 최근 인사이동으로 인해 팀원 구성에 변화가 일어났고, 이로 인해 자리를 새롭게 배치하려고 한다. 주어진 〈조건〉이 아래와 같을 때, 다음 중 항상 옳은 것은?

조건

- 영업1팀의 김대리는 영업2팀의 팀장으로 승진하였다.
- 이번 달 영업1팀에 김사원과 이사원이 새로 입사하였다.
- 자리는 일렬로 위치해 있으며, 영업1팀은 영업2팀과 마주하고 있다.
- 자리의 가장 안 쪽 옆은 벽이며, 반대편 끝자리의 옆은 복도이다.
- 각 팀의 팀장은 가장 안 쪽인 왼쪽 끝에 앉는다.
- 이대리는 영업2팀 김팀장의 대각선에 앉는다.
- 박사원의 양 옆은 신입사원이 앉는다.
- 김사원의 자리는 이사원의 자리보다 왼쪽에 있다.

① 유사원과 이대리는 서로 인접한다.
② 박사원의 자리는 유사원의 자리보다 왼쪽에 있다.
③ 이사원의 양 옆 중 한쪽은 복도이다.
④ 김사원은 유사원과 인접하지 않는다.
⑤ 이대리는 강팀장과 서로 인접한다.

PART 3

06 한글에서 파일을 다른 이름으로 저장할 때 사용하는 단축키는 무엇인가?

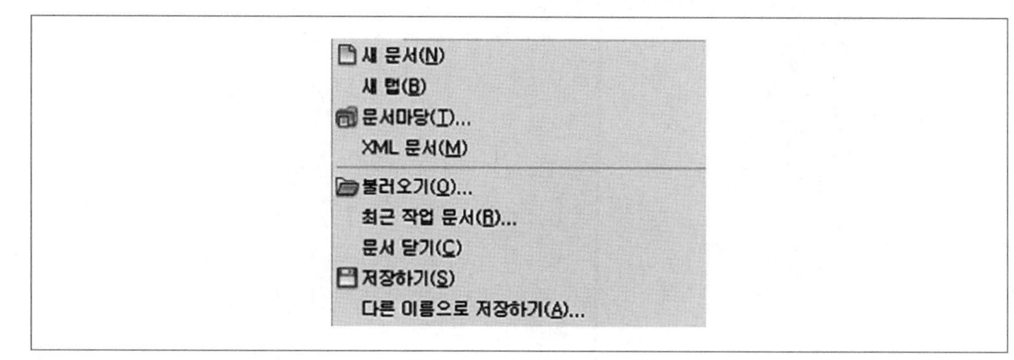

① 〈Alt〉+〈N〉
② 〈Ctrl〉+〈N〉, 〈P〉
③ 〈Alt〉+〈S〉
④ 〈Alt〉+〈P〉
⑤ 〈Alt〉+〈V〉

07 다음은 어린이 보호구역 지정대상 및 현황에 대한 자료이다. 이에 대한 설명으로 옳지 않은 것을 〈보기〉에서 모두 고르면?

〈어린이 보호구역 지정대상 및 지정현황〉

(단위 : 곳)

구분		2016년	2017년	2018년	2019년	2020년	2021년	2022년
어린이보호구역 지정대상	계	17,339	18,706	18,885	21,274	21,422	20,579	21,273
어린이보호구역 지정현황	계	14,921	15,136	15,444	15,799	16,085	16,355	16,555
	초등학교	5,917	5,946	5,975	6,009	6,052	6,083	6,127
	유치원	6,766	6,735	6,838	6,979	7,056	7,171	7,259
	특수학교	131	131	135	145	146	148	150
	보육시설	2,107	2,313	2,481	2,650	2,775	2,917	2,981
	학원	–	11	15	16	56	36	38

보기

ㄱ. 2019년부터 2022년까지 어린이보호구역 지정대상은 전년 대비 매년 증가하였다.
ㄴ. 2017년 어린이보호구역 지정대상 중 어린이보호구역으로 지정된 구역의 비율은 75% 이상이다.
ㄷ. 어린이보호구역으로 지정된 구역 중 학원이 차지하는 비중은 2020년부터 2022년까지 전년 대비 매년 증가하였다.
ㄹ. 어린이보호구역으로 지정된 구역 중 초등학교가 차지하는 비중은 2016년부터 2020년까지 매년 60% 이상이다.

① ㄱ, ㄴ
② ㄴ, ㄹ
③ ㄱ, ㄴ, ㄷ
④ ㄱ, ㄷ, ㄹ
⑤ ㄴ, ㄷ, ㄹ

08 다음은 세계 주요 터널 화재 사고 A～F에 대한 자료이다. 이에 대한 설명으로 옳은 것은?

〈세계 주요 터널 화재 사고 통계〉

사고	터널길이(km)	화재규모(MW)	복구비용(억 원)	복구기간(개월)	사망자(명)
A	50.5	350	4,200	6	1
B	11.6	40	3,276	36	39
C	6.4	120	72	3	12
D	16.9	150	312	2	11
E	0.2	100	570	10	192
F	1.0	20	18	8	0

※ (사고비용)=(복구비용)+{(사망자 수)×5억 원}

① 터널길이가 길수록 사망자가 많다.
② 화재규모가 클수록 복구기간이 길다.
③ 사고 A를 제외하면 복구기간이 길수록 복구비용이 크다.
④ 사망자가 가장 많은 사고 E는 사고비용도 가장 크다.
⑤ 사망자가 30명 이상인 사고를 제외하면 화재규모가 클수록 복구비용이 크다.

PART 3

09 다음은 T공사의 신입공채 지원자들에 대한 평가점수를 정리한 자료이다. [B9] 셀에 입력할 함수식과 그 결괏값이 바르게 연결되지 않은 것은?

	A	B	C	D	E
1	이름	협동점수	태도점수	발표점수	필기점수
2	부경필	75	80	92	83
3	김효남	86	93	74	95
4	박현정	64	78	94	80
5	백자영	79	86	72	97
6	이병현	95	82	79	86
7	노경미	91	86	80	79
8					
9	점수				

	함수식	값
①	=AVERAGE(LARGE(B2:E2,3),SMALL(B5:E5,2))	79.5
②	=SUM(MAX(B3:E3),MIN(B7:E7))	174
③	=AVERAGE(MAX(B7:E7),COUNTA(B6:E6))	50
④	=SUM(MAXA(B4:E4),COUNT(B3:E3))	98
⑤	=AVERAGE(SMALL(B3:E3,3),LARGE(B7:E7,3))	86.5

10 다음은 치과의원 노인외래진료비 본인부담제도의 안내문이다. 이를 참고하여 〈보기〉에서 A ~ E씨의 본인부담금의 합을 바르게 구한 것은?

〈치과의원 노인외래진료비 본인부담제도 안내〉

2022년 1월부터 만 65세 이상 치과의원 노인외래진료비 본인부담제도가 개선됩니다.

■ 대상 : 만 65세 이상 치과의원 외래진료 시

■ 본인부담금 안내 : 총 진료비가 1만 5천 원 이하인 경우는 1,500원
일정금액 초과 시 총 진료비의 10 ~ 30% 부담

구분	진료비 구간	본인부담금 현행		본인부담금 개선
치과의원	1만 5천 원 이하	1,500원	⇨	1,500원
	1만 5천 원 초과 ~ 2만 원 이하	30%		10%
	2만 원 초과 ~ 2만 5천 원 이하			20%
	2만 5천 원 초과			30%

보기

구분	진료비	진료 날짜
A씨	17,000원	2021년 6월
B씨	13,500원	2022년 3월
C씨	23,000원	2022년 2월
D씨	24,000원	2021년 10월
E씨	27,000원	2022년 5월

※ 단, A ~ E씨는 모두 만 65세 이상이다.

① 18,800원
② 21,300원
③ 23,600원
④ 26,500원
⑤ 28,600원

11 T공단의 신입사원 교육담당자인 귀하는 상사로부터 아래와 같은 메일을 받았다. 신입사원의 업무 역량 향상을 위해 교육할 내용으로 적절하지 않은 것은?

> 수신 : ○○○
> 발신 : △△△
>
> ---
>
> 제목 : 신입사원 교육프로그램을 구성할 때 참고해주세요.
> 내용 :
> ○○○ 씨, 오늘 조간신문을 보다가 공감이 가는 내용이 있어서 보내드립니다.
> 신입사원 교육 때, 문서작성 능력을 향상시킬 수 있는 프로그램을 추가하면 좋을 것 같습니다.
>
> 〈신문 기사〉
>
> 기업체 인사담당자들을 대상으로 한 조사에서 '신입사원의 국어 능력 만족도'는 '그저 그렇다'가 65.4%, '불만족'이 23.1%나 됐는데, 특히 '기획안과 보고서 작성능력'에서 '그렇다'의 응답 비율(53.2%)이 가장 높았다. 기업들이 대학에 개설되기를 희망하는 교과과정을 조사한 결과에서도 가장 많은 41.3%가 '기획문서 작성'을 꼽았다. 특히 인터넷 세대들은 '짜깁기' 기술엔 능해도 논리를 구축해 효과적으로 커뮤니케이션을 하고 상대를 설득하는 능력에선 크게 떨어진다.

① 문서의미를 전달하는 데 문제가 없다면 끊을 수 있는 부분은 가능한 한 끊어서 문장을 짧게 만들고, 실질적인 내용을 담을 수 있도록 한다.

② 상대방이 이해하기 어려운 글은 좋은 글이 아니므로, 우회적인 표현이나 현혹적인 문구는 지양한다.

③ 중요하지 않은 경우 한자의 사용을 자제하며 만약 사용할 경우 상용한자의 범위 내에서 사용하도록 한다.

④ 문서의 중요한 내용을 미괄식으로 작성하는 것은 문서작성에 중요한 부분이다.

⑤ 문서로 전달하고자 하는 핵심메시지가 잘 드러나도록 작성하며 논리적으로 의견을 전개하도록 한다.

PART 3

12 **다음은 기술의 특징을 설명하는 글이다. 이를 읽고 이해한 내용으로 적절하지 않은 것은?**

> 일반적으로 기술에 대한 특징은 다음과 같이 정의될 수 있다.
> 첫째, 하드웨어나 인간에 의해 만들어진 비자연적인 대상, 혹은 그 이상을 의미한다.
> 둘째, 기술은 '노하우(Know-how)'를 포함한다. 즉, 기술을 설계하고, 생산하고, 사용하기 위해 필요한 정보, 기술, 절차를 갖는데 노하우(Know-how)가 필요한 것이다.
> 셋째, 기술은 하드웨어를 생산하는 과정이다.
> 넷째, 기술은 인간의 능력을 확장시키기 위한 하드웨어와 그것의 활용을 뜻한다.
> 다섯째, 기술은 정의 가능한 문제를 해결하기 위해 순서화되고 이해 가능한 노력이다.
> 이와 같은 기술이 어떻게 형성되는가를 이해하는 것과 사회에 의해 형성되는 방법을 이해하는 것은 두 가지 원칙에 근거한다. 먼저 기술은 사회적 변화의 요인이다. 기술체계는 의사소통의 속도를 증가시켰으며, 이것은 개인으로 하여금 현명한 의사결정을 할 수 있도록 도와준다. 또한, 사회는 기술 개발에 영향을 준다. 사회적, 역사적, 문화적 요인은 기술이 어떻게 활용되는가를 결정한다.
> 기술은 두 개의 개념으로 구분될 수 있으며, 하나는 모든 직업 세계에서 필요로 하는 기술적 요소들로 이루어지는 광의의 개념이고, 다른 하나는 구체적 직무수행능력 형태를 의미하는 협의의 개념이다.

① 기술은 건물, 도로, 교량, 전자장비 등 인간이 만들어낸 모든 물질적 창조물을 생산하는 과정으로 볼 수 있구나.
② 전기산업기사, 건축산업기사, 정보처리산업기사 등의 자격 기술은 기술의 광의의 개념으로 볼 수 있겠어.
③ 영국에서 시작된 산업혁명 역시 기술 개발에 영향을 주었다고 볼 수 있어.
④ 컴퓨터의 발전은 기술체계가 개인으로 하여금 현명한 의사결정을 할 수 있는 사례로 볼 수 있지 않을까?
⑤ 미래 산업을 위해 인간의 노동을 대체할 로봇을 활용하는 것 역시 기술이라고 볼 수 있겠지?

13 **다음 그림이 해당하는 표지로 적절한 것은?**

① 주의표지
② 규제표지
③ 지시표지
④ 보조표지
⑤ 노면표지

14 다음 자료를 참고할 때, 〈보기〉에 제시된 주민등록번호 빈칸에 해당하는 숫자로 옳은 것은?

우리나라에서 국민에게 발급하는 주민등록번호는 각각의 번호가 고유한 번호로, 13자리 숫자로 구성된다. 13자리 숫자는 생년, 월, 일, 성별, 출생신고지역, 접수번호, 검증번호로 구분된다.

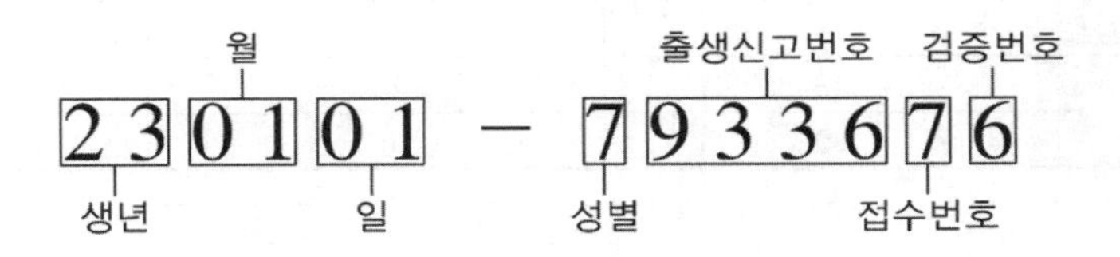

여기서 13번째 숫자인 검증번호는 주민등록번호의 정확성 여부를 검사하는 번호로, 앞의 12자리 숫자를 이용해서 구해지는데 계산법은 다음과 같다.

- 1단계 : 주민등록번호의 앞 12자리 숫자에 가중치 2, 3, 4, 5, 6, 7, 8, 9, 2, 3, 4, 5를 곱한다.
- 2단계 : 가중치를 곱한 값의 합을 계산한다.
- 3단계 : 가중치의 합을 11로 나눈 나머지를 구한다.
- 4단계 : 11에서 나머지를 뺀 수를 10으로 나눈 나머지가 검증번호가 된다.

보기

2 4 0 2 0 2 − 8 0 3 7 0 1 (   )

① 4
② 5
③ 6
④ 7
⑤ 8

PART 3

※ 다음은 A～D시의 인구, 도로연장 및 인구 천 명당 자동차 대수를 나타낸 것이다. 이어지는 질문에 답하시오. [15~17]

도시	인구(만 명)	도로연장(km)	천 명당 자동차 대수(대)
A	108	198	204
B	75	148	130
C	53	318	408
D	40	103	350

15 자동차 대수가 많은 순서대로 나열한 것은?

① A－C－D－B
② A－C－B－D
③ C－D－B－A
④ C－D－A－B
⑤ D－B－C－A

16 한 가구당 구성원 수를 평균 3명이라고 하면, 가구당 평균 한 대 이상의 자동차를 보유하는 시는?

① A, B
② A, C
③ B, C
④ B, D
⑤ C, D

17 C시의 도로 1km당 자동차 대수로 옳은 것은?

① 560대
② 620대
③ 680대
④ 740대
⑤ 760대

18 다음은 집단(조직)에 대한 자료이다. 이에 대한 설명으로 적절하지 않은 것은?

구분	공식집단	비공식집단
① 개념	공식적인 목표를 추구하기 위해 조직에서 만든 집단	구성원들의 요구에 따라 자발적으로 형성된 집단
② 집단 간 경쟁의 원인	자원의 유한성, 목표 간의 충돌	
③ 집단 간 경쟁의 장점	각 집단 내부의 응집성 강화, 활동 조직화 강화	
④ 집단 간 경쟁의 단점	자원 낭비, 비능률	
⑤ 예	상설 위원회, 업무 수행을 위한 팀, 동아리	친목회, 스터디 모임, 임시 위원회

19 다음 문장을 논리적 순서대로 바르게 나열한 것은?

(A) 인간이 타고난 그대로의 자연스러운 본능이 성품이며, 인간이 후천적인 노력을 통하여 만들어 놓은 것이 인위이다.
(B) 따라서 인간의 성품은 악하나, 인위로 인해 선하게 된다.
(C) 즉, 배고프면 먹고 싶고 피곤하면 쉬고 싶은 것이 성품이라면, 배고파도 어른에게 양보하고 피곤해도 어른을 대신해 일하는 것은 인위이다.
(D) 그러므로 자연스러운 본능을 따르게 되면 반드시 다투고 빼앗는 결과를 초래하게 되지만, 스승의 교화를 받아 예의 법도를 따르게 되면 질서가 유지된다.

① (A) – (B) – (D) – (C)
② (A) – (C) – (B) – (D)
③ (A) – (C) – (D) – (B)
④ (B) – (D) – (C) – (A)
⑤ (C) – (B) – (A) – (D)

20 다음 대화에서 A팀장과 B사원이 함께 시장조사를 하러 갈 수 있는 가장 적절한 시간은 언제인가? (단, 근무시간은 09:00 ~ 18:00, 점심시간은 12:00 ~ 13:00이다)

> A팀장 : B씨, 저번에 우리가 함께 진행했던 제품이 오늘 출시된다고 하네요. 시장에서 어떤 반응이 있는지 조사하러 가야 할 것 같아요.
> B사원 : 네, 팀장님. 그런데 오늘 갈 수 있을지 의문입니다. 우선 오후 4시에 사내 정기강연이 예정되어 있고 초청강사가 와서 시간관리 강의를 한다고 합니다. 아마 두 시간 정도 걸릴 것 같은데, 저는 강연준비로 30분 정도 일찍 가야 할 것 같습니다. 그리고 부서장님께서 요청하셨던 기획안도 오늘 퇴근 전까지 제출해야 하는데, 팀장님 검토시간까지 고려하면 두 시간 정도 소요될 것 같습니다.
> A팀장 : 오늘도 역시 할 일이 참 많네요. 지금이 11시니까 열심히 업무를 하면 한 시간 정도는 시장에 다녀올 수 있겠네요. 먼저 기획안부터 마무리 짓도록 합시다.
> B사원 : 네, 알겠습니다. 팀장님, 오늘 점심은 된장찌개 괜찮으시죠? 바쁘니까 예약해두겠습니다.

① 11:00 ~ 12:00
② 13:00 ~ 14:00
③ 14:00 ~ 15:00
④ 15:00 ~ 16:00
⑤ 16:00 ~ 17:00

21 다음 명제가 참일 때, 항상 옳은 것은?

> • 진달래를 좋아하는 사람은 감성적이다.
> • 백합을 좋아하는 사람은 보라색을 좋아하지 않는다.
> • 감성적인 사람은 보라색을 좋아한다.

① 감성적인 사람은 백합을 좋아한다.
② 백합을 좋아하는 사람은 감성적이다.
③ 진달래를 좋아하는 사람은 보라색을 좋아한다.
④ 보라색을 좋아하는 사람은 감성적이다.
⑤ 백합을 좋아하는 사람은 진달래를 좋아한다.

22 귀하는 사내 워크숍 준비를 위해 A ~ E직원의 참석 여부를 조사하고 있다. C가 워크숍에 참석한다고 할 때, 〈조건〉에 따라 워크숍에 참석하는 직원을 바르게 추론한 것은?

조건

- B가 워크숍에 참석하면 E는 참석하지 않는다.
- D는 B와 E가 워크숍에 참석하지 않을 때 참석한다.
- A가 워크숍에 참석하면 B 또는 D 중 한 명이 함께 참석한다.
- C가 워크숍에 참석하면 D는 참석하지 않는다.
- C가 워크숍에 참석하면 A도 참석한다.

① A, B, C
② A, C, D
③ A, C, D, E
④ A, B, C, D
⑤ A, B, C, E

23 클라우드 컴퓨팅(Cloud Computing)에 대한 설명으로 옳지 않은 것은?

① 가상화와 분산처리 기술을 기반으로 한다.
② 최근에는 컨테이너(Container)방식으로 서버를 가상화하고 있다.
③ 서비스 유형에 따라 IaaS, PaaS, SaaS로 분류할 수 있다.
④ 공개 범위에 따라 퍼블릭 클라우드, 프라이빗 클라우드, 하이브리드 클라우드로 분류할 수 있다.
⑤ 주로 과학·기술적 계산 같은 대규모 연산의 용도로 사용된다.

24 10% 설탕물 480g에 20% 설탕물 120g을 섞었다. 이 설탕물에서 한 컵의 설탕물을 퍼내고, 퍼낸 설탕물의 양만큼 다시 물을 부었더니 11%의 설탕물 600g이 되었다. 이때 컵으로 퍼낸 설탕물의 양은?

① 30g
② 50g
③ 60g
④ 90g
⑤ 100g

25 다음 문장을 읽고 팀장의 나이를 추론한 것으로 옳은 것은?

- 팀장의 나이는 과장보다 4살이 많다.
- 대리의 나이는 31세이다.
- 사원은 대리보다 6살 어리다.
- 과장과 팀장 나이의 합은 사원과 대리의 나이 합의 2배이다.

① 56세
② 57세
③ 58세
④ 59세
⑤ 60세

26 다음 의사소통능력 개발 과정에서의 피드백에 대한 설명으로 적절하지 않은 것은?

피드백(Feedback)이란 상대방에게 그의 행동의 결과가 어떠한지에 대하여 정보를 제공해 주는 것을 말한다. 즉, 그의 행동이 나의 행동에 어떤 영향을 미치고 있는가에 대하여 상대방에게 솔직하게 알려 주는 것이다. 말하는 사람 또는 전달자는 피드백을 이용하여 메시지의 내용이 실제로 어떻게 해석되고 있는가를 조사할 수 있다.

① 대인관계에 있어서의 행동을 개선할 수 있는 기회를 제공해 줄 수 있다.
② 의사소통의 왜곡에서 오는 오해와 부정확성을 줄일 수 있다.
③ 상대방의 긍정적인 면뿐만 아니라 부정적인 면도 솔직하게 전달해야 한다.
④ 말뿐만 아니라 얼굴 표정 등으로 정확한 반응을 얻을 수 있다.
⑤ 효과적인 개선을 위해서는 긍정적인 면보다 부정적인 면을 강조하여 전달해야 한다.

27 다음 사례에서 T공사가 밑줄 친 내용을 통하여 얻을 수 있는 기대효과로 적절한 것을 〈보기〉에서 모두 고르면?

> T공사는 사원 번호, 사원명, 연락처 등의 사원 데이터 파일을 여러 부서별로 저장하여 관리하다 보니 연락처가 바뀌면 연락처가 저장되어 있는 모든 파일을 수정해야 했다.
> 또한 사원 데이터 파일에 주소 항목이 추가되는 등 파일의 구조가 변경되면 이전 파일 구조를 사용했던 모든 응용 프로그램도 수정해야 하므로 유지보수 비용이 많이 들었다. 그래서 T공사에서는 <u>이런 문제점을 해결할 수 있는 소프트웨어</u>를 도입하기로 결정하였다.

보기

㉠ 대용량 동영상 파일을 쉽게 편집할 수 있다.
㉡ 컴퓨터의 시동 및 주변기기의 제어를 쉽게 할 수 있다.
㉢ 응용 프로그램과 데이터 간의 독립성을 향상시킬 수 있다.
㉣ 데이터의 중복이 감소되어 일관성을 높일 수 있다.

① ㉠, ㉢
② ㉠, ㉣
③ ㉡, ㉢
④ ㉡, ㉣
⑤ ㉢, ㉣

※ 다음 제시문을 읽고 이어지는 질문에 답하시오. [28~29]

A회사는 2023년 초에 회사 내의 스캐너 15개를 교체하려고 계획하고 있다. 각 스캐너의 정보는 아래와 같다.

구분	Q스캐너	T스캐너	G스캐너
제조사	미국 B회사	한국 C회사	독일 D회사
가격	180,000원	220,000원	280,000원
스캔 속도	40장/분	60장/분	80장/분
주요 특징	• 양면 스캔 가능 • 50매 연속 스캔 • 소비전력 절약 모드 지원 • 카드 스캔 가능 • 백지 Skip 기능 • 기울기 자동 보정 • A/S 1년 보장	• 양면 스캔 가능 • 타 제품보다 전력소모 60% 절감 • 다양한 소프트웨어 지원 • PDF 문서 활용 가능 • 기울기 자동 보정 • A/S 1년 보장	• 양면 스캔 가능 • 빠른 스캔 속도 • 다양한 크기 스캔 • 100매 연속 스캔 • 이중급지 방지 장치 • 백지 Skip 기능 • 기울기 자동 보정 • A/S 3년 보장

28 스캐너 구매를 담당하고 있는 귀하는 사내 설문조사를 통해 부서별로 필요한 스캐너 기능을 확인하였다. 이를 참고하였을 때, 구매할 스캐너의 순위는?

• 양면 스캔 가능 여부
• 카드 크기부터 계약서 크기 스캔 지원
• 50매 이상 연속 스캔 가능 여부
• a/s 1년 이상 보장
• 예산 4,200,000원까지 가능
• 기울기 자동 보정 여부

① T스캐너 – Q스캐너 – G스캐너
② G스캐너 – Q스캐너 – T스캐너
③ G스캐너 – T스캐너 – G스캐너
④ Q스캐너 – G스캐너 – T스캐너
⑤ Q스캐너 – T스캐너 – G스캐너

29 28번 결과를 바탕으로 순위가 가장 높은 스캐너를 구입했을 때 80장, 240장, 480장을 스캔하는 데 몇 초가 걸리겠는가?

	80장	240장	480장
①	120초	360초	720초
②	80초	240초	480초
③	100초	220초	410초
④	60초	180초	360초
⑤	140초	200초	300초

30 T사 전산팀의 팀원들은 회의를 위해 회의실에 모였다. 회의실의 테이블은 원형모형이고, 〈조건〉에 근거하여 자리배치를 하려고 할 때, 김팀장을 기준으로 왼쪽방향으로 앉은 사람을 순서대로 나열한 것은?

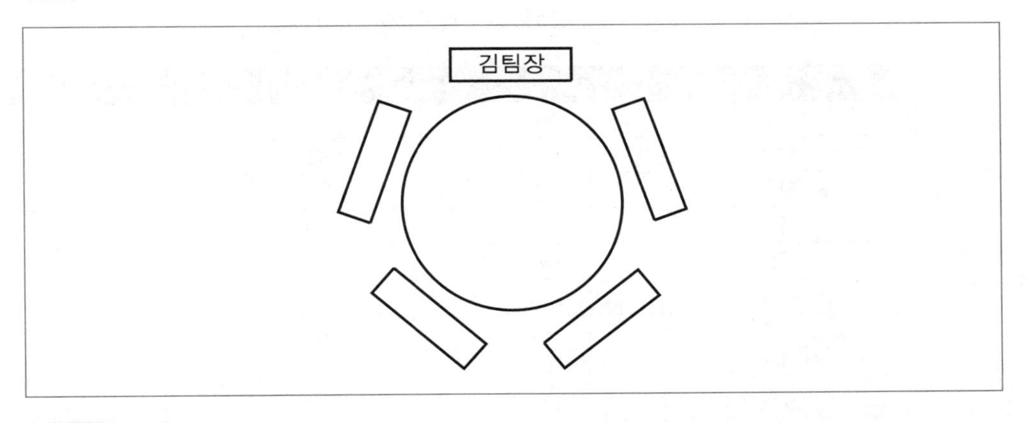

조건

- 정차장과 오과장은 서로 사이가 좋지 않아서 나란히 앉지 않는다.
- 김팀장은 정차장이 바로 오른쪽에 앉기를 바란다.
- 한대리는 오른쪽 귀가 좋지 않아서 양사원이 왼쪽에 앉기를 바란다.

① 정차장 – 양사원 – 한대리 – 오과장
② 한대리 – 오과장 – 정차장 – 양사원
③ 양사원 – 정차장 – 오과장 – 한대리
④ 오과장 – 양사원 – 한대리 – 정차장
⑤ 오과장 – 한대리 – 양사원 – 정차장

31 K팀장은 신입사원을 대상으로 기업이 기술을 선택하는 데 있어 중요하게 고려해야 할 사항에 대해 교육을 진행하고 있다. 빈칸에 들어갈 K팀장의 설명으로 적절하지 않은 것은?

K팀장 : 어떤 기술을 획득하고 활용할 것인지는 업무를 수행하고 있는 본인뿐만 아니라 기업 전체의 경쟁력을 결정짓는 데에도 영향을 끼칩니다. 기술을 선택할 경우에는 주어진 시간과 자원의 제약 하에서 선택 가능한 대안들 중 최적이 아닌 최선의 대안을 선택하는 합리적인 의사결정이 필요합니다. 특히 최선의 기술을 선택하는 데 있어 우선순위를 고려해야 하는데, 그 기준으로는 ______________ 등이 있습니다.

① 제품의 성능이나 원가에 미치는 영향력이 얼마나 큰 기술인지 여부
② 가장 최근에 개발된 기술인지 여부
③ 아무나 쉽게 구현할 수 없는 기술인지 여부
④ 다른 기업에서 모방하기 어려운 기술인지 여부
⑤ 보다 광범위한 제품 및 서비스에 적용할 수 있는 기술인지 여부

32 다음은 지역별 초 · 중 · 고등학교 개수에 대한 자료이다. 이에 대한 그래프로 옳지 않은 것은?(단, 모든 그래프의 단위는 '개'이다)

〈지역별 초 · 중 · 고등학교 현황〉

(단위 : 개)

구분	초등학교	중학교	고등학교
서울	680	660	590
인천	880	820	850
경기	580	520	490
강원	220	180	190
대전	180	150	140
충청	320	290	250
경상	380	250	280
전라	420	390	350
광주	190	130	120
대구	210	160	140
울산	150	120	110
부산	260	220	230
제주	110	100	100
합계	4,580	3,990	3,840

※ 수도권은 서울, 인천, 경기 지역이다.

① 수도권 지역 초 · 중 · 고등학교 수

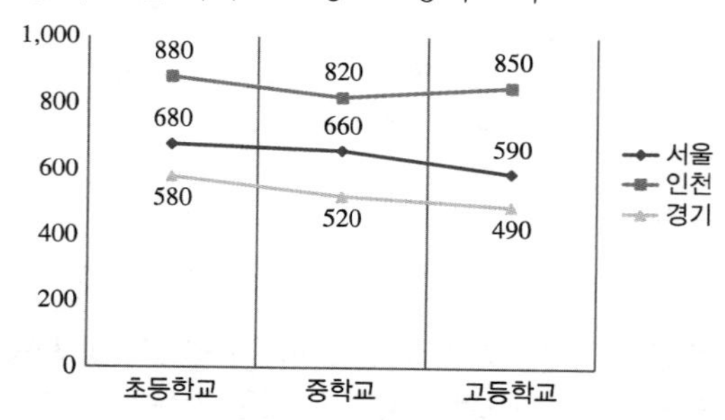

② 광주, 울산, 제주 지역별 초 · 중 · 고등학교 수

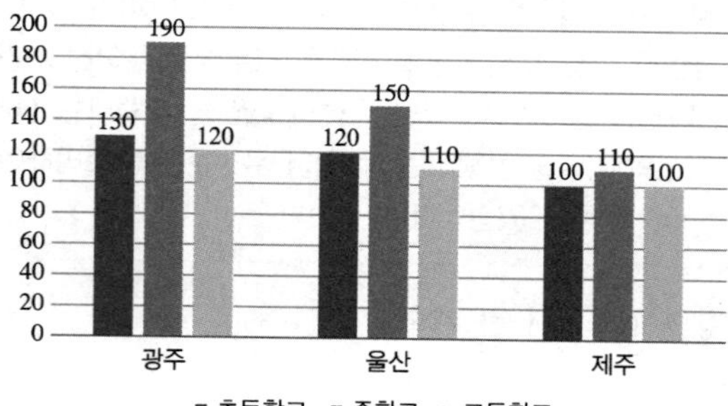

③ 수도권 외 지역 초・중・고등학교 수

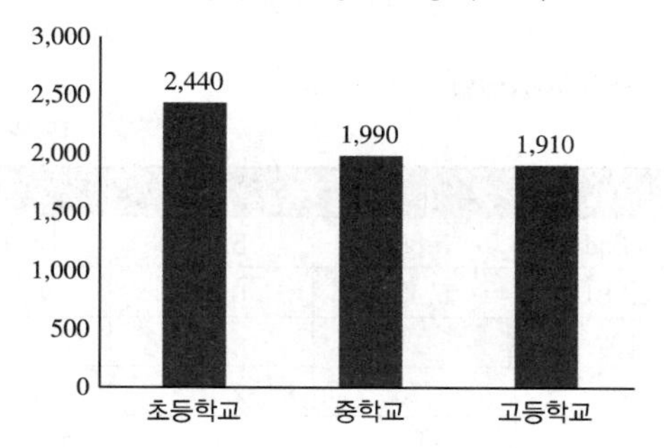

④ 국내 초・중・고등학교 수

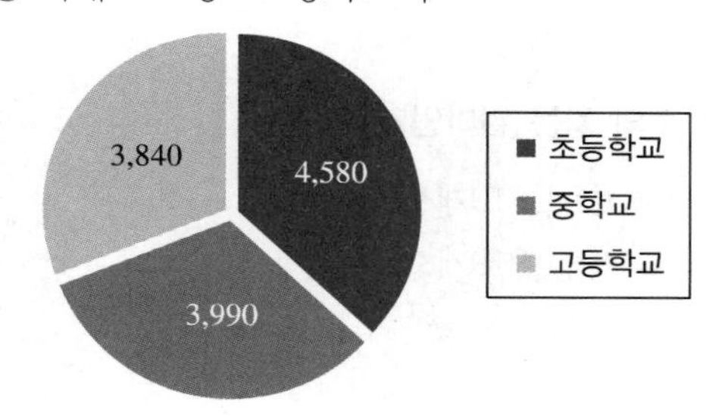

⑤ 인천 지역의 초・중・고등학교 수

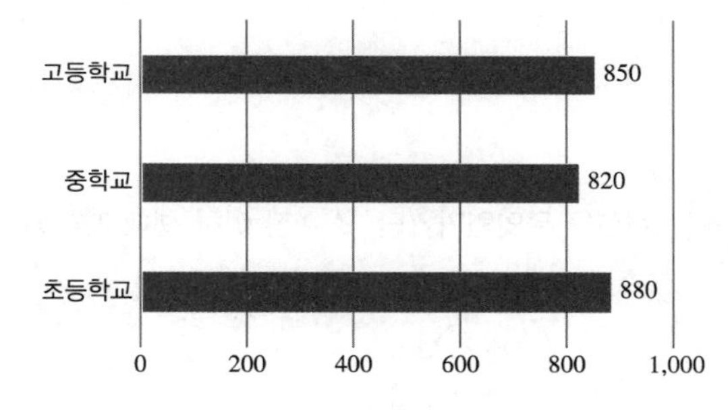

PART 3

※ 다음은 어린이보호구역 지정현황을 표로 나타낸 것이다. 이어지는 질문에 답하시오. [33~34]

〈어린이보호구역 지정현황〉

(단위 : 개소)

구분	2017년	2018년	2019년	2020년	2021년	2022년
초등학교	5,365	5,526	5,654	5,850	5,917	5,946
유치원	2,369	2,602	2,781	5,476	6,766	6,735
특수학교	76	93	107	126	131	131
보육시설	619	778	1,042	1,755	2,107	2,313
학원	5	7	8	10	11	11

33 2020년과 2022년의 전체 어린이보호구역 수의 차는 얼마인가?

① 1,748개소
② 1,819개소
③ 1,828개소
④ 1,919개소
⑤ 1,948개소

34 2019년에 전년 대비 증가율이 가장 높은 시설은 무엇인가?(단, 소수점 이하 셋째 자리에서 반올림한다)

① 초등학교
② 유치원
③ 특수학교
④ 보육시설
⑤ 학원

35 다음 중 파일 삭제 시 파일이 [휴지통]에 임시 보관되어 복원이 가능한 경우는?

① 바탕 화면에 있는 파일을 [휴지통]으로 드래그 앤 드롭하여 삭제한 경우
② USB 메모리에 저장되어 있는 파일을 〈Delete〉 키로 삭제한 경우
③ 네트워크 드라이브의 파일을 바로 가기 메뉴의 [삭제]를 클릭하여 삭제한 경우
④ [휴지통]의 크기를 0%로 설정한 후 [내 문서] 폴더 안의 파일을 삭제한 경우
⑤ 〈Shift〉+〈Delete〉 키로 삭제한 경우

36 A ~ E 5명이 〈조건〉에 따라 일렬로 나란히 자리에 앉는다고 할 때, 옳은 것은?

조건

- A ~ E 5명의 자리는 우리가 바라보는 방향을 기준으로 한다.
- 자리의 순서는 왼쪽을 기준으로 한다.
- D는 A의 바로 왼쪽에 있다.
- B와 D사이에 C가 있다.
- A는 마지막 자리가 아니다.
- A와 B사이에 C가 있다.
- B는 E의 바로 오른쪽에 앉는다.

① D는 두 번째에 앉을 수 있다.
② E는 네 번째 자리에 앉을 수 있다.
③ C는 두 번째 자리에 앉을 수 있다.
④ C는 E의 오른쪽에 앉을 수 있다.
⑤ C는 A의 왼쪽에 앉을 수 있다.

37 T공사의 사원 월급과 사원수를 알아보기 위해 다음과 같은 정보를 얻었다. 이를 참고하여 구한 T공사의 사원수와 사원 월급 총액이 바르게 연결된 것은?(단, 월급 총액은 T공사가 사원 모두에게 주는 한 달 월급의 합을 말한다)

〈정보〉

- 사원은 모두 동일한 월급을 받는다.
- 사원이 10명 더 늘어나고 기존 월급보다 100만 원 작아지면, 월급 총액은 기존의 80%이다.
- 사원이 20명 줄어들고 월급은 기존과 동일하면, 월급 총액은 기존의 60%가 된다.

	사원수	월급 총액
①	45명	1억 원
②	45명	1억 2천만 원
③	50명	1억 2천만 원
④	50명	1억 5천만 원
⑤	55명	1억 5천만 원

38 기획팀 A사원은 다음 주 금요일에 열릴 세미나 장소를 섭외하라는 부장님의 지시를 받았다. 세미나에 참여할 인원은 총 17명이며, 모든 인원이 앉을 수 있는 테이블과 의자, 발표에 사용할 빔프로젝터 1개가 필요하다. A사원은 모든 회의실의 잔여상황을 살펴보고 가장 적합한 대회의실을 선택하였고, 필요한 비품은 다른 회의실과 창고에서 확보한 후 부족한 물건을 주문하였다. 주문한 비품이 도착한 후 물건을 확인했지만 수량을 착각해 빠트린 것이 있었다. 다시 주문하게 된다면 A사원이 주문할 물품 목록으로 적절한 것은?

〈회의실별 비품현황〉

(단위 : 개)

구분	대회의실	1회의실	2회의실	3회의실	4회의실
테이블(2인용)	1	1	2	–	–
의자	3	2	–	–	4
빔프로젝터	–	–	–	–	–
화이트보드	–	–	–	–	–
보드마카	2	3	1	–	2

〈창고 내 비품보유현황〉

(단위 : 개)

구분	테이블(2인용)	의자	빔프로젝터	화이트보드	보드마카
창고	–	2	1	5	2

〈1차 주문서〉

1. 테이블(2인용) 4개
2. 의자 1개
3. 화이트보드 1개
4. 보드마카 2개

① 빔프로젝터 : 1개, 의자 : 3개
② 빔프로젝터 : 1개, 테이블 : 1개
③ 테이블 : 1개, 의자 : 5개
④ 테이블 : 9개, 의자 : 6개
⑤ 테이블 : 9개, 의자 : 3개

※ **평소 환경에 관심이 많은 A씨는 인터넷에서 다음과 같은 글을 보았다. 이를 읽고 이어지는 질문에 답하시오. [39~40]**

> 마스크를 낀 사람들이 더는 낯설지 않다. "알프스나 남극 공기를 포장해 파는 시대가 오는 게 아니냐."는 농담을 가볍게 웃어넘기기 힘든 상황이 됐다. 황사 · 미세먼지 · 초미세먼지 · 오존 · 자외선 등 한 번 외출할 때마다 꼼꼼히 챙겨야 할 것들이 한둘이 아니다. 중국과 인접한 우리나라의 환경오염 피해는 더욱 심각한 상황이다. 지난 4월 3일 서울의 공기품질은 최악을 기록한 인도 델리에 이어 불명예 2위를 차지했다.
> 또렷한 환경오염은 급격한 기후변화의 촉매제가 되고 있다. 지난 1912년 이후 지구의 연평균 온도는 꾸준히 상승해 평균 0.75℃가 올랐다. 우리나라는 세계적으로 유래를 찾아보기 어려울 만큼 연평균 온도가 100여 년간 1.8℃나 상승했으며, 이는 지구 평균치의 2배를 웃도는 수치이다. 기온 상승은 다양한 부작용을 낳고 있다. 1991년부터 2010년까지 20여 년간 폭염일수는 8.2일에서 10.5일로 늘어났고, 열대야지수는 5.4일에서 12.5일로 증가했다. 1920년대에 비해 1990년대 겨울은 한 달이 짧아졌다. 이러한 이상 기온은 우리 농어촌에 악영향을 끼칠 수밖에 없다.
> 기후변화와 더불어, 세계 인구의 폭발적 증가는 식량난 사태로 이어지고 있다. 일부 저개발 국가에서는 굶주림이 일반화되고 있다. 올해 4월을 기준으로 전 세계 인구수는 74억 9,400만 명을 넘어섰다. 인류 역사상 가장 많은 인류가 지구에 사는 셈이다. 이 추세대로라면 오는 2050년에는 97억 2,500만 명을 넘어설 것으로 전망된다. 한정된 식량 자원과 급증하는 지구촌 인구수 앞에 결과는 불을 보듯 뻔하다. 곧 글로벌 식량위기가 가시화될 전망이다.
> 우리나라는 식량의 75% 이상을 해외에서 조달하고 있다. 이는 국제 식량가격의 급등이 식량안보 위협으로 이어질 수도 있음을 뜻한다. 미 국방성은 '수백만 명이 사망하는 전쟁이나 자연재해보다 기후변화가 가까운 미래에 더 심각한 재앙을 초래할 수 있다.'는 내용의 보고서를 발표하였다.
> 이뿐 아니라 식량이 부족한 상황에서 식량의 질적 문제도 해결해야 할 과제이다. 삶의 질을 중시하면서 친환경적인 안전 먹거리에 대한 관심과 수요는 증가하고 있지만, 급변하는 기후변화와 부족한 식량자원은 식량의 저질화로 이어질 가능성을 높이고 있다. 일손 부족 등으로 인해 친환경 먹거리 생산의 대량화 역시 쉽지 않은 상황이다.

39 글의 주제로 가장 적절한 것은?

① 지구온난화에 의한 기후변화의 징조
② 환경오염에 따른 기후변화가 우리 삶에 미치는 영향
③ 기후변화에 대처하는 자세
④ 환경오염을 예방하는 방법
⑤ 환경오염과 인구증가의 원인

40 A씨가 글을 읽고 이해한 것으로 적절한 것은?

① 기후변화는 환경오염의 촉매제가 되어 우리 농어촌에 악영향을 끼치고 있다.
② 알프스나 남극에서 공기를 포장해 파는 시대가 도래하였다.
③ 세계인구의 폭발적인 증가는 저개발 국가의 책임이 크다.
④ 우리나라의 식량자급률 특성상 기후변화가 계속된다면 식량난이 심각해질 것이다.
⑤ 친환경 먹거리는 급변하는 기후 속 식량난을 해결하는 방법의 하나다.

41 다음 주장에 대한 반박으로 가장 적절한 것은?

> 우리 마을 대부분의 사람은 산에 있는 밭이나 과수원에서 일한다. 그런데 마을 사람들이 밭이나 과수원에 갈 때 주로 이용하는 도로의 통행을 가로막는 울타리가 설치되었다. 그 도로는 산의 밭이나 과수원까지 차량이 통행할 수 있는 유일한 길이었다. 이러한 도로가 사유지 보호라는 명목으로 막혀서 땅 주인과 마을 사람들 간의 갈등이 심해지고 있다.
> 마을 사람들의 항의에 대해서 땅 주인은 자신의 사유 재산이 더 훼손되는 것을 간과할 수 없어 통행을 막았다고 주장한다. 그 도로가 사유 재산이므로 독점적이고 배타적인 사용 권리가 있어서 도로 통행을 막은 것이 정당하다는 것이다.
> 마을 사람들은 그 도로가 10년 가까이 공공으로 사용되어 왔는데 사유 재산이라는 이유로 갑자기 통행을 금지하는 것은 부당하다고 주장하고 있다. 도로가 막히면 밭이나 과수원에서 농사를 짓는 데 불편함이 크고 수확물을 차에 싣고 내려올 수도 없는 등의 피해를 보게 되는데, 개인의 권리 행사 때문에 이러한 피해를 보는 것은 부당하다는 것이다.
> 사유 재산에 대한 개인의 권리가 보장받는 것도 중요하지만, 그로 인해 다수가 피해를 보게 된다면 사익보다 공익을 우선시하여 개인의 권리가 제한되어야 한다고 생각한다. 만일 개인의 권리가 공익을 위해 제한되지 않으면 이번 일처럼 개인과 다수 간의 갈등이 발생할 수밖에 없다.
> 땅 주인은 사유 재산의 독점적이고 배타적인 사용을 주장하기에 앞서 마을 사람들이 생업의 곤란으로 겪는 어려움을 염두에 두어야 한다. 공익을 우선시하는 태도로 조속히 문제 해결을 위해 노력해야 할 것이다.

① 땅 주인은 개인의 권리 추구에 앞서 마을 사람들과 함께 더불어 살아가는 법을 배워야 한다.
② 마을 사람들과 땅 주인의 갈등은 민주주의의 다수결의 원칙에 따라 해결해야 한다.
③ 공익으로 인해 침해된 땅 주인의 사익은 적절한 보상을 통해 해결될 수 있다.
④ 땅 주인의 권리 행사로 발생하는 피해가 법적으로 증명되어야만 땅 주인의 권리를 제한할 수 있다.
⑤ 해당 도로는 10년 가까이 공공으로 사용되었기 때문에 사유 재산으로 인정받을 수 없다.

42 다음 중 국제매너로 적절하지 않은 것은?

① 미국에서 택시 탑승 시에는 가급적 운전자 옆자리에 앉지 않는다.
② 라틴아메리카 사람들은 약속시간보다 조금 늦게 도착하는 것이 예의라고 생각한다.
③ 인도에서도 악수가 보편화되어 남녀 상관없이 악수를 청할 수 있다.
④ 아프리카에서 상대방의 눈을 바라보며 대화하는 것은 예의에 어긋난다.
⑤ 미국 사람들은 시간 약속을 매우 중요하게 생각한다.

43 다음 글을 읽고 추론한 것으로 적절하지 않은 것은?

> 외래어는 원래의 언어에서 가졌던 모습을 잃어버리고 새 언어에 동화되는 속성을 가지고 있다. 외래어의 동화양상을 음운, 형태, 의미적 측면에서 살펴보자.
> 첫째, 외래어는 국어에 들어오면서 국어의 음운적 특징을 띠게 되어 외국어 본래의 발음이 그대로 유지되지 못한다. 자음이든 모음이든 국어에 없는 소리는 국어의 가장 가까운 소리로 바뀌고 만다. 프랑스의 수도 Paris는 원래 프랑스어인데 국어에서는 [파리]가 된다. 프랑스어 [r] 발음은 국어에 없는 소리여서 비슷한 소리인 [ㄹ]로 바뀌고 마는 것이다. 그 외에 장단이나 강세, 성조와 같은 운율적 자질도 원래 외국어의 모습을 잃어버리고 만다.
> 둘째, 외래어는 국어의 형태적인 특징을 갖게 된다. 외래어의 동사와 형용사는 '-하다'가 반드시 붙어서 쓰이게 된다. 영어 형용사 smart가 국어에 들어오면 '스마트하다'가 된다. '아이러니하다'라는 말도 있는데 이는 명사에 '-하다'가 붙어 형용사처럼 쓰인 경우이다.
> 셋째, 외래어는 원래 언어의 의미와 다른 의미로 쓰일 수 있다. 일례로 프랑스어 'madame'이 국어에 와서는 '마담'이 되는데 프랑스어에서의 '부인'의 의미가 국어에서는 '술집이나 다방의 여주인'의 의미로 쓰이고 있다.

① 외래어로 만들고자 하는 외국어의 발음이 국어에 없는 소리일 때는 국어에 있는 비슷한 성질의 음운으로 바뀐다.
② '-하다'는 외국어의 형용사와 명사에 붙어 형용사를 만드는 기능이 있다.
③ 원래의 외국어와 이에 대응하는 외래어는 의미가 전혀 다를 수 있다.
④ 외국어의 장단, 강세, 성조와 같은 운율적 자질은 국어의 체계와 다를 수 있다.
⑤ 서울의 로마자 표기 'Seoul'은 실제 우리말 발음과 다르게 읽어야 한다.

※ 다음 표를 참고하여 이어지는 질문에 답하시오. [44~45]

스위치	기능
○	1번과 3번 기계를 시계 방향으로 90° 회전함
●	2번과 4번 기계를 시계 방향으로 90° 회전함
□	1번과 4번 기계를 시계 반대 방향으로 90° 회전함
■	2번과 3번 기계를 시계 반대 방향으로 90° 회전함
◐	1번과 2번 기계를 색 반전함
◑	3번과 4번 기계를 색 반전함

44 처음 상태에서 스위치를 두 번 눌렀더니 화살표 모양과 같은 상태로 바뀌었다. 어떤 스위치를 눌렀는가?

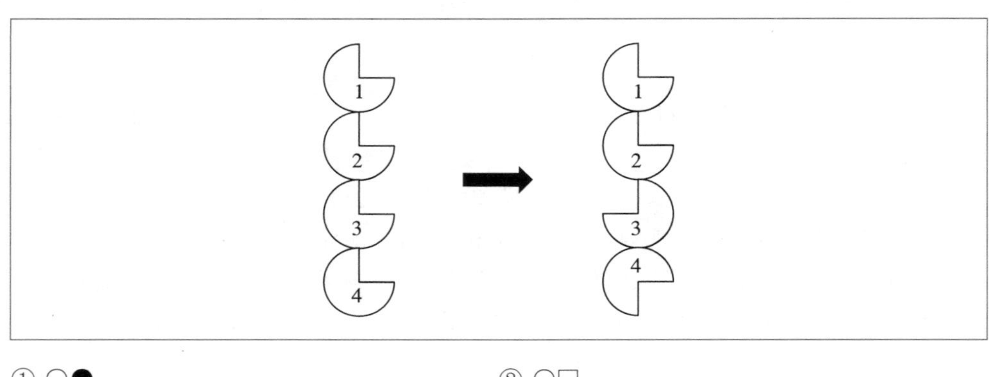

① ○●
② ○□
③ ■●
④ ●□
⑤ ○■

45 <보기 1>에서 <보기 2>에 주어진 순서대로 스위치를 세 번 눌렀을 때, 기계의 모양으로 옳은 것은?

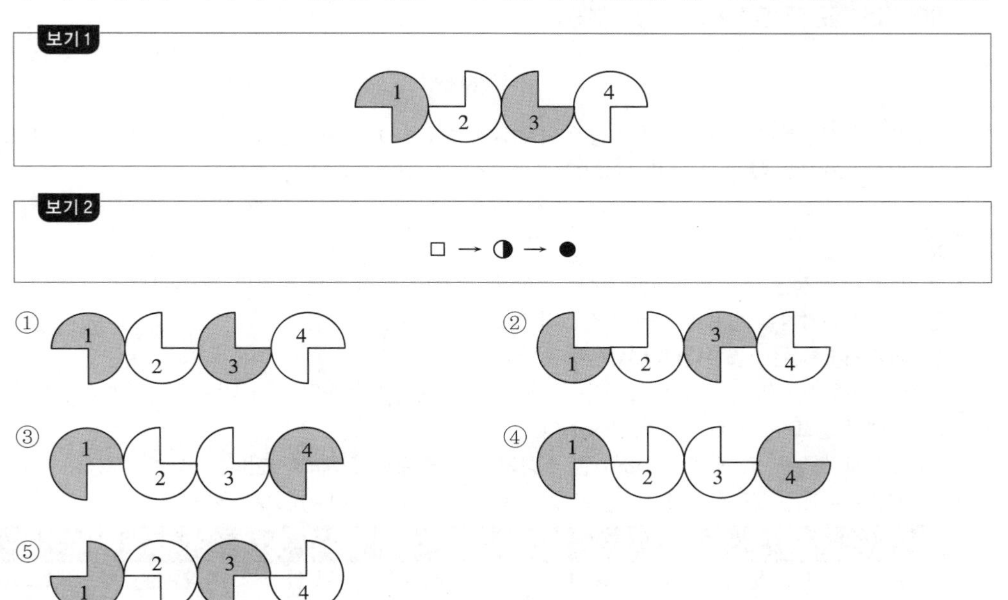

46 다음 시트에서 [B9] 셀에 [B2:C8] 영역의 평균을 계산하고 자리올림을 하여 천의 자리까지 표시하는 함수식으로 옳은 것은?

	A	B	C
1	1사분기	2사분기	3사분기
2	91,000	91,000	91,000
3	81,000	82,000	83,000
4	71,000	72,000	73,000
5	61,000	62,000	63,000
6	51,000	52,000	53,000
7	41,000	42,000	43,000
8	91,000	91,000	91,000
9			

① =ROUNDUP(AVERAGE(B2:C8), −3)
② =ROUND(AVERAGE(B2:C8), −3)
③ =ROUNDUP(AVERAGE(B2:C8), 3)
④ =ROUND(AVERAGE(B2:C8), 3)
⑤ =ROUND(AVERAGE(B2:C8), −1)

PART 3

※ T공단의 투자지원본부는 올해 3월 중에 신규투자할 중소기업을 선정하고자 한다. 다음 자료를 읽고 이어지는 질문에 답하시오. [47~48]

〈상황〉

- A대리는 신규투자처 선정 일정에 지장이 가지 않는 범위 내에서 남은 연차 2일을 사용해 아내와 베트남으로 여행을 가기로 했다. 신규투자처 선정은 〈조건〉에 따라 진행된다.

조건

- 신규투자처 선정은 '작년투자현황 조사 → 잠재력 심층조사 → 선정위원회 1차 심사 → 선정위원회 2차 심사 → 선정위원회 최종결정 → 선정결과 발표' 단계로 진행된다.
- 신규투자처 선정은 3월 1일부터 시작한다.
- 작년투자현황 조사와 잠재력 심층조사는 근무일 2일씩, 선정위원회의 각 심사는 근무일 3일씩, 선정위원회 최종결정과 발표는 근무일 1일씩 소요된다.
- 신규투자처 선정의 각 단계는 최소 1일 이상의 간격을 두고 진행해야 한다.
- 투자지원본부장은 신규투자처 선정결과 발표를 3월 26일까지 완료하고자 한다.

2022년 3월 달력

일요일	월요일	화요일	수요일	목요일	금요일	토요일
					1	2
3	4	5	6	7	8	9
10	11	12	13	14	15	16
17	18	19	20	21	22	23
24	25	26	27	28	29	30
31						

※ 투자지원본부는 주중에만 근무한다.
※ 주말은 휴일이므로 연차는 주중에 사용한다.

47 다음 날짜 중 A대리가 연차를 사용할 수 없는 날짜는?

① 3월 5 ~ 6일
② 3월 7 ~ 8일
③ 3월 11 ~ 12일
④ 3월 19 ~ 20일
⑤ 3월 20 ~ 21일

48 T공단의 상황에 따라 선정위원회 2차 심사가 3월 19일까지 완료되어야 한다고 한다. 이를 고려하였을 때, 다음 중 A대리가 연차를 사용할 수 있는 날짜로 적절한 것은?

① 3월 7 ~ 8일
② 3월 11 ~ 12일
③ 3월 13 ~ 14일
④ 3월 19 ~ 20일
⑤ 3월 20 ~ 21일

49 G씨는 성장기인 아들의 수면습관을 바로 잡기 위해 수면습관에 관련된 글을 찾아보았다. 다음 중 G씨가 이해한 내용으로 적절하지 않은 것은?

> 수면은 비렘(non-Rem)수면과 렘수면으로 이뤄진 사이클이 반복되면서 이뤄지는 복잡한 신경계의 상호작용이며 좋은 수면이란 이 사이클이 끊어지지 않고 충분한 시간 동안 유지되도록 하는 것이다. 수면 패턴은 일정한 것이 좋으며 깨는 시간을 지키는 것이 중요하다. 그리고 수면 패턴은 휴일과 평일 모두 일정하게 지키는 것이 성장하는 아이들의 수면 리듬을 유지하는 데 좋다. 수면상태에서 깨어날 때 영향을 주는 자극들은 '빛, 식사 시간, 운동, 사회 활동' 등이 있으며 이 중 가장 강한 자극은 '빛'이다. 침실을 밝게 하는 것은 적절한 수면 자극을 방해하는 것이다. 반대로 깨어날 때는 강한 빛 자극을 주면 빠르게 수면 상태에서 벗어날 수 있다. 이는 뇌의 신경 전달 물질인 멜라토닌의 농도와 연관되어 나타나는 현상으로, 수면 중 최대치로 올라간 멜라토닌은 시신경이 강한 빛에 노출되면 빠르게 줄어들게 되는데 이때 수면 상태에서 벗어나게 된다. 아침 일찍 일어나 커튼을 젖히고 밝은 빛이 침실 안으로 들어오게 하는 것은 매우 효과적인 각성 방법인 것이다.

① 잠에서 깨는 데 가장 강력한 자극을 주는 것은 빛이었구나.
② 멜라토닌의 농도에 따라 수면과 각성이 영향을 받는군.
③ 평일에 잠이 모자란 우리 아들은 잠을 보충해줘야 하니까 휴일에 늦게까지 자도록 둬야겠다.
④ 좋은 수면은 비렘수면과 렘수면의 사이클이 충분한 시간동안 유지되도록 하는 것이구나.
⑤ 우리 아들 침실이 좀 밝은 편이니 충분한 수면을 위해 암막커튼을 달아줘야겠어.

50 다음 중 ㉠~㉤에 대한 반응으로 적절하지 않은 것은?

> T공사는 2017년부터 지자체 및 전문가는 물론 일반 국민들도 가뭄에 대한 다양한 정보를 손쉽게 받을 수 있는 '가뭄 정보 포털' 서비스를 시작했다. 가뭄 정보 포털은 국가가 가뭄 피해 예방을 위해 구축한 종합 가뭄 의사 결정 지원 서비스로, 국민, 정부·지자체, 학계 전문가 각각의 성격에 걸맞도록 다양한 정보를 제공하는 국내 유일의 가뭄 종합시스템이다.
> 국민들은 가뭄 정보 포털 내 ㉠ 우리 동네 가뭄 정보 서비스를 통해 거주 지역의 가뭄 관련 정보를 받을 수 있으며, 가뭄 단계별 대응 행동요령과 가뭄 관련 상식, 생활 속 물 절약 방법 등에 대해 알 수 있다.
> 정부 기관 담당자에게는 전국의 가뭄 현황 및 전망 정보를 공유함으로써 정책 수립에 도움을 주고, 해당 지자체 담당자에게는 특화된 지역 중심의 맞춤형 가뭄 정보를 제공하여 가뭄에 대한 선제 대응과 의사 결정을 지원하는 가뭄 종합상황판 서비스를 제공한다.
> 학계 전문가에게는 가뭄 분석을 위한 기초 자료(수원 정보, 시계열 관측 자료), 국내·외 연구 논문을 ㉡ 통합 데이터 뷰어 서비스를 통해 제공함으로써 활용 가능한 연구를 진행할 수 있도록 지원한다.
> T공사는 구축한 가뭄 관련 정보를 세계적으로 공유할 수 있도록 올해 ㉢ 영문 포털을 새롭게 오픈했으며, 이를 통해 ㉣ 빅데이터를 활용한 가뭄 분석 서비스, 위성영상 자료 등을 이용할 수 있다. 이 밖에도 여러 종류의 IT 기기에서 가뭄 정보 포털을 확인할 수 있도록 ㉤ 반응형 웹 서비스도 새로 시작했다.
> T공사는 포털을 통해 신속하고 다양한 가뭄 정보를 제공함으로써 국민들의 가뭄 대처 실행력을 증진하고, 정부·지자체의 가뭄 대응 의사 결정을 지원해 가뭄에 선제적으로 대처하고 피해를 예방할 수 있을 것으로 기대한다.

① ㉠ : 평소 일기 예보에 잘 언급되지 않는 지역에서 농사를 짓고 있는 농민에게 유용할 수 있겠어.
② ㉡ : 강수량 변화와 관련된 연구를 진행 중인 교수님이 많은 도움을 얻었다고 했어.
③ ㉢ : 아직 한국어가 서툰 외국인도 관련 정보를 쉽게 얻을 수 있겠어.
④ ㉣ : 분석 자료를 통해 전년도 학기 연구 과제에서 좋은 점수를 받을 수 있었어.
⑤ ㉤ : 스마트폰이나 태블릿 PC에서도 포털 접속이 수월해졌어.

02 전공평가

01 **다음 중 동종 또는 유사업종의 기업들이 법적, 경제적 독립성을 유지하면서 협정을 통해 수평적으로 결합하는 형태는?**

① 지주회사(Holding Company)
② 카르텔(Cartel)
③ 컨글로메리트(Conglomerate)
④ 트러스트(Trust)

02 **민츠버그(Mintzberg)는 조직의 구조가 조직의 전략 수행, 조직 주변의 환경, 조직의 구조 그 자체의 역할에 의해 좌우된다는 조직구성론을 제시하였다. 다음 중 다섯 가지 조직형태에 해당하지 않는 것은?**

① 단순구조 조직
② 기계적 관료제 조직
③ 전문적 관료제 조직
④ 매트릭스 조직

03 **다음 중 용어와 개념에 대한 설명이 옳지 않은 것은?**

① 주식회사 : 주식회사란 주식을 소유하고 있는 주주가 그 회사의 주인이 되는 형태이다.
② 유한회사 : 유한회사의 주인은 사원으로 이때 사원은 출자액의 한도 내에서만 회사의 채무에 대해 변제책임을 진다.
③ 합자회사 : 무한책임사원으로 이루어지는 회사로서 무한책임사원이 경영하고 사업으로부터 생기는 이익의 분배에 참여하는 회사이다.
④ 합명회사 : 가족 또는 친척이나 친구와 같이 극히 친밀한 사람들이 공동으로 사업을 하기에 적합한 회사이다.

04 **다음 중 노동조합의 가입방법에 대한 설명으로 옳지 않은 것은?**

① 클로즈드 숍(Closed Shop) 제도는 기업에 속해 있는 근로자 전체가 노동조합에 가입해야 할 의무가 있는 제도이다.
② 유니언 숍(Union Shop) 제도에서 신규 채용된 근로자는 일정기간이 지나면 반드시 노동조합에 가입해야 한다.
③ 오픈 숍(Open Shop) 제도에서는 노동조합 가입여부가 고용 또는 해고의 조건이 되지 않는다.
④ 에이전시 숍(Agency Shop) 제도에서는 근로자들의 조합가입과 조합비 납부가 강제된다.

05 **다음 중 허츠버그(F. Hertzberg)가 제시한 2요인이론(Two-Factor Theory)을 적용하고자 하는 경영자가 종업원들의 동기를 유발시키기 위한 방안으로 적절하지 않은 것은?**

① 종업원이 하고 있는 업무가 매우 중요함을 강조한다.
② 좋은 성과를 낸 종업원에게 더 많은 급여를 지급한다.
③ 좋은 성과를 낸 종업원을 승진시킨다.
④ 좋은 성과를 낸 종업원에게 자기 계발의 기회를 제공한다.

06 **다음 사례에서 리더가 보인 권력의 종류는?**

> 평소 자신의 팀원들과 돈독한 친분을 유지하며 팀원들로부터 충성심과 존경을 한몸에 받는 A팀장이 얼마 전 진행하던 프로젝트의 최종 마무리 작업을 앞두고 뜻밖의 사고를 당해 병원에 입원하게 되었다. 해당 프로젝트의 마무리가 시급한 시점에 다급히 자신의 팀원들에게 업무를 인계하게 되었고, 팀원들은 모두가 한마음 한뜻이 되어 늦은 시간까지 자발적으로 근무하여 무사히 프로젝트를 마무리할 수 있었다.

① 준거적 권력
② 보상적 권력
③ 강압적 권력
④ 전문적 권력

07 **다음 중 복수 브랜드 전략(Multi Brand Strategy)에 대한 설명으로 옳지 않은 것은?**

① 동일한 제품 범주 내에서 서로 경쟁하는 다수의 브랜드이다.
② 동일한 제품 범주에서 시장을 세분화하여 운영한다.
③ 소비자들의 욕구와 동질성을 파악한 후 각각의 세분 시장마다 별도의 개별 브랜드를 도입한다.
④ 회사의 제품믹스를 공통점을 기준으로 제품집단을 나누어 각 집단마다 공통요소가 있는 개별 상표를 적용한다.

08 **다음 중 제품구매에 대한 심리적 불편을 겪게 되는 인지부조화(Cognitive Dissonance)에 대한 설명으로 옳은 것은?**

① 반품이나 환불이 가능할 때 많이 발생한다.
② 구매제품의 만족수준에 정비례하여 발생한다.
③ 고관여 제품에서 많이 발생한다.
④ 제품구매 전에 경험하는 긴장감과 걱정의 감정을 뜻한다.

09 **다음 중 피쉬바인(Fishbein)의 다속성태도모형에 대한 설명으로 옳지 않은 것은?**

① 속성에 대한 신념이란 소비자가 제품 속성에 대하여 가지고 있는 정보와 의견 등을 의미한다.

② 속성에 대한 평가란 각 속성이 소비자들의 욕구 충족에 얼마나 기여하는가를 나타내는 것으로, 전체 태도 형성에 있어서 속성의 중요도(가중치)의 역할을 한다.

③ 다속성태도모형은 구매 대안 평가방식 중 비보완적 방식에 해당한다.

④ 다속성태도모형은 소비자의 태도와 행동을 동일시한다.

10 **다음 중 자재소요계획(MRP)에 대한 설명으로 옳은 것은?**

① MRP는 풀 생산방식(Pull System)에 속하며 시장 수요가 생산을 촉발시키는 시스템이다.

② MRP는 독립수요를 갖는 부품들의 생산수량과 생산시기를 결정하는 방법이다.

③ 자재명세서의 각 부품별 계획 주문 발주시기를 근거로 MRP를 수립한다.

④ 생산 일정계획의 완제품 생산일정(MPS), 자재명세서(BOM), 재고기록철(IR) 정보를 근거로 MRP를 수립한다.

11 **다음 〈보기〉의 설명에 해당하는 재고관리기법은?**

> **보기**
>
> • 원자재, 부품, 구성품, 중간 조립품 등과 같은 종속수요품목의 주문량과 주문시기를 결정하는 컴퓨터시스템으로, 원자재 등의 재고관리가 주목적이다.
>
> • 상위품목의 생산계획이 변경되면 부품의 수요량과 재고 보충시기가 자동으로 갱신되어 효과적인 대응이 가능하다.
>
> • 종속수요품 각각에 대하여 수요예측을 별도로 할 필요가 없다.

① DRP(Distribution Resource Planning)

② MRP(Material Requirements Planning)

③ Postponement

④ JIT(Just In Time)

12 다음 중 특성요인도(Cause-and-Effect Diagram)에 대한 설명으로 옳은 것은?

① SIPOC(공급자, 투입, 변환, 산출, 고객) 분석의 일부로 프로세스 단계를 묘사하는 도구이다.
② 품질특성의 발생빈도를 기록하는 데 사용되는 양식이다.
③ 연속적으로 측정되는 품질특성치의 빈도분포이다.
④ 개선하려는 문제의 잠재적 원인을 파악하는 도구이다.

PART 3

13 다음 중 재무레버리지에 대한 설명으로 옳은 것은?

① 재무레버리지란 자산을 획득하기 위해 조달한 자금 중 재무고정비를 수반하는 자기자본이 차지하는 비율이다.
② 재무고정비로 인한 영업이익의 변동률에 따른 주당순자산(BPS)의 변동폭은 확대되어 나타난다.
③ 재무고정비에는 부채뿐만 아니라 보통주배당도 포함된다.
④ 재무레버리지도(DFL; Degree of Financial Leverage)는 영업이익의 변동에 따른 주당이익(EPS)에 미치는 영향을 분석한 것이다.

14 다음은 T주식의 정보이다. 자본자산가격결정모형(CAPM)을 이용하여 T주식의 기대수익률을 구하면?

- 시장무위험수익률 : 5%
- 시장기대수익률 : 18%
- 베타 : 0.5

① 9.35%
② 10.25%
③ 10.45%
④ 11.5%

15 다음은 지난 2018년도 이마트의 해당연도에 사업방향성을 나타낸 기사이다. 빈칸에 들어갈 용어로 적절한 것은?

> 이마트는 지난해 학성점(울산), 부평점(인천), 시지점(대구) 그리고 하남과 평택 부지를 매각했다. 그리고 지난달 26일에는 이마트 일산 덕이점을 매각했다. 덕이점은 내년 상반기까지 운영되고 폐점될 예정이다. 이와 같은 ____________으로 전국 이마트 점포수는 점점 줄어들고 있다. 2016년 147개였던 이마트는 2017년 145개로 줄었다. 부회장은 "올해 추가로 2 ~ 3곳의 오프라인 매장을 정리할 계획"이라고 말한 것을 감안하면 올해 이마트 매장은 143개까지 감소할 전망이다.
> 이에 대해 국내 유통업계는 2가지 해석을 내놓고 있다. 첫 번째는 이커머스 확장을 앞둔 '비용절감' 차원의 오프라인 매장 정리다. 신세계는 이커머스 사업 확장을 위한 법인 설립과 주식시장 상장 조건으로 해외 투자업체들에게 약 1조 원의 투자금을 유치했다. 1조 원이 적은 돈은 아니지만, 기존 이커머스 전문 업체들과의 경쟁을 고려하면 충분한 수준은 아니라는 것이 업계의 의견이다. 이 때문에 실적이 부진한 오프라인 업체들을 줄여 경영을 효율화한다는 것이다.

① 다각화(Diversification)
② 시스템화(System)
③ 전략도메인(Domain)
④ 다운사이징(Downsizing)

16 〈보기〉는 적대적 M&A에 방어법에 대한 설명이다. 설명에 해당하는 용어는?

> **보기**
> 상장기업의 주식을 대량매입한 뒤 경영진을 위협하여 적대적인 인수합병을 포기하는 대가로 자신들이 확보한 주식을 시가보다 높은 값에 되사도록 강요한다. 만약 요구에 불응하면 경영권을 탈취하기도 한다. 그러나 간혹 대주주에게 협박하면서 주식을 매입하라고 강요하는 경우가 있는데, 이런 경우는 블랙메일에 해당된다.

① 그린메일(Green mail)
② 황금주 제도(Golden Share)
③ 황금 낙하산(Golden Parachute)
④ 백기사 전략(White Knight)

17 다음 기업의 사회적 책임(CSR; Corporate Social Responsibility) 중 법률적 책임에 해당하는 것은?

① 이윤극대화추구
② 고용창출
③ 녹색경영
④ 회계의 투명성

18 신주 발행을 통한 주식배당을 실시할 경우 재무 상태에 미치는 영향으로 옳은 것은?

	현금	자본금	자본총계	이익잉여금
①	일정	증가	증가	증가
②	감소	증가	증가	감소
③	감소	일정	일정	감소
④	일정	증가	일정	감소

19 실적이나 자산에 비해 기업이 상대적으로 저평가됨으로써 현재 발생하는 주당 순이익에 비해 상대적으로 낮은 가격에 거래되는 주식을 무엇이라 하는가?

① 성장주
② 황금주
③ 황제주
④ 가치주

20 다음 중 관대화 경향(Ieniency Tendency)에 대한 설명으로 가장 적절한 것은?

① 대상자에 대한 평가점수가 보통 또는 척도상의 중심점에 집중하는 경향이다.
② 대상자가 어느 한 면을 기준으로 다른 것까지 함께 평가해 버리는 경향이다.
③ 대상자의 능력이나 성과를 실제보다 더 높게 평가하는 경향이다.
④ 대상자의 능력 및 성과를 실제보다 더 낮게 평가하는 경향이다.

21 다음 중 직무평가방법의 요소비교법(Factor Comparison Method)에 대한 설명으로 적절한 것은?

① 기업 내의 각 직무를 그 상대적인 훈련, 노력, 책임, 작업조건 등과 같은 요소를 기준으로 종합적으로 판단하여, 높은 가치를 가지는 직무에서 낮은 직무를 가진 순으로 배열하는 방법이다.
② 사전에 분류할 직무의 등급(예 숙련, 반숙련, 미숙련 등)을 결정해 두고, 각각의 직무를 적절히 판정하여 해당 등급에 삽입하는 방법이다.
③ 직무의 상대적 가치를 결정함으로써 기업내부의 임금격차를 합리적으로 결정하고, 직무급 정립, 직계제도(직무별 계층제도)를 확립하며, 나아가 인사관리 전반의 합리화 한다.
④ 직무를 평가요소별로 분해하고, 점수대신 임율로 기준직무를 평가 후, 타 직무를 기준직무에 비교하여 각각의 임율을 결정하는 방법이다.

22 다음 중 시장지향적 마케팅에 대한 설명으로 옳지 않은 것은?

① 고객지향적 사고의 장점을 포함하면서 그 한계점을 극복하기 위한 포괄적 마케팅이다.
② 기업이 최종고객들과 원활한 교환을 통하여 최상의 가치를 제공하기 위함을 목표한다.
③ 오직 기존 사업시장에 집중하며 경쟁우위를 점하기 위한 마케팅이다.
④ 다양한 시장구성요소들이 원만하게 상호작용하며 마케팅 전략을 구축한다.

23 〈보기〉의 사례에서 소비자의 구매행동에 영향을 미친 요인으로 적절한 것은?

> **보기**
> 최근, 카메라에 대한 관심이 생긴 철수는 얼마 전 같은 동네에 카메라관련 동호회에 가입할 만큼 열정이 생겼다. 동호회 회원들과 이곳저곳 촬영도 다니고 기술도 배우다 보니 점점 회원들과 가까워졌고 만남도 잦아졌다. 그러던 중 자신의 카메라 장비를 업그레이드를 해야 할 필요성을 느꼈고, 이곳저곳 비교해볼 것 없이 주변 동호회원들과 같은 장비로 구매하게 되었다.

① 태도
② 라이프스타일
③ 사회계층
④ 준거집단

24 다음 중 신제품 가격결정방법에서 초기고가전략(Skimming Pricing)을 채택하기 어려운 경우는?

① 수요의 가격탄력성이 높은 경우
② 생산 및 마케팅 비용이 높은 경우
③ 경쟁자의 시장진입이 어려운 경우
④ 제품의 혁신성이 큰 경우

25 다음 중 동시설계(동시공학 : Concurrent Engineering)에 대한 특징으로 옳지 않은 것은?

① 제품의 설계, 기술, 생산, 마케팅, 서비스 등의 전 과정을 거쳐 서로 다른 부서로부터 다기능 팀(Multi-functional Team)을 구성한다.
② 전반적인 제품개발과정을 단축시킨다.
③ 동시설계는 제품개발공정만이 아니라 기업의 경영관리 활동을 개선하는 접근 방법으로 이용되어 경영프로세스혁신과 경영혁신의 핵심수단이 되었고, 가시적인 성과가 이미 입증되었다.
④ 동시설계는 다방면에서 세밀하고 둔감한 생산 및 서비스 활동을 가능케 한다.

26 전력 과소비의 원인 중 하나로 낮은 전기료가 지적되고 있다. 다음 중 전력에 대한 수요곡선을 이동시키는 요인이 아닌 것은?

① 소득의 변화
② 전기요금의 변화
③ 도시가스의 가격 변화
④ 전기 기기에 대한 수요 변화

PART 3

27 어느 나라 국민의 50%는 소득이 전혀 없고, 나머지 50%는 모두 소득 100을 균등하게 가지고 있다면 지니계수의 값은 얼마인가?

① 0
② 1
③ $\frac{1}{2}$
④ $\frac{1}{4}$

28 다음 표는 기업 甲과 乙의 초기 보수행렬이다. 오염물을 배출하는 乙은 제도 변화 후, 배출량을 1톤에서 2톤으로 증가하는데 甲에게 보상금 5를 지불하게 되어 보수행렬이 변화했다. 보수행렬 변화 전, 후에 대한 설명으로 가장 적절한 것은?(단, 1회성 게임이며, 보수행렬 (   ) 안 왼쪽은 甲, 오른쪽은 乙의 것이다)

구분		乙	
		1톤 배출	2톤 배출
甲	조업중단	(0, 4)	(0, 8)
	조업 가동	(10, 4)	(3, 8)

① 초기 상태의 내쉬균형은 (조업중단, 2톤 배출)이다.
② 초기 상태의 甲과 乙의 우월전략은 없다.
③ 제도 변화 후 甲의 우월전략은 있으나 乙의 우월전략은 없다.
④ 제도 변화 후 오염물질의 총배출량은 감소했다.

29 중국과 인도 근로자 한 사람의 시간당 의복과 자동차 생산량은 다음과 같다. 리카도(D. Ricardo)의 비교우위이론에 따르면, 양국은 어떤 제품을 수출하는가?

구분	중국	인도
의복(벌)	40	30
자동차(대)	20	10

① 중국 : 의복, 인도 : 자동차
② 중국 : 자동차, 인도 : 의복
③ 중국 : 의복과 자동차, 인도 : 수출하지 않음
④ 중국 : 수출하지 않음, 인도 : 자동차와 의복

30 다음 중 항상소득이론에 근거한 설명으로 적절한 것을 모두 고르면?

가. 직장에서 승진하여 소득이 증가하였으나 이로 인한 소비는 증가하지 않는다.
나. 경기호황기에는 임시소득이 증가하여 저축률이 상승한다.
다. 항상소득에 대한 한계소비성향이 임시소득에 대한 한계소비성향보다 더 작다.
라. 소비는 현재소득뿐 아니라 미래소득에도 영향을 받는다.

① 가, 나
② 가, 라
③ 나, 다
④ 나, 라

31 독점에 대한 설명으로 적절하지 않은 것은?

① 독점기업의 총수입을 극대화하기 위해서는 수요의 가격탄력성이 1인 점에서 생산해야 한다.
② 원자재 가격의 상승은 평균비용과 한계비용을 상승시키므로 독점기업의 생산량이 감소하고 가격은 상승한다.
③ 독점의 경우 자중손실(Deadweight loss)과 같은 사회적 순후생손실이 발생하기 때문에 경쟁의 경우에 비해 효율성이 떨어진다고 볼 수 있다.
④ 독점기업은 시장지배력을 갖고 있기 때문에 제품 가격과 공급량을 각각 원하는 수준으로 결정할 수 있다.

32 **인플레이션에 의해 나타날 수 있는 현상으로 보기 어려운 것은?**

① 구두창 비용의 발생
② 메뉴비용의 발생
③ 통화가치 하락
④ 총요소생산성의 상승

33 **다음 중 국내총생산(GDP) 통계에 대한 설명으로 옳은 것을 모두 고르면?**

가. 여가가 주는 만족은 삶의 질에 매우 중요한 영향을 미치므로 GDP에 반영된다. 나. 환경오염으로 파괴된 자연을 치유하기 위해 소요된 지출은 GDP에 포함된다. 다. 우리나라의 지하경제 규모는 엄청나므로 한국은행은 이것을 포함하여 GDP를 측정한다. 라. 가정주부의 가사노동은 GDP에 불포함되지만 가사도우미의 가사노동은 GDP에 포함된다.

① 가, 다
② 가, 라
③ 나, 다
④ 나, 라

34 **다음 중 내생적 경제성장이론에 대한 설명으로 옳은 것을 모두 고르면?**

가. 인적자본의 축적이나 연구개발은 경제성장을 결정하는 중요한 요인이다. 나. 정부의 개입이 경제성장에 중요한 역할을 한다. 다. 자본의 한계생산은 체감한다고 가정한다. 라. 선진국과 후진국 사이의 소득격차가 줄어든다.

① 가, 나
② 가, 다
③ 나, 다
④ 나, 라

35 **파레토효율성에 대한 설명으로 옳지 않은 것은?**

① 어느 한 사람의 효용을 감소시키지 않고서는 다른 사람의 효용을 증가시킬 수 없는 상태를 파레토 효율적이라고 한다.
② 일정한 조건이 충족될 때 완전경쟁시장에서의 일반균형은 파레토효율적이다.
③ 파레토효율적인 자원배분이 평등한 소득분배를 보장해주는 것은 아니다.
④ 파레토효율적인 자원배분하에서는 항상 사회후생이 극대화된다.

36 부채비율$\left(\frac{B}{S}\right)$이 100%인 A기업의 세전타인자본비용은 8%이고, 가중평균자본비용은 10%이다. A기업의 자기자본비용은?(단, 법인세율은 25%이다)

① 8%
② 10%
③ 12%
④ 14%

37 단위당 주문원가는 100원, 연간 수요는 10,000단위, 연간 재고유지비용은 20%, 재고 한 단위의 가치는 200원이라고 할 때, 경제적주문량모형(EOQ)을 이용한 경제적 주문량에 가장 근접한 것은?

① 210
② 224
③ 264
④ 320

38 다음 중 수요의 가격탄력성이 0이면서 공급곡선은 우상향하고 있는 재화에 대해 조세가 부과될 경우, 조세부담의 귀착에 대한 설명으로 옳은 것은?

① 조세부담은 모두 소비자에게 귀착된다.
② 조세부담은 모두 판매자에게 귀착된다.
③ 조세부담은 양측에 귀착되지만 소비자에게 더 귀착된다.
④ 조세부담은 양측에 귀착되지만 판매자에게 더 귀착된다.

39 다음 중 자본이동이 완전히 자유로운 소규모 개방경제의 IS－LM－BP 모형에서 화폐수요가 감소할 경우 고정환율제도와 변동환율제도하에서 발생하는 변화에 대한 설명으로 옳지 않은 것을 〈보기〉에서 모두 고르면?

보기

ㄱ. 변동환율제도하에서 화폐수요가 감소하면 LM곡선이 오른쪽으로 이동한다.
ㄴ. 변동환율제도하에서 이자율 하락으로 인한 자본유출로 외환수요가 증가하면 환율이 상승한다.
ㄷ. 변동환율제도하에서 평가절하가 이루어지면 순수출이 증가하고 LM곡선이 우측으로 이동하여 국민소득은 감소하게 된다.
ㄹ. 고정환율제도하에서 외환에 대한 수요증가로 환율상승 압력이 발생하면 중앙은행은 외환을 매각한다.
ㅁ. 고정환율제도하에서 화폐수요가 감소하여 LM곡선이 오른쪽으로 이동하더라도 최초의 위치로는 복귀하지 않는다.

① ㄱ, ㄴ
② ㄴ, ㄷ
③ ㄷ, ㄹ
④ ㄷ, ㅁ

40 다음 중 IS－LM 모형에 대한 설명으로 옳은 것을 〈보기〉에서 모두 고르면?

보기

ㄱ. 투자의 이자율탄력성이 클수록 IS곡선과 총수요곡선은 완만한 기울기를 갖는다.
ㄴ. 소비자들의 저축성향 감소는 IS곡선을 왼쪽으로 이동시키며 총수요곡선도 왼쪽으로 이동시킨다.
ㄷ. 화폐수요의 이자율 탄력성이 클수록 LM곡선과 총수요곡선은 완만한 기울기를 갖는다.
ㄹ. 물가수준의 상승은 LM곡선을 왼쪽으로 이동시키지만 총수요곡선을 이동시키지는 못한다.
ㅁ. 통화량의 증가는 LM곡선을 오른쪽으로 이동시키며 총수요곡선도 오른쪽으로 이동시킨다.

① ㄱ, ㄷ, ㄹ
② ㄱ, ㄹ, ㅁ
③ ㄴ, ㄷ, ㅁ
④ ㄴ, ㄹ, ㅁ

41 다음 중 수요와 공급의 가격탄력성에 대한 설명으로 옳은 것을 〈보기〉에서 모두 고르면?

보기

ㄱ. 어떤 재화에 대한 소비자의 수요가 비탄력적이라면 가격이 상승할 경우 그 재화에 대한 지출액은 증가한다.
ㄴ. 수요와 공급의 가격탄력성이 클수록 단위당 일정한 생산보조금 지급에 따른 자중손실(Deadweight Loss)은 커진다.
ㄷ. 독점력이 강한 기업일수록 공급의 가격탄력성이 작아진다.
ㄹ. 최저임금이 인상되었을 때, 최저임금이 적용되는 노동자들의 총임금은 노동의 수요보다는 공급의 가격탄력성에 따라 결정된다.

① ㄱ, ㄴ
② ㄱ, ㄷ
③ ㄴ, ㄹ
④ ㄱ, ㄴ, ㄷ

42 다음 중 현시선호이론에 대한 설명으로 옳은 것을 〈보기〉에서 모두 고르면?

보기

ㄱ. 소비자의 선호체계에 이행성이 있다는 것을 전제로 한다.
ㄴ. 어떤 소비자의 선택행위가 현시선호이론의 공리를 만족시킨다면 이 소비자의 무차별곡선은 우하향하게 된다.
ㄷ. $P_0Q_0 \geq P_0Q_1$일 때, 상품묶음 Q_0가 선택되었다면 Q_0가 Q_1보다 현시선호되었다고 말한다(단, P_0는 가격벡터를 나타낸다).
ㄹ. 강공리가 만족된다면 언제나 약공리는 만족된다.

① ㄱ, ㄴ
② ㄴ, ㄷ
③ ㄴ, ㄹ
④ ㄴ, ㄷ, ㄹ

43 **다음 중 국제경제에 대한 설명으로 가장 적절한 것은?**

① 만일 한 나라의 국민소득이 목표치를 넘을 경우 지출축소정책은 타국과 정책마찰을 유발한다.
② 경상수지적자의 경우 자본수지적자가 발생한다.
③ 중간재가 존재할 경우 요소집약도가 변하지 않으면 요소가격균등화가 이루어진다.
④ 재정흑자와 경상수지적자의 합은 0이다.

44 **다음 중 어떤 기업에 대하여 〈보기〉의 상황을 가정할 때, 이 기업의 가치에 대한 설명으로 옳지 않은 것은?**

보기

- 이 기업의 초기 이윤은 $\pi_0=100$이다.
- 이 기업의 이윤은 매년 $g=5\%$씩 성장할 것으로 기대된다.
- 이 기업이 자금을 차입할 경우, 금융시장에서는 $i=10\%$의 이자율을 적용한다.

① 이 기업의 가치는 $PV=\pi_0\frac{1+g}{i-g}$로 계산된다.
② 이 기업의 가치는 2,200이다.
③ 이 기업의 가치는 i가 상승하면 감소한다.
④ 이 기업의 가치는 g가 커지면 증가한다.

45 **어떤 경제의 총수요곡선은 $P_t=-Y_t+2$, 총공급곡선은 $P_t=P_t^e+(Y_t-1)$이다. 이 경제가 현재 $P=\frac{3}{2}$, $Y=\frac{1}{2}$에서 균형을 이루고 있다고 할 때, 다음 중 옳은 것은?(단, P_t^e는 예상물가이다)**

① 이 경제는 장기균형 상태에 있다.
② 현재 상태에서 P_t^e는 $\frac{1}{2}$이다.
③ 현재 상태에서 P_t^e는 $\frac{3}{2}$이다.
④ 개인들이 합리적 기대를 한다면 P_t^e는 1이다.

46 **어떤 경제를 다음과 같은 필립스(Phillips) 모형으로 표현할 수 있다고 할 때, 다음 중 옳은 것은?**

> • $\pi_t = \pi_t^6 - \alpha(u_t - \overline{u})$
> • $\pi_t^6 = 0.7\pi_{t-1} + 0.2\pi_{t-2} + 0.1\pi_{t-3}$
> ※ π_t는 t기의 인플레이션율, π_t^6는 t기의 기대 인플레이션율, α는 양의 상수, u_t는 t기의 실업률, $\overline{u}$는 자연실업률이다.

① 기대 형성에 있어서 체계적 오류 가능성은 없다.
② 경제주체들은 기대를 형성하면서 모든 이용 가능한 정보를 활용한다.
③ 가격이 신축적일수록 α값이 커진다.
④ α값이 클수록 희생률(Sacrifice Ratio)이 커진다.

47 **어떤 국가의 인구가 매년 1%씩 증가하고 있고, 국민들의 연평균 저축률은 20%로 유지되고 있으며, 자본의 감가상각률은 10%로 일정할 경우, 솔로우(Solow) 모형에 따른 이 경제의 장기균형의 변화에 대한 설명으로 옳은 것은?**

① 기술이 매년 진보하는 상황에서 이 국가의 1인당 자본량은 일정하게 유지된다.
② 이 국가의 기술이 매년 2%씩 진보한다면 이 국가의 전체 자본량은 매년 2%씩 증가한다.
③ 인구증가율의 상승은 1인당 산출량의 증가율에 영향을 미치지 못한다.
④ 저축률이 높아지면 1인당 자본량의 증가율이 상승한다.

48 **어떤 기업의 비용함수가 $C(Q) = 100 + 2Q^2$이다. 이 기업이 완전경쟁시장에서 제품을 판매하며 시장가격은 20일 때, 다음 중 옳지 않은 것은?(단, Q는 생산량이다)**

① 이 기업이 직면하는 수요곡선은 수평선이다.
② 이 기업의 고정비용은 100이다.
③ 이윤극대화 또는 손실최소화를 위한 최적산출량은 5이다.
④ 최적산출량 수준에서 이 기업의 손실은 100이다.

49 **다음 중 투자이론에 대한 설명으로 옳지 않은 것은?**

① 투자는 토빈(Tobin) q의 증가함수이다.

② 자본의 한계생산이 증가하면 토빈(Tobin) q값이 커진다.

③ 투자옵션모형에 따르면 상품가격이 정상이윤을 얻을 수 있는 수준으로 상승하더라도 기업이 바로 시장에 진입하여 투자하지 못하는 이유는 실물부문의 투자가 비가역성을 갖고 있기 때문이다.

④ 신고전학파에 따르면 실질이자율 하락은 자본의 한계편익을 증가시켜 투자의 증가를 가져온다.

50 **다음 중 균형경기변동이론(Equilibrium Business Cycle Theory)에 대한 설명으로 옳은 것을 〈보기〉에서 모두 고르면?**

보기

ㄱ. 흉작이나 획기적 발명품의 개발은 영구적 기술충격이다.
ㄴ. 기술충격이 일시적일 때 소비의 기간 간 대체효과는 크다.
ㄷ. 기술충격이 일시적일 때 실질이자율은 경기순행적이다.
ㄹ. 실질임금은 경기역행적이다.
ㅁ. 노동생산성은 경기와 무관하다.

① ㄱ, ㄴ
② ㄱ, ㄹ
③ ㄴ, ㄷ
④ ㄷ, ㄹ

PART 4

채용 가이드

01 블라인드 채용 소개

1. 블라인드 채용이란?

채용 과정에서 편견이 개입되어 불합리한 차별을 야기할 수 있는 출신지, 가족관계, 학력, 외모 등의 편견요인은 제외하고, 직무능력만을 평가하여 인재를 채용하는 방식입니다.

2. 블라인드 채용의 필요성

- 채용의 공정성에 대한 사회적 요구
  - 누구에게나 직무능력만으로 경쟁할 수 있는 균등한 고용기회를 제공해야 하나, 아직도 채용의 공정성에 대한 불신이 존재
  - 채용상 차별금지에 대한 법적 요건이 권고적 성격에서 처벌을 동반한 의무적 성격으로 강화되는 추세
  - 시민의식과 지원자의 권리의식 성숙으로 차별에 대한 법적 대응 가능성 증가
- 우수인재 채용을 통한 기업의 경쟁력 강화 필요
  - 직무능력과 무관한 학벌, 외모 위주의 선발로 우수인재 선발기회 상실 및 기업경쟁력 약화
  - 채용 과정에서 차별 없이 직무능력중심으로 선발한 우수인재 확보 필요
- 공정한 채용을 통한 사회적 비용 감소 필요
  - 편견에 의한 차별적 채용은 우수인재 선발을 저해하고 외모·학벌 지상주의 등의 심화로 불필요한 사회적 비용 증가
  - 채용에서의 공정성을 높여 사회의 신뢰수준 제고

3. 블라인드 채용의 특징

편견요인을 요구하지 않는 대신 직무능력을 평가합니다.

※ 직무능력중심 채용이란?
기업의 역량기반 채용, NCS기반 능력중심 채용과 같이 직무수행에 필요한 능력과 역량을 평가하여 선발하는 채용방식을 통칭합니다.

4. 블라인드 채용의 평가요소

직무수행에 필요한 지식, 기술, 태도 등을 과학적인 선발기법을 통해 평가합니다.

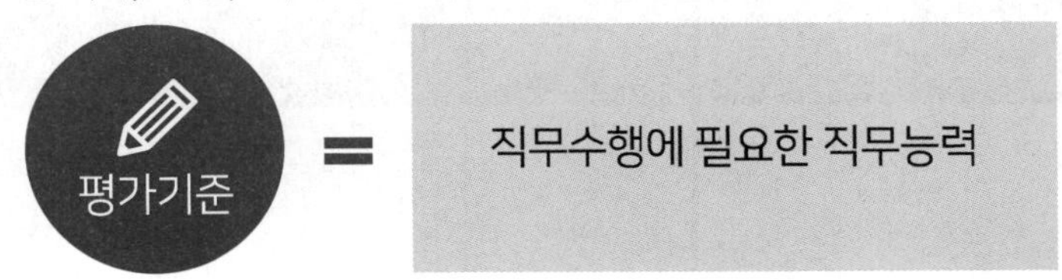

※ 과학적 선발기법이란?
직무분석을 통해 도출된 평가요소를 서류, 필기, 면접 등을 통해 체계적으로 평가하는 방법으로 입사지원서, 자기소개서, 직무수행능력평가, 구조화 면접 등이 해당됩니다.

5. 블라인드 채용 주요 도입 내용

- 입사지원서에 인적사항 요구 금지
  - 인적사항에는 출신지역, 가족관계, 결혼여부, 재산, 취미 및 특기, 종교, 생년월일(연령), 성별, 신장 및 체중, 사진, 전공, 학교명, 학점, 외국어 점수, 추천인 등이 해당
  - 채용 직무를 수행하는 데 있어 반드시 필요하다고 인정될 경우는 제외
    예 특수경비직 채용 시 : 시력, 건강한 신체 요구
    연구직 채용 시 : 논문, 학위 요구 등
- 블라인드 면접 실시
  - 면접관에게 응시자의 출신지역, 가족관계, 학교명 등 인적사항 정보 제공 금지
  - 면접관은 응시자의 인적사항에 대한 질문 금지

6. 블라인드 채용 도입의 효과성

- 구성원의 다양성과 창의성이 높아져 기업 경쟁력 강화
  - 편견을 없애고 직무능력 중심으로 선발하므로 다양한 직원 구성 가능
  - 다양한 생각과 의견을 통하여 기업의 창의성이 높아져 기업경쟁력 강화
- 직무에 적합한 인재선발을 통한 이직률 감소 및 만족도 제고
  - 사전에 지원자들에게 구체적이고 상세한 직무요건을 제시함으로써 허수 지원이 낮아지고, 직무에 적합한 지원자 모집 가능
  - 직무에 적합한 인재가 선발되어 직무이해도가 높아져 업무효율 증대 및 만족도 제고
- 채용의 공정성과 기업이미지 제고
  - 블라인드 채용은 사회적 편견을 줄인 선발 방법으로 기업에 대한 사회적 인식 제고
  - 채용과정에서 불합리한 차별을 받지 않고 실력에 의해 공정하게 평가를 받을 것이라는 믿음을 제공하고, 지원자들은 평등한 기회와 공정한 선발과정 경험

02 서류전형 가이드

01 채용공고문

1. 채용공고문의 변화

기존 채용공고문	변화된 채용공고문
• 취업준비생에게 불충분하고 불친절한 측면 존재 • 모집분야에 대한 명확한 직무관련 정보 및 평가기준 부재 • 해당분야에 지원하기 위한 취업준비생의 무분별한 스펙 쌓기 현상 발생	• NCS 직무분석에 기반한 채용공고를 토대로 채용전형 진행 • 지원자가 입사 후 수행하게 될 업무에 대한 자세한 정보 공지 • 직무수행내용, 직무수행 시 필요한 능력, 관련된 자격, 직업기초능력 제시 • 지원자가 해당 직무에 필요한 스펙만을 준비할 수 있도록 안내
• 모집부문 및 응시자격 • 지원서 접수 • 전형절차 • 채용조건 및 처우 • 기타사항	• 채용절차 • 채용유형별 선발분야 및 예정인원 • 전형방법 • 선발분야별 직무기술서 • 우대사항

2. 지원 유의사항 및 지원요건 확인

채용 직무에 따른 세부사항을 공고문에 명시하여 지원자에게 적격한 지원 기회를 부여함과 동시에 채용과정에서의 공정성과 신뢰성을 확보합니다.

구성	내용	확인사항
모집분야 및 규모	고용형태(인턴 계약직 등), 모집분야, 인원, 근무지역 등	채용직무가 여러 개일 경우 본인이 해당되는 직무의 채용규모 확인
응시자격	기본 자격사항, 지원조건	지원을 위한 최소자격요건을 확인하여 불필요한 지원을 예방
우대조건	법정·특별·자격증 가점	본인의 가점 여부를 검토하여 가점 획득을 위한 사항을 사실대로 기재
근무조건 및 보수	고용형태 및 고용기간, 보수, 근무지	본인이 생각하는 기대수준에 부합하는지 확인하여 불필요한 지원을 예방
시험방법	서류·필기·면접전형 등의 활용방안	전형방법 및 세부 평가기법 등을 확인하여 지원전략 준비
전형일정	접수기간, 각 전형 단계별 심사 및 합격자 발표일 등	본인의 지원 스케줄을 검토하여 차질이 없도록 준비
제출서류	입사지원서(경력·경험기술서 등), 각종 증명서 및 자격증 사본 등	지원요건 부합 여부 및 자격 증빙서류 사전에 준비
유의사항	임용취소 등의 규정	임용취소 관련 법적 또는 기관 내부 규정을 검토하여 해당여부 확인

02 직무기술서

직무기술서란 직무수행의 내용과 필요한 능력, 관련 자격, 직업기초능력 등을 상세히 기재한 것으로 입사 후 수행하게 될 업무에 대한 정보가 수록되어 있는 자료입니다.

1. 채용분야

설명

NCS 직무분류 체계에 따라 직무에 대한 「대분류 – 중분류 – 소분류 – 세분류」 체계를 확인할 수 있습니다. 채용 직무에 대한 모든 직무기술서를 첨부하게 되며 실제 수행 업무를 기준으로 세부적인 분류정보를 제공합니다.

채용분야	분류체계			
사무행정	대분류	중분류	소분류	세분류
분류코드	02. 경영·회계·사무	03. 재무·회계	01. 재무	01. 예산
				02. 자금
			02. 회계	01. 회계감사
				02. 세무

2. 능력단위

설명

직무분류 체계의 세분류 하위능력단위 중 실질적으로 수행할 업무의 능력만 구체적으로 파악할 수 있습니다.

능력단위			
능력단위	(예산)	03. 연간종합예산수립 05. 확정예산 운영	04. 추정재무제표 작성 06. 예산실적 관리
	(자금)	04. 자금운용	
	(회계감사)	02. 자금관리 05. 회계정보시스템 운용 07. 회계감사	04. 결산관리 06. 재무분석
	(세무)	02. 결산관리 07. 법인세 신고	05. 부가가치세 신고

3. 직무수행내용

설명

세분류 영역의 기본정의를 통해 직무수행내용을 확인할 수 있습니다. 입사 후 수행할 직무내용을 구체적으로 확인할 수 있으며, 이를 통해 입사서류 작성부터 면접까지 직무에 대한 명확한 이해를 바탕으로 자신의 희망직무인지 아닌지, 해당 직무가 자신이 알고 있던 직무가 맞는지 확인할 수 있습니다.

직무수행내용	
직무수행내용	(예산) 일정기간 예상되는 수익과 비용을 편성, 집행하며 통제하는 일
	(자금) 자금의 계획 수립, 조달, 운용을 하고 발생 가능한 위험 관리 및 성과평가
	(회계감사) 기업 및 조직 내·외부에 있는 의사결정자들이 효율적인 의사결정을 할 수 있도록 유용한 정보를 제공, 제공된 회계정보의 적정성을 파악하는 일
	(세무) 세무는 기업의 활동을 위하여 주어진 세법범위 내에서 조세부담을 최소화시키는 조세전략을 포함하고 정확한 과세소득과 과세표준 및 세액을 산출하여 과세당국에 신고·납부하는 일

4. 직무기술서 예시

태도	(예산) 정확성, 분석적 태도, 논리적 태도, 타 부서와의 협조적 태도, 설득력
	(자금) 분석적 사고력
	(회계 감사) 합리적 태도, 전략적 사고, 정확성, 적극적 협업 태도, 법률준수 태도, 분석적 태도, 신속성, 책임감, 정확한 판단력
	(세무) 규정 준수 의지, 수리적 정확성, 주의 깊은 태도
우대 자격증	공인회계사, 세무사, 컴퓨터활용능력, 변호사, 워드프로세서, 전산회계운용사, 사회조사분석사, 재경관리사, 회계관리 등
직업기초능력	의사소통능력, 문제해결능력, 자원관리능력, 대인관계능력, 정보능력, 조직이해능력

5. 직무기술서 내용별 확인사항

항목	확인사항
모집부문	해당 채용에서 선발하는 부문(분야)명 확인 예 사무행정, 전산, 전기
분류체계	지원하려는 분야의 세부직무군 확인
주요기능 및 역할	지원하려는 기업의 전사적인 기능과 역할, 산업군 확인
능력단위	지원분야의 직무수행에 관련되는 세부업무사항 확인
직무수행내용	지원분야의 직무군에 대한 상세사항 확인
전형방법	지원하려는 기업의 신입사원 선발전형 절차 확인
일반요건	교육사항을 제외한 지원 요건 확인(자격요건, 특수한 경우 연령)
교육요건	교육사항에 대한 지원요건 확인(대졸 / 초대졸 / 고졸 / 전공 요건)
필요지식	지원분야의 업무수행을 위해 요구되는 지식 관련 세부항목 확인
필요기술	지원분야의 업무수행을 위해 요구되는 기술 관련 세부항목 확인
직무수행태도	지원분야의 업무수행을 위해 요구되는 태도 관련 세부항목 확인
직업기초능력	지원분야 또는 지원기업의 조직원으로서 근무하기 위해 필요한 일반적인 능력사항 확인

03 입사지원서

1. 입사지원서의 변화

기존지원서		능력중심 채용 입사지원서	
직무와 관련 없는 학점, 개인신상, 어학점수, 자격, 수상경력 등을 나열하도록 구성	VS	해당 직무수행에 꼭 필요한 정보들을 제시할 수 있도록 구성	
직무기술서		인적사항	성명, 연락처, 지원분야 등 작성 (평가 미반영)
직무수행내용		교육사항	직무지식과 관련된 학교교육 및 직업교육 작성
요구지식 / 기술	➡	자격사항	직무관련 국가공인 또는 민간자격 작성
관련 자격증		경력 및 경험사항	조직에 소속되어 일정한 임금을 받거나(경력) 임금 없이(경험) 직무와 관련된 활동 내용 작성
사전직무경험			

2. 교육사항

- 지원분야 직무와 관련된 학교 교육이나 직업교육 혹은 기타교육 등 직무에 대한 지원자의 학습 여부를 평가하기 위한 항목입니다.
- 지원하고자 하는 직무의 학교 전공교육 이외에 직업교육, 기타교육 등을 기입할 수 있기 때문에 전공 제한 없이 직업교육과 기타교육을 이수하여 지원이 가능하도록 기회를 제공합니다.
  (기타교육 : 학교 이외의 기관에서 개인이 이수한 교육과정 중 지원직무와 관련이 있다고 생각되는 교육내용)

구분	교육과정(과목)명	교육내용	과업(능력단위)

PART 4

3. 자격사항

- 채용공고 및 직무기술서에 제시되어 있는 자격 현황을 토대로 지원자가 해당 직무를 수행하는 데 필요한 능력을 가지고 있는지를 평가하기 위한 항목입니다.
- 채용공고 및 직무기술서에 기재된 직무관련 필수 또는 우대자격 항목을 확인하여 본인이 보유하고 있는 자격사항을 기재합니다.

자격유형	자격증명	발급기관	취득일자	자격증번호

4. 경력 및 경험사항

- 직무와 관련된 경력이나 경험 여부를 표현하도록 하여 직무와 관련한 능력을 갖추었는지를 평가하기 위한 항목입니다.
- 해당 기업에서 직무를 수행함에 있어 필요한 사항만을 기록하게 되어 있기 때문에 직무와 무관한 스펙을 갖추지 않아도 됩니다.
- 경력 : 금전적 보수를 받고 일정기간 동안 일했던 경우
- 경험 : 금전적 보수를 받지 않고 수행한 활동

※ 기업에 따라 경력 / 경험 관련 증빙자료 요구 가능

구분	조직명	직위 / 역할	활동기간(년 / 월)	주요과업 / 활동내용

Tip

입사지원서 작성 방법

○ 경력 및 경험사항 작성

- 직무기술서에 제시된 지식, 기술, 태도와 지원자의 교육사항, 경력(경험)사항, 자격사항과 연계하여 개인의 직무역량에 대해 스스로 판단 가능

○ 인적사항 최소화

- 개인의 인적사항, 학교명, 가족관계 등을 노출하지 않도록 유의

부적절한 입사지원서 작성 사례

- 학교 이메일을 기입하여 학교명 노출
- 거주지 주소에 학교 기숙사 주소를 기입하여 학교명 노출
- 자기소개서에 부모님이 재직 중인 기업명, 직위, 직업을 기입하여 가족관계 노출
- 자기소개서에 석・박사 과정에 대한 이야기를 언급하여 학력 노출
- 동아리 활동에 대한 내용을 학교명과 더불어 언급하여 학교명 노출

04 자기소개서

1. 자기소개서의 변화

- 기존의 자기소개서는 지원자의 일대기나 관심 분야, 성격의 장·단점 등 개괄적인 사항을 묻는 질문으로 구성되어 지원자가 자신의 직무능력을 제대로 표출하지 못합니다.
- 능력중심 채용의 자기소개서는 직무기술서에 제시된 직업기초능력(또는 직무수행능력)에 대한 지원자의 과거 경험을 기술하게 함으로써 평가 타당도의 확보가 가능합니다.

1. 우리 회사와 해당 지원 직무분야에 지원한 동기에 대해 기술해 주세요.

2. 자신이 경험한 다양한 사회활동에 대해 기술해 주세요.

3. 지원 직무에 대한 전문성을 키우기 위해 받은 교육과 경험 및 경력사항에 대해 기술해 주세요.

4. 인사업무 또는 팀 과제 수행 중 발생한 갈등을 원만하게 해결해 본 경험이 있습니까? 당시 상황에 대한 설명과 갈등의 대상이 되었던 상대방을 설득한 과정 및 방법을 기술해 주세요.

5. 과거에 있었던 일 중 가장 어려웠었던(힘들었었던) 상황을 고르고, 어떤 방법으로 그 상황을 해결했는지를 기술해 주세요.

PART 4

Tip

자기소개서 작성 방법

① 자기소개서 문항이 묻고 있는 평가 역량 추측하기

예시

- 팀 활동을 하면서 갈등 상황 시 상대방의 니즈나 의도를 명확히 파악하고 해결하여 목표 달성에 기여했던 경험에 대해서 작성해 주시기 바랍니다.
- 다른 사람이 생각해내지 못했던 문제점을 찾고 이를 해결한 경험에 대해 작성해 주시기 바랍니다.

② 해당 역량을 보여줄 수 있는 소재 찾기(시간×역량 매트릭스)

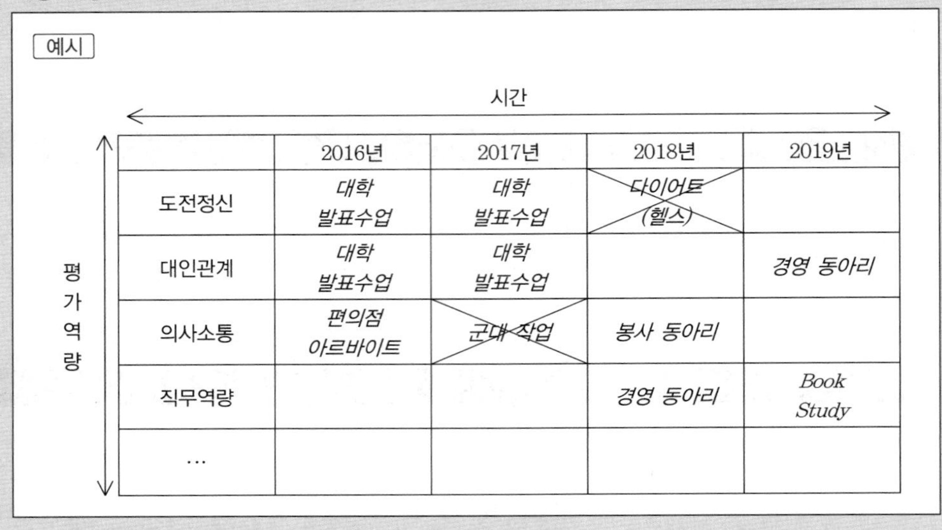

예시

시간

평가역량

	2016년	2017년	2018년	2019년
도전정신	*대학 발표수업*	*대학 발표수업*	~~*다이어트(헬스)*~~	
대인관계	*대학 발표수업*	*대학 발표수업*		*경영 동아리*
의사소통	*편의점 아르바이트*	~~*군대 작업*~~	*봉사 동아리*	
직무역량			*경영 동아리*	*Book Study*
…				

③ 자기소개서 작성 Skill 익히기

- 두괄식으로 작성하기
- 구체적 사례를 사용하기
- '나'를 중심으로 작성하기
- 직무역량 강조하기
- 경험 사례의 차별성 강조하기

03 인성검사 소개 및 모의테스트

01 인성검사 유형

인성검사는 지원자의 성격특성을 객관적으로 파악하고 그것이 각 기업에서 필요로 하는 인재상과 가치에 부합하는가를 평가하기 위한 검사입니다. 인성검사는 KPDI(한국인재개발진흥원), K-SAD(한국사회적성개발원), KIRBS(한국행동과학연구소), SHR(에스에이치알) 등의 전문기관을 통해 각 기업의 특성에 맞는 검사를 선택하여 실시합니다. 대표적인 인성검사의 유형에는 크게 다음과 같은 세 가지가 있으며, 채용 대행업체에 따라 달라집니다.

1. KPDI 검사

조직적응성과 직무적합성을 알아보기 위한 검사로 인성검사, 인성역량검사, 인적성검사, 직종별 인적성검사 등의 다양한 검사 도구를 구현합니다. KPDI는 성격을 파악하고 정신건강 상태 등을 측정하고, 직무검사는 해당 직무를 수행하기 위해 기본적으로 갖추어야 할 인지적 능력을 측정합니다. 역량검사는 특정 직무 역할을 효과적으로 수행하는 데 직접적으로 관련 있는 개인의 행동, 지식, 스킬, 가치관 등을 측정합니다.

2. KAD(Korea Aptitude Development) 검사

K-SAD(한국사회적성개발원)에서 실시하는 적성검사 프로그램입니다. 개인의 성향, 지적 능력, 기호, 관심, 흥미도를 종합적으로 분석하여 적성에 맞는 업무가 무엇인가 파악하고, 직무수행에 있어서 요구되는 기초능력과 실무능력을 분석합니다.

3. SHR 직무적성검사

직무수행에 필요한 종합적인 사고 능력을 다양한 적성검사(Paper and Pencil Test)로 평가합니다. SHR의 모든 직무능력검사는 표준화 검사입니다. 표준화 검사는 표본집단의 점수를 기초로 규준이 만들어진 검사이므로 개인의 점수를 규준에 맞추어 해석・비교하는 것이 가능합니다. S(Standardized Tests), H(Hundreds of Version), R(Reliable Norm Data)을 특징으로 하며, 직군・직급별 특성과 선발 수준에 맞추어 검사를 적용할 수 있습니다.

02 인성검사와 면접

인성검사는 특히 면접질문과 관련성이 높습니다. 면접관은 지원자의 인성검사 결과를 토대로 질문을 하기 때문입니다. 일관적이고 이상적인 답변을 하는 것이 가장 좋지만, 실제 시험은 매우 복잡하여 전문가라 해도 일정 성격을 유지하면서 답변을 하는 것이 힘듭니다. 또한, 인성검사에는 라이 스케일(Lie Scale) 설문이 전체 설문 속에 교묘하게 섞여 들어가 있으므로 겉치레적인 답을 하게 되면 회답태도의 허위성이 그대로 드러나게 됩니다. 예를 들어 '거짓말을 한 적이 한 번도 없다.'에 '예'로 답하고, '때로는 거짓말을 하기도 한다.'에 '예'라고 답하여 라이 스케일의 득점이 올라가게 되면 모든 회답의 신빙성이 사라지고 '자신을 돋보이게 하려는 사람'이라는 평가를 받을 수 있으므로 주의해야 합니다. 따라서 모의테스트를 통해 인성검사의 유형과 실제 시험 시 어떻게 문제를 풀어야 하는지 연습해 보고 체크한 부분 중 자신의 단점과 연결되는 부분은 면접에서 질문이 들어왔을 때 어떻게 대처해야 하는지 생각해 보는 것이 좋습니다.

03 유의사항

1. 기업의 인재상을 파악하라!

인성검사를 통해 개인의 성격 특성을 파악하고 그것이 기업의 인재상과 가치에 부합하는지를 평가하는 시험이기 때문에 해당 기업의 인재상을 먼저 파악하고 시험에 임하는 것이 좋습니다. 모의테스트에서 인재상에 맞는 가상의 인물을 설정하고 문제에 답해 보는 것도 많은 도움이 됩니다.

2. 일관성 있는 대답을 하라!

짧은 시간 안에 다양한 질문에 답을 해야 하는데, 그 안에는 중복되는 질문이 여러 번 나옵니다. 이때 앞서 자신이 체크했던 대답을 잘 기억해뒀다가 일관성 있는 답을 하는 것이 중요합니다.

3. 모든 문항에 대답하라!

많은 문제를 짧은 시간 안에 풀려다 보니 다 못 푸는 경우도 종종 생깁니다. 하지만 대답을 누락하거나 끝까지 다 못했을 경우 좋지 않은 결과를 가져올 수도 있으니 최대한 주어진 시간 안에 모든 문항에 답할 수 있도록 해야 합니다.

04 KPDI 모의테스트

※ 모의테스트는 질문 및 답변 유형 연습을 위한 것으로 실제 시험과 다를 수 있습니다.

번호	내용	예	아니요
001	나는 솔직한 편이다.	☐	☐
002	나는 리드하는 것을 좋아한다.	☐	☐
003	법을 어겨서 말썽이 된 적이 한 번도 없다.	☐	☐
004	거짓말을 한 번도 한 적이 없다.	☐	☐
005	나는 눈치가 빠르다.	☐	☐
006	나는 일을 주도하기보다는 뒤에서 지원하는 것을 선호한다.	☐	☐
007	앞일은 알 수 없기 때문에 계획은 필요하지 않다.	☐	☐
008	거짓말도 때로는 방편이라고 생각한다.	☐	☐
009	사람이 많은 술자리를 좋아한다.	☐	☐
010	걱정이 지나치게 많다.	☐	☐
011	일을 시작하기 전 재고하는 경향이 있다.	☐	☐
012	불의를 참지 못한다.	☐	☐
013	처음 만나는 사람과도 이야기를 잘 한다.	☐	☐
014	때로는 변화가 두렵다.	☐	☐
015	나는 모든 사람에게 친절하다.	☐	☐
016	힘든 일이 있을 때 술은 위로가 되지 않는다.	☐	☐
017	결정을 빨리 내리지 못해 손해를 본 경험이 있다.	☐	☐
018	기회를 잡을 준비가 되어 있다.	☐	☐
019	때로는 내가 정말 쓸모없는 사람이라고 느낀다.	☐	☐
020	누군가 나를 챙겨주는 것이 좋다.	☐	☐
021	자주 가슴이 답답하다.	☐	☐
022	나는 내가 자랑스럽다.	☐	☐
023	경험이 중요하다고 생각한다.	☐	☐
024	전자기기를 분해하고 다시 조립하는 것을 좋아한다.	☐	☐
025	감시받고 있다는 느낌이 든다.	☐	☐

026	난처한 상황에 놓이면 그 순간을 피하고 싶다.	☐	☐
027	세상엔 믿을 사람이 없다.	☐	☐
028	잘못을 빨리 인정하는 편이다.	☐	☐
029	지도를 보고 길을 잘 찾아간다.	☐	☐
030	귓속말을 하는 사람을 보면 날 비난하고 있는 것 같다.	☐	☐
031	막무가내라는 말을 들을 때가 있다.	☐	☐
032	장래의 일을 생각하면 불안하다.	☐	☐
033	결과보다 과정이 중요하다고 생각한다.	☐	☐
034	운동은 그다지 할 필요가 없다고 생각한다.	☐	☐
035	새로운 일을 시작할 때 좀처럼 한 발을 떼지 못한다.	☐	☐
036	기분 상하는 일이 있더라도 참는 편이다.	☐	☐
037	업무능력은 성과로 평가받아야 한다고 생각한다.	☐	☐
038	머리가 맑지 못하고 무거운 느낌이 든다.	☐	☐
039	가끔 이상한 소리가 들린다.	☐	☐
040	타인이 내게 자주 고민상담을 하는 편이다.	☐	☐

05 SHR 모의테스트

※ 모의테스트는 질문 및 답변 유형 연습을 위한 것으로 실제 시험과 다를 수 있습니다.

※ 이 성격검사의 각 문항에는 서로 다른 행동을 나타내는 네 개의 문장이 제시되어 있습니다. 이 문장들을 비교하여, 자신의 평소 행동과 가장 가까운 문장을 'ㄱ' 열에 표기하고, 가장 먼 문장을 'ㅁ' 열에 표기하십시오.

01 나는 ______________________

	ㄱ	ㅁ
A. 실용적인 해결책을 찾는다.	☐	☐
B. 다른 사람을 돕는 것을 좋아한다.	☐	☐
C. 세부 사항을 잘 챙긴다.	☐	☐
D. 상대의 주장에서 허점을 잘 찾는다.	☐	☐

02 나는 ______________________

	ㄱ	ㅁ
A. 매사에 적극적으로 임한다.	☐	☐
B. 즉흥적인 편이다.	☐	☐
C. 관찰력이 있다.	☐	☐
D. 임기응변에 강하다.	☐	☐

03 나는 ______________________

	ㄱ	ㅁ
A. 무서운 영화를 잘 본다.	☐	☐
B. 조용한 곳이 좋다.	☐	☐
C. 가끔 울고 싶다.	☐	☐
D. 집중력이 좋다.	☐	☐

04 나는 ______________________

	ㄱ	ㅁ
A. 기계를 조립하는 것을 좋아한다.	☐	☐
B. 집단에서 리드하는 역할을 맡는다.	☐	☐
C. 호기심이 많다.	☐	☐
D. 음악을 듣는 것을 좋아한다.	☐	☐

05 나는 ______________________

	ㄱ	ㅁ
A. 타인을 늘 배려한다.	☐	☐
B. 감수성이 예민하다.	☐	☐
C. 즐겨하는 운동이 있다.	☐	☐
D. 일을 시작하기 전에 계획을 세운다.	☐	☐

06 나는 ______________________

	ㄱ	ㅁ
A. 타인에게 설명하는 것을 좋아한다.	☐	☐
B. 여행을 좋아한다.	☐	☐
C. 정적인 것이 좋다.	☐	☐
D. 남을 돕는 것에 보람을 느낀다.	☐	☐

07 나는 ______________________

	ㄱ	ㅁ
A. 기계를 능숙하게 다룬다.	☐	☐
B. 밤에 잠이 잘 오지 않는다.	☐	☐
C. 한 번 간 길을 잘 기억한다.	☐	☐
D. 불의를 보면 참을 수 없다.	☐	☐

08 나는 ______________________

	ㄱ	ㅁ
A. 종일 말을 하지 않을 때가 있다.	☐	☐
B. 사람이 많은 곳을 좋아한다.	☐	☐
C. 술을 좋아한다.	☐	☐
D. 휴양지에서 편하게 쉬고 싶다.	☐	☐

09 나는 ______________________________

	ㄱ	ㅁ
A. 뉴스보다는 드라마를 좋아한다.	☐	☐
B. 길을 잘 찾는다.	☐	☐
C. 주말엔 집에서 쉬는 것이 좋다.	☐	☐
D. 아침에 일어나는 것이 힘들다.	☐	☐

10 나는 ______________________________

	ㄱ	ㅁ
A. 이성적이다.	☐	☐
B. 할 일을 종종 미룬다.	☐	☐
C. 어른을 대하는 게 힘들다.	☐	☐
D. 불을 보면 매혹을 느낀다.	☐	☐

11 나는 ______________________________

	ㄱ	ㅁ
A. 상상력이 풍부하다.	☐	☐
B. 예의 바르다는 소리를 자주 듣는다.	☐	☐
C. 사람들 앞에 서면 긴장한다.	☐	☐
D. 친구를 자주 만난다.	☐	☐

12 나는 ______________________________

	ㄱ	ㅁ
A. 나만의 스트레스 해소 방법이 있다.	☐	☐
B. 친구가 많다.	☐	☐
C. 책을 자주 읽는다.	☐	☐
D. 활동적이다.	☐	☐

04 면접전형 가이드

01 면접유형 파악

1. 면접전형의 변화

기존 면접전형에서는 일상적이고 단편적인 대화나 지원자의 첫인상 및 면접관의 주관적인 판단 등에 의해서 입사 결정 여부를 판단하는 경우가 많았습니다. 이러한 면접전형은 면접 내용의 일관성이 결여되거나 직무 관련 타당성이 부족하였고, 면접에 대한 신뢰도에 영향을 주었습니다.

기존 면접(전통적 면접)		능력중심 채용 면접(구조화 면접)
• 일상적이고 단편적인 대화 • 인상, 외모 등 외부 요소의 영향 • 주관적인 판단에 의존한 총점 부여 ⇩ • 면접 내용의 일관성 결여 • 직무관련 타당성 부족 • 주관적인 채점으로 신뢰도 저하	VS	• 일관성 – 직무관련 역량에 초점을 둔 구체적 질문 목록 – 지원자별 동일 질문 적용 • 구조화 – 면접 진행 및 평가 절차를 일정한 체계에 의해 구성 • 표준화 – 평가 타당도 제고를 위한 평가 Matrix 구성 – 척도에 따라 항목별 채점, 개인 간 비교 • 신뢰성 – 면접진행 매뉴얼에 따라 면접위원 교육 및 실습

2. 능력중심 채용의 면접 유형

① 경험 면접
- 목적 : 선발하고자 하는 직무 능력이 필요한 과거 경험을 질문합니다.
- 평가요소 : 직업기초능력과 인성 및 태도적 요소를 평가합니다.

② 상황 면접
- 목적 : 특정 상황을 제시하고 지원자의 행동을 관찰함으로써 실제 상황의 행동을 예상합니다.
- 평가요소 : 직업기초능력과 인성 및 태도적 요소를 평가합니다.

③ 발표 면접
- 목적 : 특정 주제와 관련된 지원자의 발표와 질의응답을 통해 지원자 역량을 평가합니다.
- 평가요소 : 직무수행능력과 인지적 역량(문제해결능력)을 평가합니다.

④ 토론 면접
- 목적 : 토의과제에 대한 의견수렴 과정에서 지원자의 역량과 상호작용능력을 평가합니다.
- 평가요소 : 직무수행능력과 팀워크를 평가합니다.

02 면접유형별 준비 방법

1. 경험 면접

① 경험 면접의 특징

- 주로 직업기초능력에 관련된 지원자의 과거 경험을 심층 질문하여 검증하는 면접입니다.
- 직무능력과 관련된 과거 경험을 평가하기 위해 심층 질문을 하며, 이 질문은 지원자의 답변에 대하여 '꼬리에 꼬리를 무는 형식'으로 진행됩니다.

> - 능력요소, 정의, 심사 기준
>   - 평가하고자 하는 능력요소, 정의, 심사기준을 확인하여 면접위원이 해당 능력요소 관련 질문을 제시합니다.
> - Opening Question
>   - 능력요소에 관련된 과거 경험을 유도하기 위한 시작 질문을 합니다.
> - Follow-up Question
>   - 지원자의 경험 수준을 구체적으로 검증하기 위한 질문입니다.
>   - 경험 수준 검증을 위한 상황(Situation), 임무(Task), 역할 및 노력(Action), 결과(Result) 등으로 질문을 구분합니다.

경험 면접의 형태

[면접관 1] [면접관 2] [면접관 3]

[지원자]

〈일대다 면접〉

[면접관 1] [면접관 2] [면접관 3]

[지원자 1] [지원자 2] [지원자 3]

〈다대다 면접〉

② 경험 면접의 구조

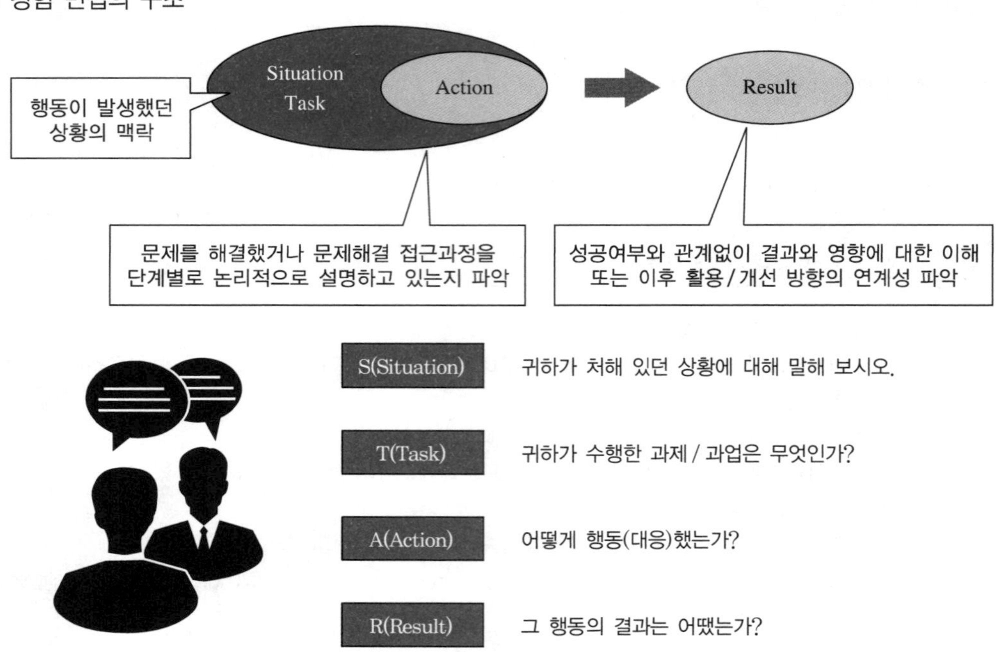

( )에 관한 과거 경험에 대하여 말해 보시오.

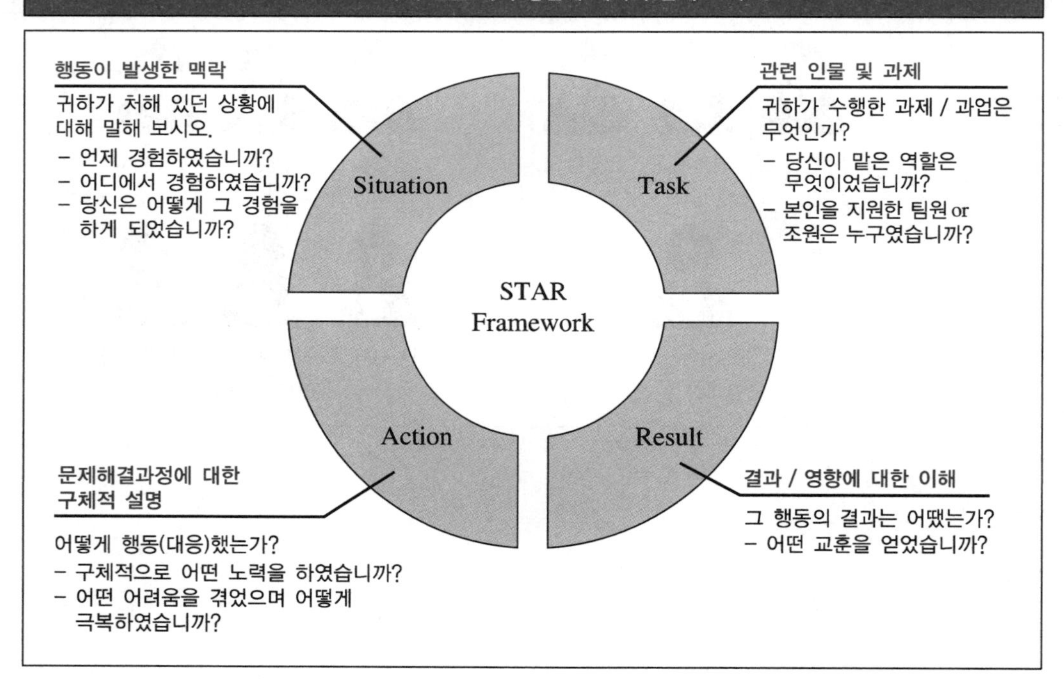

③ 경험 면접 질문 예시(직업윤리)

시작 질문	
1	남들이 신경 쓰지 않는 부분까지 고려하여 절차대로 업무(연구)를 수행하여 성과를 낸 경험을 구체적으로 말해 보시오.
2	조직의 원칙과 절차를 철저히 준수하며 업무(연구)를 수행한 것 중 성과를 향상시킨 경험에 대해 구체적으로 말해 보시오.
3	세부적인 절차와 규칙에 주의를 기울여 실수 없이 업무(연구)를 마무리한 경험을 구체적으로 말해 보시오.
4	조직의 규칙이나 원칙을 고려하여 성실하게 일했던 경험을 구체적으로 말해 보시오.
5	타인의 실수를 바로잡고 원칙과 절차대로 수행하여 성공적으로 업무를 마무리하였던 경험에 대해 말해 보시오.

후속 질문		
상황 (Situation)	상황	구체적으로 언제, 어디에서 경험한 일인가?
		어떤 상황이었는가?
	조직	어떤 조직에 속해 있었는가?
		그 조직의 특성은 무엇이었는가?
		몇 명으로 구성된 조직이었는가?
	기간	해당 조직에서 얼마나 일했는가?
		해당 업무는 몇 개월 동안 지속되었는가?
	조직규칙	조직의 원칙이나 규칙은 무엇이었는가?
임무 (Task)	과제	과제의 목표는 무엇이었는가?
		과제에 적용되는 조직의 원칙은 무엇이었는가?
		그 규칙을 지켜야 하는 이유는 무엇이었는가?
	역할	당신이 조직에서 맡은 역할은 무엇이었는가?
		과제에서 맡은 역할은 무엇이었는가?
	문제의식	규칙을 지키지 않을 경우 생기는 문제점 / 불편함은 무엇인가?
		해당 규칙이 왜 중요하다고 생각하였는가?
역할 및 노력 (Action)	행동	업무 과정의 어떤 장면에서 규칙을 철저히 준수하였는가?
		어떻게 규정을 적용시켜 업무를 수행하였는가?
		규정은 준수하는 데 어려움은 없었는가?
	노력	그 규칙을 지키기 위해 스스로 어떤 노력을 기울였는가?
		본인의 생각이나 태도에 어떤 변화가 있었는가?
		다른 사람들은 어떤 노력을 기울였는가?
	동료관계	동료들은 규칙을 철저히 준수하고 있었는가?
		팀원들은 해당 규칙에 대해 어떻게 반응하였는가?
		규칙에 대한 태도를 개선하기 위해 어떤 노력을 하였는가?
		팀원들의 태도는 당신에게 어떤 자극을 주었는가?
	업무추진	주어진 업무를 추진하는 데 규칙이 방해되진 않았는가?
		업무수행 과정에서 규정을 어떻게 적용하였는가?
		업무 시 규정을 준수해야 한다고 생각한 이유는 무엇인가?

결과 (Result)	평가	규칙을 어느 정도나 준수하였는가?
		그렇게 준수할 수 있었던 이유는 무엇이었는가?
		업무의 성과는 어느 정도였는가?
		성과에 만족하였는가?
		비슷한 상황이 온다면 어떻게 할 것인가?
	피드백	주변 사람들로부터 어떤 평가를 받았는가?
		그러한 평가에 만족하는가?
		다른 사람에게 본인의 행동이 영향을 주었다고 생각하는가?
	교훈	업무수행 과정에서 중요한 점은 무엇이라고 생각하는가?
		이 경험을 통해 느낀 바는 무엇인가?

2. 상황 면접

① 상황 면접의 특징

직무 관련 상황을 가정하여 제시하고 이에 대한 대응능력을 직무관련성 측면에서 평가하는 면접입니다.

- 상황 면접 과제의 구성은 크게 2가지로 구분
  - 상황 제시(Description) / 문제 제시(Question or Problem)
- 현장의 실제 업무 상황을 반영하여 과제를 제시하므로 직무분석이나 직무전문가 워크숍 등을 거쳐 현장성을 높임
- 문제는 상황에 대한 기본적인 이해능력(이론적 지식)과 함께 실질적 대응이나 변수 고려능력(실천적 능력) 등을 고르게 질문해야 함

상황 면접의 형태

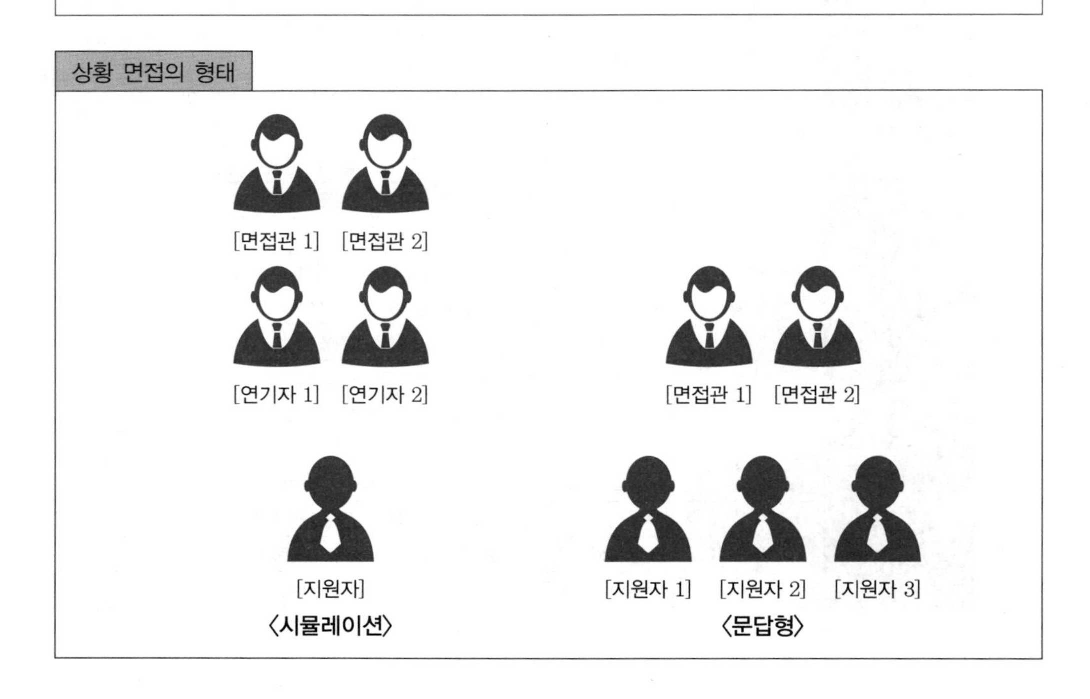

② 상황 면접 예시

상황 제시	인천공항 여객터미널 내에는 다양한 용도의 시설(사무실, 통신실, 식당, 전산실, 창고 면세점 등)이 설치되어 있습니다.	실제 업무 상황에 기반함
	금년에 소방배관의 누수가 잦아 메인 배관을 교체하는 공사를 추진하고 있으며, 당신은 이번 공사의 담당자입니다.	배경 정보
	주간에는 공항 운영이 이루어져 주로 야간에만 배관 교체 공사를 수행하던 중, 시공하는 기능공의 실수로 배관 연결 부위를 잘못 건드려 고압배관의 소화수가 누출되는 사고가 발생하였으며, 이로 인해 인근 시설물에 누수에 의한 피해가 발생하였습니다.	구체적인 문제 상황
문제 제시	일반적인 소방배관의 배관연결(이음)방식과 배관의 이탈(누수)이 발생하는 원인에 대해 설명해 보시오.	문제 상황 해결을 위한 기본 지식 문항
	담당자로서 본 사고를 현장에서 긴급히 처리하는 프로세스를 제시하고, 보수완료 후 사후적 조치가 필요한 부분 및 재발방지 방안에 대해 설명해 보시오.	문제 상황 해결을 위한 추가 대응 문항

3. 발표 면접

① 발표 면접의 특징

- 직무관련 주제에 대한 지원자의 생각을 정리하여 의견을 제시하고, 발표 및 질의응답을 통해 지원자의 직무능력을 평가하는 면접입니다.
- 발표 주제는 직무와 관련된 자료로 제공되며, 일정 시간 후 지원자가 보유한 지식 및 방안에 대한 발표 및 후속 질문을 통해 직무적합성을 평가합니다.

- 주요 평가요소
  - 설득적 말하기 / 발표능력 / 문제해결능력 / 직무관련 전문성
- 이미 언론을 통해 공론화된 시사 이슈보다는 해당 직무분야에 관련된 주제가 발표면접의 과제로 선정되는 경우가 최근 들어 늘어나고 있음
- 짧은 시간 동안 주어진 과제를 빠른 속도로 분석하여 발표문을 작성하고 제한된 시간 안에 면접관에게 효과적인 발표를 진행하는 것이 핵심

발표 면접의 형태

[면접관 1] [면접관 2]

[지원자]

〈개별 과제 발표〉

[면접관 1] [면접관 2]

[지원자 1] [지원자 2] [지원자 3]

〈팀 과제 발표〉

※ 면접관에게 시각적 효과를 사용하여 메시지를 전달하는 쌍방향 커뮤니케이션 방식

※ 심층면접을 보완하기 위한 방안으로 최근 많은 기업에서 적극 도입하는 추세

② 발표 면접 예시

1. 지시문

당신은 현재 A사에서 직원들의 성과평가를 담당하고 있는 팀원이다. 인사팀은 지난주부터 사내 조직문화관련 인터뷰를 하던 도중 성과평가제도에 관련된 개선 니즈가 제일 많다는 것을 알게 되었다. 이에 팀장님은 인터뷰 결과를 종합하려 성과평가제도 개선 아이디어를 A4용지에 정리하여 신속 보고할 것을 지시하셨다. 당신에게 남은 시간은 1시간이다. 자료를 준비하는 대로 당신은 팀원들이 모인 회의실에서 5분 간 발표할 것이며, 이후 질의응답을 진행할 것이다.

2. 배경자료

〈성과평가제도 개선에 대한 인터뷰〉

최근 A사는 회사 사세의 급성장으로 인해 작년보다 매출이 두 배 성장하였고, 직원 수 또한 두 배로 증가하였다. 회사의 성장은 임금, 복지에 대한 상승 등 긍정적인 영향을 주었으나 업무의 불균형 및 성과보상의 불평등 문제가 발생하였다. 또한 수시로 입사하는 신입직원과 경력직원, 퇴사하는 직원들까지 인원들의 잦은 변동으로 인해 평가해야 할 대상이 변경되어 현재의 성과평가제도로는 공정한 평가가 어려운 상황이다.

[생산부서 김상호]
우리 팀은 지난 1년 동안 생산량이 급증했기 때문에 수십 명의 신규인력이 급하게 채용되었습니다. 이 때문에 저희 팀장님은 신규 입사자들의 이름조차 기억 못할 때가 많이 있습니다. 성과평가를 제대로 하고 있는지 의문이 듭니다.

[마케팅 부서 김흥민]
개인의 성과평가의 취지는 충분히 이해합니다. 그러나 현재 평가는 실적기반이나 정성적인 평가가 많이 포함되어 있어 객관성과 공정성에는 의문이 드는 것이 사실입니다. 이러한 상황에서 평가제도를 재수립하지 않고, 인센티브에 계속 반영한다면, 평가제도에 대한 반감이 커질 것이 분명합니다.

[교육부서 홍경민]
현재 교육부서는 인사팀과 밀접하게 일하고 있습니다. 그럼에도 인사팀에서 실시하는 성과평가제도에 대한 이해가 부족한 것 같습니다.

[기획부서 김경호 차장]
저는 저의 평가자 중 하나가 연구부서의 팀장님인데, 일 년에 몇 번 같이 일하지 않는데 어떻게 저를 평가할 수 있을까요? 특히 연구팀은 저희가 예산을 배정하는데, 저에게는 좋지만….

4. 토론 면접

① 토론 면접의 특징

- 다수의 지원자가 조를 편성해 과제에 대한 토론(토의)을 통해 결론을 도출해가는 면접입니다.
- 의사소통능력, 팀워크, 종합인성 등의 평가에 용이합니다.

> • 주요 평가요소
> – 설득적 말하기, 경청능력, 팀워크, 종합인성
> • 의견 대립이 명확한 주제 또는 채용분야의 직무 관련 주요 현안을 주제로 과제 구성
> • 제한된 시간 내 토론을 진행해야 하므로 적극적으로 자신 있게 토론에 임하고 본인의 의견을 개진할 수 있어야 함

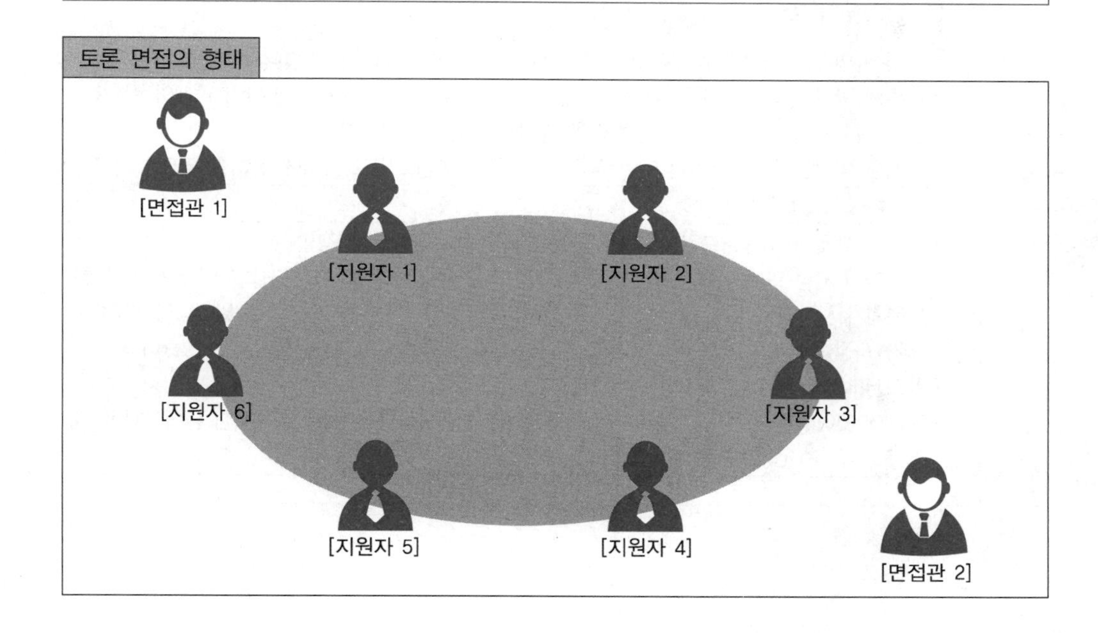

② 토론 면접 예시

고객 불만 고충처리
1. 들어가며
최근 우리 상품에 대한 고객 불만의 증가로 고객고충처리 TF가 만들어졌고 당신은 여기에 지원해 배치받았다. 당신의 업무는 불만을 가진 고객을 만나서 애로사항을 듣고 처리해 주는 일이다. 주된 업무로는 고객의 니즈를 파악해 방향성을 제시해 주고 그 해결책을 마련하는 일이다. 하지만 경우에 따라서 고객의 주관적인 의견으로 인해 제대로 된 방향으로 의사결정을 하지 못할 때가 있다. 이럴 경우 설득이나 논쟁을 해서라도 의견을 관철시키는 것이 좋을지 아니면 고객의 의견대로 진행하는 것이 좋을지 결정해야 할 때가 있다. 만약 당신이라면 이러한 상황에서 어떤 결정을 내릴 것인지 여부를 자유롭게 토론해 보시오.
2. 1분 자유 발언 시 준비사항
• 당신은 의견을 자유롭게 개진할 수 있으며 이에 따른 불이익은 없습니다. • 토론의 방향성을 이해하고, 내용의 장점과 단점이 무엇인지 문제를 명확히 말해야 합니다. • 합리적인 근거에 기초하여 개선방안을 명확히 제시해야 합니다. • 제시한 방안을 실행 시 예상되는 긍정적 · 부정적 영향요인도 동시에 고려할 필요가 있습니다.
3. 토론 시 유의사항
• 토론 주제문과 제공해드린 메모지, 볼펜만 가지고 토론장에 입장할 수 있습니다. • 사회자의 지정 또는 발표자가 손을 들어 발언권을 획득할 수 있으며, 사회자의 통제에 따릅니다. • 토론회가 시작되면, 팀의 의견과 논거를 정리하여 1분간의 자유발언을 할 수 있습니다. 순서는 사회자가 지정합니다. 이후에는 자유롭게 상대방에게 질문하거나 답변을 하실 수 있습니다. • 핸드폰, 서적 등 외부 매체는 사용하실 수 없습니다. • 논제에 벗어나는 발언이나 지나치게 공격적인 발언을 할 경우, 위에서 제시한 유의사항을 지키지 않을 경우 불이익을 받을 수 있습니다.

03 면접 Role Play

1. 면접 Role Play 편성

- 교육생끼리 조를 편성하여 면접관과 지원자 역할을 교대로 진행합니다.
- 지원자 입장과 면접관 입장을 모두 경험해 보면서 면접에 대한 적응력을 높일 수 있습니다.

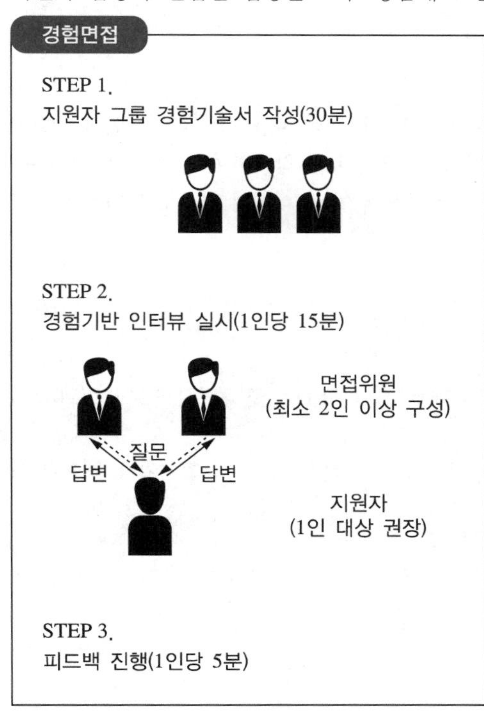

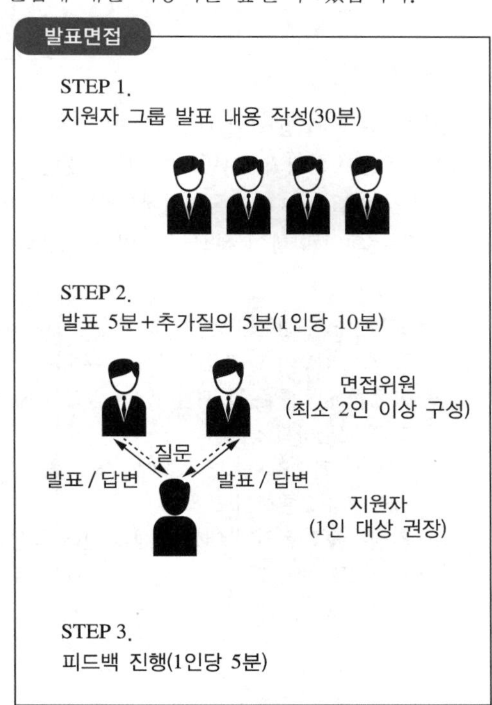

Tip

면접 준비하기

1. 면접 유형 확인 필수
   - 기업마다 면접 유형이 상이하기 때문에 해당 기업의 면접 유형을 확인하는 것이 좋음
   - 일반적으로 실무진 면접, 임원면접 2차례에 거쳐 면접을 실시하는 기업이 많고 실무진 면접과 임원 면접에서 평가요소가 다르기 때문에 유형에 맞는 준비방법이 필요
2. 후속 질문에 대한 사전 점검
   - 블라인드 채용 면접에서는 주요 질문과 함께 후속 질문을 통해 지원자의 직무능력을 판단
   → STAR 기법을 통한 후속 질문에 미리 대비하는 것이 필요

05 TS한국교통안전공단 면접 기출질문

1. 1차 면접

1차 면접은 개별 과제에 대한 그룹별 토론으로, 조별 약 30분간 진행된다. 토론 과제는 면접 당일 공개되므로 면접이 확정되었다면 한국교통안전공단 홈페이지나 보도자료를 참고하여 직렬별 관련 이슈를 정리하는 것이 필요하다. 토론면접에서 면접관은 설명, 발언 기회 부여 외 어떠한 관여도 하지 않으므로 지원자 간 논의의 방향이 분산되지 않도록 유의해야 한다.

- 교통안전과 관련한 문제점과 해결방안에 대해 토론하시오.
- 운행차 배출가스 저감에 대해 토론하시오.
- 자동차 검사를 돈을 지불하면서 받아야 하는 이유(과제 1)와 한국교통안전공단의 홍보방안(과제 2)에 대해 토론하시오.
- A검사소와 B검사소의 통합에 대해 공단의 의견은 찬성이고 검사소의 의견은 반대이다. 찬성과 반대 입장에서 토론하시오.
- 자율주행 자동차에 대해 찬성과 반대 입장에서 토론하시오.
- 한국교통안전공단은 직무순환제를 기반으로 시스템이 구축되어 있다. 이에 대한 찬성과 반대 입장에서 토론하시오.

2. 2차 면접

2차 면접은 경험면접으로, 블라인드 면접의 특성상 지원자 본인의 출신지, 출신학교에 대한 언급을 하지 않도록 주의해야 한다. 경험면접은 지원자의 자기소개서에 대한 사항 확인과 직렬에 대한 이해를 평가하기 위한 것이므로 자기소개서에 기반한 예상 질문 파악, 지원 직렬에 대한 기초 지식 함양의 태도가 필요하다.

- 한국교통안전공단에 지원하게 된 동기는 무엇인지 말해 보시오.
- 전공 지식을 업무에 어떻게 활용할 수 있는지 말해 보시오.
- 수행한 프로젝트의 필요성과 그 과정에서 배운 점을 말해 보시오.
- 한국교통안전공단의 인재상에 대해 말해 보시오.
- 악성 민원에 대처하는 방법에 대해 말해 보시오.
- OA 활용 경험이 있다면 말해 보시오.
- 본인의 장단점과 이를 업무에 어떻게 적용할 것인지 말해 보시오.
- 본인이 했던 경험 중 가장 성공적이었던 경험에 대해 말해 보시오.
- 원칙과 가치관이 충돌할 경우 어떻게 할 것인가?

- 한국교통안전공단의 업무에 대해 말해 보시오.
- 실수를 통해 얻게 된 것이 있는가? 있다면 말해 보시오.
- 상사와 의견이 다를 경우 어떻게 하겠는가?
- OBD-Ⅱ 불합격 5대 센서에 대해 설명해 보시오.
- 하체를 내려갈 때 점검해야 하는 요소를 말해 보시오.
- OCR, OVR에 대해 설명해 보시오.
- 주행 중 에어백 경고등이 들어왔는데, 이때 사고가 나면 에어백이 작동하는가?
- 차량 점검 시 엔진룸, 외부, 등화장치, 하체 부위별로 어떤 점검을 해야 하는가?
- 한국교통안전공단에 입사하기 위해 개인이 한 노력을 말해 보시오.
- 어떤 경우에 차량이 전손되었다고 판단할 수 있는가?
- 엔진이 검사 중 고착되었다면 어떻게 할 것인가?
- 이른바 진상고객에 대해 어떻게 대응할 것인가?
- 최저임금제에 대해 어떻게 생각하는가?
- 한국교통안전공단의 검사소에서는 어떤 일을 하고 있는가?
- 계전기에 대해 설명해 보시오.
- MTBF가 무엇인지 설명해 보시오.
- 정전이 발생하는 이유는 무엇인가?
- 승강기에서 EOCR이 트립되는 이유를 설명해 보시오.
- 승강기에서 키르히호프 1법칙이 적용되는 지점을 말해 보시오.
- 자동차 검사의 목적이 무엇인가?
- 아르바이트나 직장 경험 중 당황했던 일은 무엇이며, 어떻게 해결하였는가?
- 4차 산업혁명이 무엇이고, 그 기술이 적용되는 부분은 어떤 것이 있는가?
- 자율주행과 자율주행 5단계에 대해 설명해 보시오.
- 본인이 생각했던 업무와 공단에서 하는 업무가 다르다면 어떻게 할 것인가?
- 업무를 효율적으로 진행하기 위해서 어떤 노력을 하였는가?
- 동료 또는 상사와의 갈등을 어떻게 해결할 것인가?
- 한국교통안전공단과 본인이 지원한 직렬은 무슨 관계가 있는가?
- 한국교통안전공단에서 본인이 가진 역량으로 무슨 일을 할 수 있는가?
- 스트레스를 어떻게 해결하는가?
- 한국교통안전공단 자동차 검사소에 방문해 본 적이 있는가?

“오늘 당신의 노력은 아름다운 꽃의 물이 될 것입니다.”

그러나, 이 꽃을 볼 때 사람들은 이 꽃의 아름다움과 향기만을 사랑하고 칭찬하였지, 이 꽃을 그렇게 아름답게 어여쁘게 만들어 주는 병 속의 물은 조금도 생각지 않는 것이 보통입니다.

만일 이 꽃병 속에 들어 있는 물을 죄다 쏟아 버리고 빈 병에다 이 꽃을 꽂아 보십시오.

아무리 아름답고 어여쁜 꽃이기로서니 단 한 송이의 꽃을 피울 수 있으며, 단 한 번이라도 꽃 향기를 날릴 수 있겠습니까?

우리는 여기서 아무리 본바탕이 좋고 아름다운 꽃이라도 보이지 않는 물의 숨은 힘이 없으면 도저히 그 빛과 향기를 자랑할 수 없는 것을 알았습니다.

–방정환의 「우리 뒤에 숨은 힘」 중–

작은 기회로부터 종종 위대한 업적이 시작된다.

– 데모스테네스 –

현재 나의 실력을 객관적으로 파악해 보자!

모바일 OMR

답안채점 / 성적분석 서비스

도서에 수록된 모의고사에 대한 객관적인 결과(정답률, 순위)를 종합적으로 분석하여 제공합니다.

OMR 입력

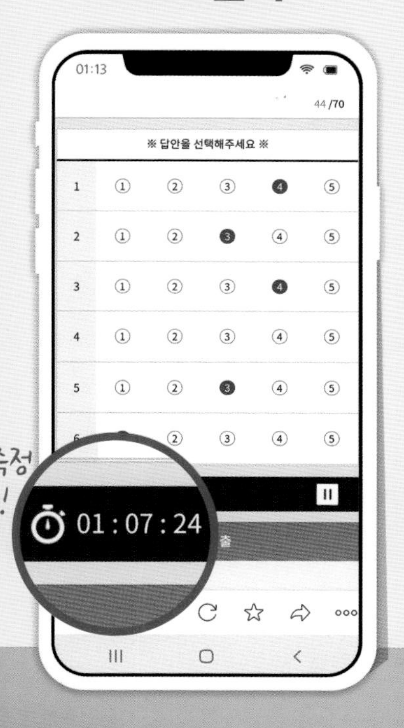

성적분석

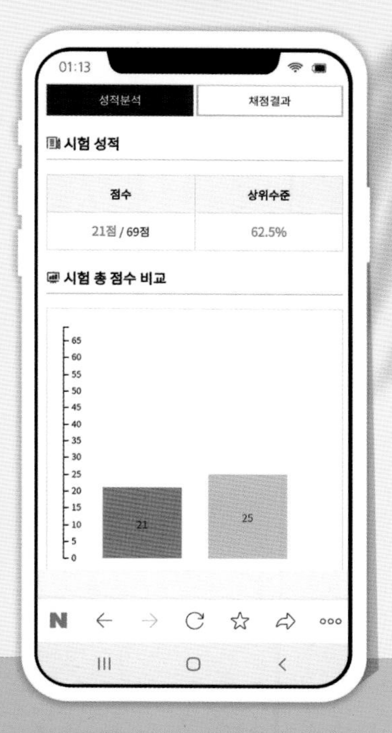

채점결과

※OMR 답안채점 / 성적분석 서비스는 등록 후 30일간 사용 가능합니다.

2024 최신판

TS 한국교통안전공단

정답 및 해설

최신 출제경향 완벽 반영

합격의 별을 따자

2023년 공기업 기출복원문제

NCS 대표유형 + 전공

모의고사 4회

SDC

SDC는 시대에듀 데이터 센터의 약자로 약 30만 개의 NCS · 적성 문제 데이터를 바탕으로 최신 출제경향을 반영하여 문제를 출제합니다.

시대에듀

Add+

특별부록

01 | 2023년 주요 공기업 NCS 기출복원문제

01	02	03	04	05	06	07	08	09	10	11	12	13	14	15	16	17	18	19	20
⑤	⑤	④	④	②	⑤	④	①	②	④	④	①	④	③	③	③	②	②	①	④
21	22	23	24	25	26	27	28	29	30	31	32	33	34	35	36	37	38	39	40
①	③	②	③	④	①	④	⑤	②	④	④	①	⑤	④	②	④	⑤	③	①	③
41	42	43	44	45	46	47	48	49	50										
③	③	②	③	②	④	②	⑤	④	④										

01

정답 ⑤

제시문의 세 번째 문단에 따르면 스마트 글라스 내부 센서를 통해 충격과 기울기를 감지할 수 있어, 작업자에게 위험한 상황이 발생할 경우 통보 시스템을 통해 바로 파악할 수 있게 되었음을 알 수 있다.

오답분석

① 첫 번째 문단에 따르면 스마트 글라스를 통한 작업자의 음성인식만으로 철도시설물 점검이 가능해졌음을 알 수 있지만, 다섯 번째 문단에 따르면 아직 철도시설물 보수 작업은 가능하지 않음을 알 수 있다.
② 첫 번째 문단에 따르면 스마트 글라스의 도입 이후에도 사람의 작업이 필요함을 알 수 있다.
③ 세 번째 문단에 따르면 스마트 글라스의 도입으로 추락 사고나 그 밖의 위험한 상황을 미리 예측할 수 있어 이를 방지할 수 있게 되었음을 알 수 있지만, 실제로 안전사고 발생 횟수가 감소하였는지는 알 수 없다.
④ 두 번째 문단에 따르면 여러 단계를 거치던 기존 작업 방식에서 스마트 글라스의 도입으로 작업을 한 번에 처리할 수 있게 된 것을 통해 작업 시간이 단축되었음을 알 수 있지만, 필요한 작업 인력의 감소 여부는 알 수 없다.

02

정답 ⑤

네 번째 문단에 따르면 인공지능 등의 스마트 기술 도입으로 까치집 검출 정확도는 95%까지 상승하였으므로 까치집 제거율 또한 상승할 것임을 예측할 수 있으나, 근본적인 문제인 까치집 생성의 감소를 기대할 수는 없다.

오답분석

① 세 번째 문단과 네 번째 문단에 따르면 정확도가 65%에 불과했던 인공지능의 까치집 식별 능력이 딥러닝 방식의 도입으로 95%까지 상승했음을 알 수 있다.
② 세 번째 문단에서 시속 150km로 빠르게 달리는 열차에서의 까치집 식별 정확도는 65%에 불과하다는 내용으로 보아, 빠른 속도에서는 인공지능의 사물 식별 정확도가 낮음을 알 수 있다.
③ 네 번째 문단에 따르면 작업자의 접근이 어려운 곳에는 드론을 띄워 까치집을 발견 및 제거하는 기술도 시범 운영하고 있다고 하였다.
④ 세 번째 문단에 따르면 실시간 까치집 자동 검출 시스템 개발로 실시간으로 위험 요인의 위치와 이미지를 작업자에게 전달할 수 있게 되었다.

03

정답 ④

제시문의 두 번째 문단에 따르면 CCTV는 열차 종류에 따라 운전실에서 실시간으로 상황을 파악할 수 있는 네트워크 방식과 각 객실에서의 영상을 저장하는 개별 독립 방식으로 설치된다고 하였다. 따라서 개별 독립 방식으로 설치된 일부 열차에서는 각 객실의 상황을 실시간으로 파악하지 못할 수 있다.

오답분석

① 첫 번째 문단에 따르면 2023년까지 현재 운행하고 있는 열차의 모든 객실에 CCTV를 설치하겠다는 내용으로 보아, 현재 모든 열차의 모든 객실에 CCTV가 설치되지 않았음을 유추할 수 있다.
② 첫 번째 문단에 따르면 2023년까지 모든 열차 승무원에게 바디 캠을 지급하겠다고 하였다. 이에 따라 승객이 승무원을 폭행하는 등의 범죄 발생 시 해당 상황을 녹화한 바디 캠 영상이 있어 수사의 증거자료로 사용할 수 있게 되었다.
③ 두 번째 문단에 따르면 CCTV는 사각지대 없이 설치되며 일부는 휴대 물품 보관대 주변에도 설치된다고 하였다. 따라서 인적 피해와 물적 피해 모두 예방할 수 있게 되었다.
⑤ 세 번째 문단에 따르면 CCTV 품평회와 시험을 통해 제품의 형태와 색상, 재질, 진동과 충격 등에 대한 적합성을 고려한다.

04

정답 ④

작년 K대학교의 재학생 수는 6,800명이고 남학생 수와 여학생 수의 비가 8 : 9이므로, 남학생 수는 $6,800\times\frac{8}{8+9}=3,200$명이고, 여학생 수는 $6,800\times\frac{9}{8+9}=3,600$명이다. 올해 줄어든 남학생 수와 여학생 수의 비가 12 : 13이므로 올해 K대학교에 재학 중인 남학생 수와 여학생 수의 비는 $(3,200-12k):(3,600-13k)=7:8$이다.

$7\times(3,600-13k)=8\times(3,200-12k)$

$\rightarrow 25,200-91k=25,600-96k$

$\rightarrow 5k=400$

$\therefore\ k=80$

따라서 올해 K대학교에 재학 중인 남학생 수는 $3,200-12\times80=2,240$명이고, 여학생 수는 $3,600-13\times80=2,560$명이므로 올해 K대학교의 전체 재학생 수는 $2,240+2,560=4,800$명이다.

05

정답 ②

마일리지 적립 규정에 회원 등급과 관련된 내용은 없으며, 마일리지 적립은 지불한 운임의 액수, 더블적립 열차 탑승 여부, 선불형 교통카드 Rail+ 사용 여부에 따라서만 결정된다.

오답분석

① KTX 마일리지는 KTX 열차 이용 시에만 적립된다.
③ 비즈니스 등급은 기업회원 여부와 관계없이 최근 1년간의 활동내역을 기준으로 부여된다.
④ 반기 동안 추석 및 설 명절 특별수송기간 탑승 건을 제외하고 4만 점을 적립하면 VIP 등급을 부여받는다.
⑤ VVIP 등급과 VIP 등급 고객은 한정된 횟수 내에서 무료 업그레이드 쿠폰으로 KTX 특실을 KTX 일반실 가격에 구매할 수 있다.

06

정답 ⑤

K공사를 통한 예약 접수는 온라인 쇼핑몰 홈페이지를 통해서만 가능하며, 오프라인(방문) 접수는 우리·농협은행의 창구를 통해서만 이루어진다.

오답분석

① 구매자를 대한민국 국적자로 제한한다는 내용은 없다.
② 단품으로 구매 시 1인당 화종별 최대 3장으로 총 9장, 세트로 구매할 때도 1인당 최대 3세트로 총 9장까지 신청이 가능하며, 세트와 단품은 중복신청이 가능하므로 1인당 구매 가능한 최대 개수는 18장이다.
③ 우리·농협은행의 계좌가 없다면, K공사 온라인 쇼핑몰을 이용하거나 우리·농협은행에 직접 방문하여 구입할 수 있다.
④ 총발행량은 예약 주문 이전부터 화종별 10,000장으로 미리 정해져 있다.

07

정답 ④

우리 · 농협은행 계좌 미보유자인 외국인 A씨가 예약 신청을 할 수 있는 방법은 두 가지이다. 하나는 신분증인 외국인등록증을 지참하고 우리 · 농협은행의 지점을 방문하여 신청하는 것이고, 다른 하나는 K공사 온라인 쇼핑몰에서 가상계좌 방식으로 신청하는 것이다.

오답분석

① A씨는 외국인이므로 창구 접수 시 지참해야 하는 신분증은 외국인등록증이다.
② K공사 온라인 쇼핑몰에서는 가상계좌 방식을 통해서만 예약 신청이 가능하다.
③ 홈페이지를 통한 신청이 가능한 은행은 우리은행과 농협은행뿐이다.
⑤ 우리 · 농협은행의 홈페이지를 통해 예약 접수를 하려면 해당 은행에 미리 계좌가 개설되어 있어야 한다.

08

정답 ①

3종 세트는 186,000원, 단품은 각각 63,000원이므로 5명의 구매 금액을 계산하면 다음과 같다.

- A : (186,000×2)+63,000=435,000원
- B : 63,000×8=504,000원
- C : (186,000×2)+(63,000×2)=498,000원
- D : 186,000×3=558,000원
- E : 186,000+(63,000×4)=438,000원

따라서 가장 많은 금액을 지불한 사람은 D이며, 구매 금액은 558,000원이다.

09

정답 ②

허리디스크는 디스크의 수핵이 탈출하여 생긴 질환이므로 허리를 굽히거나 앉아 있을 때 디스크에 가해지는 압력이 높아져 통증이 더 심해진다. 반면 척추관협착증의 경우 서 있을 때 척추관이 더욱 좁아지게 되어 통증이 더욱 심해진다.

오답분석

① 허리디스크는 디스크의 탄력 손실이나 갑작스런 충격으로 인해 균열이 생겨 발생하고, 척추관협착증은 오랜 기간 동안 황색 인대가 두꺼워져 척추관에 변형이 일어나 발생하므로 허리디스크가 더 급작스럽게 증상이 나타난다.
③ 허리디스크는 자연치유가 가능하지만, 척추관협착증은 불가능하다. 따라서 허리디스크는 주로 통증을 줄이고 안정을 취하는 보존치료를 하지만, 척추관협착증은 변형된 부분을 제거하는 외과적 수술을 한다.
④ 허리디스크와 척추관협착증 모두 척추 중앙의 신경 다발(척수)이 압박받을 수 있으며, 심할 경우 하반신 마비 증세를 보일 수 있으므로 빠른 치료를 받는 것이 중요하다.

10

정답 ④

고령인 사람이 서 있을 때 통증이 나타난다면 퇴행성 척추질환인 척추관협착증(요추관협착증)일 가능성이 높다. 반면 허리디스크(추간판탈출증)는 젊은 나이에도 디스크에 급격한 충격이 가해지면 발생할 수 있고, 앉아 있을 때 통증이 심해진다. 따라서 ㉠에는 척추관협착증, ㉡에는 허리디스크가 들어가야 한다.

11

정답 ④

제시문은 장애인 건강주치의 시범사업을 소개하며 3단계 시범사업에서 기존과 달라지는 내용을 위주로 설명하고 있다. 따라서 가장 처음에 와야 할 문단은 3단계 장애인 건강주치의 시범사업을 소개하는 (마) 문단이다. 이어서 장애인 건강주치의 시범사업 세부 서비스를 소개하는 문단이 와야 하는데, 서비스 종류를 소개하는 문장이 있는 (다) 문단이 이어지는 것이 가장 적절하다. 그리고 2번째 서비스인 주장애관리를 소개하는 (가) 문단이 와야 하며, 그 다음으로 3번째 서비스인 통합관리 서비스와 추가적으로 방문 서비스를 소개하는 (라) 문단이 오는 것이 적절하다. 마지막으로 장애인 건강주치의 시범사업에 신청하는 방법을 소개하며 글을 끝내는 것이 적절하므로 (나) 문단이 이어져야 한다. 따라서 글의 순서를 바르게 나열하면 (마) – (다) – (가) – (라) – (나)이다.

12

정답 ①

- 2019년 직장가입자 건강보험금 및 지역가입자 건강보험금 징수율
  - 직장가입자 : $\frac{6,698,187}{6,706,712}\times100 ≒ 99.87\%$
  - 지역가입자 : $\frac{886,396}{923,663}\times100 ≒ 95.97\%$
- 2020년 직장가입자 건강보험금 및 지역가입자 건강보험금 징수율
  - 직장가입자 : $\frac{4,898,775}{5,087,163}\times100 ≒ 96.3\%$
  - 지역가입자 : $\frac{973,681}{1,003,637}\times100 ≒ 97.02\%$
- 2021년 직장가입자 건강보험금 및 지역가입자 건강보험금 징수율
  - 직장가입자 : $\frac{7,536,187}{7,763,135}\times100 ≒ 97.08\%$
  - 지역가입자 : $\frac{1,138,763}{1,256,137}\times100 ≒ 90.66\%$
- 2022년 직장가입자 건강보험금 및 지역가입자 건강보험금 징수율
  - 직장가입자 : $\frac{8,368,972}{8,376,138}\times100 ≒ 99.91\%$
  - 지역가입자 : $\frac{1,058,943}{1,178,572}\times100 ≒ 89.85\%$

따라서 직장가입자 건강보험금 징수율이 가장 높은 해는 2022년이고, 지역가입자 건강보험금 징수율이 가장 높은 해는 2020년이다.

13

정답 ④

이뇨제의 1인 투여량은 60mL/일이고 진통제의 1인 투여량은 60mg/일이므로 이뇨제를 투여한 환자 수와 진통제를 투여한 환자 수의 비는 이뇨제 사용량과 진통제 사용량의 비와 같다.

- 2018년 : $3,000\times2 < 6,720$
- 2019년 : $3,480\times2=6,960$
- 2020년 : $3,360\times2 < 6,840$
- 2021년 : $4,200\times2 > 7,200$
- 2022년 : $3,720\times2 > 7,080$

따라서 2018년과 2020년에 진통제를 투여한 환자 수는 이뇨제를 투여한 환자 수의 2배보다 많다.

오답분석

① 2022년에 사용량이 감소한 의약품은 이뇨제와 진통제로 이뇨제의 사용량 감소율은 $\frac{3,720-4,200}{4,200}\times100 ≒ -11.43\%p$이고, 진통제의 사용량 감소율은 $\frac{7,080-7,200}{7,200}\times100 ≒ -1.67\%p$이다. 따라서 전년 대비 2022년 사용량 감소율이 가장 큰 의약품은 이뇨제이다.

② 5년 동안 지사제 사용량의 평균은 $\frac{30+42+48+40+44}{5}=40.8$정이고, 지사제의 1인 1일 투여량은 2정이다. 따라서 지사제를 투여한 환자 수의 평균은 $\frac{40.8}{2}=20.4$이므로 약 20명이다.

③ 이뇨제 사용량은 매년 '증가 – 감소 – 증가 – 감소'를 반복하였다.

14

정답 ③

분기별 사회복지사 인력의 합은 다음과 같다.

- 2022년 3분기 : 391+670+1,887=2,948명
- 2022년 4분기 : 385+695+1,902=2,982명
- 2023년 1분기 : 370+700+1,864=2,934명
- 2023년 2분기 : 375+720+1,862=2,957명

분기별 전체 보건인력 중 사회복지사 인력의 비율은 다음과 같다.

- 2022년 3분기 : $\frac{2,948}{80,828}\times 100 \fallingdotseq 3.65\%$
- 2022년 4분기 : $\frac{2,982}{82,582}\times 100 \fallingdotseq 3.61\%$
- 2023년 1분기 : $\frac{2,934}{86,236}\times 100 \fallingdotseq 3.40\%$
- 2023년 2분기 : $\frac{2,957}{86,707}\times 100 \fallingdotseq 3.41\%$

따라서 옳지 않은 것은 ③이다.

15

정답 ③

건강생활실천지원금제 신청자 목록에 따라 신청자별로 확인하면 다음과 같다.

- A : 주민등록상 주소지는 시범지역에 속하지 않는다.
- B : 주민등록상 주소지는 관리형에 속하지만, 고혈압 또는 당뇨병 진단을 받지 않았다.
- C : 주민등록상 주소지는 예방형에 속하고, 체질량지수와 혈압이 건강관리가 필요한 사람이므로 예방형이다.
- D : 주민등록상 주소지는 관리형에 속하고, 고혈압 진단을 받았으므로 관리형이다.
- E : 주민등록상 주소지는 예방형에 속하고, 체질량지수와 공복혈당 건강관리가 필요한 사람이므로 예방형이다.
- F : 주민등록상 주소지는 시범지역에 속하지 않는다.
- G : 주민등록상 주소지는 관리형에 속하고, 당뇨병 진단을 받았으므로 관리형이다.
- H : 주민등록상 주소지는 시범지역에 속하지 않는다.
- I : 주민등록상 주소지는 예방형에 속하지만, 필수조건인 체질량지수가 정상이므로 건강관리가 필요한 사람에 해당하지 않는다.

따라서 예방형 신청이 가능한 사람은 C, E이고, 관리형 신청이 가능한 사람은 D, G이다.

16

정답 ③

출산장려금 지급 시기의 가장 우선순위인 임신일이 가장 긴 임산부는 B, D, E임산부이다. 이 중에서 만 19세 미만인 자녀 수가 많은 임산부는 D, E임산부이고, 소득 수준이 더 낮은 임산부는 D임산부이다. 따라서 D임산부가 가장 먼저 출산장려금을 받을 수 있다.

17

정답 ②

제시문은 행위별수가제에 대한 것으로 환자, 의사, 건강보험 재정 등 많은 곳에서 한계점이 있다고 설명하면서 건강보험 고갈을 막기 위해 다양한 지불방식을 도입하는 등 구조적인 개편이 필요함을 설명하고 있다. 따라서 글의 주제로 '행위별수가제의 한계점'이 가장 적절하다.

18

정답 ②

- 구상(求償) : 무역 거래에서 수량・품질・포장 따위에 계약 위반 사항이 있는 경우, 매주(賣主)에게 손해 배상을 청구하거나 이의를 제기하는 일
- 구제(救濟) : 자연적인 재해나 사회적인 피해를 당하여 어려운 처지에 있는 사람을 도와줌

19

정답 ①

- (운동에너지)$=\frac{1}{2}\times$(질량)$\times$(속력)$^2=\frac{1}{2}\times 2\times 4^2=16$J
- (위치에너지)=(질량)$\times$(중력가속도)$\times$(높이)$=2\times 10\times 0.5=10$J
- (역학적 에너지)=(운동에너지)+(위치에너지)$=16+10=26$J

공의 역학적 에너지는 26J이고, 튀어 오를 때 가장 높은 지점에서 운동에너지가 0이므로 역학적 에너지는 위치에너지와 같다. 따라서 공이 튀어 오를 때 가장 높은 지점에서의 위치에너지는 26J이다.

20

정답 ④

출장지까지 거리는 $200\times 1.5=300$km이므로 시속 60km의 속력으로 달릴 때 걸리는 시간은 5시간이고, 약속시간보다 1시간 늦게 도착하므로 약속시간은 4시간 남았다. 300km를 시속 60km의 속력으로 달리다 도중에 시속 90km의 속력으로 달릴 때 약속시간보다 30분 일찍 도착했으므로, 이때 걸린 시간은 $4-\frac{1}{2}=\frac{7}{2}$시간이다.

시속 90km의 속력으로 달린 거리를 $x$km라 하면

$\frac{300-x}{60}+\frac{x}{90}=\frac{7}{2}$

$\rightarrow 900-3x+2x=630$

$\therefore\ x=270$

따라서 A부장이 시속 90km의 속력으로 달린 거리는 270km이다.

21

정답 ①

상품의 원가를 x원이라 하면 처음 판매가격은 $1.23x$원이다.

여기서 1,300원을 할인하여 판매했을 때 얻은 이익은 원가의 10%이므로

$(1.23x-1{,}300)-x=0.1x$

$\rightarrow 0.13x=1{,}300$

$\therefore\ x=10{,}000$

따라서 상품의 원가는 10,000원이다.

22

정답 ③

G와 B의 자리를 먼저 고정하고, 양 끝에 앉을 수 없는 A의 위치를 토대로 경우의 수를 계산하면 다음과 같다.

- G가 가운데에 앉고, B가 G의 바로 왼쪽에 앉는 경우의 수

	A	B	G			
		B	G	A		
		B	G		A	

$3\times 4!=72$가지

- G가 가운데에 앉고, B가 G의 바로 오른쪽에 앉는 경우의 수

	A		G	B		
		A	G	B		
			G	B	A	

$3\times 4!=72$가지

따라서 조건과 같이 앉을 때 가능한 경우의 수는 $72+72=144$가지이다.

23

정답 ②

유치원생이 11명일 때 평균 키는 113cm이므로 유치원생 11명의 키의 합은 $113\times11=1,243$cm이다. 키가 107cm인 유치원생이 나갔으므로 남은 유치원생 10명의 키의 합은 $1,243-107=1,136$cm이다. 따라서 남은 유치원생 10명의 평균 키는 $\frac{1,136}{10}=113.6$cm이다.

24

정답 ③

'우회수송'은 사고 등의 이유로 직통이 아닌 다른 경로로 우회하여 수송한다는 뜻이기 때문에 '우측 선로로 변경'은 순화로 적절하지 않다.

오답분석

① '열차시격'에서 '시격'이란 '사이에 뜬 시간'이라는 뜻의 한자어로, 열차와 열차 사이의 간격, 즉 배차간격으로 순화할 수 있다.
② '전차선'이란 선로를 의미하고, '단전'은 전기의 공급이 중단됨을 말한다. 따라서 바르게 순화되었다.
④ '핸드레일(Handrail)'은 난간을 뜻하는 영어 단어로, 우리말로는 '안전손잡이'로 순화할 수 있다.
⑤ '키스 앤 라이드(Kiss and Ride)'는 헤어질 때 키스를 하는 영미권 문화에서 비롯된 용어로, 환승정차구역을 지칭한다.

25

정답 ④

세 번째 문단을 통해 정부가 철도 중심 교통체계 구축을 위해 노력하고 있음을 알 수는 있으나, 구체적으로 시행된 조치는 언급되지 않았다.

오답분석

① 첫 번째 문단을 통해 전 세계적으로 탄소중립이 주목받자 이에 대한 방안으로 등장한 것이 철도 수송임을 알 수 있다.
② 첫 번째 문단과 두 번째 문단을 통해 철도 수송의 확대가 온실가스 배출량의 획기적인 감축을 가져올 것임을 알 수 있다.
③ 네 번째 문단을 통해 '중앙선 안동 ~ 영천 간 궤도' 설계 시 탄소 감축 방안으로 저탄소 자재인 유리섬유 보강근이 철근 대신 사용되었음을 알 수 있다.
⑤ 네 번째 문단을 통해 S철도공단은 철도 중심 교통체계 구축을 위해 건설 단계에서부터 친환경·저탄소 자재를 적용하였고, 탄소 감축을 위해 2025년부터는 모든 철도건축물을 일정한 등급 이상으로 설계하기로 결정하였음을 알 수 있다.

26

정답 ①

제시문을 살펴보면 먼저 첫 번째 문단에서는 이산화탄소로 메탄올을 만드는 곳이 있다며 관심을 유도하고, 두 번째 문단에서 메탄올을 어떻게 만들고 어디에서 사용하는지 구체적으로 설명함으로써 탄소 재활용의 긍정적인 측면을 부각하고 있다. 하지만 세 번째 문단에서는 앞선 내용과 달리 이렇게 만들어진 메탄올의 부정적인 측면을 설명하고, 네 번째 문단에서는 이와 같은 이유로 탄소 재활용에 대한 결론이 나지 않았다며 글이 마무리되고 있다. 따라서 글의 주제로 적절한 것은 탄소 재활용의 이면을 모두 포함하는 내용인 ①이다.

오답분석

② 두 번째 문단에 한정된 내용이므로 제시문 전체를 다루는 주제로 보기에는 적절하지 않다.
③ 지열발전소의 부산물을 통해 메탄올이 만들어진 것은 맞지만, 새롭게 탄생된 연료로 보기는 어려우며, 글의 전체를 다루는 주제로 보기에도 적절하지 않다.
④·⑤ 제시문의 첫 번째 문단과 두 번째 문단에서는 버려진 이산화탄소 및 부산물의 재활용을 통해 '메탄올'을 제조함으로써 미래 원료를 해결할 수 있을 것처럼 보이지만, 이어지는 세 번째 문단과 네 번째 문단에서는 이렇게 만들어진 '메탄올'이 과연 미래 원료로 적합한지 의문점이 제시되고 있다. 따라서 글의 주제로 보기에는 적절하지 않다.

27

정답 ④

A ~ C철도사의 차량 1량당 연간 승차인원 수는 다음과 같다.

• 2020년

- A철도사 : $\frac{775,386}{2,751}$ ≒ 281.86천 명/년/1량
- B철도사 : $\frac{26,350}{103}$ ≒ 255.83천 명/년/1량
- C철도사 : $\frac{35,650}{185}$ ≒ 192.7천 명/년/1량

• 2021년

- A철도사 : $\frac{768,776}{2,731}$ ≒ 281.5천 명/년/1량
- B철도사 : $\frac{24,746}{111}$ ≒ 222.94천 명/년/1량
- C철도사 : $\frac{33,130}{185}$ ≒ 179.08천 명/년/1량

• 2022년

- A철도사 : $\frac{755,376}{2,710}$ ≒ 278.74천 명/년/1량
- B철도사 : $\frac{23,686}{113}$ ≒ 209.61천 명/년/1량
- C철도사 : $\frac{34,179}{185}$ ≒ 184.75천 명/년/1량

따라서 3년간 차량 1량당 연간 평균 승차인원 수는 C철도사가 가장 적다.

오답분석

① 2020 ~ 2022년의 C철도사 차량 수는 185량으로 변동이 없다.
② 2020 ~ 2022년의 연간 승차인원 비율은 모두 A철도사가 가장 높다.
③ A ~ C철도사의 2020년의 전체 연간 승차인원 수는 775,386+26,350+35,650=837,386천 명, 2021년의 전체 연간 승차인원 수는 768,776+24,746+33,130=826,652천 명, 2022년의 전체 연간 승차인원 수는 755,376+23,686+34,179=813,241천 명으로 매년 감소하였다.
⑤ 2020 ~ 2022년의 C철도사 차량 1량당 연간 승차인원 수는 각각 192.7천 명, 179.08천 명, 184.75천 명이므로 모두 200천 명 미만이다.

28

정답 ⑤

2018년 대비 2022년에 석유 생산량이 감소한 국가는 C, F이며, 석유 생산량 감소율은 다음과 같다.

• C : $\frac{4,025,936-4,102,396}{4,102,396} \times 100$ ≒ −1.9%p

• F : $\frac{2,480,221-2,874,632}{2,874,632} \times 100$ ≒ −13.7%p

따라서 석유 생산량 감소율이 가장 큰 국가는 F이다.

오답분석

① 석유 생산량이 매년 증가한 국가는 A, B, E, H로 총 4개이다.
② 2018년 대비 2022년에 석유 생산량이 증가한 국가의 석유 생산량 증가량은 다음과 같다.
  • A : 10,556,259−10,356,185=200,074bbl/day
  • B : 8,567,173−8,251,052=316,121bbl/day
  • D : 5,442,103−5,321,753=120,350bbl/day

- E : $335,371-258,963=76,408$bbl/day
- G : $1,336,597-1,312,561=24,036$bbl/day
- H : $104,902-100,731=4,171$bbl/day

따라서 석유 생산량 증가량이 가장 많은 국가는 B이다.

③ E국가의 연도별 석유 생산량을 H국가의 석유 생산량과 비교하면 다음과 같다.

- 2018년 : $\frac{258,963}{100,731} \fallingdotseq 2.6$
- 2019년 : $\frac{273,819}{101,586} \fallingdotseq 2.7$
- 2020년 : $\frac{298,351}{102,856} \fallingdotseq 2.9$
- 2021년 : $\frac{303,875}{103,756} \fallingdotseq 2.9$
- 2022년 : $\frac{335,371}{104,902} \fallingdotseq 3.2$

따라서 2022년 E국가의 석유 생산량은 H국가 석유 생산량의 약 3.2배이므로 옳지 않다.

④ 석유 생산량 상위 2개국은 매년 A, B이며, 매년 석유 생산량의 차이는 다음과 같다.

- 2018년 : $10,356,185-8,251,052=2,105,133$bbl/day
- 2019년 : $10,387,665-8,297,702=2,089,963$bbl/day
- 2020년 : $10,430,235-8,310,856=2,119,379$bbl/day
- 2021년 : $10,487,336-8,356,337=2,130,999$bbl/day
- 2022년 : $10,556,259-8,567,173=1,989,086$bbl/day

따라서 A와 B국가의 석유 생산량의 차이는 '감소 – 증가 – 증가 – 감소'를 보이므로 옳지 않다.

29

정답 ②

제시된 법에 따라 공무원인 친구가 받을 수 있는 선물의 금액은 1회에 100만 원이다.

$12x<100 \rightarrow x<\frac{100}{12}=\frac{25}{3} \fallingdotseq 8.33$

따라서 A씨는 수석을 최대 8개 보낼 수 있다.

30

정답 ④

거래처로 가기 위해 C와 G를 거쳐야 하므로, C를 먼저 거치는 최소 이동거리와 G를 먼저 거치는 최소 이동거리를 비교해 본다.

- 본사 – C – D – G – 거래처

  $6+3+3+4=16$km
- 본사 – E – G – D – C – F – 거래처

  $4+1+3+3+3+4=18$km

따라서 최소 이동거리는 16km이다.

31

정답 ④

- 볼펜을 30자루 구매하면 개당 200원씩 할인되므로 $800\times30=24,000$원이다.
- 수정테이프를 8개 구매하면 $2,500\times8=20,000$원이지만, 10개를 구매하면 개당 1,000원이 할인되어 $1,500\times10=15,000$원이므로 10개를 구매하는 것이 더 저렴하다.
- 연필을 20자루 구매하면 연필 가격의 25%가 할인되므로 $400\times20\times0.75=6,000$원이다.
- 지우개를 5개 구매하면 $300\times5=1,500$원이며 지우개에 대한 할인은 적용되지 않는다.

따라서 총금액은 $24,000+15,000+6,000+1,500=46,500$원이고 3만 원을 초과했으므로 10% 할인이 적용되어 $46,500\times0.9=41,850$원이다. 또한 할인 적용 전 금액이 5만 원 이하이므로 배송료 5,000원이 추가로 부과되어 $41,850+5,000=46,850$원이 된다. 그런데 만약 비품을 3,600원어치 추가로 주문하면 $46,500+3,600=50,100$원이므로 할인 적용 전 금액이 5만 원을 초과하여 배송료가 무료가 되고, 총금액이 3만 원을 초과했으므로 지불할 금액은 10% 할인이 적용된 $50,100\times0.9=45,090$원이 된다. 그러므로 지불 가능한 가장 저렴한 금액은 45,090원이다.

32

정답 ①

A～E가 받는 성과급을 구하면 다음과 같다.

직원	직책	매출 순이익	기여도	성과급 비율	성과급
A	팀장	4,000만 원	25%	매출 순이익의 5%	1.2×4,000×0.05=240만 원
B	팀장	2,500만 원	12%	매출 순이익의 2%	1.2×2,500×0.02=60만 원
C	팀원	1억 2,500만 원	3%	매출 순이익의 1%	12,500×0.01=125만 원
D	팀원	7,500만 원	7%	매출 순이익의 3%	7,500×0.03=225만 원
E	팀원	800만 원	6%	–	0원

따라서 가장 많은 성과급을 받는 사람은 A이다.

33

정답 ⑤

2023년 6월의 학교폭력 신고 건수는 7,530+1,183+557+601=9,871건으로, 10,000건 미만이다.

오답분석

① • 2023년 1월의 학교폭력 상담 건수 : 9,652−9,195=457건
　• 2023년 2월의 학교폭력 상담 건수 : 10,109−9,652=457건
　따라서 2023년 1월과 2023년 2월의 학교폭력 상담 건수는 같다.

② 학교폭력 상담 건수와 신고 건수 모두 2023년 3월에 가장 많다.

③ 전월 대비 학교폭력 상담 건수가 가장 크게 감소한 때는 2023년 5월이지만, 학교폭력 신고 건수가 가장 크게 감소한 때는 2023년 4월이다.

④ 전월 대비 학교폭력 상담 건수가 증가한 월은 2022년 9월과 2023년 3월이고, 이때 학교폭력 신고 건수 또한 전월 대비 증가하였다.

34

정답 ④

연도별 전체 발전량 대비 유류·양수 자원 발전량은 다음과 같다.

• 2018년 : $\frac{6,605}{553,256}\times 100 ≒ 1.2\%$

• 2019년 : $\frac{6,371}{537,300}\times 100 ≒ 1.2\%$

• 2020년 : $\frac{5,872}{550,826}\times 100 ≒ 1.1\%$

• 2021년 : $\frac{5,568}{553,900}\times 100 ≒ 1\%$

• 2022년 : $\frac{5,232}{593,958}\times 100 ≒ 0.9\%$

따라서 2022년의 유류·양수 자원 발전량은 전체 발전량의 1% 미만이다.

오답분석

① 원자력 자원 발전량과 신재생 자원 발전량은 매년 증가하였다.

② 연도별 석탄 자원 발전량의 전년 대비 감소폭은 다음과 같다.
　• 2019년 : 226,571−247,670=−21,099GWh
　• 2020년 : 221,730−226,571=−4,841GWh
　• 2021년 : 200,165−221,730=−21,565GWh
　• 2022년 : 198,367−200,165=−1,798GWh
　따라서 석탄 자원 발전량의 전년 대비 감소폭이 가장 큰 해는 2021년이다.

③ 연도별 신재생 자원 발전량 대비 가스 자원 발전량은 다음과 같다.

- 2018년 : $\frac{135,072}{36,905} \times 100 \fallingdotseq 366\%$
- 2019년 : $\frac{126,789}{38,774} \times 100 \fallingdotseq 327\%$
- 2020년 : $\frac{138,387}{44,031} \times 100 \fallingdotseq 314\%$
- 2021년 : $\frac{144,976}{47,831} \times 100 \fallingdotseq 303\%$
- 2022년 : $\frac{160,787}{50,356} \times 100 \fallingdotseq 319\%$

따라서 연도별 신재생 자원 발전량 대비 가스 자원 발전량이 가장 큰 해는 2018년이다.

⑤ 전체 발전량이 증가한 해는 2020 ~ 2022년이며, 그 증가폭은 다음과 같다.

- 2020년 : 550,826－537,300＝13,526GWh
- 2021년 : 553,900－550,826＝3,074GWh
- 2022년 : 593,958－553,900＝40,058GWh

따라서 전체 발전량의 전년 대비 증가폭이 가장 큰 해는 2022년이다.

35

정답 ②

㉠ 퍼실리테이션(Facilitation)이란 '촉진'을 의미하며, 어떤 그룹이나 집단이 의사결정을 잘하도록 도와주는 일을 가리킨다. 최근 많은 조직에서는 보다 생산적인 결과를 가져올 수 있도록 그룹이 나아갈 방향을 알려 주고, 주제에 대한 공감을 이룰 수 있도록 능숙하게 도와주는 퍼실리테이터를 활용하고 있다. 퍼실리테이션에 의한 문제해결 방법은 깊이 있는 커뮤니케이션을 통해 서로의 문제점을 이해하고 공감함으로써 창조적인 문제해결을 도모한다. 소프트 어프로치나 하드 어프로치 방법은 타협점의 단순 조정에 그치지만, 퍼실리테이션에 의한 방법은 초기에 생각하지 못했던 창조적인 해결 방법을 도출한다. 동시에 구성원의 동기가 강화되고 팀워크도 한층 강화된다는 특징을 보인다. 이 방법을 이용한 문제해결은 구성원이 자율적으로 실행하는 것이며, 제3자가 합의점이나 줄거리를 준비해 놓고 예정대로 결론이 도출되어 가도록 해서는 안 된다.

㉡ 하드 어프로치에 의한 문제해결방법은 상이한 문화적 토양을 가지고 있는 구성원을 가정하여 서로의 생각을 직설적으로 주장하고 논쟁이나 협상을 통해 의견을 조정해 가는 방법이다. 이때 중심적 역할을 하는 것이 논리, 즉 사실과 원칙에 근거한 토론이다. 제3자는 이것을 기반으로 구성원에게 지도와 설득을 하고 전원이 합의하는 일치점을 찾아내려고 한다. 이러한 방법은 합리적이긴 하지만 잘못하면 단순한 이해관계의 조정에 그치고 말아서 그것만으로는 창조적인 아이디어나 높은 만족감을 이끌어내기 어렵다.

㉢ 소프트 어프로치에 의한 문제해결방법은 대부분의 기업에서 볼 수 있는 전형적인 스타일로 조직 구성원들은 같은 문화적 토양을 가지고 이심전심으로 서로를 이해하는 상황을 가정한다. 코디네이터 역할을 하는 제3자는 결론으로 끌고 갈 지점을 미리 머릿속에 그려가면서 권위나 공감에 의지하여 의견을 중재하고, 타협과 조정을 통하여 해결을 도모한다. 결론이 애매하게 끝나는 경우가 적지 않으나, 그것은 그것대로 이심전심을 유도하여 파악하면 된다. 소프트 어프로치에서는 문제해결을 위해서 직접 표현하는 것이 바람직하지 않다고 여기며, 무언가를 시사하거나 암시를 통하여 의사를 전달하고 기분을 서로 통하게 함으로써 문제해결을 도모하려고 한다.

36

정답 ④

네 번째 조건을 제외한 모든 조건과 그 대우를 논리식으로 표현하면 다음과 같다.

- $\sim(D \lor G) \rightarrow F$ / $\sim F \rightarrow (D \land G)$
- $F \rightarrow \sim E$ / $E \rightarrow \sim F$
- $\sim(B \lor E) \rightarrow \sim A$ / $A \rightarrow (B \land E)$

네 번째 조건에 따라 A가 투표를 하였으므로, 세 번째 조건의 대우에 의해 B와 E 모두 투표를 하였다. 또한 E가 투표를 하였으므로, 두 번째 조건의 대우에 따라 F는 투표하지 않았으며, F가 투표하지 않았으므로 첫 번째 조건의 대우에 따라 D와 G는 모두 투표하였다. A, B, D, E, G 5명이 모두 투표하였으므로 네 번째 조건에 따라 C는 투표하지 않았다. 따라서 투표를 하지 않은 사람은 C와 F이다.

37

정답 ⑤

VLOOKUP 함수는 열의 첫 열에서 수직으로 검색하여 원하는 값을 출력하는 함수이다. 함수의 형식은 「=VLOOKUP(찾을 값, 범위, 열 번호, 찾기 옵션)」이며 이 중 근사값을 찾기 위해서는 찾기 옵션에 1을 입력하고, 정확히 일치하는 값을 찾기 위해서는 0을 입력해야 한다. 상품코드 S3310897의 값을 일정한 범위에서 찾아야 하는 것이므로 범위는 절대참조로 지정해야 하며, 크기 중은 범위 중 3번째 열에 위치하고, 정확히 일치하는 값을 찾아야 하므로 입력해야 하는 함수식은 「=VLOOKUP("S3310897",$B$2:$E$8,3,0)」이다.

오답분석

① · ② HLOOKUP 함수를 사용하려면 찾고자 하는 값은 '중'이고, [B2:E8] 범위에서 찾고자 하는 행 'S3310897'은 6번째 행이므로 「=HLOOKUP("중",$B$2:$E$8,6,0)」을 입력해야 한다.

③ · ④ '중'은 테이블 범위에서 3번째 열이다.

38

정답 ③

Windows Game Bar로 녹화한 영상의 저장 위치는 파일 탐색기를 사용하여 [내 PC] – [동영상] – [캡처] 폴더를 원하는 위치로 옮겨 변경할 수 있다.

39

정답 ①

RPS 제도 이행을 위해 공급의무자는 일정 비율 이상(의무공급비율)을 신재생에너지로 발전해야 한다. 하지만 의무공급비율은 매년 확대되고 있고, 여기에 맞춰 신재생에너지 발전설비를 계속 추가하는 것은 시간적, 물리적으로 어려우므로 공급의무자는 신재생에너지 공급자로부터 REC를 구매하여 의무공급비율을 달성한다.

오답분석

② 신재생에너지 공급자가 공급의무자에게 REC를 판매하기 위해서는 에너지관리공단 신재생에너지센터, 한국전력거래소 등 공급인증기관으로부터 공급 사실을 증명하는 공급인증서를 신청해 발급받아야 한다.

③ 2021년 8월 이후 에너지관리공단에서 운영하는 REC 거래시장을 통해 일반기업도 REC를 구매하여 온실가스 감축실적으로 인정받을 수 있게 되었다.

④ REC에 명시된 공급량은 발전방식에 따라 가중치를 곱해 표기하므로 실제 공급량과 다를 수 있다.

40

정답 ③

빈칸 ㉠의 앞 문장은 공급의무자가 신재생에너지 발전설비 확대를 통한 RPS 달성에는 한계점이 있음을 설명하고, 뒷 문장은 이에 대한 대안으로서 REC 거래를 설명하고 있다. 따라서 빈칸에 들어갈 접속부사는 '그러므로'가 가장 적절하다.

41

정답 ③

오답분석

① 인증서의 유효기간은 발급일로부터 3년이다. 2020년 10월 6일에 발급받은 REC의 만료일은 2023년 10월 6일이므로 이미 만료되어 거래할 수 없다.

② 천연가스는 화석연료이므로 REC를 발급받을 수 없다.

④ 기업에 판매하는 REC는 에너지관리공단에서 거래시장을 운영한다.

42

정답 ③

수소는 연소 시 탄소를 배출하지 않는 친환경에너지이지만, 수소혼소 발전은 수소와 함께 액화천연가스(LNG)를 혼합하여 발전하므로 기존 LNG 발전에 비해 탄소 배출량은 줄어들지만, 여전히 탄소를 배출한다.

오답분석

① 수소혼소 발전은 기존의 LNG 발전설비를 활용할 수 있기 때문에 화석연료 발전에서 친환경에너지 발전으로 전환하는 데 발생하는 사회적·경제적 충격을 완화할 수 있다.
② 높은 온도로 연소되는 수소는 공기 중의 질소와 반응하여 질소산화물(NOx)을 발생시키며, 이는 미세먼지와 함께 대기오염의 주요 원인으로 작용한다.
④ 수소혼소 발전에서 수소를 혼입하는 양이 많아질수록 발전에 사용하는 LNG를 많이 대체하므로 탄소 배출량은 줄어든다.

43

정답 ②

보기에 주어진 문장은 접속부사 '따라서'로 시작하므로 수소가 2050 탄소중립 실현을 위한 최적의 에너지원이 되는 이유 뒤에 와야 한다. 따라서 보기는 수소 에너지의 장점과 이어지는 (나)에 들어가는 것이 가장 적절하다.

44

정답 ③

- 총무팀 : 연필, 지우개, 볼펜, 수정액의 수량이 기준 수량보다 적다.
  - 최소 주문 수량 : 연필 15자루, 지우개 15개, 볼펜 40자루, 수정액 15개
  - 최대 주문 수량 : 연필 60자루, 지우개 90개, 볼펜 120자루, 수정액 60개
- 연구개발팀 : 볼펜, 수정액의 수량이 기준 수량보다 적다.
  - 최소 주문 수량 : 볼펜 10자루, 수정액 10개
  - 최대 주문 수량 : 볼펜 120자루, 수정액 60개
- 마케팅홍보팀 : 지우개, 볼펜, 수정액, 테이프의 수량이 기준 수량보다 적다.
  - 최소 주문 수량 : 지우개 5개, 볼펜 45자루, 수정액 25개, 테이프 10개
  - 최대 주문 수량 : 지우개 90개, 볼펜 120자루, 수정액 60개, 테이프 40개
- 인사팀 : 연필, 테이프의 수량이 기준 수량보다 적다.
  - 최소 주문 수량 : 연필 5자루, 테이프 15개
  - 최대 주문 수량 : 연필 60자루, 테이프 40개

따라서 비품 신청 수량이 바르지 않은 팀은 마케팅홍보팀이다.

45

정답 ②

N사에서 A지점으로 가려면 1호선으로 역 2개를 지난 후 2호선으로 환승하여 역 5개를 더 가야 한다.
따라서 편도로 이동하는 데 걸리는 시간은 $(2\times2)+3+(2\times5)=17$분이므로 왕복하는 데 걸리는 시간은 $17\times2=34$분이다.

46

정답 ④

- A지점 : $(900\times2)+(950\times5)=6,550$m
- B지점 : $900\times8=7,200$m
- C지점 : $(900\times2)+(1,300\times4)=7,000$m 또는 $(900\times5)+1,000+1,300=6,800$m
- D지점 : $(900\times5)+(1,000\times2)=6,500$m 또는 $(900\times2)+(1,300\times3)+1,000=6,700$m

따라서 이동거리가 가장 짧은 지점은 D지점이다.

47

정답 ②

- A지점 : 이동거리는 6,550m이고 기본요금 및 거리비례 추가비용은 2호선 기준이 적용되므로 1,500+100=1,600원이다.
- B지점 : 이동거리는 7,200m이고 기본요금 및 거리비례 추가비용은 1호선 기준이 적용되므로 1,200+50×4=1,400원이다.
- C지점 : 이동거리는 7,000m이고 기본요금 및 거리비례 추가비용은 4호선 기준이 적용되므로 2,000+150=2,150원이다.
  또는 이동거리가 6,800m일 때, 기본요금 및 거리비례 추가비용은 4호선 기준이 적용되므로 2,000+150=2,150원이다.
- D지점 : 이동거리는 6,500m이고 기본요금 및 거리비례 추가비용은 3호선 기준이 적용되므로 1,800+100×3=2,100원이다.
  또는 이동거리가 6,700m일 때, 기본요금 및 거리비례 추가비용은 4호선 기준이 적용되므로 2,000+150=2,150원이다.

따라서 이동하는 데 드는 비용이 가장 적은 지점은 B지점이다.

48

정답 ⑤

미국 컬럼비아 대학교에서 만들어낸 치즈케이크는 7가지의 반죽형 식용 카트리지로 만들어졌다. 따라서 페이스트를 층층이 쌓아서 만드는 FDM 방식을 사용하여 제작하였음을 알 수 있다.

오답분석

① PBF / SLS 방식 3D 푸드 프린터는 설탕 같은 분말 형태의 재료를 접착제나 레이저로 굳혀 제작하는 것이므로 설탕 케이크 장식을 제작하기에 적절한 방식이다.
② 3D 푸드 프린터는 질감을 조정하거나, 맛을 조정하여 음식을 제작할 수 있으므로 식감 등으로 발생하는 편식을 줄일 수 있다.
③ 3D 푸드 프린터는 음식을 제작할 때 개인별로 필요한 영양소를 첨가하는 등 사용자 맞춤 식단을 제공할 수 있다는 장점이 있다.
④ 네 번째 문단에서 현재 3D 푸드 프린터의 한계점을 보면 디자인적·심리적 요소로 인해 3D 푸드 프린터로 제작된 음식에 거부감이 들 수 있다고 하였다.

49

정답 ④

(라) 문장이 포함된 문단은 3D 푸드 프린터의 장점에 대해 설명하는 문단이며, 특히 대체육 프린팅의 장점에 대해 소개하고 있다. 그러나 (라) 문장은 대체육의 단점에 대해 서술하고 있으므로 네 번째 문단에 추가로 서술하거나 삭제하는 것이 적절하다.

오답분석

① (가) 문장은 컬럼비아 대학교에서 3D 푸드 프린터로 만들어 낸 치즈케이크의 특징을 설명하는 문장이므로 적절하다.
② (나) 문장은 현재 주로 사용되는 3D 푸드 프린터의 작동 방식을 설명하는 문장이므로 적절하다.
③ (다) 문장은 3D 푸드 프린터의 장점을 소개하는 세 번째 문단의 중심내용이므로 적절하다.
⑤ (마) 문장은 3D 푸드 프린터의 한계점인 '디자인으로 인한 심리적 거부감'을 서술하고 있으므로 적절하다.

50

정답 ④

네 번째 문단은 3D 푸드 프린터의 한계 및 개선점을 설명한 문단으로, 3D 푸드 프린터의 장점을 설명한 세 번째 문단과 역접관계에 있다. 따라서 '그러나'가 적절한 접속부사이다.

오답분석

① ㉠ 앞에서 서술된 치즈케이크의 특징이 대체육과 같은 다른 관련 산업에서 주목하게 된 이유가 되므로 '그래서'는 적절한 접속부사이다.
② ㉡ 앞의 문장은 3D 푸드 프린터의 장점을 소개하는 세 번째 문단의 중심내용이고 뒤의 문장은 이에 대한 예시를 설명하고 있으므로 '예를 들어'는 적절한 접속부사이다.
③ ㉢의 앞과 뒤는 다른 내용이지만 모두 3D 푸드 프린터의 장점을 나열한 것이므로 '또한'은 적절한 접속부사이다.
⑤ ㉤의 앞과 뒤는 다른 내용이지만 모두 3D 푸드 프린터의 단점을 나열한 것이므로 '게다가'는 적절한 접속부사이다.

02 2023년 주요 공기업 전공 기출복원문제

01 경영

01	02	03	04	05	06	07	08	09	10
⑤	②	③	①	④	④	①	⑤	②	①
11	12	13	14	15	16	17	18	19	20
③	④	④	③	③	④	④	④	③	②

01 　정답 ⑤

페이욜은 기업활동을 기술활동, 영업활동, 재무활동, 회계활동, 관리활동, 보전활동 6가지 분야로 구분하였다.

오답분석

② 차별 성과급제, 기능식 직장제도, 과업관리, 계획부 제도, 작업지도표 제도 등은 테일러의 과학적 관리법을 기본이론으로 한다.
③ 포드의 컨베이어 벨트 시스템은 생산원가를 절감하기 위해 표준 제품을 정하고 대량생산하는 방식을 정립한 것이다.
④ 베버의 관료제 조직은 계층에 의한 관리, 분업화, 문서화, 능력주의, 사람과 직위의 분리, 비개인성의 6가지 특징을 가지며, 이를 통해 조직을 가장 합리적이고 효율적으로 운영할 수 있다고 주장한다.

02 　정답 ②

논리적인 자료 제시를 통해 높은 이해도를 이끌어 내는 것은 이성적 소구에 해당된다.

오답분석

① 감성적 소구는 감정전이형 광고라고도 하며, 브랜드 이미지 제고, 호의적 태도 등을 목표로 한다.
③ 감성적 소구 방법으로 유머 소구, 공포 소구, 성적 소구 등이 해당된다.
④ 이성적 소구는 자사 제품이 선택되어야만 하는 이유 또는 객관적 근거를 제시하고자 하는 방법이다.
⑤ 이성적 소구는 위험성이 있거나 새로운 기술이 적용된 제품 등의 지식과 정보를 제공함으로써 표적소비자들이 제품을 선택할 수 있게 한다.

03 　정답 ③

단수가격은 심리학적 가격 결정으로, 1,000원, 10,000원의 단위로 가격을 결정하지 않고 900원, 990원, 9,900원 등 단수로 가격을 결정하여 상대적으로 저렴하게 보이게 하는 가격 전략이다.

오답분석

① 명성가격 : 판매자의 명성이나 지위를 나타내는 제품을 수요가 증가함에 따라 높게 설정하는 가격이다.
② 준거가격 : 소비자가 상품 가격을 평가할 때 자신의 기준이나 경험을 토대로 생각하는 가격이다.
④ 관습가격 : 소비자들이 오랜 기간 동안 일정금액으로 구매해 온 상품의 특정 가격이다.
⑤ 유인가격 : 잘 알려진 제품을 저렴하게 판매하여 소비자들을 유인하기 위한 가격이다.

04 　정답 ①

가치사슬은 미시경제학 또는 산업조직론을 기반으로 하는 분석 도구이다.

오답분석

② 가치사슬은 기업의 경쟁우위를 강화하기 위한 기본적 분석 도구로, 기업이 수행하는 활동을 개별적으로 나누어 분석한다.
③ 구매, 제조, 물류, 판매, 서비스 등을 기업의 본원적 활동으로 정의한다.
④ 인적자원 관리, 인프라, 기술개발, 조달활동 등을 기업의 지원적 활동으로 정의한다.
⑤ 각 가치사슬의 이윤은 전체 수입에서 가치창출을 위해 발생한 모든 비용을 제외한 값이다.

05

정답 ④

㉡ 자동화 기계 도입에 따른 다기능공 활용이 늘어나면, 작업자는 여러 기능을 숙달해야 하는 부담이 증가한다.
㉣ 혼류 생산을 통해 공간 및 설비 이용률을 향상시킨다.

오답분석

㉠ 현장 낭비 제거를 통해 원가를 낮추고 생산성을 향상시킬 수 있다.
㉢ 소 LOT 생산을 통해 재고율을 감소시켜 재고비용, 공간 등을 줄일 수 있다.

06

정답 ④

주식회사 발기인의 인원 수는 별도의 제한이 없다.

오답분석

① 주식회사의 법인격에 대한 설명이다.
② 출자자의 유한책임에 대한 설명이다(상법 제331조).
③ 주식은 자유롭게 양도할 수 있는 것이 원칙이다.
⑤ 주식회사는 사원(주주)의 수가 다수인 경우가 많기 때문에 사원이 직접 경영에 참여하기보다는 이사회로 경영권을 위임한다.

07

정답 ①

ELS는 주가연계증권으로, 사전에 정해진 조건에 따라 수익률이 결정되며 만기가 있다.

오답분석

② 주가연계파생결합사채(ELB)에 대한 설명이다.
③ 주가지수연동예금(ELD)에 대한 설명이다.
④ 주가연계신탁(ELT)에 대한 설명이다.
⑤ 주가연계펀드(ELF)에 대한 설명이다.

08

정답 ⑤

오답분석

①·② 파이프라인재고 또는 이동재고는 구매대금은 지급하였으나, 이동 중에 있는 재고를 말한다.
③ 주기재고는 주기적으로 일정한 단위로 품목을 발주함에 따라 발생하는 재고를 말한다.
④ 예비재고는 미래에 수요가 상승할 것을 기대하고 사전에 비축하는 재고를 말한다.

09

정답 ②

블룸의 기대이론에 대한 설명으로, 기대감, 수단성, 유의성을 통해 구성원의 직무에 대한 동기 부여를 결정한다고 주장하였다.

오답분석

① 허즈버그의 2요인이론에 대한 설명이다.
③ 매슬로의 욕구 5단계이론에 대한 설명이다.
④ 맥그리거의 XY이론에 대한 설명이다.
⑤ 로크의 목표설정이론에 대한 설명이다.

10

정답 ①

시장세분화 단계에서는 시장을 기준에 따라 세분화하고, 각 세분시장의 고객 프로필을 개발하여 차별화된 마케팅을 실행한다.

오답분석

②·③ 표적시장 선정 단계에서는 각 세분시장의 매력도를 평가하여 표적시장을 선정한다.
④ 포지셔닝 단계에서는 각각의 시장에 대응하는 포지셔닝을 개발하고 전달한다.
⑤ 재포지셔닝 단계에서는 자사와 경쟁사의 경쟁위치를 분석하여 포지셔닝을 조정한다.

11

정답 ③

- (당기순이익)=(총수익)−(총비용)=35억−20억=15억 원
- (기초자본)=(기말자본)−(당기순이익)=65억−15억=50억 원
- (기초부채)=(기초자산)−(기초자본)=100억−50억=50억 원

12

정답 ④

상위에 있는 욕구를 충족시키지 못하면 하위에 있는 욕구는 더욱 크게 증가하여, 하위욕구를 충족시키기 위해 훨씬 더 많은 노력이 필요하게 된다.

오답분석

① 심리학자 앨더퍼가 인간의 욕구에 대해 매슬로의 욕구 5단계설을 발전시켜 주장한 이론이다.
②·③ 존재욕구를 기본적 욕구로 정의하며, 관계욕구, 성장욕구로 계층화하였다.

13 　정답 ④

사업 다각화는 무리하게 추진할 경우 수익성에 악영향을 줄 수 있다는 단점이 있다.

오답분석

① 지속적인 성장을 추구하여 미래 유망산업에 참여하고, 구성원에게 더 많은 기회를 줄 수 있다.
② 기업이 한 가지 사업만 영위하는 데 따르는 위험에 대비할 수 있다.
③ 보유자원 중 남는 자원을 활용하여 범위의 경제를 실현할 수 있다.

14 　정답 ③

직무분석 → 직무기술서 / 직무명세서 → 직무평가 → 직무설계의 순서로 직무관리를 진행하며, 직무분석을 통해 업무특성과 업무담당자의 특성을 파악하고, 이를 토대로 어떤 직무가 적합할지 평가하여 대상자의 최종 직무를 설계한다.

15 　정답 ③

종단분석은 시간과 비용의 제약으로 인해 표본 규모가 작을수록 좋으며, 횡단분석은 집단의 특성 또는 차이를 분석해야 하므로 표본이 일정 규모 이상일수록 정확하다.

16 　정답 ④

채권이자율이 시장이자율보다 높아지면 채권가격은 액면가보다 높은 가격에 거래된다. 단, 만기에 가까워질수록 채권가격이 하락하여 가격위험에 노출된다.

오답분석

①·②·③ 채권이자율이 시장이자율보다 낮은 할인채에 대한 설명이다.

17 　정답 ④

물음표(Question Mark) 사업은 신규 사업 또는 현재 시장점유율은 낮으나, 향후 성장 가능성이 높은 사업이다. 기업 경영 결과에 따라 개(Dog) 사업 또는 스타(Star) 사업으로 바뀔 수 있다.

오답분석

① 스타(Star) 사업 : 성장률과 시장점유율이 모두 높아서 계속 투자가 필요한 유망 사업이다.
② 현금젖소(Cash Cow) 사업 : 높은 시장점유율로 현금창출은 양호하나, 성장 가능성은 낮은 사업이다.
③ 개(Dog) 사업 : 성장률과 시장점유율이 모두 낮아 철수가 필요한 사업이다.

18 　정답 ④

시험을 망쳤음에도 불구하고 난이도를 이유로 괜찮다고 생각하는 자기합리화의 사례로 볼 수 있다.

오답분석

①·②·③ 인지부조화의 사례로서 개인이 가지고 있는 신념, 태도, 감정 등에 대해 일관성을 가지지 못하고 다르게 행동하는 것을 의미한다.

19 　정답 ③

M&A는 해외 직접투자에 해당하는 진출 방식이다.

오답분석

①·②·④ 계약에 의한 해외 진출 방식이다.

20 　정답 ②

테일러의 과학적 관리법에서는 작업에 사용하는 도구 등을 표준화하여 관리 비용을 낮추고 효율성을 높이는 것을 추구한다.

오답분석

① 과학적 관리법의 특징 중 표준화에 대한 설명이다.
③ 과학적 관리법의 특징 중 동기부여에 대한 설명이다.
④ 과학적 관리법의 특징 중 통제에 대한 설명이다.

02 경제

01	02	03	04	05	06	07	08	09	10
⑤	②	①	④	⑤	①	④	③	③	④
11	12	13	14	15					
④	③	①	③	④					

01

정답 ⑤

가격탄력성이 1보다 크면 탄력적이라고 할 수 있다.

오답분석

①·② 수요의 가격탄력성은 가격의 변화에 따른 수요의 변화를 의미하며, 분모는 상품 가격의 변화량을 상품 가격으로 나눈 값이며, 분자는 수요량의 변화량을 수요량으로 나눈 값이다.

③ 대체재가 많을수록 해당 상품 가격 변동에 따른 수요의 변화는 더 크게 반응하게 된다.

02

정답 ②

GDP 디플레이터는 명목 GDP를 실질 GDP로 나누어 물가상승 수준을 예측할 수 있는 물가지수로, 국내에서 생산된 모든 재화와 서비스 가격을 반영한다. 따라서 GDP 디플레이터를 구하는 계산식은 '(명목 GDP)÷(실질 GDP)×100'이다.

03

정답 ①

한계소비성향은 소비의 증가분을 소득의 증가분으로 나눈 값으로, 소득이 1,000만 원 늘었을 때 현재 소비자들의 한계소비성향이 0.7이므로 소비는 700만 원이 늘었다고 할 수 있다. 따라서 소비의 변화폭은 700이다.

04

정답 ④

㉠ 환율이 상승하면 제품을 수입하기 위해 더 많은 원화를 필요로 하고, 이에 따라 수입이 감소하게 되므로 순수출이 증가한다.

㉡ 국내이자율이 높아지면 국내자산 투자수익률이 좋아져 해외로부터 자본유입이 확대되고, 이에 따라 환율은 하락한다.

㉢ 국내물가가 상승하면 상대적으로 가격이 저렴한 수입품에 대한 수요가 늘어나 환율은 상승한다.

05

정답 ⑤

독점적 경쟁시장은 광고, 서비스 등 비가격경쟁이 가격경쟁보다 더 활발히 진행된다.

06

정답 ①

케인스학파는 경기침체 시 정부가 적극적으로 개입하여 총수요의 증대를 이끌어야 한다고 주장하였다.

오답분석

② 고전학파의 거시경제론에 대한 설명이다.

③ 케인스학파의 거시경제론에 대한 설명이다.

④ 고전학파의 이분법에 대한 설명이다.

⑤ 케인스학파의 화폐중립성에 대한 설명이다.

07

정답 ④

오답분석

① 매몰비용의 오류 : 이미 투입한 비용과 노력 때문에 경제성이 없는 사업을 지속하여 손실을 키우는 것을 의미한다.

② 감각적 소비 : 제품을 구입할 때, 품질, 가격, 기능보다 디자인, 색상, 패션 등을 중시하는 소비 패턴을 의미한다.

③ 보이지 않는 손 : 개인의 사적 영리활동이 사회 전체의 공적 이익을 증진시키는 것을 의미한다.

⑤ 희소성 : 사람들의 욕망에 비해 그 욕망을 충족시켜 주는 재화나 서비스가 부족한 현상을 의미한다.

08

정답 ③

- (실업률)=(실업자)÷(경제활동인구)×100
- (경제활동인구)=(취업자)+(실업자)

∴ 5,000÷(20,000+5,000)×100=20%

09

정답 ③

(한계비용)=(총비용 변화분)÷(생산량 변화분)

- 생산량이 50일 때 총비용 : 16(평균비용)×50(생산량)=800
- 생산량이 100일 때 총비용 : 15(평균비용)×100(생산량)=1,500

따라서 한계비용은 700÷50=14이다.

10

정답 ④

A국은 노트북을 생산할 때 기회비용이 더 크기 때문에 TV 생산에 비교우위가 있고, B국은 TV를 생산할 때 기회비용이 더 크기 때문에 노트북 생산에 비교우위가 있다.

구분	노트북 1대	TV 1대
A국	TV 0.75	노트북 1.33
B국	TV 1.25	노트북 0.8

11

정답 ④

다이내믹 프라이싱의 단점은 소비자 후생이 감소해 소비자의 만족도가 낮아진다는 것이다. 이로 인해 기업이 소비자의 불만에 직면할 수 있다는 리스크가 발생한다.

12

정답 ③

빅맥 지수는 동질적으로 판매되는 상품의 가치는 동일하다는 가정하에 나라별 화폐로 해당 제품의 가격을 평가하여 구매력을 비교하는 것이다.
맥도날드의 대표적 햄버거인 빅맥 가격을 기준으로 한 이유는 전 세계에서 가장 동질적으로 판매되고 있기 때문이며, 이처럼 품질, 크기, 재료가 같은 물건이 세계 여러 나라에서 팔릴 때 나라별 물가를 비교하기 수월하다.

오답분석

㉠ 빅맥 지수는 영국 경제지인 이코노미스트에서 최초로 고안하였다.
㉣ 빅맥 지수에 사용하는 빅맥 가격은 제품 가격만 반영하고 서비스 가격은 포함하지 않기 때문에 나라별 환율에 대한 상대적 구매력 평가 외에 다른 목적으로 사용하기에는 측정값이 정확하지 않다.

13

정답 ①

확장적 통화정책은 국민소득을 증가시켜 이에 따른 보험료 인상 등 세수확대 요인으로 작용한다.

오답분석

② 이자율이 하락하고, 소비 및 투자가 증가한다.
③·④ 긴축적 통화정책이 미치는 영향이다.

14

정답 ③

토지, 설비 등이 부족하면 한계 생산가치가 떨어지기 때문에 노동자를 많이 고용하는 게 오히려 손해이다. 따라서 노동 수요곡선은 왼쪽으로 이동한다.

오답분석

① 노동 수요는 재화에 대한 수요가 아닌 재화를 생산하기 위해 파생되는 수요이다.
② 상품 가격이 상승하면 기업은 더 많은 제품을 생산하기 위해 노동자를 더 많이 고용한다.
④ 노동에 대한 인식이 긍정적으로 변화하면 노동시장에 더 많은 노동력이 공급된다.

15

정답 ④

S씨가 달리기를 선택할 경우 (기회비용)=1(순편익)+8(암묵적 기회비용)=9로 기회비용이 가장 작다.

오답분석

① 헬스를 선택할 경우
(기회비용)=2(순편익)+8(암묵적 기회비용)=10
② 수영을 선택할 경우
(기회비용)=5(순편익)+8(암묵적 기회비용)=13
③ 자전거를 선택할 경우
(기회비용)=3(순편익)+7(암묵적 기회비용)=10

PART 1

직업기초능력평가

기출예상문제

01	02	03	04	05	06	07	08	09	10	11	12	13	14	15					
④	①	②	①	⑤	③	②	③	②	①	⑤	③	②	④	①					

01

정답 ④

주어진 조건을 정리하면 두 가지 경우로 구분되며, 표로 정리하면 다음과 같다.

경우 1)

첫 번째 공휴일	두 번째 공휴일	세 번째 공휴일	네 번째 공휴일	다섯 번째 공휴일
A약국 D약국	D약국 E약국	A약국 C약국	B약국 C약국	B약국 E약국

경우 2)

첫 번째 공휴일	두 번째 공휴일	세 번째 공휴일	네 번째 공휴일	다섯 번째 공휴일
D약국 E약국	A약국 D약국	A약국 C약국	B약국 C약국	B약국 E약국

따라서 네 번째 공휴일에 영업하는 약국은 B와 C이다.

오답분석

① A약국은 이번 달에 공휴일에 연달아 영업할 수도, 하지 않을 수도 있다.
② 다섯 번째 공휴일에는 B약국과 E약국이 같이 영업한다.
③ B약국은 네 번째, 다섯 번째 공휴일에 영업을 한다.
⑤ E약국은 두 번째 공휴일, 다섯 번째 공휴일에도 영업을 할 수 있다.

02

정답 ①

먼저 16진법으로 표현된 수를 10진법으로 변환하여야 한다.

$43=4\times16+3=67$

$41=4\times16+1=65$

$54=5\times16+4=84$

변환된 수를 아스키 코드표를 이용하여 해독하면 67=C, 65=A, 84=T임을 확인할 수 있다. 따라서 철수가 장미에게 보낸 문자의 의미는 CAT이다.

03

정답 ②

경쟁자의 시장 철수로 인한 새로운 시장으로의 진입 가능성은 T공단이 가지고 있는 내부환경의 약점이 아닌 외부환경에서 비롯되는 기회에 해당한다.

SWOT 분석

기업의 내부환경과 외부환경을 분석하여 강점(Strength), 약점(Weakness), 기회(Opportunity), 위협(Threat) 요인을 규정하고 이를 토대로 경영전략을 수립하는 기법이다.

- 강점(Strength) : 내부환경(자사 경영자원)의 강점
- 약점(Weakness) : 내부환경(자사 경영자원)의 약점
- 기회(Opportunity) : 외부환경(경쟁, 고객, 거시적 환경)에서 비롯된 기회
- 위협(Threat) : 외부환경(경쟁, 고객, 거시적 환경)에서 비롯된 위협

04

정답 ①

9시 5분에 도착한 사람이 각각 J사원, M대리, H과장인 경우를 정리하면 다음과 같다.

• J사원이 9시 5분에 도착한 경우 : 9시 5분에 도착한 J사원이 가장 빨리 도착한 것이 아니므로 조건에 맞지 않는다.

구분	J사원	M대리	H과장
실제 도착 시각	9시 5분	8시 45분	8시 55분
시계	8시 55분	8시 50분	8시 55분
실제 시각과 시계의 차이	+10분	−5분	0분

• H과장이 9시 5분에 도착한 경우 : 도착 시각 간격은 동일하지만, 이 경우 가장 빨리 도착한 사람이 8시 55분에 도착한 것이 되므로 조건에 맞지 않는다.

구분	J사원	M대리	H과장
실제 도착 시각	9시 15분	8시 55분	9시 5분
시계	8시 55분	8시 50분	8시 55분
실제 시각과 시계의 차이	+20분	+5분	+10분

• M대리가 9시 5분에 도착한 경우 : M대리가 9시 5분에 가장 빨리 도착하고, 이후 10분 간격으로 H과장과 J사원이 각각 도착했으므로 모든 조건이 성립한다.

구분	J사원	M대리	H과장
실제 도착 시각	9시 25분	9시 5분	9시 15분
시계	8시 55분	8시 50분	8시 55분
실제 시각과 시계의 차이	+30분	+15분	+20분

따라서 M대리 → H과장 → J사원 순서로 도착했다.

05

정답 ⑤

두 번째 조건에 의해 B는 자전거를, 세 번째 조건에 의해 C는 킥보드를 가지고 있음을 알 수 있다. 따라서 A는 오토바이를 가지고 있다.

B가 가진 자전거의 색깔은 쌩쌩이와 다르고, 날쌘이와 같다고 하였으므로 자전거의 이름은 '힘찬이'이다. 세 번째 조건에 의해 C의 킥보드의 이름은 '날쌘이'이므로 A의 오토바이 이름은 '쌩쌩이'가 된다.

조건을 표로 정리하면 다음과 같다.

구분	킥보드	자전거	오토바이
A	−	−	쌩쌩이
B	−	힘찬이	−
C	날쌘이	−	−

따라서 기구를 가진 사람과 기구의 이름, 기구를 순서에 맞게 나열한 것은 ⑤이다.

06

정답 ③

조건에 따라 각 부서원이 준비한 과일과 접시를 정리하면 다음과 같다.

구분	A사원	B사원	C주임	D주임	E대리
과일	사과	바나나	참외	배	수박
접시	초록 / 빨강	검정	회색	노랑	빨강 / 초록

B사원이 바나나를 준비하였으므로 A사원과 C주임 중 한 명이 사과를 준비하였다. 그런데 양쪽 끝 접시는 빨간색, 초록색이고 참외는 회색 접시에 담겨있으므로 양쪽 끝에 담긴 과일은 두 글자인 과일 중 참외를 제외한 사과, 수박이다. 이때 여덟 번째 조건에 의해 A사원은 사과를, E대리는 수박을 준비하였다.

수박과 참외는 이웃하지 않으므로 D주임이 준비한 과일은 참외일 수 없다. 따라서 C주임이 준비한 과일은 참외이다.

C주임은 참외를 준비했으므로 회색 접시를 준비하고, D주임은 노란 접시에 배를 준비했음을 알 수 있다. A사원과 E대리가 준비한 접시는 각각 초록색 혹은 빨간색이므로 남은 색은 검정색이다. 따라서 B사원이 준비한 접시의 색깔은 검정색이다.

07

정답 ②

11주 차까지 쓰레기 배출 가능한 요일을 표로 정리하면 다음과 같다.

구분	일	월	화	수	목	금	토
1주 차	A	–	B	–	C	–	D
2주 차	–	E	–	A	–	B	–
3주 차	C	–	D	–	E	–	A
⋮	⋮	⋮	⋮	⋮	⋮	⋮	⋮
8주 차	–	A	–	B	–	C	–
9주 차	D	–	E	–	A	–	B
10주 차	–	C	–	D	–	E	–
11주 차	A	–	B	–	C	–	D

따라서 10주 차 일요일에는 어떠한 동도 쓰레기를 배출하지 않으며, 11주 차 일요일에 A동이 다시 쓰레기를 배출할 수 있다.

오답분석

① 2주 차만 보더라도 참이다.
③ A동이 쓰레기 배출 가능한 요일을 순서대로 나열하면, '일 – 수 – 토 – 화 – 금 – 월 – 목 – 일'이므로, 모든 요일에 쓰레기를 배출할 수 있다.
④ 처음 2주 차까지만 살펴봐도, 2주에 걸쳐 모두 7번의 쓰레기 배출이 이루어지므로 A, B 두 동이 2주 동안 쓰레기를 2회 배출함을 알 수 있다.
⑤ B동이 수요일에 쓰레기를 처음 버리는 주는 8주 차이다.

08

정답 ③

다음은 R대리가 각 교통편 종류를 택할 시 왕복 교통비용이다.

- 일반버스 : $24,000\times2=48,000$원
- 우등버스 : $32,000\times2\times0.99=63,360$원
- 무궁화호 : $28,000\times2\times0.85=47,600$원
- 새마을호 : $36,000\times2\times0.8=57,600$원
- KTX : $58,000\times2\times\frac{1}{2}=58,000$원

따라서 무궁화호가 47,600원으로 가장 저렴하므로 R대리는 무궁화호를 선택할 것이다.

09

정답 ②

뮤지컬을 관람할 동아리 회원 수를 x명이라고 하면

$$10,000x\geq30\times10,000\times\left(1-\frac{15}{100}\right)\rightarrow x\geq30\times\frac{85}{100}=25.5$$

따라서 26명 이상이면 단체관람권을 사는 것이 개인관람권을 구매하는 것보다 유리하다.

10

정답 ①

모든 암호는 각 자릿수의 합이 21이 되도록 구성되어 있다.

- K팀 : $9+0+2+3+x=21\rightarrow x=7$
- L팀 : $7+y+3+5+2=21\rightarrow y=4$

$\therefore\ x+y=7+4=11$

11

정답 ⑤

글피인 15일은 비는 내리지 않고 최저기온은 영하이다.

오답분석

① 12 ~ 15일의 일교차를 구하면 다음과 같다.
- 12일 : $11-0=11$℃
- 13일 : $12-3=9$℃
- 14일 : $3-(-5)=8$℃
- 15일 : $8-(-4)=12$℃

따라서 일교차가 가장 큰 날은 15일이다.

② 제시된 자료에서 미세먼지에 관한 내용은 확인할 수 없다.

③ 14일의 경우 비가 예보되어 있지만 낙뢰에 관한 예보는 확인할 수 없다.

④ 14일의 최저기온은 영하이지만 최고기온은 영상이다.

12

정답 ③

첫 번째 조건에 의하면 내구연한이 8년 이상인 소화기는 폐기처분해야 한다. 2023년 1월 1일을 기준으로 하였을 때, 제조연도가 2014년, 2015년인 소화기는 처분대상이 되므로 총 39개이며, 폐기처분비용은 $10,000\times39=390,000$원이 발생된다.
두 번째 조건에 의하면 지시압력계가 노란색이거나 빨간색이면 신형 소화기로 교체처분을 해야 한다. 2016 ~ 2018년 노란색으로 표시된 소화기는 총 5개이며, 빨간색으로 표시된 소화기는 3개이다. 그러므로 교체비용은 $50,000\times(5+3)=400,000$원이 발생된다.
세 번째 조건에 의하면 소화기는 최소한 60개 이상 보유하여야 한다. 2016 ~ 2018년의 소화기가 51개이므로 9개의 신형 소화기를 새로 구매해야 한다. 그러므로 구매비용은 $50,000\times9=450,000$원이 발생된다.
따라서 최종적으로 발생된 전체비용은 $390,000+400,000+450,000=1,240,000$원이다.

13

정답 ②

(현재의 운행비용)$=20\times4\times3\times100,000=24,000,000$원
운송횟수는 12회, 물량은 기존의 1일 운송량이므로 $12\times1,000=12,000$상자이다.
이때 차량 적재율이 1,000상자에서 1,200상자로 늘어나므로 $12,000\div1,200=10$회의 운행으로 가능하다.
그러므로 개선된 운행비용은 $20\times10\times100,000=20,000,000$원이다.
따라서 그 차액은 $24,000,000-20,000,000=4,000,000$원이다.

14

정답 ④

- 과정 1 : $(9+8+9+2+5+7)\times1+(7+8+9+3+7+8)\times3=166$
- 과정 2 : $166\div10=16\cdots6$
- 과정 3 : $6\div2=3$

15

정답 ①

T사의 도시락 구매비용을 요일별로 계산하면
- 월 : $(5,000\times3)+(2,900\times10)=44,000$원
- 화 : $(3,900\times10)+(4,300\times3)=51,900$원
- 수 : $(3,000\times8)+(3,900\times2)=31,800$원
- 목 : $(4,500\times4)+(7,900\times2)=33,800$원
- 금 : $(5,500\times4)+(4,300\times7)=52,100$원
- 토 : $(3,900\times2)+(3,400\times10)=41,800$원
- 일 : $(3,700\times10)+(6,000\times4)=61,000$원

따라서 T사의 지난주 도시락 구매비용은 총 316,400원이다.

기출예상문제

01	02	03	04	05	06	07	08	09	10	11	12	13	14	15					
④	⑤	②	①	①	⑤	①	②	③	④	④	③	③	⑤	⑤					

01

정답 ④

제시문에서는 경제활동에 참여하는 여성의 증가와 출산율의 상관관계는 알 수 없으며, 이 글은 신혼부부의 주거안정을 위해서는 여성의 경제활동을 지원해야 하고 이를 위해 육아·보육지원 정책의 확대·강화가 필요하다고 주장하고 있으므로 ④의 해석은 적절하지 않다.

02

정답 ⑤

제시문은 셰익스피어의 작품 『맥베스』에 나타난 비극의 요소를 설명하는 글이다. 주어진 단락의 마지막 문장을 통해 『맥베스』가 처음으로 언급되고 있으므로, 이어질 내용은 『맥베스』라는 작품에 대한 설명이 오는 것이 적절하다. 따라서 (다) 『맥베스』의 기본적인 줄거리 → (나) 『맥베스』의 전개 특징 → (라) 『맥베스』가 인간의 내면 변화를 집중적으로 다루는 이유 → (가) 『맥베스』에 대한 일반적인 평가의 순서대로 나열되어야 한다.

03

정답 ②

의사소통 저해요인

의사소통 기법의 미숙, 표현능력의 부족, 이해능력의 부족, 평가적이며 판단적인 태도, 잠재적 의도, 과거의 경험, 선입견과 고정관념, 정보의 과다, 메시지의 복잡성, 메시지의 경쟁, 상이한 직위와 과업지향성, 신뢰의 부족, 의사소통을 위한 구조상의 권한, 잘못된 의사소통 매체의 선택, 폐쇄적인 의사소통 분위기 등

04

정답 ①

상대를 정면으로 마주하는 자세는 자신이 상대방과 함께 의논할 준비가 되어있다는 것을 알리는 자세이므로 경청을 하는 데 있어 적절한 자세이다.

05

정답 ①

(가) 친환경 농업은 건강과 직결되어 있기 때문에 각광받고 있음 → (나) 병충해를 막기 위해 사용된 농약은 완전히 제거하기 어려우며 신체에 각종 손상을 입힘 → (다) 생산량 증가를 위해 사용한 농약과 제초제가 오히려 인체에 해를 입힐 수 있음 순서로 나열하는 것이 적절하다.

06

정답 ⑤

(C)는 문제에 대한 주장으로, 그 뒤에 '그래서'로 이어지는 주장에 따른 결과 (A)가 나온다. 그 결과에 대한 이유가 (B)에서 나오고 이는 문맥의 흐름과 '때문입니다.'라는 표현을 통해 알 수 있다. 마지막으로 주장에 대한 결론이 제시되는데 (D)에서 '따라서'라는 결론을 나타내는 부사어를 사용하여 주장을 정리하고 있다.

07

정답 ①

제시문은 소비자들이 같은 가격의 제품일 경우 이왕이면 겉모습이 더 아름다운 것을 추구한다는 내용이다. 따라서 빈칸에 들어갈 말로 '같은 조건이라면 좀 더 낫고 편리한 것을 택함'의 뜻을 지닌 '같은 값이면 다홍치마'가 적절하다.

08

정답 ②

빈칸의 내용 때문에 불꽃의 색을 분리시키는 분석법을 창안해 냈으므로, 불꽃의 색이 여럿 겹쳐 보이는 것이 문제였음을 추측할 수 있다.

09

정답 ③

오답분석

①은 두 번째 문장에서, ②·⑤는 마지막 문장에서, ④는 세 번째와 네 번째 문장에서 각각 확인할 수 있다.

10

정답 ④

④의 내용은 글 전체를 통해서 확인할 수 있다.

오답분석

①·②·⑤ 제시문의 내용만으로 단정 지을 수 없다.
③ 익살이 조형 위에 구현된 것은 해학미이다.

11

정답 ④

먼저 행동으로 나타나는 '군자의 학문'을 언급한 다음, 말로 표현하고 실천하지 않는 '소인의 학문'을 비판하는 내용이 이어질 것으로 예상할 수 있다.

12

정답 ③

제시문의 마지막 문장에서 '매체를 통해서보다 자주 접속하는 사람을 통해 언어 변화가 진전된다.'라고 언급했으므로 글의 논지를 이끌 수 있는 첫 문장으로 ③이 가장 적절하다.

13

정답 ③

제시문은 '디드로 효과'라는 개념에 대해 설명하는 글로, 디드로가 친구로부터 받은 실내복을 입게 되면서 벌어진 일련의 일들에 대하여 '친구로부터 실내복을 받음 → 옛 실내복을 버림 → 실내복에 어울리게끔 책상을 바꿈 → 서재의 벽장식을 바꿈 → 결국 모든 걸 바꾸게 됨'의 과정으로 인과관계에 따라 서술하고 있다. 친구로부터 실내복을 받은 것이 첫 번째 원인이 되고 그 이후의 일들은 그것의 결과이자 새로운 원인이 되어 일어나게 된다.

14

정답 ⑤

제시문은 지방에 대해 사실과 다르게 알려진 내용을 지적하고 건강에 유익한 지방도 있음을 설명하고 있다.

15

정답 ⑤

제시문은 인간의 호흡기에 질식사 가능성이라는 불합리한 점이 있게 된 원인에 대해 진화론적으로 규명하고 있다. 몸집이 커지면서 호흡기가 생긴 후 다시 허파가 생기다 보니 이상적인 구조(질식사 가능성 차단)와는 거리가 멀어졌다. 즉, 환경에 적응하려는 각각의 변화 단계에서 '당시에는 최선의 선택'이었으나 결과적으로는 이상적인 구조가 아니게 된 것이다.

03 정보능력 기출예상문제

01	02	03	04	05	06	07	08	09	10	11	12	13	14	15					
⑤	②	④	③	①	①	④	④	④	①	②	①	①	②	①					

01

정답 ⑤

OR조건은 조건을 모두 다른 행에 입력해야 한다.

02

정답 ②

바로가기 아이콘의 [속성] – [일반] 탭에서 바로가기 아이콘의 위치, 이름, 크기, 만든 날짜, 수정한 날짜 등을 확인할 수 있다.

오답분석

① raw는 손실 압축을 하지 않고 모든 정보를 저장하는 이미지의 확장자 중 하나이다.
③ 단축키 〈Ctrl〉+〈Shift〉를 누른 상태로 바탕 화면에 드래그 앤 드롭하면 만들 수 있다.
④ 바로가기 아이콘을 삭제해도 연결된 프로그램은 삭제되지 않는다.
⑤ 원본 파일이 있는 위치와 다른 위치에 만들 수 있다.

03

정답 ④

워드프로세서의 머리말은 한 페이지의 맨 위에 한두 줄의 내용이 고정적으로 반복되게 하는 기능이다.

04

정답 ③

VLOOKUP 함수는 「=VLOOKUP(첫 번째 열에서 찾으려는 값, 찾을 값과 결과로 추출할 값들이 포함된 데이터 범위, 값이 입력된 열의 열 번호, 일치 기준)」로 구성된다. 찾으려는 값은 [B2]가 되어야 하며, 추출할 값들이 포함된 데이터 범위는 [E2:F8]이고, 자동 채우기 핸들을 이용하여 사원들의 교육점수를 구해야 하므로 [$E$2:$F$8]와 같이 절대참조가 되어야 한다. 그리고 값이 입력된 열의 열 번호는 [E2:F8] 범위에서 2번째 열이 값이 입력된 열이므로 2가 되어야 하며, 정확히 일치해야 하는 값을 찾아야 하므로 FALSE 또는 0이 들어가야 한다.

05

정답 ①

오답분석

② D3 : =MID(B3,3,2)
③ E7 : =RIGHT(B7,2)
④ D8 : =MID(B8,3,2)
⑤ E4 : =MID(B4,5,2)

06

정답 ①

오답분석

② 한 번 복사하거나 잘라낸 내용은 다른 것을 복사하거나 잘라내기 전까지 계속 붙이기를 할 수 있다.
③ 복사와 잘라내기한 내용은 클립보드(Clipboard)에 보관된다.
④ 복사는 문서의 분량에 변화를 주지 않지만, 잘라내기는 문서의 분량을 줄인다.
⑤ 〈Ctrl〉+〈X〉는 잘라내기, 〈Ctrl〉+〈C〉는 복사하기의 단축키이다.

07

정답 ④

스타일 적용 시에는 항상 범위를 설정할 필요가 없다. 특정 부분의 스타일을 변경하고 싶은 경우에만 범위를 설정하고 바꿀 스타일로 설정하면 된다.

08

정답 ④

(가)는 상용구 기능을, (나)는 캡션달기 기능을 설명하고 있다.

09

정답 ④

(플러스) 버튼을 누를 경우 슬라이드가 확대된다. 모든 슬라이드를 보기 위해서는 (하이픈, 마이너스) 버튼을 눌러야 한다.

10

정답 ①

슬라이드 쇼 실행 화면에서 〈Ctrl〉+〈P〉를 누르면 화살표가 펜으로 변경된다.

오답분석

② 〈Ctrl〉+〈A〉 : 펜을 화살표로 변경하기
③ 〈Ctrl〉+〈S〉 : 전체 슬라이드 목록을 표시하기
④ 〈Ctrl〉+〈M〉 : 펜으로 작성한 내용 숨기기 / 표시하기
⑤ 〈Ctrl〉+〈E〉 : 펜으로 작성한 내용 삭제하기

11

정답 ②

〈Shift〉+〈F5〉는 현재 슬라이드부터 프레젠테이션을 실행하는 단축키이다.

오답분석

① 〈Ctrl〉+〈S〉 : 저장하기
③ 〈Ctrl〉+〈P〉 : 인쇄하기
④ 〈Shift〉+〈F10〉 : 바로가기 메뉴를 표시
⑤ 〈Ctrl〉+〈M〉 : 새 슬라이드 추가

12

정답 ①

숫자와 문자가 혼합된 데이터는 문자열로 입력되며, 문자 데이터와 같이 왼쪽으로 정렬된다.

오답분석

② 문자 데이터는 기본적으로 왼쪽으로 정렬된다.
③ 날짜 데이터는 자동으로 셀의 오른쪽으로 정렬된다.
④ 수치 데이터는 셀의 오른쪽으로 정렬된다.
⑤ 시간 데이터는 세미콜론(;)이 아니라 콜론(:)을 사용한다.

13

정답 ①

하이퍼텍스트의 자료의 구조는 링크에 의해서 무작위로 이동가능하다. 즉, 비순차적인 구조형식을 갖는다.

14

정답 ②

도형 선택 후 〈Shift〉 버튼을 누르고 도형을 회전시키면 15° 간격으로 회전시킬 수 있다.

15

정답 ①

Windows [제어판]의 [접근성 센터]에는 돋보기, 내레이터, 화상 키보드, 고대비 설정과 같은 시각 장애에 도움을 줄 수 있는 기능이 포함되어 있다.

04 수리능력
기출예상문제

01	02	03	04	05	06	07	08	09	10	11	12	13	14	15					
④	②	②	④	②	①	③	①	③	②	①	②	④	①	②					

01

정답 ④

(공주거리)=(속도)×(공주시간), $72\text{km/h}=\frac{72,000}{3,600}\text{m/s}=20\text{m/s}$

시속 72km로 달리는 자동차의 공주거리는 20m/s×1s=20m이다.

따라서 자동차의 정지거리는 (공주거리)+(제동거리)이므로 20+36=56m이다.

02

정답 ②

(하루 1인당 고용비)

=(1인당 수당)+(산재보험료)+(고용보험료)

=50,000+(50,000×0.00504)+(50,000×0.013)

=50,000+252+650=50,902원

(하루에 고용할 수 있는 인원 수)=[(본예산)+(예비비)]÷(하루 1인당 고용비)

=600,000÷50,902≒11.8명

따라서 하루 동안 고용할 수 있는 최대 인원은 11명이다.

03

정답 ②

이산화탄소의 농도가 계속해서 증가하고 있는 것과 달리 오존전량은 2016년부터 2019년까지 차례로 감소하고 있다.

오답분석

① 이산화탄소의 농도는 2016년 387.2에서 시작하여 2022년 395.7ppm으로 해마다 증가했다.

③ 2022년 오존전량은 335DU로, 2016년의 331DU보다 4DU 증가했다.

④ 2022년 이산화탄소 농도는 2017년의 388.7ppm에서 395.7ppm으로 7ppm 증가했다.

⑤ 2017년 오존전량은 1DU, 2018년에는 2DU, 2019년에는 3DU, 2022년에는 8DU 감소하였다. 2020년과 2021년에는 오히려 증가했다.

04

정답 ④

ㄷ. 2020 ~ 2022년에 사망자 수는 1,850명 → 1,817명 → 1,558명으로 감소하고 있고, 부상자 수는 11,840명 → 12,956명 → 13,940명으로 증가하고 있다.

ㄹ. 각 연도의 검거율을 구하면 다음과 같다.

- 2019년 : $\frac{12,606}{15,280}\times100=82.5\%$
- 2020년 : $\frac{12,728}{14,800}\times100=86\%$

• 2021년 : $\frac{13,667}{15,800} \times 100 = 86.5\%$

• 2022년 : $\frac{14,350}{16,400} \times 100 = 87.5\%$

따라서 검거율은 매년 높아지고 있다.

오답분석

ㄱ. 사고건수는 2020년까지 감소하다가 2021년부터 증가하고 있고, 검거 수는 매년 증가하고 있다.

ㄴ. 2020년과 2021년의 사망률 및 부상률은 다음과 같다.

• 2020년 사망률 : $\frac{1,850}{14,800} \times 100 = 12.5\%$,

부상률 : $\frac{11,840}{14,800} \times 100 = 80\%$

• 2021년 사망률 : $\frac{1,817}{15,800} \times 100 = 11.5\%$,

부상률 : $\frac{12,956}{15,800} \times 100 = 82\%$

따라서 사망률은 2020년이 더 높지만 부상률은 2021년이 더 높다.

05

정답 ②

반월시화공단은 $\frac{195,635}{12,548} \fallingdotseq 15.6$명, 울산공단은 $\frac{101,677}{1,116} \fallingdotseq 91.1$명이므로 그 차이는 75.5명이다.

06

정답 ①

내일 날씨가 화창하고 사흘 뒤 비가 올 모든 경우는 다음과 같다.

내일	모레	사흘
화창	화창	비
화창	비	비

• 첫 번째 경우의 확률 : $0.25 \times 0.30 = 0.075$

• 두 번째 경우의 확률 : $0.30 \times 0.15 = 0.045$

그러므로 주어진 사건의 확률은 $0.075 + 0.045 = 0.12 = 12\%$이다.

07

정답 ③

A사와 B사의 전체 직원 수를 알 수 없으므로, 비율만으로는 판단할 수 없다.

오답분석

① 여직원 비율이 높을수록, 남직원 비율이 낮을수록 값이 작아진다. 따라서 여직원 비율이 가장 높으면서, 남직원 비율이 가장 낮은 D사가 여직원 대비 남직원 비율이 가장 낮은 회사이고, 남직원 비율이 여직원 비율보다 높은 A사가 비율이 가장 높은 회사이다.

② B, C, D사 각각 남직원보다 여직원의 비율이 높다. 따라서 B, C, D사 모두에서 남직원 수보다 여직원 수가 많다. 즉, B, C, D사의 직원 수를 다 합했을 때도 남직원 수는 여직원 수보다 적다.

④ A사의 전체 직원 수를 a명, B사의 전체 직원 수를 b명이라 하면, A사의 남직원 수는 $0.54a$명, B사의 남직원 수는 $0.48b$명이다.

$\frac{0.54a + 0.48b}{a+b} \times 100 = 52 \rightarrow 54a + 48b = 52(a+b) \rightarrow a = 2b$

⑤ A, B, C사의 전체 직원 수를 a명이라 하면, 여직원의 수는 각각 $0.46a$, $0.52a$, $0.58a$명이다. 따라서 $0.46a + 0.58a = 2 \times 0.52a$이므로 옳은 설명이다.

08

정답 ①

자료는 비율을 나타낸 것이기 때문에 실업자의 수는 알 수 없다.

오답분석

② 실업자 비율은 2%p 증가하였다.
③ 경제활동인구 비율은 80%에서 70%로 감소하였다.
④ 취업자 비율은 12%p 감소한 반면, 실업자 비율은 2%p 증가하였기 때문에 취업자 비율의 증감폭이 더 크다.
⑤ 비경제활동인구 비율은 20%에서 30%로 증가하였다.

PART 1

09

정답 ③

A국가 하층 비율의 증가폭은 $59-26=33$%p이고, B국가의 증가폭은 $66-55=11$%p이다.

오답분석

① A국가의 상층 비율은 11%p 증가하였다.
② 중층 비율은 A국가는 44%p, B국가는 17%p 감소하였다.
④ B국가는 2002년과 2022년 모두 하층 비율이 가장 높다.
⑤ 2002년 대비 2022년 B국가의 하층 비율의 증가율은 $\frac{66-55}{55}\times100=20$%이다.

10

정답 ②

경증 환자 중 남자 환자의 비율은 $\frac{31}{50}$이고, 중증 환자 중 남자 환자의 비율은 $\frac{34}{50}$이므로 경증 환자 비율이 더 낮다.

11

정답 ①

- 옥수수 : $(100+200+300)\times0.1=60$
- 감자 : $(200+150+150)\times0.1=50$
- 가지 : $(150+200+100)\times0.1=45$

12

정답 ②

A, B, C, D항목의 점수를 각각 a, b, c, d점이라고 하자.
각 가중치에 따른 점수는 다음과 같다.
$a+b+c+d=82.5\times4=330$ … ㉠
$2a+3b+2c+3d=83\times10=830$ … ㉡
$2a+2b+3c+3d=83.5\times10=835$ … ㉢
㉠과 ㉡을 연립하면
$a+c=160$ … ⓐ
$b+d=170$ … ⓑ
㉠과 ㉢을 연립하면
$c+d=175$ … ⓒ
$a+b=155$ … ⓓ
각 항목의 만점은 100점이므로 ⓐ와 ⓓ를 통해 최저점이 55점이나 60점인 것을 알 수 있다. 만약 A항목이나 B항목의 점수가 55점이라면 ⓐ와 ⓑ에 의해 최고점이 100점 이상이 되므로 최저점은 60점인 것을 알 수 있다.
따라서 $a=60$, $c=100$이고, 최고점과 최저점의 차는 $100-60=40$점이다.

13

정답 ④

각 연령대를 기준으로 남성과 여성의 인구비율을 계산하면 다음과 같다.

구분	남성	여성
0 ~ 14세	$\frac{323}{627} \times 100 ≒ 51.5\%$	$\frac{304}{627} \times 100 ≒ 48.5\%$
15 ~ 29세	$\frac{453}{905} \times 100 ≒ 50.1\%$	$\frac{452}{905} \times 100 ≒ 49.9\%$
30 ~ 44세	$\frac{565}{1,110} \times 100 ≒ 50.9\%$	$\frac{545}{1,110} \times 100 ≒ 49.1\%$
45 ~ 59세	$\frac{630}{1,257} \times 100 ≒ 50.1\%$	$\frac{627}{1,257} \times 100 ≒ 49.9\%$
60 ~ 74세	$\frac{345}{720} \times 100 ≒ 47.9\%$	$\frac{375}{720} \times 100 ≒ 52.1\%$
75세 이상	$\frac{113}{309} \times 100 ≒ 36.6\%$	$\frac{196}{309} \times 100 ≒ 63.4\%$

남성 인구가 40% 이하인 연령대는 75세 이상(36.6%)이며, 여성 인구가 50% 초과 60% 이하인 연령대는 60 ~ 74세(52.1%)이다. 따라서 ④가 적절하다.

14

정답 ①

대두의 대미 수입규모는 전체의 43.9%이지만 주어진 자료만 가지고 세계에서 가장 규모가 큰지는 알 수 없다.

오답분석

② 곡류는 3,872백만 달러로 수입 금액이 가장 크다.
③ 치즈의 대미 수입 비중은 전체의 50%로 가장 크다.
④ 밀의 전체 규모인 4,064천 톤은 미국에서 수입하는 밀은 1,165천 톤의 세 배가 넘는다.
⑤ 돼지고기는 축산물 중 물량이 가장 많고, 쇠고기는 금액이 가장 높다.

15

정답 ②

기원이의 체중이 11kg 증가하면 71+11=82kg이다. 이 경우 비만도는 $\frac{82}{73.8} \times 100 ≒ 111\%$이므로 과체중에 도달한다.

따라서 기원이가 과체중이 되기 위해서는 11kg 이상 체중이 증가하여야 한다.

오답분석

① • 혜지의 표준체중 : (158−100)×0.9=52.2kg
　• 기원이의 표준체중 : (182−100)×0.9=73.8kg

③ • 혜지의 비만도 : $\frac{58}{52.2} \times 100 ≒ 111\%$
　• 기원이의 비만도 : $\frac{71}{73.8} \times 100 ≒ 96\%$
　• 용준이의 표준체중 : (175−100)×0.9=67.5kg
　• 용준이의 비만도 : $\frac{96}{67.5} \times 100 ≒ 142\%$
　90% 이상 110% 이하면 정상체중이므로 3명의 학생 중 정상체중인 학생은 기원이 뿐이다.

④ 용준이가 정상체중 범주에 속하려면 비만도 110% 이하여야 한다.
　$\frac{x}{67.5} \times 100 \leq 110\% \rightarrow x \leq 74.25$
　즉, 현재 96kg에서 정상체중이 되기 위해서는 약 22kg 이상 감량을 해야 한다.

⑤ 혜지의 현재 체중과 표준 체중의 비만도 차이는 111%−100%로 11%p이다. 용준이의 현재 체중과 표준 체중의 비만도 차이는 142%−100% =42%p이다. 혜지의 비만도 차이에 4배를 한 값은 44%p이므로 용준이의 비만도 차이 값인 42%p보다 더 크다.

05 자원관리능력 기출예상문제

01	02	03	04	05	06	07	08	09	10	11	12	13	14	15					
③	②	④	④	①	③	④	③	⑤	②	③	③	④	③	③					

PART 1

01

정답 ③

ㄱ. • 검수대상 : 1,000×0.1=100건(∵ 검수율 10%)
 • 모조품의 적발개수 : 100×0.01=1건
 • 평균 벌금 : 1,000만 원×1=1,000만 원
 • 인건비 : 30만 원×10=300만 원
 ∴ (평균 수입)=1,000만 원−300만 원=700만 원

ㄴ. • 전수조사 시 검수율 : 100%
 • 조사인력 : 10+20×9=190명
 • 인건비 : 30만 원×190=5,700만 원
 • 모조품의 적발개수 : 1,000×0.01=10건
 • 벌금 : 1,000만 원×10=1억 원
 • 수입 : 1억 원−5,700만 원=4,300만 원
 따라서 전수조사를 할 때 수입보다 인건비가 더 크다.

ㄹ. • 검수율이 30%일 때
 − 조사인력 : 10+20×2=50명
 − 인건비 : 30만 원×50=1,500만 원
 − 검수대상 : 1,000×0.3=300건
 − 모조품의 적발개수 : 300×0.01=3건
 − 벌금 : 1,000만 원×3=3,000만 원
 − 수입 : 3,000만 원−1,500만 원=1,500만 원
 • 검수율을 10%로 유지한 채 벌금을 2배 인상하는 방안
 − 검수대상 : 1,000×0.1=100건
 − 모조품의 적발개수 : 100×0.01=1건
 − 벌금(2배) : 1,000만 원×2×1=2,000만 원
 − 인건비 : 30만 원×10=300만 원
 − 수입 : 2,000만 원−300만 원=1,700만 원
 따라서 벌금을 인상하는 방안의 1일 평균 수입이 더 많다.

오답분석

ㄷ. 검수율이 40%일 때
 • 조사인력 : 10+20×3=70명
 • 인건비 : 30만 원×70=2,100만 원
 • 검수대상 : 1,000×0.4=400건
 • 모조품의 적발 개수 : 400×0.01=4건
 • 벌금 : 1,000만 원×4=4,000만 원
 • 수입 : 4,000만 원−2,100만 원=1,900만 원
 현재 수입은 700만 원이므로 검수율이 40%일 때 1일 평균 수입은 현재의 1,900÷700≒2.71배이다.

02

정답 ②

- 항공편 예약
  김과장은 시간이 적게 걸리는 항공편을 효율적이라고 본다. 따라서 시간이 적게 걸리는 항공편을 순서대로 나열하면 '503(5시간 10분) – 300(7시간 30분) – 150(10시간 35분) – 701(12시간 10분) – 103(18시간) – 402(21시간 25분)'이다(∵ 프놈펜과 서울의 시차 2시간을 적용해서 계산해야 한다).
  그러나 주어진 조건에 따라 김과장은 4월 16일 자정 이전에 입국해야 한다. 따라서 503 항공편은 5시간 10분이 걸리지만 4월 17일 오전 7시 5분에 도착하므로 적절하지 않다. 따라서 503 항공편 다음으로 시간이 적게 소요되고 4월 16일 16시 25분에 도착하는 300 항공편을 예약하면 된다.
- 비용(취소 수수료 포함)
  – 김과장이 다시 예약할 300 항공편 : 582,900원
  – 취소 수수료(출발 30일 ~ 21일 전 가격) : 18,000원
  따라서 (총비용)=(300 항공편 가격)+(취소 수수료)=600,900원이다.

03

 ④

모스크바에서의 체류시간을 구하기 위해서는 모스크바에 도착하는 시각과 모스크바에서 런던으로 출발하는 시각을 알아야 한다. 우선 각국의 시차를 알아보면, 러시아는 한국보다 6시간이 느리고(GMT+9–GMT+3), 영국보다는 3시간이 빠르다(GMT+0–GMT+3). 이를 참고하여 모스크바의 도착 및 출발시각을 구하면 다음과 같다.

- 모스크바 도착시간 : 7/14 09:00(대한민국 기준)+09:30(비행시간)–06:00(시차)=7/14 12:30(러시아 기준)
- 모스크바 출발시간(런던행) : 7/14 18:30(영국 기준)–04:00(비행시간)+03:00(시차)=7/14 17:30(러시아 기준)

따라서 모스크바에서는 총 5시간(12:30 ~ 17:30)을 체류한다.

04

정답 ④

제시된 조건에 따라 1 ~ 5층의 월 전기료는 다음과 같다.

- 1층 : (10대×5만 원)+(4대×3만 원)=62만 원
- 2층 : (13대×5만 원)+(5대×3만 원)=80만 원
- 3층 : (15대×5만 원)+(7대×3만 원)=96만 원
- 4층 : (11대×5만 원)+(6대×3만 원)=73만 원
- 5층 : (12대×5만 원)+(5대×3만 원)=75만 원

첫 번째 조건을 충족하지 않는 층은 2・3・5층이고, 조건을 충족하기 위해 2・3・5층에 각각 구형 에어컨 2대, 5대, 1대를 판매하게 된다.
이때 발생하는 수입은 구형 에어컨의 중고 판매가격 총 10만 원×8대=80만 원이다.
구형 에어컨을 판매하고 난 후 각 층의 구형 에어컨의 개수와 신형 에어컨 개수 및 비율을 구하면 다음과 같다.

구분	1층	2층	3층	4층	5층
구형 에어컨	10대	13–2=11대	15–5=10대	11대	12–1=11대
신형 에어컨	4대	5대	7대	6대	5대
비율	$\frac{4}{10}$	$\frac{5}{11}$	$\frac{7}{10}$	$\frac{6}{11}$	$\frac{5}{11}$

두 번째 조건에서 비율이 $\frac{1}{2}$ 미만인 층은 1・2・5층이고, 조건을 충족하기 위해 신형 에어컨을 1대씩 구입하면, 신형 에어컨 총 구입비용은 50만 원×3대=150만 원이 나온다.
따라서 T회사는 150만 원–80만 원=70만 원의 지출(비용)이 발생한다.

05

정답 ①

과목별 의무 교육이수 시간은 다음과 같다.

구분	글로벌 경영	해외사무영어	국제회계
의무 교육 시간	$\frac{15점}{1점/h}=15$시간	$\frac{60점}{1점/h}=60$시간	$\frac{20점}{2점/h}=10$시간

이제까지 B과장이 이수한 시간을 계산해 보면, 글로벌 경영과 국제회계의 초과 이수 시간은 2+14=16시간이며, 해외사무영어의 부족한 시간은 10시간이다. 초과 이수 시간을 점수로 환산하여 부족한 해외사무영어 점수 10점에 16×0.2=3.2점을 제외하면 6.8점이 부족하다.

따라서 미달인 과목은 해외사무영어이며, 부족한 점수는 6.8점임을 알 수 있다.

06

정답 ③

자기계발 과목에 따라 해당되는 지원 금액과 신청 인원은 다음과 같다.

구분	영어회화	컴퓨터 활용능력	세무회계
지원 금액	7만 원×0.5=3.5만 원	5만 원×0.4=2만 원	6만 원×0.8=4.8만 원
신청 인원	3명	3명	3명

교육프로그램마다 3명씩 지원했으므로, 총 지원비는 (35,000+20,000+48,000)×3=309,000원이다.

07

정답 ④

문제의 조건에 따라 사고 건수당 벌점을 고려하여 직원별 벌점을 계산하면 다음과 같다.

B, E는 전분기 총사고 건수가 0건으로 이번 분기 차감 혜택이 적용되어야 하지만 E의 경우, 이번 분기 발신사고 건수가 5건으로 혜택을 받지 못한다.

(단위 : 점)

직원	수신물 오분류	수신물 분실	미발송	발신물 분실	벌점차감혜택	총 벌점
A	–	2×4=8	–	4×6=24	×	32
B	2×2=4	3×4=12	3×4=12	–	○(−5)	23
C	2×2=4	–	3×4=12	1×6=6	×	22
D	–	2×4=8	2×4=8	2×6=12	×	28
E	1×2=2	–	3×4=12	2×6=12	×	26

따라서 두 번째로 높은 벌점을 부여받는 수발실 직원은 D이다.

08

정답 ③

벌점이 낮을수록 등수가 높으므로 이를 고려해 각 직원이 지급받을 성과급을 계산하면 다음과 같다.

직원	총 벌점	등수	지급비율	성과급 지급액
A	32점	5	50%(30점 초과)	50만 원
B	23점	2	90%	90만 원
C	22점	1	100%	100만 원
D	28점	4	80%	80만 원
E	26점	3	90%	90만 원

따라서 B직원과 E직원이 지급받을 성과급 총액은 90+90=180만 원이다.

09

정답 ⑤

D대리의 청렴도 점수를 a점으로 가정하고, 승진심사 평점 계산식을 세우면

$(60\times0.3)+(70\times0.3)+(48\times0.25)+(a\times0.15)=63.6 \rightarrow (a\times0.15)=(63.6-51) \rightarrow a=\frac{12.6}{0.15}=84$

따라서 청렴도 점수는 84점임을 알 수 있다.

10

정답 ②

B과장의 승진심사 평점은 $(80\times0.3)+(72\times0.3)+(78\times0.25)+(70\times0.15)=75.6$점이다.

따라서 승진후보에 들기 위해 필요한 점수는 $80-75.6=4.4$점임을 알 수 있다.

11

정답 ③

부서배치

- 성과급 평균은 48만 원이므로, A는 영업부 또는 인사부에서 일한다.
- B와 D는 비서실, 총무부, 홍보부 중에서 일한다.
- C는 인사부에서 일한다.
- D는 비서실에서 일한다.

따라서 A – 영업부, B – 총무부, C – 인사부, D – 비서실, E – 홍보부에서 일한다.

휴가

A는 D보다 휴가를 늦게 가므로 C – D – B – A 또는 D – A – B – C 순서로 휴가를 간다.

D의 성과급은 60만 원, C의 성과급은 40만 원이므로 ③이 옳다.

오답분석

① • A : $20\times3=60$만 원
　• C : $40\times2=80$만 원
　∴ A<C

② C가 제일 먼저 휴가를 갈 경우, A가 제일 마지막으로 휴가를 가게 된다.

④ 휴가를 가지 않은 E는 두 배의 성과급을 받기 때문에 총 120만 원의 성과급을 받게 되고, D의 성과급은 60만 원이기 때문에 두 사람의 성과급 차이는 두 배이다.

⑤ C가 제일 마지막에 휴가를 갈 경우, B는 A보다 늦게 출발한다.

12

정답 ③

설문조사 비율의 합이 100%이고, D사 사원들도 100명이므로 연령 분석 결과를 표로 정리하면 다음과 같다.

구분	합계	20대	30대	40대
복사기	15명	10명		
냉장고	26명			13명
안마의자	6명	–	–	6명
복합기	24명	12명		
커피머신	7명			
정수기	13명	–	13명	–
기타용품	9명	3명	3명	3명

사원 중 20대가 총 25명이라면 복사기, 복합기, 기타용품을 원하는 20대 인원이 25명이므로 냉장고를 원하는 20대는 없음을 알 수 있다.

오답분석

① 냉장고를 원하는 20대 인원수는 알 수 없으므로 적절하지 않다.
② 기타용품을 원하는 40대는 3명, 안마의자를 원하는 40대는 6명이다.
④ 20대를 제외할 경우 복합기를 원하는 남은 인원은 12명이므로, 복합기를 원하는 30대는 냉장고를 원하는 40대 13명보다 많을 수 없다.
⑤ 40대는 냉장고를 가장 원한다.

13

정답 ④

- 한국시각 기준 비행기 탑승 시각 : 21일 8시 30분+13시간=21일 21시 30분
- 비행기 도착 시각 : 21일 21시 30분+17시간=22일 14시 30분

∴ 김사원의 출발 시각 : 22일 14시 30분−1시간 30분−30분=22일 12시 30분

14

정답 ③

월요일에는 늦지 않게만 도착하면 되므로, 서울역에서 8시에 출발하는 KTX를 이용한다. 수요일에는 최대한 빨리 와야 하므로, 사천공항에서 19시에 출발하는 비행기를 이용한다.
따라서 소요되는 교통비는 65,200('서울 – 사천' KTX 비용)+22,200('사천역 – 사천연수원' 택시비)+21,500('사천연수원 – 사천공항' 택시비)+93,200('사천 – 서울' 비행기 비용)×0.9=192,780원이다.

15

정답 ③

프로젝트에 소요되는 비용은 인건비와 작업장 사용료로 구성된다. 인건비의 경우 각 작업의 필요 인원은 증원 또는 감원될 수 없으므로, 조절이 불가능하다. 다만, 작업장 사용료는 작업기간이 감소하면 비용이 줄어들 수 있다. 따라서 최단기간으로 프로젝트를 완료하는 데 드는 비용을 산출하면 다음과 같다.

프로젝트	인건비	작업장 사용료
A작업	(10만 원×5명)×10일=500만 원	50만 원×50일 =2,500만 원
B작업	(10만 원×3명)×18일=540만 원	
C작업	(10만 원×5명)×50일=2,500만 원	
D작업	(10만 원×2명)×18일=360만 원	
E작업	(10만 원×4명)×16일=640만 원	
합계	4,540만 원	2,500만 원

따라서 프로젝트를 완료하는 데 소요되는 최소비용은 7,040만 원이므로, 최소비용은 6천만 원 이상이라고 판단하는 것이 옳다.

오답분석

① 각 작업에서 필요한 인원을 증원하거나 감원할 수 없다. 그러므로 주어진 자료와 같이 각 작업에 필요한 인원만큼만 투입된다. 따라서 가장 많은 인원이 투입되는 A작업과 C작업의 필요인원이 5명이므로 해당 프로젝트를 완료하는 데 필요한 최소 인력은 5명이다.
② 프로젝트를 최단기간으로 완료하기 위해서는 각 작업을 동시에 진행해야 한다. 다만, B작업은 A작업이 완료된 이후에 시작할 수 있고, E작업은 D작업이 완료된 이후에 시작할 수 있다는 점을 고려하여야 한다. C작업은 50일, A+B작업은 28일, D+E작업은 34일이 걸리므로, 프로젝트가 완료되는 최단기간은 50일이다.
④ 프로젝트를 완료할 수 있는 최단기간은 50일이다. C작업은 50일 내내 작업해야 하므로 반드시 5명이 필요하다. 그리고 먼저 A작업에 5명을 투입한다. 작업이 완료된 후 그들 중 3명은 B작업에, 2명은 D작업에 투입한다. 그리고 B, D작업을 완료한 5명 중 4명만 E작업에 투입한다. 이 경우 작업기간은 (작업을 제외하고) 10일(A)+18일(B와 D 동시진행)+16일(E)=44일이 걸린다. 따라서 프로젝트를 최단기간에 완료하는 데 투입되는 최소 인력은 10명이다.
⑤ 프로젝트를 완료할 수 있는 최소인원은 5명이다. 먼저 5명이 A작업에 투입되면 10일 동안은 다른 작업을 진행할 수 없다. A작업이 완료되면 5명은 B작업과 D작업으로 나뉘어 투입된다. 그 다음으로 C작업과 E작업을 순차적으로 진행하면 총 10일(A)+18일(B와 D 동시진행)+50일(C)+16일(E)=94일이 최단기간이 된다.

06 조직이해능력
기출예상문제

01	02	03	04	05	06	07	08	09	10	11	12	13	14	15					
③	③	③	④	④	④	④	③	⑤	③	①	②	①	④	③					

01

정답 ③

경영전략 추진과정
- 전략목표 설정 : 비전 설정, 미션 설정
- 환경분석 : 내부환경 분석, 외부환경 분석
- 경영전략 도출 : 조직전략, 사업전략, 부문전략
- 경영전략 실행 : 경영목적 달성
- 평가 및 피드백 : 경영전략 결과 평가, 전략목표 및 경영전략 재조정

02

정답 ③

아프리카 사람들과 이야기할 때 눈을 바라보는 것은 실례이므로 코 끝 정도를 보면서 대화하는 것이 예의이다.

03

정답 ③

이사원에게 현재 가장 긴급한 업무는 미팅 장소를 변경해야 하는 것이다. 미리 안내했던 장소를 사용할 수 없으므로 11시에 사용 가능한 다른 회의실을 예약해야 한다. 그 후 바로 거래처 직원에게 미팅 장소가 변경된 점을 안내해야 하므로 ㉡이 ㉢보다 먼저 이루어져야 한다. 거래처 직원과의 11시 미팅 이후에는 오후 2시에 예정된 김팀장과의 면담이 이루어져야 한다. 김팀장과의 면담 시간은 미룰 수 없으므로 이미 예정되었던 시간에 맞춰 면담을 진행한 후 부서장이 요청한 문서 작업 업무를 처리하는 것이 적절하다. 따라서 이사원은 ㉡－㉢－㉠－㉣－㉤의 순서로 업무를 처리해야 한다.

04

정답 ④

- 직렬 : 직무의 종류는 유사하나, 그 곤란성·책임성의 정도가 상이한 직위의 군(群)을 말한다. 즉 직무는 같은 종류에 해당되지만 의무와 책임의 수준이나 곤란성이 서로 다른 직급들을 모아놓은 것을 직렬이라 한다.
- 직무 : 과업 및 작업의 종류와 수준이 비슷한 업무들의 집합으로써 특히 직책이나 직업상 책임을 갖고 담당하여 맡은 일을 의미한다. 즉 어느 정도 비슷한 업무 내용을 가진 직위들을 하나의 관리 단위로 설정한 것이 직무이다.
- 과업 : 성과를 올리기 위해 인간적인 노력이 제공될 경우 신체적 노력이나 정신적 노력을 불문하고 직무를 분석할 때 최소의 설명개념으로 작업연구에서 가장 낮은 수준의 분석단위이다.

05

정답 ④

미국 정부의 전자여행허가제(ESTA)
대한민국 국민으로서 관광 및 상용 목적으로 90일 이내의 기간 동안 미국을 방문하고자 하는 경우, 2008년 11월 17일부터 원칙적으로 비자 없이 미국 입국 가능하지만 미 정부의 전자여행허가제에 따라 승인을 받아야만 한다.

06

정답 ④

중요도와 긴급성에 따라 우선순위를 둔다면 1순위는 회의 자료 준비이다. 업무 보고서는 내일 오전까지 시간이 있으므로 회의 자료를 먼저 준비하는 것이 적절하다. 그러므로 ㉣이 가장 좋은 행동이라 할 수 있다. 반면 ㉠은 첫 번째 우선순위로 놓아야 할 회의 자료 작성을 전혀 고려하지 않고 있으므로 가장 적절하지 않은 행동이라 할 수 있다.

07

정답 ④

업무환경에 '자유로운 분위기'라고 명시되어 있으므로 '중압적인 분위기를 잘 이겨낼 수 있다.'는 문구는 적절하지 않다.

08

정답 ③

③은 인사부의 담당 업무이다. 기획부는 경영계획 및 전략 수립, 전사기획업무 종합 및 조정, 중·장기 사업계획의 종합 및 조정 등을 한다.

09

정답 ⑤

효과적인 회의의 5가지 원칙 중 E사원은 매출성장이라는 목표를 공유하여 긍정적 어법으로 회의에 임하였다. 또한 주제를 벗어나지 않고 적극적으로 임하였으므로 가장 효과적으로 회의에 임한 사람은 E사원이다.

오답분석

① 부정적인 어법을 사용하고 있다.
② 적극적인 참여가 부족하다.
③ 주제와 벗어난 이야기를 하고, 좋지 못한 분위기를 조성한다.
④ 적극적인 참여를 하지 못하고, 회의 안건을 미리 준비하지 않았다.

10

정답 ③

마케팅기획본부는 해외마케팅기획팀과 마케팅기획팀으로 구성된다고 했으므로 적절하지 않다.

오답분석

①·② 마케팅본부의 마케팅기획팀과 해외사업본부의 해외마케팅기획팀을 통합해 마케팅기획본부가 신설된다고 했으므로 적절하다.
④ 해외사업본부의 해외사업 1팀과 해외사업 2팀을 해외영업팀으로 통합하고 마케팅본부로 이동한다고 했으므로 적절하다.
⑤ 구매·총무팀에서 구매팀과 총무팀이 분리되고 총무팀과 재경팀 통합 후 재무팀이 신설된다고 했으므로 적절하다.

11

정답 ①

- (가), (바) : 곤충 사체 발견, 방사능 검출은 현재 직면한 문제로 발생형 문제로 적절하다.
- (다), (마) : 더 많은 전압을 회복시킬 수 있는 충전지, 근로시간 단축은 현재 상황보다 효율을 더 높이기 위한 문제로 탐색형 문제로 적절하다.
- (나), (라) : 초고령사회와 드론시대를 대비하여 미래지향적인 과제를 설정하는 것은 설정형 문제로 적절하다.

12

정답 ②

㉠은 다른 재료로 대체한 S에 해당되고, ㉡은 서로 다른 물건이나 아이디어를 결합한 C에 해당되고, ㉢은 형태, 모양 등을 다른 용도로 사용한 P에 해당된다.

A에는 우엉씨 → 벨크로(찍찍이), M에는 둥근 지우개 → 네모 지우개, E에는 자동차 → 오픈카, R에는 스캐너 → 양면 스캐너 등이 있다.

13

정답 ①

베트남 사람들은 매장에 직접 방문해서 구입하는 것을 더 선호하므로 인터넷, TV광고와 같은 간접적인 방법의 홍보를 활성화하는 것은 신사업 전략으로 적절하지 않다.

14

정답 ④

'한정 판매 마케팅 기법'은 한정판 제품의 공급을 통해 의도적으로 공급의 가격탄력성을 0에 가깝게 조정한 것이다. 이 기법은 판매 기업의 입장에서는 이윤 증대를 위한 경영 혁신이지만, 소비자의 합리적 소비를 저해할 수 있다.

15

정답 ③

오답분석

㉠ 미국 바이어와 악수할 때 눈이나 얼굴을 보는 것은 좋은 행동이지만, 손끝만 살짝 잡아서는 안 되며, 오른손으로 상대방의 오른손을 잠시 힘주어서 잡아야 한다.
㉡ 이라크 사람들은 시간약속을 할 때 정각에 나오는 법이 없으며 상대방이 으레 기다려 줄 것으로 생각하므로 좀 더 여유를 가지고 기다리는 인내심이 필요하다.
㉤ 수프를 먹을 때는 몸 쪽에서 바깥쪽으로 숟가락을 사용한다.
㉦ 빵은 수프를 먹고 난 후부터 디저트를 먹을 때까지 먹는다.

07 기술능력
기출예상문제

01	02	03	04	05	06	07	08	09	10	11	12	13	14	15					
④	②	⑤	⑤	②	①	④	③	①	⑤	③	④	②	⑤	①					

01

정답 ④

기술적용 시 고려사항

1. 기술적용에 따른 비용이 많이 드는가?
   기술은 직업생활에서 반드시 요구됨과 동시에 업무 프로세스의 효율성을 높이고 성과를 향상시키는 것이어야 하며, 기술을 적용하는 데 요구되는 비용이 합리적이어야 한다.
2. 기술의 수명주기는 어떻게 되는가?
   직업생활에 요구되는 기술이어도 단기간에 진보하거나 변화할 것이라고 예상되는 기술을 적용하는 것은 바람직하지 않다.
3. 기술의 전략적 중요도는 어떻게 되는가?
   회사의 전략과 기술이 얼마나 조화를 이루는지 판단하여 기술을 적용해야 한다.
4. 잠재적으로 응용 가능성이 있는가?
   적용한 기술이 가까운 미래에 또 다른 발전된 기술로 응용 가능성이 있는지 검토해야 한다.

02

정답 ②

기술선택을 위한 우선순위 결정요인

- 제품의 성능이나 원가에 미치는 영향력이 큰 기술이다.
- 기술을 활용한 제품의 매출과 이익 창출 잠재력이 큰 기술이다.
- 쉽게 구할 수 없는 기술이다.
- 기업 간에 모방이 어려운 기술이다.
- 기업이 생산하는 제품 및 서비스에 보다 광범위하게 활용할 수 있는 기술이다.
- 최신 기술로 진부화될 가능성이 적은 기술이다.

03

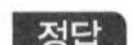 ⑤

상향식 기술선택(Bottom-Up Approach)은 기술자들로 하여금 자율적으로 기술을 선택하게 함으로써 기술자들의 흥미를 유발할 수 있고, 이를 통해 그들의 창의적인 아이디어를 활용할 수 있다는 장점이 있다.

오답분석

① 상향식 기술선택은 기술자들이 자신의 과학기술 전문 분야에 대한 지식과 흥미만을 고려하여 기술을 선택할 수 있으므로, 시장의 고객들이 요구하는 제품이나 서비스를 개발하는 데 부적합한 기술이 선택될 수 있다.
② 하향식 기술선택은 먼저 기업이 직면하고 있는 외부환경과 기업의 보유 자원에 대한 분석을 통해 기업의 중·장기적인 사업목표를 설정하고, 이를 달성하기 위해 확보해야 하는 핵심 고객층과 그들에게 제공하고자 하는 제품과 서비스를 결정한다.
③ 상향식 기술선택은 기술자들로 하여금 자율적으로 기술을 선택하게 함으로써 시장에서 불리한 기술이 선택될 수 있다.
④ 하향식 기술선택은 기술에 대한 체계적인 분석을 한 후, 기업이 획득해야 하는 대상기술과 목표기술수준을 결정한다.

04

정답 ⑤

㉢ 전기장판은 저온으로 낮춰 사용해야 고온으로 사용할 때보다 자기장이 50% 줄어든다. 고온으로 사용하다가 저온으로 낮춰 사용하는 것이 전자파를 줄일 수 있다는 내용은 가이드라인에서 확인할 수 없으므로 적절하지 않다.

㉣ 시중에서 판매하는 전자파 차단 필터는 효과가 없다고 했으므로 적절하지 않다.

05

정답 ②

긴급자동차에는 소방차, 구급차, 혈액공급차량, 그 밖에 대통령령으로 정하는 자동차(범죄수사・교통단속 등 경찰업무수행에 사용되는 차, 경호업무수행에 공무로 사용되는 차, 공익사업을 하는 기관에서 위험방지를 위한 응급작업에 사용되는 차 등)가 있다.

정의(도로교통법 제2조 제22호)

"긴급자동차"란 다음 각 목의 자동차로서 그 본래의 긴급한 용도로 사용되고 있는 자동차를 말한다.

가. 소방차

나. 구급차

다. 혈액 공급차량

라. 그 밖에 대통령령으로 정하는 자동차

06

정답 ①

기술혁신 과정의 핵심적인 역할에는 아이디어 창안, 챔피언, 프로젝트 관리, 정보 수문장, 후원 등이 있다.

07

정답 ④

- 횡단보도 : 보행자가 도로를 횡단할 수 있도록 안전표지로써 표시한 도로의 부분이다.
- 길가장자리구역 : 보도와 차도가 구분되지 않은 도로에서 보행자의 안전을 확보하기 위하여 안전표지 등으로 경계를 표시한 도로의 가장자리 부분이다.

08

정답 ③

전자레인지를 사용하면서 불꽃이 튀는 경우와 조리 상태에 만족하지 않을 때 확인해야 할 사항에 사무실, 전자레인지의 전압을 확인해야 한다는 내용은 명시되어 있지 않다.

09

정답 ①

처음 상태와 바뀐 상태를 비교하면 1번과 4번 기계는 모양이 바뀌지 않고, 2번 기계는 시계 방향으로 90°, 3번 기계는 시계 반대 방향으로 90° 회전했다. 우선 2번 기계가 시계 방향으로 90° 회전하려면 '○' 또는 '□' 스위치를 눌러야 한다. 이때 '□' 스위치를 누를 경우, 결과가 같아지려면 3번 기계가 180° 회전해야 한다. 즉, 스위치를 추가로 2번 눌러야 한다. 그러므로 '□' 스위치를 누르면 안 된다. 결국 '○'와 '■' 스위치를 누르면 주어진 결과와 같은 형태가 된다.

10

정답 ⑤

처음 상태와 바뀐 상태를 비교하면 1번과 2번 기계는 시계 방향으로 90°, 3번과 4번 기계는 시계 반대 방향으로 90° 회전했다. 우선 1번 기계가 시계 방향으로 90° 회전하려면 '○' 또는 '●' 스위치를 눌러야 한다. 이때 '●' 스위치를 누를 경우, 결과가 같아지려면 4번 기계가 180° 회전해야 한다. 즉, 스위치를 추가로 2번 눌러야 한다. 그러므로 '●' 스위치를 누르면 안 된다. 결국 '○'와 '◑' 스위치를 누르면 주어진 결과와 같은 형태가 된다.

11

정답 ③

처음 상태와 바뀐 상태를 비교하면 3번 기계만 180° 회전했다. 우선 3번 기계가 180° 회전하려면 '◑'와 '■' 스위치를 반드시 눌러야 한다. 그러면 1번과 4번 기계는 각각 시계 반대 방향으로 90° 회전한 상태가 되므로 추가로 스위치를 한 번 눌러 원상태로 돌려야 한다. 따라서 추가로 누를 스위치는 '●'이다.

12

정답 ④

결과가 가장 큰 값을 구해야 하므로 최대한 큰 수가 있는 구간으로 이동해야 하며, 세 번째 조건에 따라 총 10번의 이동이 가능하다. 반복 이동으로 가장 커질 수 있는 구간은 D－E구간이지만 음수가 있으므로 왕복 2번을 이동하여 값을 양수로 만들어야 한다. D－E구간에서 4번 이동하고 마지막에 E－F구간을 1번 이동하는 것을 제외하면 출발점인 A에서 D－E구간을 왕복하기 전까지 총 5번을 이동할 수 있다. D－E구간으로 가기 전 가장 큰 값은 C에서 E로 가는 것이므로 C－E－D－E－D－E－F로 이동한다. 또한, 출발점인 A에서 C까지 4번 이동하려면 A－B－B－B－C밖에 없다. 즉, A－B－B－B－C－E－D－E－D－E－F 순서로 이동한다.

따라서 $1\times2\times2\times2\times3\times(-2)\times3\times(-2)\times3\times1=864$이다.

13

정답 ②

A－B－C－D－E－D－C－D－E－F : $100\times1\times2\times2\times3\times(-2)\times1\times2\times3\times1=-14,400$

오답분석

① A－B－B－E－D－C－E－C－E－F : $100\times1\times2\times2\times(-2)\times1\times3\times(-1)\times3\times1=7,200$
③ A－B－E－D－C－E－C－D－E－F : $100\times1\times2\times(-2)\times1\times3\times(-1)\times2\times3\times1=7,200$
④ A－B－C－D－E－D－E－D－E－F : $100\times1\times2\times2\times3\times(-2)\times3\times(-2)\times3\times1=43,200$
⑤ A－B－B－C－E－D－E－D－E－F : $100\times1\times2\times2\times3\times(-2)\times3\times(-2)\times3\times1=43,200$

14

정답 ⑤

노동력 상실은 산업재해가 개인에게 끼치는 영향에 해당한다.

산업재해가 기업에 끼치는 영향
- 재해를 당한 근로자의 보상 부담
- 재해를 당한 노동 인력 결손으로 인한 작업 지연
- 재해로 인한 건물·기계·기구 등의 파손
- 재해로 인한 근로의욕 침체와 생산성 저하

산업재해가 개인에게 끼치는 영향
- 재해를 당한 본인 및 가족의 정신적·육체적 고통
- 일시적 또는 영구적인 노동력 상실
- 본인과 가족의 생계에 대한 막대한 손실

15

정답 ①

제품 매뉴얼은 제품의 설계상 결함이나 위험 요소를 대변해서는 안 된다.

무언가를 위해 목숨을 버릴 각오가 되어 있지 않는 한
그것이 삶의 목표라는 어떤 확신도 가질 수 없다.

– 체 게바라 –

PART 2

전공평가

01 경영 기출예상문제

01	02	03	04	05	06	07	08	09	10	11	12	13	14	15	16	17	18	19	20
③	②	①	④	③	①	④	①	④	③	④	①	②	④	④	③	②	②	④	④
21	22	23	24	25	26	27	28	29	30										
③	②	④	④	④	①	④	①	①	④										

01

정답 ③

민츠버그(Mintzberg)는 크게 대인적 직무, 의사결정 직무, 정보처리 직무로 분류하여 경영자의 역할을 10가지로 정리하였다. 보기의 역할은 의사결정 직무 중 기업가 역할에 해당한다.

민츠버그(Mintzberg) 경영자의 역할
- 대인적 직무 : 대표자 역할, 리더 역할, 연락자 역할
- 의사결정 직무 : 기업가 역할, 문제처리자 역할, 지원배분자 역할, 중재자 역할
- 정보처리 직무 : 정보수집자 역할, 정보보급자 역할, 대변자 역할

02

정답 ②

오답분석

① 횡축은 상대적 시장점유율, 종축은 시장성장률이다.
③ 별 영역은 시장성장률이 높고 상대적 시장점유율도 높다.
④ 자금젖소 영역은 시장점유율이 높아 자금투자보다 자금산출이 많다.

03

정답 ①

매슬로의 욕구단계
- 매슬로는 인간의 욕구에 대해 5단계로 설명하고 있다. 이때 하위 단계의 욕구가 충족되지 못하면 상위 단계로 올라가지 못한다.
- 1단계 생리적 욕구 – 2단계 안전에 대한 욕구 – 3단계 소속 욕구(애정과 공감의 욕구) – 4단계 존경 욕구 – 5단계 자아실현의 욕구이다.

04

정답 ④

㉠ 피들러(Fiedler)의 리더십 상황이론에 따르면 리더십 스타일은 리더가 가진 고유한 특성으로 한 명의 리더가 과업지향적 리더십과 관계지향적 리더십을 모두 가질 수 없다. 그렇기 때문에 어떤 상황에 어떤 리더십이 어울리는가를 분석한 것이다.
㉢ 상황이 호의적인지 비호의적인지를 판단하는 상황변수로 리더 – 구성원 관계, 과업구조, 리더의 직위권력을 고려하였다.
㉣ 상황변수들을 고려하여 총 8가지 상황을 분류하였고, 이를 다시 호의적인 상황, 보통의 상황, 비호의적인 상황으로 구분하였다. 상황이 호의적이거나 비호의적인 경우, 과업지향적 리더십이 적합하다. 그리고 상황이 보통인 경우에는 관계지향적 리더십이 적합하다.

오답분석

㉡ LPC 설문을 통해 리더의 특성을 측정하였다. LPC 점수가 낮으면 과업지향적 리더십, 높으면 관계지향적 리더십으로 정의한다.
㉤ 리더가 처한 상황이 호의적이거나 비호의적인 경우, 과업지향적 리더십이 적합하다.

05

정답 ③

워크샘플링법은 직무분석방법이다.

직무평가방법
- 서열법 : 직무의 상대적 가치에 따라 서열을 매기는 방법
- 분류법 : 직무를 조사하여 직무 요소에 따라 미리 설정해둔 등급에 분류 및 배치하는 방법
- 점수법 : 직무의 가치를 점수로 나타내어 평가하는 방법
- 요소비교법 : 기준직무 선정 후, 각 직무와 기준직무의 평가요소를 비교함으로써 직무의 상대적 가치 결정하는 방법

06

정답 ①

성장기에는 신제품을 인지시키기 위한 정보제공형 광고에서 소비자의 선호도를 높이기 위한 제품선호형 광고로 전환한다.

07

정답 ④

동일한 세분시장 내에서는 소비자들의 동질성이 극대화되도록 하여야 마케팅 믹스를 개발할 수 있다.

08

정답 ①

공급사슬관리(SCM)는 공급업체, 구매기업, 유통업체 그리고 물류회사들이 주문, 생산, 재고수준과 제품 및 서비스의 배송에 관한 정보를 공유하도록 하여 제품과 서비스를 효율적으로 구매, 생산, 배송할 수 있도록 지원하는 시스템이다.

오답분석

② 적시생산시스템(JIT) : 모든 프로세스에 걸쳐 필요한 때, 필요한 것을, 필요한 만큼만 생산하는 생산시스템이다.
③ 유연생산시스템(FMS) : 다양한 제품을 높은 생산성으로 유연하게 제조하는 것을 목적으로 생산을 자동화한 시스템이다.
④ 컴퓨터통합생산(CIM) : 제조 – 개발 – 판매로 연결되는 과정을 일련의 정보시스템으로 통합한 생산관리시스템이다.

09

정답 ④

재고 부족현상이 발생하게 되면 EOQ모형을 적용하기 어렵다. 하지만 실제 상황에서는 갑작스러운 수요 상승으로 인한 재고부족이 나타날 수 있고 이러한 단점으로 인해 실제로는 추가적으로 여러 가지 요소들을 함께 고려해야 EOQ모형을 적절하게 사용할 수 있다.
따라서 EOQ모형을 사용하기 위해서는 재고 부족현상은 발생하지 않고 주문 시 정확한 리드타임이 적용된다는 것을 가정으로 계산한다.

10

정답 ③

오답분석

① 순현금흐름의 현재가치로부터 차감한 기법이다.
② 0보다 크면 투자안을 선택하고 0보다 작으면 투자안을 기각한다.
④ 순현가법과 내부수익률법 모두 현금흐름을 할인한다는 점에서 같은 맥락에 놓여있다.

11

정답 ④

경영활동은 크게 기술활동, 상업활동, 재무활동, 보호활동, 회계활동, 관리활동으로 구분할 수 있다. 그 중에 페이욜은 관리활동을 '계획, 조직, 지휘, 조정, 통제'로 '관리 5요소론'을 정립하였다. '분업'은 14가지 관리일반원칙에 해당한다.

12

정답 ①

포터(M. Porter)의 경쟁전략 유형

- 원가우위 전략
- 차별화 전략
- 원가집중화 전략
- 차별적 집중화 전략

13

정답 ②

공정성이론은 조직구성원은 자신의 투입에 대한 결과의 비율을 동일한 직무 상황에 있는 준거인의 투입 대 결과의 비율과 비교해 자신의 행동을 결정하게 된다는 이론이다.

오답분석

① 기대이론 : 구성원 개인의 모티베이션의 강도를 성과에 대한 기대와 성과의 유의성에 의해 설명하는 이론이다.
③ 욕구단계이론 : 인간의 욕구는 위계적으로 조직되어 있으며 하위 단계의 욕구 충족이 상위 계층 욕구의 발현을 위한 조건이 된다는 이론이다.
④ 목표설정이론 : 의식적인 목표나 의도가 동기의 기초이며 행동의 지표가 된다고 보는 이론이다.

14

정답 ④

평가센터법 안에서 다양한 방법의 평가기법들이 사용되기 때문에 표준화가 어렵고 상대적 비교도 어려우며, 시간과 비용이 많이 든다.

15

정답 ④

최저임금제의 필요성

- 계약자유의 원칙 한계 보완 : 계약의 자유가 소유권과 결합하여 오히려 경제적 강자를 보호하고 경제적 약자를 지배하는 제도로 전환되는 한계를 보완한다.
- 사회적 약자 보호 : 생존임금과 생활임금을 보장하여 저임금 노동자 등의 사회적 약자들을 보호한다.
- 시장실패 보완 : 임금이 하락함에도 불구하고 노동공급은 줄어들지 않고 계속 증가하여, 임금이 계속 떨어지는 현상인 왜곡된 임금구조를 개선한다.
- 유효수요 증대 : 저소득층의 한계소비성향을 높여 사회의 전반적인 수요를 증대한다.

16

정답 ③

오답분석

① 서열법 : 피평정자의 근무성적을 서로 비교해서 그들 간의 서열을 정하여 평정하는 방법이다.
② 평정척도법 : 관찰하려는 행동에 대해 어떤 질적 특성의 차이를 몇 단계로 구분하여 판단하는 방법이다.
④ 중요사건기술법 : 피평정자의 근무실적에 큰 영향을 주는 중요사건들을 평정자로 하여금 기술하게 하거나 또는 주요 사건들에 대한 설명구를 미리 만들고 평정자로 하여금 해당되는 사건에 표시하게 하는 평정방법이다.

17

정답 ②

역할연기법은 경영관리상의 문제 해결이나 이해를 위해 당사자가 문제의 주인공처럼 실연해서 문제의 핵심을 파악하는 것으로, 감독자 훈련이나 세일즈맨에 대한 기술훈련 등에 사용되고 있다. 따라서 역할연기법은 훈련방법이지 훈련의 필요성을 분석하는 방법이 아니다.

18

정답 ②

②는 X이론에 해당한다.

맥그리거(D. McGregor)의 X－Y 이론

• X이론 : 명령통제에 관한 전통적 견해이며 낡은 인간관이다.
  - 인간은 선천적으로 일을 싫어하며 가능한 한 일을 하지 않고 지냈으면 한다.
  - 기업 내의 목표달성을 위해서는 통제·명령·상벌이 필요하다.
  - 종업원은 대체로 평범하며, 자발적으로 책임을 지기보다는 명령받기를 좋아하고 안전제일주의의 사고·행동을 취한다.

• Y이론 : 인간의 행동에 관한 여러 사회과학의 성과를 토대로 한 것이다.
  - 종업원들은 자발적으로 일할 마음을 가지게 된다.
  - 개개인의 목표와 기업목표의 결합을 꾀할 수 있다.
  - 일의 능률을 향상시킬 수 있다.

PART 2

19

정답 ④

서번트(Servant) 리더의 특성

• 경청하는 자세
• 공감대 형성에의 노력
• 부하들의 고통치유에 관심
• 분명한 인식을 통해 대안 제시
• 맹종 아닌 설득에 의한 동반
• 폭넓은 사고를 통해 비전 제시
• 예리한 통찰력으로 미래예측을 하도록 도움
• 청기지적인 태도로 봉사
• 부하들의 능력개발에 노력
• 조직구성원들 간 공동체 형성에 조력

20

정답 ④

오답분석

① 연봉제 : 개별 구성원의 능력·실적 및 조직 공헌도 등을 평가해 계약에 의해 연간 임금액을 책정하는 보수 체계이다.
② 개인성과급제 : 노동의 성과를 측정하여 그 결과에 따라 임금을 지급하는 제도이다.
③ 임금피크제 : 근로자들의 임금을 삭감하지 않고 고용을 유지하기 위해 근무시간을 줄여 고용을 보장하기 위한 제도이다.

21

정답 ③

오답분석

① 편의품 : 최소한의 노력으로 적합한 제품을 구매하려는 행동의 특성을 보이는 제품으로, 주로 일상생활에서 소비 빈도가 가장 높으며 가장 인접해 있는 점포에서 구매하는 상품이다.
② 선매품 : 여러 점포를 방문하거나 다양한 제품들의 가격수준, 품질, 스타일 등에 대한 적합성을 비교하여 최선의 선택으로 결정하는 제품이다.
④ 자본재 : 다른 재화를 생산하기 위해 사용되는 재화이다.

22
정답 ②

연결화를 통해 형식지는 조합에 의한 정보활용과 지식의 체계화가 이루어지며, 이를 통해 내면화로 발전할 수 있는 단계이다.

23
정답 ④

시장세분화의 요건

- 측정가능성 : 특성(고객 수, 구매력)이 측정 가능해야 한다.
- 접근가능성 : 유통경로나 매체를 통한 접근이 가능해야 한다.
- 실행가능성 : 세분시장을 공략하기 위한 효과적 마케팅 프로그램을 개발할 수 있어야 한다.
- 충분한 세분시장의 규모 : 충분한 이익을 얻을 수 있어야 한다.
- 차별화 가능성 : 세분시장 내는 동질적, 세분시장 간은 이질적이어야 한다.

24
정답 ④

촉진믹스(Promotion Mix) 활동

- 광고
- 인적판매
- 판매촉진
- PR(Public Relationship)
- 직접마케팅
- 간접마케팅

25
정답 ④

활동성비율은 분자에 매출액이 고정되고 분모에 무엇이 오느냐에 따라 종류가 나뉜다. 재고자산회전율은 매출액을 재고자산으로 나눈 것이며, 해당 재고자산이 당좌자산으로 변화하는 속도를 나타낸다. 안정성비율은 장기지급능력을 측정하는 분석 도구로서 자기자본비율은 총자산 중 자기자본이 차지하는 비중으로 재무구조의 건전성을 판단하는 자료이다. 수익성비율 중 주당순이익은 1주당 이익을 얼마나 창출했는지를 판단하여 수익에 대한 주주의 몫을 파악할 수 있다.

26
정답 ①

투자안의 평가방법

- 수익성지수법 : 비용의 크기가 서로 매우 다른 여러 투자안들이 있거나 투자할 수 있는 여력이 제한되어 자본할당을 해야 하는 경우에 이용될 수 있는 투자안 평가방법이다.
- 순현재가치법 : 투자로 인해 발생하는 현금흐름의 총 유입액 현재가치에서 총 유출액 현재가치를 차감한 가치인 순현가(순현재가치)를 이용하여 투자안을 평가하는 방법이다.
- 내부수익률법 : 내부수익률을 투자자의 요구수익률과 비교하여 투자 의사결정을 하는 방법이다.
- 회수기간법 : 투자에 소요된 자금을 그 투자로 인하여 발생하는 현금흐름으로부터 모두 회수하는 데 걸리는 기간을 재무관리자가 사전에 정해놓은 회수기간과 비교하여 투자안을 평가하는 방법이다.

27
정답 ④

$(1,000,000\times0.9091^{*}+1,000,000\times0.8264)-1,500,000=235,500$

*연 10%에 기간이자율에 대한 1기간 단일 현가계수$=1\div(1+0.1)=1\div1.1=0.9091$

28

정답 ①

오답분석

② 적시 생산시스템 : 필요한 때에 맞추어 물건을 생산·공급하는 것으로 제조업체가 부품업체로부터 부품을 필요한 시기에 필요한 수량만큼만 공급받아 재고가 없도록 해 주는 재고관리시스템이다.
③ 린 생산 : 작업 공정 혁신을 통해 비용은 줄이고 생산성은 높이는 것으로 숙련된 기술자의 편성과 자동화 기계의 사용으로 적정량의 제품을 생산하는 방식이다.
④ 공급사슬관리 : 어떤 제품을 판매하는 경우 자재 조달, 제품 생산, 유통, 판매 등의 흐름을 적절히 관리하여 공급망 체인을 최적화함으로써 조달 시간 단축, 재고 비용이나 유통 비용 삭감, 고객 문의에 대한 빠른 대응을 실현하는 것이다.

29

정답 ①

비공식조직은 자연발생적으로 생겨난 조직으로, 소집단의 성질을 띠며 조직 구성원은 밀접한 관계를 형성한다.

30

정답 ④

오답분석

① A등급은 재고가치가 높은 품목들이 속한다.
② A등급 품목은 로트 크기를 작게 유지한다.
③ C등급 품목은 재고유지비가 낮다.

ABC 재고관리
재고품목을 연간 사용금액에 따라 A등급, B등급, C등급으로 나눈다.
- A등급 : 상위 15% 정도, 연간 사용금액이 가장 큰 항목, 아주 엄격한 재고 통제
- B등급 : 35% 정도, 연간 사용금액이 중간인 항목, 중간 정도의 재고 통제
- C등급 : 50% 정도, 연간 사용금액이 작은 항목, 느슨한 재고 통제

02 경제 기출예상문제

01	02	03	04	05	06	07	08	09	10	11	12	13	14	15	16	17	18	19	20
④	④	③	④	②	①	④	②	③	①	④	④	②	②	②	①	④	④	④	①
21	22	23	24	25	26	27	28	29	30										
①	②	④	④	③	①	④	③	③	③										

01

정답 ④

$MR_A = MC_A$, $MR_B = MC_B$를 이용하여 기업 A와 기업 B의 반응곡선을 구한다.

$84 - 2Q_A - Q_B = 28$, $Q_A = -\frac{1}{2}Q_B + 28$

$84 - Q_A - 2Q_B = 20$, $Q_B = -\frac{1}{2}Q_A + 32$

꾸르노 모형의 균형은 두 기업의 반응곡선이 교차하는 점에서 이루어지므로

$-2Q_A + 56 = -\frac{1}{2}Q_A + 32$, $\frac{3}{2}Q_A = 24$, $Q_A = 16$, $Q_B = 24$이다.

02

정답 ④

(ㄱ) 준칙적 통화정책을 사용할 때 중앙은행이 먼저 실제 인플레이션율을 결정하고 민간이 기대 인플레이션을 결정하게 된다. 중앙은행이 0%의 인플레이션율을 유지할 경우 민간은 $\pi = \pi_e = 0$으로 기대 인플레이션율을 설정하므로 $u = 0.03 - 2(\pi - \pi_e)$에 이를 대입하면 $u = 0.03$이 도출된다.

(ㄴ) 최적 인플레이션율로 통제했을 때 역시 만약 민간이 합리적인 기대를 통해 기대 인플레이션율을 중앙은행이 결정한 인플레이션율로 맞추게 된다면 $\pi = \pi_e = 1$로 기대 인플레이션율을 설정하여 $u = 0.03 - 2(\pi - \pi_e)$에 이를 대입하면 $u = 0.03$이 도출된다. 이러한 결과는 민간이 합리적인 기대를 할 경우 어떤 정책을 택하든 자연실업률의 수준에서 벗어나지 못하는 정책 무력성 명제를 나타낸다고 할 수 있다.

03

정답 ③

화폐수량설에 따르면 $MV = PY \rightarrow \frac{\Delta M}{M} + \frac{\Delta V}{V} = \frac{\Delta P}{P} + \frac{\Delta Y}{Y}$

따라서 $\frac{\Delta P}{P} = \frac{\Delta M}{M} + \frac{\Delta V}{V} - \frac{\Delta Y}{Y} = 6\% + 0\% - 3\% = 3\%$

피셔방정식에 따르면 i(명목이자율)$= r$(실질이자율)$+ \pi$(물가상승률)

따라서 $r = i - \pi = 10\% - 3\% = 7\%(\pi = \Delta P/P)$

04

정답 ④

솔로우 성장모형에서 기술진보가 이루어지면 경제성장률이 높아지므로 균형성장경로가 바뀌게 되는데 기술진보는 외생적으로 주어진 것으로 가정할 뿐 모형 내에서는 기술진보의 원인을 설명하지 못한다.

오답분석

② 솔로우 성장모형은 생산요소간 대체가 가능한 콥－더글라스 생산함수를 가정한다. 솔로우 성장모형에서 인구증가율이 높아지면 1인당 자본량이 감소하므로 새로운 정상상태에서 1인당 산출량은 감소한다.

③ 솔로우 성장모형에서는 저축률이 높을수록 투자가 증가하여 1인당 자본량과 1인당 소득은 증가하지만 저축률이 황금률의 균제상태보다 더 높다면 저축을 감소시켜야 1인당 소비가 증가하게 된다. 그러므로 저축률이 높다고 해서 항상 좋은 것은 아니다.

05

정답 ②

케인즈학파는 생산물시장과 화폐시장을 동시에 고려하는 IS－LM모형으로 재정정책과 통화정책의 효과를 분석했다. 케인즈학파에 의하면 투자의 이자율탄력성이 작기 때문에 IS곡선은 대체로 급경사이고, 화폐수요의 이자율탄력성이 크므로 LM곡선은 매우 완만한 형태이다. 따라서 재정정책은 매우 효과적이나, 통화정책은 별로 효과가 없다는 입장이다.

PART 2

06

정답 ①

IS곡선 혹은 LM곡선이 오른쪽으로 이동하면 총수요곡선도 우측으로 이동한다.

개별소득세가 인하되면 투자가 증가하며, 장래경기에 대한 낙관적인 전망은 미래소득 및 미래소비심리의 상승에 영향을 미치기 때문에 소비가 증가하여 IS곡선이 오른쪽으로 이동한다.

- IS곡선의 우측이동 요인 : 소비증가, 투자증가, 정부지출증가, 수출증가
- LM곡선의 우측이동 요인 : 통화량 증가

07

정답 ④

재산권이 확립되어 있다고 하더라도 거래비용이 너무 크면 협상이 이루어지지 않기 때문에 거래비용이 너무 크면 협상을 통해 외부성 문제가 해결될 수 없다.

08

정답 ②

개별기업의 수요곡선을 수평으로 합한 시장 전체의 수요곡선은 우하향하는 형태이다. 그러나 완전경쟁기업은 시장에서 결정된 시장가격으로 원하는 만큼 판매하는 것이 가능하므로 개별기업이 직면하는 수요곡선은 수평선으로 도출된다.

09

정답 ③

X재 수입에 대해 관세를 부과하면 X재의 국내가격이 상승한다. X재의 국내가격이 상승하면 국내 생산량은 증가하고 소비량은 감소하게 된다. 또한 국내가격 상승으로 생산자잉여는 증가하지만 소비자잉여는 감소하게 된다. X재 수요와 공급의 가격탄력성이 낮다면 관세가 부과되더라도 수입량은 별로 줄어들지 않으므로 관세부과에 따른 손실이 작아진다.

10

정답 ①

가격차별(Price discrimination)이란 동일한 상품에 대하여 서로 다른 가격을 설정하는 것을 의미하며 다른 시장 간에는 재판매가 불가능해야 한다.

오답분석

② 가격차별이 가능하기 위해서는 소비자를 특성에 따라 구분할 수 있어야 한다.

③ 가격차별이 가능하다는 것은 기업이 시장지배력이 있다는 의미이다.

11

정답 ④

오답분석

① 불황기의 평균소비성향이 호황기의 평균소비성향보다 크다. 호황기에는 일시적인 소득이 증가하여 이러한 일시소득이 대부분 저축되는 반면, 불황기에는 일시적인 소득이 감소하여 돈의 차입 등을 통해 종전과 비슷한 소비수준을 유지한다.
② 생애주기가설에 따르면 소비는 일생 동안의 총소득에 의해 결정된다.
③ 한계소비성향과 한계저축성향의 합이 언제나 1이다.

12

정답 ④

화폐발행이득은 화폐발행의 특권에서 나오는 이득을 의미하는 것으로, ㄱ, ㄴ, ㄷ 모두 옳은 설명에 해당한다.

13

정답 ②

두 나라의 쌀과 옷 생산의 기회비용을 계산해 보면 다음과 같다.

구분	A국	B국
쌀(섬)	1	0.5
옷(벌)	1	2

쌀 생산의 기회비용은 B국이 더 작고, 옷 생산의 기회비용은 A국이 더 작으므로 A국은 옷 생산에 비교우위가 있고, B국은 쌀 생산에 비교우위가 있다. 따라서 A국은 옷을 수출하고 쌀을 수입한다.

14

정답 ②

리카도의 대등정리는 정부지출수준이 일정할 때 정부가 재원조달 방법(조세 또는 채권 등)을 변화시키더라도 민간의 경제활동은 아무런 영향을 받지 않는다는 이론이다. 정부가 세금을 감면하고 이에 따른 재정적자를 국채발행을 통해 정부 지출 재원을 조달하는 경기부양정책을 펼치게 되면, 정부는 언젠가 늘어난 부채를 갚기 위해 세금을 올려야 하고, 사람들은 이를 예상하여 감세로 인해 늘어난 소득만큼 저축을 늘려 미래의 증세에 대비한다. 따라서 저축에는 변화가 생기지만 소비에는 아무런 변화가 생기지 않는다는 것이고, 실질이자율도 변하지 않게 된다. 이러한 리카도 대등정리를 바탕으로 배로(Robert Barro)는 재정정책의 무력성을 주장하였다.

15

정답 ②

이자율 상승으로 요구불예금이 증가하면 시장에 있는 현금들이 예금 쪽으로 들어와서 민간 화폐보유성향이 낮아져 통화승수가 증가한다.

16

정답 ①

오답분석

② 예상된 인플레이션의 경우에도 구두창 비용, 메뉴비용 등이 발생한다.
③ 예상한 것보다 높은 인플레이션이 발생했을 경우에는 그만큼 실질이자율이 하락하게 되어 채무자가 이득을 보고 채권자가 손해를 보게 된다.
④ 예상치 못한 인플레이션이 발생했을 경우 실질임금이 하락하므로 노동자는 불리해지며, 고정된 임금을 지급하는 기업은 유리해진다.

17

정답 ④

물가지수를 구할 때 각각의 상품에 대해 가중치를 부여한 후 합계를 내어 계산한다.

18

정답 ④

오답분석

① 기펜재는 열등재에 속하는 것으로 수요의 소득탄력성은 음(−)의 값을 갖는다.
② 두 재화가 서로 대체재의 관계에 있다면 수요의 교차탄력성은 양(+)의 값을 갖는다.
③ 우하향하는 직선의 수요곡선상에 위치한 점에서 수요의 가격탄력성은 다르다. 가격하락 시 소비자 총지출액이 증가하는 점에서는 수요의 가격탄력성이 1보다 크고, 소비자 총지출액이 극대화가 되는 점에서는 수요의 가격탄력성이 1, 가격하락 시 소비자 총지출액이 감소하는 점에서는 수요의 가격탄력성은 1보다 작다.

19

정답 ④

오답분석

ㄱ. 국제가격이 국내가격보다 높으므로 수출을 한다. 수출하는 국가는 국제가격에 영향을 끼칠 수가 없으므로 가격을 그대로 받아들이는 가격수용자가 되며, 국내가격은 국제가격을 따라가야 한다. 따라서 A국의 국내 철강 가격은 세계 가격과 똑같아지기 위해 높아지게 되지만 세계 가격보다 높아지는 것은 아니다.
ㅁ. 국가 전체의 총잉여는 증가한다.

20

정답 ①

가격상한제란 정부가 시장가격보다 낮은 가격으로 상한선을 정하고 규제된 가격으로 거래하도록 하는 제도이다.

21

정답 ①

독점기업의 가격차별전략

- 제1급 가격차별 : 각 단위의 재화에 대하여 소비자들이 지불할 용의가 있는 최대금액을 설정하는 것이다(한계수입과 가격이 같은 점에서 생산량 결정).
- 제2급 가격차별 : 재화 구입량에 따라 각각 다른 가격을 설정하는 것이다.
- 제3급 가격차별 : 소비자들의 특징에 따라 시장을 몇 개로 분할하여 각 시장에서 서로 다른 가격을 설정하는 것이다.

22

정답 ②

선별은 정보를 갖지 못한 측이 상대방(정보를 가진 측)의 특성을 알아내기 위해 노력하는 것을 말한다. 통신사가 다양한 종류의 요금제도를 제시하고 서로 다른 유형의 소비자가 자신이 원하는 요금제도를 선택하게 하는 것은 선별의 예에 속한다.

오답분석

① 역선택은 정보의 비대칭으로 인해서 정보를 갖지 못하거나 부족한 측의 입장에서 보았을 때, 바람직하지 못한 상대와 거래할 가능성이 높아지는 현상을 말한다. 도덕적 해이는 정보를 갖지 못하거나 부족한 측의 입장에서 보았을 때 정보를 가지고 있는 상대가 바람직하지 않은 행동을 취하는 가능성이 높아지는 현상을 말한다. 정보의 비대칭성이 존재하면 역선택과 도덕적 해이의 문제가 항상 발생하기 보다는 발생할 가능성이 크다고 보는 것이 적절하다.
③ 공동균형에서는 서로 다른 선택을 할 수 없다.
④ 보험회사 입장에서 해당 예는 도덕적 해이가 아니라 역선택에 해당한다.

23

정답 ④

지니계수는 0과 1사이이며 이 값이 작을수록 소득분배가 평등하다는 것을 의미한다. 지니계수는 로렌츠곡선에서 도출된 것이므로 로렌츠곡선이 교차하는 경우에는 단순히 지니계수 수치만으로 소득분배상태를 비교하는 것이 불가능하다. 또한 동일한 지니계수일지라도 로렌츠곡선의 형태가 달라질 수 있으며 경우에 따라서는 소득분배상태가 변함에 따라 로렌츠곡선이 교차하는 경우가 나타날 수 있다.

24

정답 ④

특허료 수취는 서비스수지(경상수지)를 개선하는 사례이다.

오답분석

①·③ 투자수지(자본수지) 개선에 대한 사례이다.

② 서비스수지(경상수지) 악화에 대한 사례이다.

25

정답 ③

(노동수요의 임금탄력성) $=\frac{\text{(노동수요량의 변화율)}}{\text{(임금의 변화율)}}$

(노동수요량의 변화율) $=\frac{10,000-9,000}{10,000}\times100=10\%$

(임금의 변화율) $=\frac{5,000-6,000}{5,000}\times100=|-20|=20\%$

따라서 (노동수요의 임금탄력성) $=\frac{10\%}{20\%}=0.5\%$이다.

26

정답 ①

물품세가 부과될 경우 상품시장에서 공급곡선이 물품세 부과 크기만큼 상향 이동하므로 상품의 가격은 상승하고 공급량은 줄어든다. 또한 일정액의 물품세가 부과되면 MC곡선이 상방으로 이동하므로 재화의 생산량이 감소하고, 재화의 생산량이 감소하면 파생수요인 노동수요도 감소한다. 노동수요가 감소하면 임금이 하락하고, 고용량도 감소한다.

27

정답 ④

독점시장에서의 이윤극대화 조건은 $MR=MC$, 즉 한계수입과 한계비용이 일치하는 점에서 이윤이 극대화된다.
따라서 노동의 한계수입생산과 한계노동비용이 일치해야 한다.

28

정답 ③

오답분석

ㄷ. 채용비용이 존재할 때는 숙련 노동수요곡선보다 미숙련 노동수요곡선이 임금의 변화에 더 탄력적이다.

29

정답 ③

동일한 사업 내의 동일 가치 노동에 대해서는 동일한 임금을 지급해야 한다는 것이 상응가치원칙이다. 똑같은 일이라고 해서 가치가 동일한 것은 아니기 때문에 적절하지 않다.

30

정답 ③

오답분석

ㄱ. 임금이 상승하면 여가의 기회비용이 상승하여 대체효과에 의해서는 여가를 줄이고 노동공급이 증가하지만 소득효과에 의해서는 실질소득이 증가하여 여가를 늘리고 노동공급은 감소한다. 따라서 시간당 임금의 상승이 언제나 노동공급을 증가시키진 않는다.

ㄴ. $U=Y+2L$은 Y와 L이 완전대체재임을 의미한다. 따라서 언제나 $MRS_{YL}=\frac{1}{2}$이다. 여기서 MRS_{YL}는 동일한 효용 하에서 한 시간의 추가적 여가를 위해 포기해야 하는 소득을 나타낸다. $MRS_{YL}=\frac{1}{2}<1=w$이므로 모든 시간을 노동공급에 쓴다.

PART 3

최종점검 모의고사

최종점검 모의고사

01 직업기초능력평가

01	02	03	04	05	06	07	08	09	10	11	12	13	14	15	16	17	18	19	20
①	⑤	④	③	⑤	⑤	④	⑤	③	④	④	②	④	④	①	⑤	③	⑤	③	③
21	22	23	24	25	26	27	28	29	30	31	32	33	34	35	36	37	38	39	40
③	①	⑤	②	③	⑤	⑤	②	④	⑤	②	②	④	④	①	②	④	③	②	④
41	42	43	44	45	46	47	48	49	50										
④	③	⑤	③	③	①	④	⑤	③	④										

01

정답 ①

다리뼈는 연골세포의 세포분열로 인해 뼈대의 성장이 일어난다.

오답분석

② 뼈끝판의 세포층 중 뼈끝과 경계면에 있는 세포층에서만 세포분열이 일어난다.
③ 사춘기 이후 호르몬에 의한 뼈의 길이 성장은 일어나지 않는다.
④ 뇌에서 분비하는 성장호르몬은 뼈에 직접적으로 도움을 준다.
⑤ 남성호르몬인 안드로겐은 사춘기 여자에게서도 분비된다.

02

정답 ⑤

공문서는 반드시 일정한 양식과 격식을 갖추어 작성해야 한다.

오답분석

① 공문서는 회사 외부로 전달되는 문서로 누가, 언제, 어디서, 무엇을, 어떻게(혹은 왜)가 정확하게 드러나도록 작성해야 한다.
② 공문서의 날짜 작성 시 날짜 다음에 괄호를 사용할 경우에는 마침표를 찍지 않는다.
③ 도표를 사용하는 것은 설명서의 특징이며, 공문서의 경우 복잡한 내용은 '-다음-'이나 '-아래'와 같이 항목별로 구분한다.
④ 공문서의 내용은 한 장에 담아내는 것이 원칙이다.

03

정답 ④

알파벳 순서에 따라 숫자로 변환하면 다음과 같다.

A	B	C	D	E	F	G	H	I	J	K	L	M
1	2	3	4	5	6	7	8	9	10	11	12	13
N	O	P	Q	R	S	T	U	V	W	X	Y	Z
14	15	16	17	18	19	20	21	22	23	24	25	26

'INTELLECTUAL'의 품번을 규칙에 따라 정리하면 다음과 같다.

- 1단계 : 9(I), 14(N), 20(T), 5(E), 12(L), 12(L), 5(E), 3(C), 20(T), 21(U), 1(A), 12(L)
- 2단계 : $9+14+20+5+12+12+5+3+20+21+1+12=134$
- 3단계 : $|(14+20+12+12+3+20+12)-(9+5+5+21+1)|=|93-41|=52$
- 4단계 : $(134+52)\div4+134=46.5+134=180.5$
- 5단계 : 180.5를 소수점 첫째 자리에서 버림하면 180이다.

따라서 제품의 품번은 '180'이다.

04

정답 ③

제한된 증거를 가지고 결론을 도출하는 '성급한 일반화의 오류'의 사례로 볼 수 있다.

오답분석

① 대중에 호소하는 오류로 볼 수 있다. 소비자의 80%가 사용하고 있다는 점과 세탁기의 성능은 논리적으로 연결되지 않는다.
② 권위에 호소하는 오류로 볼 수 있다. 도서 디자인과 무관한 인사부 최부장님의 견해를 신뢰하여 발생하는 오류로 볼 수 있다.
④ 인신공격의 오류로 볼 수 있다. 기획서 내용을 반박하면서 이와 무관한 K사원의 성격을 근거로 사용하여 발생하는 오류로 볼 수 있다.
⑤ 대중에 호소하는 오류로 볼 수 있다. 대마초 허용에 많은 사람들이 찬성했다는 이유만으로 대마초와 관련된 의약개발 투자를 주장하여 발생하는 오류로 볼 수 있다.

PART 3

05

정답 ⑤

모든 조건을 조합하면 다음과 같이 두 가지 경우의 수가 있음을 알 수 있다.

1)

영업2팀

벽	김팀장					복
	강팀장	이대리	유사원	김사원	박사원	이사원	도

영업1팀

2)

영업2팀

벽	김팀장					복
	강팀장	이대리	김사원	박사원	이사원	유사원	도

영업1팀

두 가지 경우에서 강팀장과 이대리는 항상 인접하므로 항상 옳은 것은 ⑤이다.

오답분석

① 두 가지 경우에서 유사원과 이대리는 인접할 수도, 그렇지 않을 수도 있다.
② 두 가지 경우에서 박사원의 자리는 유사원의 자리보다 왼쪽에 있을 수도, 그렇지 않을 수도 있다.
③ 두 가지 경우에서 이사원은 복도 옆에 위치할 수도, 그렇지 않을 수도 있다.
④ 두 가지 경우에서 김사원은 유사원과 인접할 수도, 그렇지 않을 수도 있다.

06

정답 ⑤

오답분석

① 새 문서
② 쪽 번호 매기기
③ 저장하기
④ 인쇄하기

07

정답 ④

ㄱ. 2021년 어린이보호구역 지정대상은 전년 대비 감소하였다.

ㄷ. 2021년 어린이보호구역으로 지정된 구역 중 학원이 차지하는 비중은 $\frac{36}{16,355}\times100\% \fallingdotseq 0.22\%$이며, 2020년에는 $\frac{56}{16,085}\times100\% \fallingdotseq 0.35\%$이므로 2021년도는 전년 대비 감소하였다.

ㄹ. 2016년 어린이보호구역으로 지정된 구역 중 초등학교가 차지하는 비중은 $\frac{5,917}{14,921}\times100 \fallingdotseq 39.7\%$이고, 나머지 해에도 모두 40% 이하의 비중을 차지한다.

오답분석

ㄴ. 2017년 어린이보호구역 지정대상 중 어린이보호구역으로 지정된 구역의 비율은 $\frac{15,136}{18,706}\times100 \fallingdotseq 80.9\%$이다.

08

정답 ⑤

사망자가 30명 이상인 사고를 제외한 나머지 사고는 A, C, D, F이다. 네 사고를 화재규모와 복구비용이 큰 순서로 각각 나열하면 다음과 같다.

- 화재규모 : A－D－C－F
- 복구비용 : A－D－C－F

따라서 옳은 설명이다.

오답분석

① 터널길이가 긴 순서로, 사망자가 많은 순서로 사고를 각각 나열하면 다음과 같다.
- 터널길이 : A－D－B－C－F－E
- 사망자 수 : E－B－C－D－A－F

따라서 터널길이와 사망자 수는 관계가 없다.

② 화재규모가 큰 순서로, 복구기간이 긴 순서로 사고를 각각 나열하면 다음과 같다.
- 화재규모 : A－D－C－E－B－F
- 복구기간 : B－E－F－A－C－D

따라서 화재규모와 복구기간의 길이는 관계가 없다.

③ 사고 A를 제외하고 복구기간이 긴 순서로, 복구비용이 큰 순서로 사고를 나열하면 다음과 같다.
- 복구기간 : B－E－F－C－D
- 복구비용 : B－E－D－C－F

따라서 옳지 않은 설명이다.

④ 사고 A～E의 사고비용을 구하면 다음과 같다.
- 사고 A : $4,200+1\times5=4,205$억 원
- 사고 B : $3,276+39\times5=3,471$억 원
- 사고 C : $72+12\times5=132$억 원
- 사고 D : $312+11\times5=367$억 원
- 사고 E : $570+192\times5=1,530$억 원
- 사고 F : $18+0\times5=18$억 원

따라서 사고 A의 사고비용이 가장 크다.

09

정답 ③

'MAX(B7:E7)' 함수 값은 [B7:E7] 범위에서 가장 큰 값인 91이며, COUNTA함수는 범위에서 비어있지 않은 셀의 개수를 세주는 함수로 'COUNTA(B6:E6)'의 함수 값은 4가 된다. 따라서 'AVERAGE(91,4)'가 되며 91과 4의 평균인 47.5가 된다.

오답분석

① 'LARGE(B2:E2,3)' 함수 값은 [B2:E2] 범위에서 3번째로 큰 값인 80이며, 'SMALL(B5:E5,2)' 함수 값은 [B5:E5] 범위에서 2번째로 작은 값인 79 이다. 따라서 'AVERAGE(80,79)'가 되며 80과 79의 평균인 79.5가 된다.
② 'MAX(B3:E3)' 함수 값은 [B3:E3] 범위에서 가장 큰 값인 95이며, 'MIN(B7:E7)' 함수 값은 [B7:E7] 범위에서 가장 작은 값인 79이다. 따라서 'SUM(95,79)'가 되며 95와 79의 합인 174가 된다.
④ MAXA함수는 논리값과 텍스트도 포함하여 최대값을 나타내는 함수로 'MAXA(B4:E4)'의 함수 값은 [B4:E4] 범위의 최대값인 94가 된다. COUNT함수는 범위에서 숫자가 포함된 셀의 개수를 세주는 함수로 'COUNT(B3:E3)'의 함수 값은 4가 된다. 따라서 'SUM(94,4)'가 되며 94와 4의 합인 98이 된다.
⑤ 'SMALL(B3:E3,3)' 함수 값은 [B3:E3] 범위에서 3번째로 작은 값인 93이며, 'LARGE(B7:E7,3)' 함수 값은 [B7:E7] 범위에서 3번째로 큰 값인 80이다. 따라서 'AVERAGE(93,80)'가 되며 93과 80의 평균인 86.5가 된다.

10

정답 ④

A～E씨의 진료 날짜를 2022년 1월 이후를 기준으로 구분한 후, 현행 본인부담금 제도와 개선된 본인부담금 제도를 적용하여 본인부담금을 계산하면 다음과 같다.

- A씨 : 17,000×0.3(∵ 현행)=5,100원
- B씨 : 1,500원(∵ 진료비 1만 5천 원 이하)
- C씨 : 23,000×0.2(∵ 개선)=4,600원
- D씨 : 24,000×0.3(∵ 현행)=7,200원
- E씨 : 27,000×0.3(∵ 개선)=8,100원

따라서 A～E씨의 본인부담금의 합은 5,100+1,500+4,600+7,200+8,100=26,500원이다.

11

정답 ④

중요한 내용을 두괄식으로 작성함으로써 보고받은 자가 해당 문서를 신속하게 이해하고 의사결정을 하는 데 도움을 주는 것이 중요하다.

12

정답 ②

전기산업기사, 건축산업기사, 정보처리산업기사 등의 자격 기술은 구체적 직무수행능력 형태를 의미하는 기술의 협의의 개념으로 볼 수 있다.

오답분석

① 기술은 하드웨어를 생산하는 과정이며, 하드웨어는 소프트웨어에 대비되는 용어로, 건물, 도로, 교량, 전자장비 등 인간이 만들어 낸 모든 물질적 창조물을 뜻한다.
③ 사회는 기술 개발에 영향을 준다는 점을 볼 때, 산업혁명과 같은 사회적 요인은 기술 개발에 영향을 주었다고 볼 수 있다.
④ 컴퓨터의 발전으로 개인이 정보를 효율적으로 활용·관리하게 됨으로써 현명한 의사결정이 가능해졌음을 알 수 있다.
⑤ 로봇은 인간의 능력을 확장시키기 위한 하드웨어로 볼 수 있으며, 기술은 이러한 하드웨어와 그것의 활용을 뜻한다.

13

정답 ④

그림은 '노면상태'를 의미한다. 노면상태는 보조표지에 해당한다.

14

정답 ④

• 1단계

주민등록번호 앞 12자리 숫자에 가중치를 곱하면 다음과 같다.

숫자	가중치	(숫자)×(가중치)
2	2	4
4	3	12
0	4	0
2	5	10
0	6	0
2	7	14
8	8	64
0	9	0
3	2	6
7	3	21
0	4	0
1	5	5

• 2단계

1단계에서 구한 값을 합하면 4+12+0+10+0+14+64+0+6+21+0+5=136

• 3단계

2단계에서 구한 값을 11로 나누어 나머지를 구하면 136÷11=12 … 4

즉, 나머지는 4이다.

• 4단계

11에서 나머지를 뺀 수는 11−4=7이다. 7을 10으로 나누면 7÷10=0 … 7

따라서 빈칸에 들어갈 수는 7이다.

15

정답 ①

A시는 C시보다 인구가 두 배 이상이지만 천 명당 자동차 대수는 딱 절반이므로 자동차 대수는 A시가 더 많다. 마찬가지로 D시는 B시보다 인구가 절반 정도이지만 천 명당 자동차 대수는 두 배 이상이므로 자동차 대수는 D시가 더 많다.

따라서 A−C−D−B 순으로 자동차 대수가 많다.

16

정답 ⑤

• A시의 1인당 자동차 대수 : 204÷1,000=0.204 → 0.204×3=0.612
• B시의 1인당 자동차 대수 : 130÷1,000=0.13 → 0.13×3=0.39
• C시의 1인당 자동차 대수 : 408÷1,000=0.408 → 0.408×3=1.224
• D시의 1인당 자동차 대수 : 350÷1,000=0.35 → 0.35×3=1.05

따라서 가구당 평균 한 대 이상의 자동차를 보유하는 시는 C와 D시이다.

17

정답 ③

C시의 자동차 대수 : (530,000×408)÷1,000=530×408

따라서 C시의 도로 1km당 자동차 대수는 (530×408)÷318=680대이다.

18

정답 ⑤

공식집단의 예로 제시되어 있는 동아리는 비공식집단의 예이며, 비공식집단의 예로 제시되어 있는 임시 위원회는 공식집단의 예이다. 지속 기간의 차이에 따라 상설과 임시로 나누어질 뿐이지 조직의 공식 목표를 위해 조직에서 만든 위원회이므로 공식집단에 속한다.

19

정답 ③

제시문은 성품과 인위를 정의하고 이것에 대한 구체적인 예를 통해 인간의 원래 성품과 선하게 되는 원리를 설명하는 글이다. 따라서 (A) 성품과 인위의 정의 → (C) 성품과 인위의 예 → (D) 성품과 인위의 결과 → (B) 이를 통해 알 수 있는 인간의 성질 순서로 나열하는 것이 적절하다.

20

정답 ③

우선 B사원의 대화내용을 살펴보면, 16:00부터 사내 정기 강연으로 2시간 정도 소요된다는 것을 알 수 있다. 또한 B사원은 강연 준비로 30분 정도 더 일찍 나서야 하므로, 15:30부터는 가용할 시간이 없다. 그리고 기획안 작성업무는 두 시간 정도 걸릴 것으로 보고 있는데, A팀장이 먼저 기획안부터 마무리 짓자고 하였으므로, 11:00부터 업무를 시작하는 것으로 볼 수 있다. 그런데 중간에 점심시간이 껴 있으므로, 기획안 업무는 14:00에 완료될 것으로 볼 수 있다. 따라서 A팀장과 B사원 모두 여유가 되는 시간은 14:00 ~ 15:30이므로 보기에서 가장 적절한 시간대는 ③이다.

PART 3

21

정답 ③

'진달래를 좋아함 → 감성적 → 보라색을 좋아함 → 백합을 좋아하지 않음'이므로 진달래를 좋아하는 사람은 보라색을 좋아한다.

22

정답 ①

제시된 조건을 모두 기호로 표기하면 다음과 같다.

- B → ~E
- ~B and ~E → D
- A → B or D
- C → ~D
- C → A

C가 워크숍에 참석하는 경우 D는 참석하지 않으며, A는 참석한다. A가 워크숍에 참석하면 B 또는 D 중 한 명이 함께 참석하므로 B가 A와 함께 참석한다. 또한 B가 워크숍에 참석하면 E는 참석하지 않으므로 결국 워크숍에 참석하는 직원은 A, B, C이다.

23

정답 ⑤

⑤의 설명은 그리드 컴퓨팅(Grid Computing)에 대한 설명이며, 클라우드 컴퓨팅(Cloud Computing)은 웹, 어플리케이션 등에서 범용적인 용도로 활용되어지고 있다.

24

정답 ②

- 10% 설탕물에 들어있는 설탕의 양 : $\frac{10}{100} \times 480 = 48\text{g}$
- 20% 설탕물에 들어있는 설탕의 양 : $\frac{20}{100} \times 120 = 24\text{g}$
- 두 설탕물을 섞었을 때의 농도 : $\frac{48+24}{480+120} \times 100 = 12\%$

컵으로 퍼낸 설탕물의 양을 xg이라고 하면

- 컵으로 퍼낸 설탕의 양 : $\frac{12}{100}x\text{g}$

컵으로 퍼낸 만큼 물을 부었을 때의 농도는 $\dfrac{(48+24)-\dfrac{12}{100}x}{600-x+x}\times100=11$이므로

$$\frac{\left(72-\dfrac{12}{100}x\right)\times100}{600}=11$$

→ $7,200-12x=600\times11$

→ $12x=600$

∴ $x=50$

따라서 컵으로 퍼낸 설탕물의 양은 50g이다.

25

정답 ③

팀장의 나이를 x세라고 했을 때, 과장의 나이는 $(x-4)$세, 대리는 31세, 사원은 25세이다. 과장과 팀장의 나이 합이 사원과 대리의 나이 합의 2배이므로 $x+(x-4)=2\times(31+25)$ → $2x-4=112$

∴ $x=58$

따라서 팀장의 나이는 58세이다.

26

정답 ⑤

피드백은 상대방이 원하는 경우 대인관계에 있어서 그의 행동을 개선할 수 있는 기회를 제공해 줄 수 있다. 하지만 부정적이고 비판적인 피드백만을 계속적으로 주는 경우에는 오히려 역효과가 나타날 수 있으므로 피드백을 줄 때 상대방의 긍정적인 면과 부정적인 면을 균형 있게 전달하도록 유의하여야 한다.

27

정답 ⑤

밑줄 친 내용을 통해 도입할 소프트웨어는 사원 데이터 파일을 일원화시키고, 이를 활용하는 모든 응용 프로그램이 유기적으로 데이터를 관리하도록 하는 프로그램이다. 이를 통해 각 응용 프로그램 간에 독립성이 향상되며, 원래의 데이터를 일원화하는 효과를 볼 수 있다.

28

정답 ②

- 양면 스캔 가능 여부 – Q・T・G스캐너
- 카드 크기부터 계약서 크기 스캔 지원 – G스캐너
- 50매 이상 연속 스캔 가능 여부 – Q・G스캐너
- A/S 1년 이상 보장 – Q・T・G스캐너
- 예산 4,200,000원까지 가능 – Q・T・G스캐너
- 기울기 자동 보정 여부 – Q・T・G스캐너

따라서 G – Q – T스캐너 순으로 우선순위를 갖는다.

29

정답 ④

28번 문제에서 순위가 가장 높은 스캐너는 G스캐너이다.

G스캐너의 스캔 속도는 80장/분이기 때문에

80장을 스캔할 때는 $\dfrac{80장}{80장/분}=1분=60초$이고, 240장은 $\dfrac{240장}{80장/분}=3분=180초$, 480장은 $\dfrac{480장}{80장/분}=6분=360초$가 걸린다.

30

정답 ⑤

두 번째 조건을 통해 김팀장의 오른쪽에 정차장이 앉고, 세 번째 조건을 통해 양사원은 한대리 왼쪽에 앉는다고 하면, 김팀장 – 한대리 – 양사원 – 오과장 – 정차장 순서로 앉거나, 김팀장 – 오과장 – 한대리 – 양사원 – 정차장 순서로 앉을 수 있다. 하지만 첫 번째 조건에서 정차장과 오과장은 나란히 앉지 않는다고 하였으므로, 김팀장 – 오과장 – 한대리 – 양사원 – 정차장 순서로 앉게 된다.

31

정답 ②

가장 최근에 개발된 기술이라고 해서 기업의 성장에 도움이 된다고 단정 지을 수 없다. 또한 최신 기술이라고 하더라도 빠른 시간 내에 진부화될 수 있다. 무조건 최신 기술을 도입하기보다는 향후 기업성장에 도움이 되는 기술인지, 진부화될 가능성이 낮은 최신 기술인지를 판단하여 선택하는 것이 적절하다.

32

정답 ②

광주, 울산, 제주지역의 초등학교 수와 중학교 수의 수치가 바뀌었다.

33

정답 ④

$(5,946+6,735+131+2,313+11)-(5,850+5,476+126+1,755+10)=15,136-13,217=1,919$개소

34

정답 ④

보육시설 : $\frac{1,042-778}{778}\times100 \fallingdotseq 33.93\%$

오답분석

① 초등학교 : $\frac{5,654-5,526}{5,526}\times100 \fallingdotseq 2.32\%$

② 유치원 : $\frac{2,781-2,602}{2,602}\times100 \fallingdotseq 6.88\%$

③ 특수학교 : $\frac{107-93}{93}\times100 \fallingdotseq 15.05\%$

⑤ 학원 : $\frac{8-7}{7}\times100 \fallingdotseq 14.29\%$

35

정답 ①

[휴지통]에 들어 있는 자료는 언제든지 복원 가능하다. 단, [휴지통] 크기를 0%로 설정한 후, 파일을 삭제하면 복원이 불가능하다.

36

정답 ②

세 번째 조건에서 D는 A의 바로 왼쪽에 앉으며, 마지막 조건에서 B는 E의 바로 오른쪽에 앉는다. 따라서 D – A, E – B를 각각 한 묶음으로 생각하여 나타낼 수 있는 경우는 다음과 같다.

구분	첫 번째	두 번째	세 번째	네 번째	다섯 번째
경우 1	D	A	C	E	B
경우 2	E	B	C	D	A

경우 2는 다섯 번째 조건에 맞지 않으므로 경우 1만 가능하다. 따라서 ②가 옳은 내용이다.

오답분석

① D는 첫 번째 자리에 앉는다.
③ C는 세 번째 자리에 앉는다.
④ C는 E의 왼쪽에 앉는다.
⑤ C는 A의 오른쪽에 앉는다.

37

정답 ④

사원수를 a명, 사원 1명당 월급을 b만 원이라고 가정하면, 월급 총액은 $(a\times b)$만 원이 된다.
두 번째 정보에서 사원수는 10명이 늘어났고, 월급은 100만 원 작아졌다. 또한 월급 총액은 기존의 80%로 줄었다고 하였으므로, 이에 따라 식을 세우면 다음과 같다.
$(a+10)\times(b-100)=(a\times b)\times0.8$ … ㉠
세 번째 정보에서 사원은 20명이 줄었으며, 월급은 동일하고 월급 총액은 60%로 줄었다고 했으므로 사원 20명의 월급 총액은 기존 월급 총액의 40%임을 알 수 있다.
$20b=(a\times b)\times0.4$ … ㉡
㉡에서 사원수 a를 구하면 $20b=(a\times b)\times0.4 \rightarrow 20=a\times0.4 \rightarrow a=\frac{20}{0.4}=50$
㉠에 사원수 a를 대입하여 월급 b를 구하면 $(a+10)\times(b-100)=(a\times b)\times0.8 \rightarrow 60\times(b-100)=40b \rightarrow 20b=6{,}000 \rightarrow b=300$
따라서 사원수는 50명이며, 월급 총액은 $(a\times b)=50\times300=$1억 5천만 원이다.

38

정답 ③

회의실에 2인용 테이블이 4개 있었고 첫 번째 주문 후 2인용 테이블 4개가 더 생겨 총 8개지만 16명만 앉을 수 있기 때문에 테이블 하나를 추가로 주문해야 한다. 의자는 회의실에 9개, 창고에 2개, 주문한 1개를 더하면 총 12개로 5개를 더 주문해야 한다.

39

정답 ②

제시문에서는 환경오염은 급격한 기후변화의 촉매제 역할을 하고 있으며, 이는 농어촌과 식량 자원에 악영향을 미치고 있다고 이야기하고 있다. 따라서 ②가 이 글의 주제로 적절하다.

40

정답 ④

우리나라는 식량의 75% 이상을 해외에서 조달해오고 있다. 이러한 특성상 기후변화가 계속된다면 식량공급이 어려워져 식량난이 심각해질 수 있다.

오답분석

① 기후변화가 환경오염의 촉매제가 된 것이 아니라, 환경오염이 기후변화의 촉매제가 되었다.
② 알프스나 남극 공기를 포장해 파는 시대가 올지도 모른다는 말은 그만큼 공기 질 저하가 심각하다는 것을 나타낸 것이다.
③ 한정된 식량 자원에 의한 굶주림이 일부 저개발 국가에서 일반화되었지만, 저개발 국가에서 인구의 폭발적인 증가가 일어났다고는 볼 수 없다.
⑤ 친환경적인 안전 먹거리에 대한 수요가 증가하고 있지만 일손 부족 등으로 친환경 먹거리 생산량의 대량화는 어렵다. 따라서 해결방법이 될 수 없다.

41

정답 ④

제시문에서는 사유 재산에 대한 개인의 권리 추구로 다수가 피해를 보게 된다면 사익보다 공익을 우선시하여 개인의 권리가 제한되어야 한다고 주장한다. 따라서 이러한 주장에 대한 반박으로는 개인인 땅 주인이 권리를 행사함에 따라 다수인 마을 사람들에게 발생하는 피해가 법적으로 증명되어야만 권리를 제한할 수 있다는 ④가 가장 적절하다.

42

정답 ③

인도의 전통적인 인사법은 턱 아래에 두 손을 모으고 고개를 숙이는 것으로, 이외에도 보편적인 악수를 통해 인사할 수 있다. 그러나 여성의 경우 먼저 악수를 청할 시에만 악수할 수 있으므로 유의해야 한다. 인도인의 대부분이 힌두교도이며, 힌두교는 남녀의 공공연한 접촉을 금지하고 있기 때문이다.

43

정답 ⑤

제시문에서는 외래어가 국어에 들어오면 국어의 음운적 특징에 따라 발음이나 운율적 자질에 따라 외국어 원래의 모습을 잃어버린다고 하였으나, 우리말의 로마자 표기를 실제 우리말 발음과 다르게 읽어야 함을 암시하는 대목은 없다.

44

정답 ③

처음 상태와 바뀐 상태를 비교하면, 3번 기계가 시계 반대 방향으로 90° 회전했고, 4번 기계가 시계 방향으로 90° 회전했다. 우선 3번 기계가 시계 반대 방향으로 90° 회전하려면 반드시 '■' 스위치를 눌러야 한다. 이때 2번 기계도 같이 회전하므로, 2번과 4번 기계를 시계 방향으로 90° 회전시키는 '●' 스위치를 눌러야 한다.

45

정답 ③

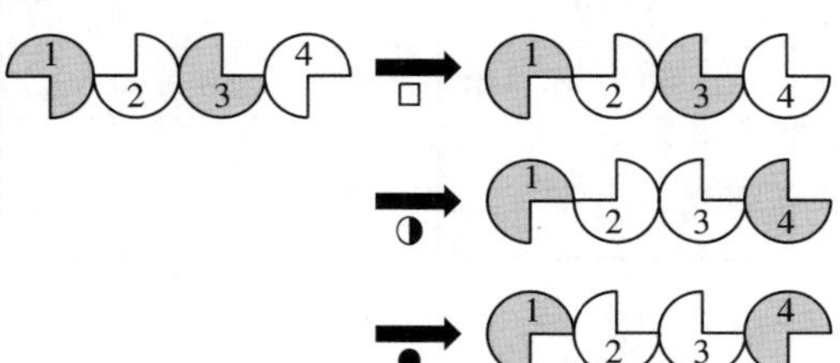

46

정답 ①

AVERAGE로 평균을 구하고 천 자릿수 자리올림은 ROUNDUP(수,자릿수)으로 구할 수 있다. 자릿수는 소수점 이하 숫자를 기준으로 하여 일의 자릿수는 0, 십의 자릿수는 −1, 백의 자릿수는 −2, 천의 자릿수는 −3으로 표시한다.

47

정답 ④

3월 19 ~ 20일에 연차를 쓴다면 작년투자현황 조사를 1, 4일에, 잠재력 심층조사를 6, 7일에, 1차 심사를 11 ~ 13일에, 2차 심사를 15, 18, 21일에 하더라도, 최종결정과 선정결과 발표 사이에 두어야 하는 간격 하루가 부족하므로, 신규투자처 선정 일정에 지장이 가게 된다. 따라서 불가능하다.

48

정답 ⑤

최대한 일정을 당겨서 작년투자현황 조사를 1, 4일에, 잠재력 심층조사를 6, 7일에, 1차 심사를 11 ~ 13일에, 2차 심사를 15, 18, 19일에 해야만 신규투자처 선정 일정에 지장이 가지 않는다. 따라서 19일까지는 연차를 쓸 수 없다. 따라서 19일까지 2차 심사를 마치고 20 ~ 21일에 연차를 사용한다면 22일에 최종결정, 25일 혹은 26일에 발표를 할 수 있다.

49

정답 ③

수면 패턴은 휴일과 평일 모두 일정하게 지키는 것이 성장하는 아이들의 수면 리듬을 유지하는 데 좋다. 따라서 휴일에 늦잠을 자는 것은 적절하지 않다.

50

정답 ④

올해 새롭게 오픈한 영문 포털을 통해 이용 가능한 서비스이므로 전년도 학기 연구 과제에서 사용하였다는 설명은 적절하지 않다.

02 전공평가

01	02	03	04	05	06	07	08	09	10	11	12	13	14	15	16	17	18	19	20
②	④	③	④	②	①	④	③	③	④	②	④	④	④	④	①	④	④	④	③
21	22	23	24	25	26	27	28	29	30	31	32	33	34	35	36	37	38	39	40
④	③	④	①	④	②	③	④	②	④	④	④	④	①	④	④	②	①	④	②
41	42	43	44	45	46	47	48	49	50										
①	④	①	①	④	③	③	④	④	③										

01

정답 ②

오답분석

① 다른 회사의 주식을 소유함으로써 사업활동을 지배하는 것을 주된 사업으로 하는 회사이다.
③ 복합기업, 다종기업이라고도 하며, 서로 업종이 다른 이종기업 간의 결합에 의한 기업형태이다.
④ 동일산업 부문에서의 자본의 결합을 축으로 한 독점적 기업결합이다.

02

정답 ④

민츠버그(Mintzberg)는 조직을 다음과 같은 다섯 가지 형태로 구분하여 각 조직에서 표면적으로 관찰할 수 있는 유형이 그 조직이 처한 환경에 적합한지 판단하고 그렇지 않다면 해당 조직에게 필요한 변화를 모색할 수 있는 도구를 제시한다.

- 단순구조 조직(Simple Structure)
- 기계적 관료제 조직(Machine Bureaucracy)
- 전문적 관료제 조직(Professional Bureaucracy)
- 사업부제 조직(Divisional Structure)
- 애드호크라시 조직(Adhocracy)

03

정답 ③

합자회사(合資會社)는 무한책임사원과 유한책임사원으로 이루어지는 회사로 무한책임사원이 경영하고 있는 사업에 유한책임사원이 자본을 제공하고, 사업으로부터 생기는 이익의 분배에 참여하는 회사이다.

04

정답 ④

에이전시 숍은 근로자들 중에서 조합가입의 의사가 없는 자에게는 조합가입이 강제되지 않지만, 조합가입에 대신하여 조합에 조합비를 납부함으로써 조합원과 동일한 혜택을 받을 수 있도록 하는 제도이다.

05

정답 ②

허츠버그(Hertzberg)의 2요인이론에 따르면 인간행동에 영향을 주는 요인에는 충족된다면 불만족을 없애주는 위생요인과 만족증가를 유도해 어떤 행동을 유발시키는 동기요인으로 구분된다. 동기요인에는 성취감, 안정감, 책임감, 개인의 성장 및 발전, 보람있는 직무내용, 존경과 자아실현 욕구 등이 포함된다. 반면에 위생요인에는 임금, 작업환경 등을 들 수 있다.

06

정답 ①

A팀장은 평소 팀원들과 돈독한 관계를 맺으며 충성심과 존경을 바탕으로 부하들로부터 헌신과 동일화, 내재화를 이끌어내고 있어 준거적 권력의 사례로 보는 것이 적절하다.

준거적 권력(Reference Power)의 특징

개인적인 매력과 존경심 등을 바탕으로 한 준거적 권력은 부하들로부터 헌신과 동일화, 내재화를 지속적으로 이끌어낼 수 있는 가장 훌륭한 권력의 원천이 된다. 자신이 알고 있는 지식이나 기술 노하우 등은 업무가 바뀌거나 환경이 바뀌면 그 가치가 없어질 수도 있지만, 개인적 특성은 상황에 따라 변하거나 사라지는 성질이 아니다. 따라서 장기적이고 지속적으로 부하나 주위 사람들에게 영향력을 행사하고 싶다면 준거적 권력이 전문적 권력보다 더 바람직하다.

07

정답 ④

복수 브랜드 전략은 동일한 제품 범주에서 시장을 세분화하여 소비자들의 기대와 욕구의 동질성을 파악한 후, 각각의 세분 시장마다 별도의 개별 브랜드를 도입하는 것으로, 대표적으로 농심 신라면, 농심 너구리, 농심 짜파게티 등을 예시로 들 수 있다.
④는 혼합 브랜드 전략(Mixed Brand Strategy)에 대한 설명이다.

08

정답 ③

고관여 제품의 구매시 인지부조화가 많이 발생하며, 소비자는 정보 탐색 등의 활동으로 부조화를 극복하려고 노력한다.

09

정답 ③

소비자들은 자신이 탐색한 정보를 평가하여 최종적인 상표를 선택함에 있어 보완적 방식과 비보완적 방식에 따라 접근한다. 피쉬바인(Fishbein)의 다속성태도모형은 보완적 방식에 해당한다. 비보완적 방식에는 사전적 모형, 순차적 제거 모형, 결합적 모형, 분리적 모형 등이 있다.

오답분석

④ 다속성태도모형은 소비자의 태도와 행동을 동일시함으로써 소비자 행동의 설명력이 낮은 한계점이 있다. 이를 보완한 이론이 피쉬바인의 확장모델인 이성적 행동이론이다. 이성적 행동이론을 통해 구매행동에 대한 동기와 주관적 규범으로 소비자 행동을 설명한다.

10

정답 ④

자재소요계획은 생산 일정계획의 완제품 생산일정(MPS)과 자재명세서(BOM), 재고기록철(IR)에 대한 정보를 근거로 MRP를 수립하여 재고 관리를 모색한다.

오답분석

① MRP는 Push System 방식이다.
② MRP는 종속수요를 갖는 부품들의 생산수량과 생산시기를 결정하는 방법이다.
③ 부품별 계획 주문 발주시기는 MRP의 결과물이다.

11

정답 ②

보기의 설명에 해당하는 재고관리기법은 자재소요계획(MRP)에 대한 설명이다.

오답분석

① DRP(Distribution Resource Planning) : 생산이 완성된 제품에 대한 판매관리시스템으로 고객의 수요에 대한 정보를 생산계획의 수립에 빠르게 반영한다. 즉, 제조업체 이후의 유통망상의 재고를 줄이는 것으로, 고객과 가장 가까운 곳에서 수요를 예측하여 이를 생산계획의 수립에 빠르게 반영하는 것을 목적으로 한다.
③ Postponement : 고객의 욕구가 정확히 알려질 때까지는 되도록 생산을 연기하다가 욕구가 확실해졌을 때 생산하는 것으로, 제품의 설계부터 고객에 인도되기까지의 총비용을 최소화시키는 것을 의미한다.
④ JIT(Just In Time) : 생산부문의 공정별로 작업량을 조정함으로써 중간 재고를 최소한으로 줄이는 관리체계이다.

12

정답 ④

특성요인도란 결과인 특성과 그것에 영향을 미치는 원인인 요인의 관계를 나타내는 관리수법이다. 특성에 대하여 요인이 어떤 관계로 영향을 미치고 있는지를 규명하는 것으로, 현상 파악이나 문제 개선에 있어서 실마리를 얻기 위해 사용되는 기법이다. 각각의 요소들이 서로 어떤 관계를 갖는지 체계적으로 표현할 수 있어 인과관계를 발견하는 데 효과적이다.

13

정답 ④

오답분석

① 자기자본이 아닌 타인자본이 차지하는 비율이다.
② 주당순자산이 아닌 주당순이익의 변동폭이 확대되어 나타난다.
③ 보통주배당이 아닌 우선주배당이다.

14

정답 ④

[자본자산가격결정모형(CAPM)]

$=r_f+\{E(r_m)-r_f\}\times\sigma_m$

$=0.05+(0.18-0.05)\times0.5$

$=11.5\%$

15

정답 ④

해당 전략은 기업의 규모를 축소하여 비용절감과 기회도모를 목표로 하는 '다운사이징(Downsizing)'에 관한 내용이다. 이마트는 대대적인 오프라인 매장감축을 실행하여 다운사이징을 통한 비용절감을 실현하였다.

오답분석

① 다각화(Diversification) : 기존사업의 운영기반 이외에 별도로 다른 사업(산업)에 신규 참여하는 것을 말하는데, 기존사업 관련 다각화(Related Diversification)와 비관련 다각화(Unrelated Diversification)로 나누어 볼 수 있다.

② 시스템화(System) : 조직내부의 업무효율을 혁신하고, 조직의 고기능화를 촉진시키기 위한 가장 중요한 전략이다.
③ 전략도메인(Domain) : 인상적인 도메인 등으로 이미지 메이킹 등을 하는 전략이다.

16

정답 ①

주식을 이용하여 경영권을 위협하여 해당 주식을 비싸게 파는 행위는 그린메일이다.

오답분석

② 황금주 제도(Golden Share) : 황금주란 단 1주 만으로도 주주총회 결의사항에 대해 거부권을 행사할 수 있는 권리를 가진 주식이다. 황금주 제도는 주로 공기업이 민영화된 이후에도 공익성을 유지할 수 있도록 정부에게 발행된다.
③ 황금 낙하산(Golden Parachute) : 인수 대상 기업의 CEO가 인수로 인하여 임기 전에 사임하게 될 경우를 대비하여 거액의 퇴직금, 저가에 의한 주식매입권, 일정기간 동안의 보수와 보너스 등을 받을 권리를 사전에 고용계약에 기재하여 안정성을 확보하고 동시에 기업의 인수 비용을 높이는 방법이다.
④ 백기사 전략(White Knight) : 인수대상기업이 적대적 인수세력으로부터 벗어나기 위해 우호적인 제3세력의 자본을 앞세워 경영권을 보호하는 것으로 이 우호적인 제3세력을 백기사라 한다.

17

정답 ④

기업의 사회적 책임(CSR; Corporate Social Responsibility)에는 경제적, 법률적, 윤리적, 자선적 책임이 존재하며, 회계의 투명성은 법률적 책임에 해당된다.

오답분석

①·② 경제적 책임
③ 윤리적 책임

18

정답 ④

신주 발행을 통해 주식을 배당하는 경우 현금은 변동이 없으며 잉여금이 감소하고 자본금은 증가한다. 이익잉여금이 자본금으로 바뀌는 것이므로 자본총계에는 아무런 변화가 없다. 주식배당의 목적은 배당지급에 소요되는 자금을 사내에 유보하여 외부 유출을 막고, 이익배당을 한 것과 동일한 효과를 올리는 것이다.

19

정답 ④

기업의 현재 가치가 실제 가치보다 상대적으로 저평가되어 주당 순이익에 비해 주가가 낮은 주식을 가치주라고 한다. 가치주는 현재의 가치보다 낮은 가격에서 거래된다는 점에서 미래의 성장에 대한 기대로 인하여 현재의 가치보다 높은 가격에 거래되는 성장주와는 다르다. 또한 성장주에 비하여 주가의 변동이 완만하여 안정적 성향의 투자자들이 선호한다. 황금주는 보유한 주식의 수량이나 비율에 관계없이 극단적으로는 단 1주만 가지고 있더라도 적대적 M&A 등 기업의 주요한 경영 사안에 대하여 거부권을 행사할 수 있는 권리를 가진 주식을 말한다.

20

정답 ③

관대화 경향(Ieniency Tendency)이란 대상자의 능력이나 성과를 실제보다 더 높게 평가하는 것으로 이러한 현상이 나타나는 원인은 대상자에게 부정적인 평가를 하여 평가자 혹은 다수에게 긍정적일 것이 없다는 판단에 주로 이러한 평가 경향을 보인다.

오답분석

① 중심화 경향(Central Tendency) : 대상자에 대한 평가점수가 보통 또는 척도상의 중심점에 집중하는 경향이다.
② 후광효과(Halo Effect) : 대상자의 어느 한 면을 기준으로 다른 것까지 함께 평가해 버리는 경향이다.
③ 가혹화 현상(Harsh Tendency) : 대상자의 능력 및 성과를 실제보다 더 낮게 평가하는 경향이다.

21

정답 ④

요소비교법(Factor Comparison Method)

직무를 평가요소별로 분해하고, 점수대신 임율로 기준직무를 평가 후, 타 직무를 기준직무에 비교하여 각각의 임율을 결정하는 방법이다.

오답분석

① 서열법(Ranking method)에 대한 설명이다.
② 분류법(Classification method)에 대한 설명이다.
④ 직무평가의 목적성에 대한 설명이다.

22

정답 ③

시장지향적 마케팅이란 고객지향적 마케팅의 장점을 포함하면서 그 한계점을 극복하기 위한 포괄적 마케팅 노력이며 기업이 최종 고객들과 원활한 교환을 통하여 최상의 가치를 제공해 주기 위해 기업 내외의 모든 구성요소들 간 상호 작용을 관리하는 총체적 노력이 수반되기도 한다. 그에 따른 노력 중에는 외부사업이나 이익 기회들을 확인하며 다양한 시장 구성요소들이 완만하게 상호작용 하도록 관리하며, 외부시장의 기회에 대해 적시하고 정확하게 대응한다. 때에 따라 기존 사업시장을 포기하며 전혀 다른 사업부분으로 진출하기도 한다.

23

정답 ④

소비자행동을 분석하기 위해서는 어떠한 요인들이 영향을 미치는지 파악해야 한다. 소비자행동에 영향을 미치는 심리적・개인적 요인으로 태도, 동기, 욕구, 가치, 자아, 개성, 라이프스타일, 인구통계적 특성 등이 있고, 사회적・문화적 요인으로 준거집단, 가족, 문화, 사회 계층 등이 있다.
해당 사례와 같은 경우는 사회적 요인을 준거집단에 영향을 받은 대표적 예시이다. 준거집단이란 가족, 친구, 직장 동료와 같이 개인의 행동에 직간접적으로 영향을 미치는 사람들을 의미한다. 이들은 개인의 생각이나 행동에 기준을 제시하거나 가치를 제공하는 방식으로 영향을 미친다. 등산 동호회, 마라톤 동호회, 오토바이 동호회 등을 가보면 장비와 패션이 비슷한 것을 알 수 있는데 준거집단이 영향을 주기 때문이다.

24

정답 ①

초기고가전략은 가격 변화에 둔감한 경우, 즉 수요의 가격탄력성이 낮은 경우에 채택해야 한다.

25

정답 ④

동시설계(동시공학 : Concurrent Engineering)는 제품과 서비스 설계, 생산, 인도, 지원 등을 통합하는 체계적이고 효율적인 접근 방법이다. 동시공학은 팀 – 관리 기법, 정보 시스템, 통합 데이터베이스 환경, 제품 또는 서비스의 정보 교환을 위한 표준으로 구성된다. 즉, 시장의 소비자, 소비 형태와 기호를 분석하고, 설계, 생산하며 이를 유통하고 판매하는 모든 프로세스를 거의 동시에 진행하는 것이다. 정부, 기업 등의 조직이 동시공학에 의한 민첩한 생산 및 서비스 활동을 통하여 경쟁력을 강화할 수 있다.

26

정답 ②

해당 재화 가격의 변화로 인한 수요곡선상에서의 변동을 '수요량의 변화'라고 한다. 따라서 전기요금의 변화는 전력에 대한 수요곡선의 이동요인이 아니라 수요곡선상의 이동을 가져오는 요인이다.

오답분석

①・③・④ 해당 재화의 가격 이외의 변수들(소득수준, 다른 재화의 가격, 인구수, 소비자의 선호, 광고 등)의 변화로 수요곡선 자체가 이동하는 것을 '수요의 변화'라고 한다.

27

정답 ③

국민의 50%가 소득이 전혀 없고, 나머지 50%에 해당하는 사람들의 소득은 완전히 균등하게 100씩 가지고 있으므로 로렌츠곡선은 아래 그림과 같다. 그러므로 지니계수는 다음과 같이 계산한다.

(지니계수)$= \frac{A}{A+B} = \frac{1}{2}$

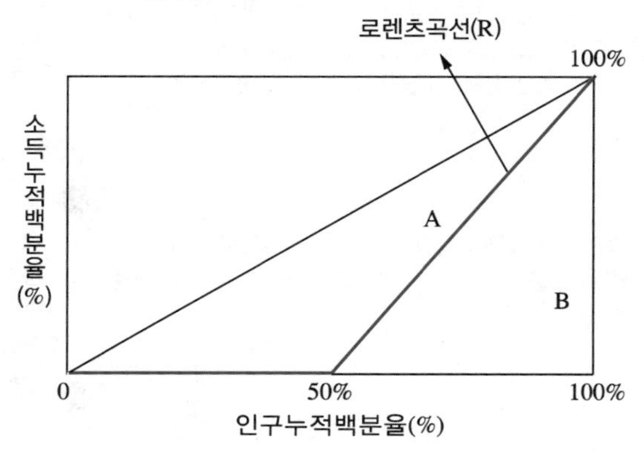

28

정답 ④

제도 변화 후 새로운 내쉬 균형은 (조업 가동, 1톤 배출)이므로 오염물질의 총배출량은 2톤에서 1톤으로 감소했다.

구분		乙	
		1톤 배출	2톤 배출
甲	조업중단	(0, 4)	(5, 3)
	조업 가동	(10, 4)	(8, 3)

오답분석

① 초기 상태의 내쉬균형은 (조업 가동, 2톤 배출)이다.
② 초기 상태의 甲의 우월전략은 '조업 가동'이며 乙의 우월전략은 '2톤 배출'이다.
③ 제도 변화 후 甲의 우월전략은 '조업 가동'이며 乙의 우월전략은 '1톤 배출'이다.

29

정답 ②

중국은 의복과 자동차 생산에 있어 모두 절대우위를 갖는다. 그러나 리카도는 비교우위론에서 양국 중 어느 한 국가가 절대우위에 있는 경우라도 상대적으로 생산비가 낮은 재화생산에 특화하여 무역을 한다면 양국 모두 무역으로부터 이익을 얻을 수 있다고 보았다. 이때 생산하는 재화를 결정하는 것은 재화의 국내생산비로 재화생산의 기회비용을 말한다.
문제에서 주어진 표를 바탕으로 각 재화생산의 기회비용을 알아보면 다음과 같다.

구분	중국	인도
의복(벌)	0.5대의 자동차	0.33대의 자동차
자동차(대)	2벌의 옷	3벌의 의복

기회비용 표에서 보면 의복의 기회비용은 인도가 중국보다 낮고, 자동차의 기회비용은 중국이 인도보다 낮다.
따라서 중국은 자동차, 인도는 의복에 비교우위가 있다.

30

정답 ④

나. 경기호황으로 인한 임시소득의 증가는 소비에 영향을 거의 미치지 않기 때문에 저축률이 상승하게 된다.
라. 소비가 현재소득뿐 아니라 미래소득에도 영향을 받는다는 점에서 항상소득가설과 유사하다.

오답분석

가. 직장에서 승진하여 소득이 증가한 것은 항상소득의 증가를 의미하므로 승진으로 소득이 증가하면 소비가 큰 폭으로 증가한다.
다. 항상소득가설에 의하면 항상소득이 증가하면 소비가 큰 폭으로 증가하지만 임시소득이 증가하는 경우에는 소비가 별로 증가하지 않는다. 그러므로 항상소득에 대한 한계소비성향이 임시소득에 대한 한계소비성향보다 더 크게 나타난다.

31

정답 ④

독점기업은 시장지배력을 갖고 있으므로 원하는 수준으로 가격을 설정할 수 있으나 독점기업이 가격을 결정하면 몇 단위의 재화를 구입할 것인지는 소비자가 결정하는 것이므로 독점기업이 가격과 판매량을 모두 원하는 수준으로 결정할 수 있는 것은 아니다.

32

정답 ④

인플레이션으로 총요소생산성이 상승하는 것은 어려운 일이다.

오답분석

① 인플레이션으로 인한 사회적 비용 중 구두창 비용이란 인플레이션으로 인해 화폐가치가 하락한 상황에서 화폐보유의 기회비용이 상승하는 것을 나타내는 용어이다. 이는 사람들이 화폐보유를 줄이게 되면 금융기관을 자주 방문해야 하므로 거래비용이 증가하게 되는 것을 의미한다.
② 메뉴비용이란 물가가 상승할 때 물가 상승에 맞추어 기업들이 생산하는 재화나 서비스의 판매 가격을 조정하는 데 지출되는 비용을 의미한다.

33

정답 ④

오답분석

가. 여가, 자원봉사 등의 활동은 생산활동이 아니므로 GDP에 포함되지 않는다.
다. GDP는 마약밀수 등의 지하경제를 반영하지 못하는 한계점이 있다.

34

정답 ①

오답분석

다. 정부의 지속적인 교육투자정책으로 인적자본축적이 이루어지면 규모에 대한 수확체증이 발생하여 지속적인 성장이 가능하다고 한다.
라. 내생적 성장이론에서는 금융시장이 발달하면 저축이 증가하고 투자의 효율성이 개선되어 지속적인 경제성장이 가능하므로 국가 간 소득수준의 수렴현상이 나타나지 않는다고 본다.

35

정답 ④

사회후생의 극대화는 자원배분의 파레토효율성이 달성되는 효용가능경계와 사회무차별곡선이 접하는 점에서 이루어진다. 그러므로 파레토효율적인 자원배분하에서 항상 사회후생이 극대화되는 것은 아니며, 사회후생 극대화는 무수히 많은 파레토효율적인 점들 중의 한 점에서 달성된다.

36

정답 ④

자기자본비용(k_e)과 타인자본비용(k_d)이 주어졌을 때의 가중평균자본비용(WACC) 공식을 이용한다. 제시된 부채비율이 100%이므로 자기자본 대비 기업가치의 비율$\left(\frac{S}{V}\right)$과 타인자본 대비 기업가치의 비율$\left(\frac{B}{V}\right)$은 $\frac{1}{2}$임을 알 수 있다.

$$WACC = k_e \times \frac{S}{V} + k_d(1-t) \times \frac{B}{V}$$

$$\rightarrow 10\% = k_e \times \frac{1}{2} + 8\% \times (1-0.25) \times \frac{1}{2}$$

$$\therefore k_e = 14\%$$

37

정답 ②

$$\sqrt{\frac{2 \times 100(\text{단위주문원가}) \times 10,000(\text{연간수요})}{200(\text{재고한단위의가치}) \times 20\%(\text{연간재고유지비용})}} = \sqrt{\frac{2,000,000}{40}} = \sqrt{50,000} \fallingdotseq 223.6$$

따라서 경제적주문량에 가장 근접한 것은 224가 된다.

38

정답 ①

조세부담의 귀착

$$\frac{(\text{수요의 가격탄력성})}{(\text{공급의 가격탄력성})} = \frac{(\text{생산자 부담})}{(\text{소비자 부담})}$$

수요의 가격탄력성이 0이므로 생산자 부담은 0, 모두 소비자 부담이다.

39

정답 ④

ㄷ. 수출이 증가하게 되면 IS곡선이 우측으로 이동하고 소득은 증가하게 된다.

ㅁ. 화폐수요가 감소한다는 것은 통화량이 증가한다는 것을 의미한다. 통화량이 증가하면 외환수요의 증가를 가져오고 환율상승 압력을 가져오게 된다. 중앙은행은 원래대로 돌아가기 위해서 외환을 매각하고 통화량을 변화(감소)시키는데, 이때 LM곡선은 좌측으로 이동을 하게 되고 최초의 위치로 복귀하게 된다.

오답분석

ㄱ·ㄴ. 변동환율제도에서 통화량이 증가하게 된다면 LM곡선은 오른쪽으로 이동하게 된다. 이자율이 하락하고 자본이 유출되면 환율이 변동(상승)하게 되고 수출이 증가하게 된다.

ㄹ. 환율상승 압력이 발생하면 중앙은행은 이전 상태로 돌아가기 위해서 외환을 매각하고 통화량을 줄여야 한다.

40

정답 ②

오답분석

ㄴ. 소비자들의 저축성향 감소는 한계소비성향이 커지는 것을 의미한다. 한계소비성향이 커지면 IS곡선의 기울기는 감소하게 되면서 곡선을 우측으로 이동시킨다.

ㄷ. 화폐수요의 이자율 탄력성이 커지면 LM곡선은 완만하게 되고 총수요곡선은 가파르게 된다.

41

정답 ①

ㄱ. 비탄력적인 경우 가격은 올라도 수요의 변화는 크지 않다. 따라서 총지출은 증가한다.

ㄴ. 탄력성이 커지면 세금내는 것은 적어지고 보조금의 혜택도 적어진다. 반대로 탄력성이 적어지면 세금내는 것은 많아지고 보조금의 혜택은 늘어나게 된다. 수요와 공급의 가격탄력성이 커지면 정부와 거래량이 줄어들고(세수가 줄어듦) 후생손실이 증가하게 된다.

오답분석

ㄷ. 독점기업의 경우 공급곡선이 존재하지 않는다. 따라서 공급의 가격탄력성은 존재하지 않는다.

ㄹ. 최저임금은 가격하한제에 해당한다. 따라서 노동의 공급보다는 수요 측면에 의해서 결정되는 것이 옳다.

42

정답 ④

ㄴ·ㄷ. 공리는 특별한 증명없이 참과 거짓을 논할 수 있는 명제를 말한다. 현시선호이론에는 강공리와 약공리가 존재한다. 약공리는 만약 한 상품묶음 Q_0이 다른 상품묶음 Q_1보다 현시선호되었다면 어떤 경우라도 Q_1이 Q_0보다 현시선호될 수는 없다는 것을 말한다. 강공리는 만약 한 상품묶음 Q_0이 다른 상품묶음 Q_n보다 간접적으로 현시선호되었다면 어떤 경우라도 Q_n이 Q_0보다 간접적으로 현시선호될 수 없다는 것을 말한다. 결론적으로 현시선호에서 공리는 소비자의 선택행위가 일관성을 보여야 한다는 것을 말하고 있다. 그리고 현시선호의 공리를 만족시키면 우하향하는 기울기를 가지는 무차별곡선을 도출하게 된다.

ㄹ. 강공리는 약공리를 함축하고 있으므로 강공리를 만족한다면 언제나 약공리는 만족한다.

오답분석

ㄱ. 현시선호이론은 완전성, 이행성, 반사성이 있다는 것을 전제하는 소비자 선호체계에 반대하면서 등장한 이론이므로 이행성이 있다는 것을 전제로 한다는 내용은 옳지 않다.

43

정답 ①

경상수지와 저축 및 투자의 관계는 [순수출(X−M)]=[총저축(S_p−I)]+[정부수입(T−G)]으로 나타낼 수 있다. 저축과 투자의 양이 동일하여 총저축이 0이 되는 경우에는 재정흑자(T−G)와 경상수지적자의 합이 0이 되지만 항상 0이 되는 것은 아니다. 한편, 경상수지와 자본수지의 합은 항상 0이므로 경상수지가 적자이면 자본수지는 흑자가 되어야 한다. 요소집약도의 역전이 발생하거나 완전특화가 이루어지는 경우, 각국의 생산기술이 서로 다르거나 중간재가 존재하는 경우에는 요소가격균등화가 이루어지지 않는다. 규모의 경제가 발생하는 경우 각국이 동일한 산업 내에서 한 가지 재화생산에 특화하여 이를 서로 교환할 경우 두 나라의 후생수준이 모두 증가한다. 그러므로 규모에 대한 수확체증이 이루어지면 산업 내 무역이 활발해진다.

44

정답 ①

현재가치를 구하는 식은 다음과 같다.

$$\mathrm{PV}=\pi_0\frac{1+g}{1+i}+\pi_0\left(\frac{1+g}{1+i}\right)^2+\pi_0\left(\frac{1+g}{1+i}\right)^3+\cdots=\frac{\pi_0}{1-\dfrac{1+g}{1+i}}=\frac{\pi_0}{\dfrac{1-g}{1+i}}=\pi_0\frac{1+i}{i-g}$$

따라서 이 기업의 가치는 $\mathrm{PV}=\pi_0\frac{1+g}{i-g}$로 계산된다는 ①은 옳지 않다.

45

정답 ④

장기균형에서는 $P=P^e$이기 때문에 총공급곡선은 수직선이 된다(Y=1). 도출된 내용을 총수요곡선에 대입시키면 P=1의 결과를 얻게 된다. 개인들이 합리적 기대를 한다면 장기적으로는 물가가 장기균형상태로 이동할 것을 예상해서 조정을 할 것이기 때문에 P_t^e는 1이다.

46

정답 ③

오답분석

① 적응적 기대는 과거의 자료를 바탕으로 예상오차를 점차 수정해서 미래를 예측하는 것을 말하고, 적응적 기대에서의 경제주체는 단기적으로 보면 경제상황에 대해 정확히 파악하지 못하기 때문에 오류를 범하게 되고 시간이 지나면서 정확한 값을 찾게 되는 모습을 보인다. 따라서 적응적 기대는 경제주체들이 체계적 오류를 범한다고 보기 때문에 체계적 오류 가능성이 없다고 보는 것은 잘못된 판단이다.
② 해당 내용은 합리적 기대에 대한 정의이다.
④ 필립스 곡선이 급해지면 희생률은 작아진다.

47

정답 ③

오답분석

① 기술이 매년 진보하는 상황에서 1인당 자본량은 일정하게 유지하는 것이 아니라 계속 증가한다.
② 총자본량의 증가율은 기술진보율(2%)과 인구증가율(1%)의 합과 같다. 따라서 2%씩 증가하는 것이 아니라 3%씩 증가한다고 봐야 한다.
④ 저축률이 증가한다는 것은 투자가 많아지는 것을 뜻하므로 1인당 자본량이 증가하게 된다. 하지만 솔로우 모형에서 장기상태의 성장률은 0을 유지하기 때문에 변화하지 않는다고 봐야 한다. 따라서 1인당 자본량의 증가율이 상승한다는 표현은 잘못된 표현이다.

PART 3

48

정답 ④

주어진 문제의 비용함수[$C(Q)=100+2Q^2$]를 통해 고정비용은 100, 가변비용은 $2Q^2$, 한계비용은 4Q, 평균가변비용은 2Q라는 것을 도출할 수 있다. 완전경쟁시장에서 최적산출량(5개)를 시장가격 20에 팔면 수입은 100, 손실은 50이다.

오답분석

① 기업이 속해있는 시장이 완전경쟁시장이라고 했고 완전경쟁시장에서 기업은 시장가격을 받아들여야 한다. 또한 완전경쟁시장에서 기업이 직면하는 수요곡선은 수평선이다.
② 고정비용은 100이다.
③ $4Q=20$ → 5이므로 최적산출량은 5이다.

49

정답 ④

실질이자율이 하락하는 경우에는 자본의 사용자 비용이 적어지고 자본의 한계비용을 감소시키기 때문에 투자가 증가한다.

50

정답 ③

ㄴ. '기술충격 발생 → 노동수요 증가 → 임금・실질이자율 상승 → 노동공급 증가 → 공급의 증가'가 되기 때문에 충격이 더 많이 오게 된다. 따라서 소비의 기간 간 대체효과는 크다.
ㄷ. 자본에 대한 요구가 많아지면 실질이자율 역시 같은 방향으로 움직이기 때문에 경기순행적이다.

오답분석

ㄱ. 흉작이나 획기적 발명품의 개발은 실물적 경비변동이론(RBC)에 해당하며, 이 경우 영구적 기술충격이 아니라 일시적 기술충격에 해당한다.
ㄹ. '생산성 상승 → 노동 수요 증가 → 실질임금 상승'으로 이어진다. 따라서 실질임금・실질이자율은 경기순행적이다.
ㅁ. 경기 상황에 따라 노동 수요가 늘어날 수 있고 줄어들 수 있으므로 생산성은 경기순응적이다.

모든 전사 중 가장 강한 전사는 이 두 가지, 시간과 인내다.

– 레프 톨스토이 –

TS한국교통안전공단 NCS 답안카드

성 명

지원 분야

문제지 형별기재란	
(　　　)형	Ⓐ Ⓑ

수 험 번 호						
⓪	⓪	⓪	⓪	⓪	⓪	⓪
①	①	①	①	①	①	①
②	②	②	②	②	②	②
③	③	③	③	③	③	③
④	④	④	④	④	④	④
⑤	⑤	⑤	⑤	⑤	⑤	⑤
⑥	⑥	⑥	⑥	⑥	⑥	⑥
⑦	⑦	⑦	⑦	⑦	⑦	⑦
⑧	⑧	⑧	⑧	⑧	⑧	⑧
⑨	⑨	⑨	⑨	⑨	⑨	⑨

감독위원 확인
㊞

번호	답	번호	답	번호	답
1	① ② ③ ④ ⑤	21	① ② ③ ④ ⑤	41	① ② ③ ④ ⑤
2	① ② ③ ④ ⑤	22	① ② ③ ④ ⑤	42	① ② ③ ④ ⑤
3	① ② ③ ④ ⑤	23	① ② ③ ④ ⑤	43	① ② ③ ④ ⑤
4	① ② ③ ④ ⑤	24	① ② ③ ④ ⑤	44	① ② ③ ④ ⑤
5	① ② ③ ④ ⑤	25	① ② ③ ④ ⑤	45	① ② ③ ④ ⑤
6	① ② ③ ④ ⑤	26	① ② ③ ④ ⑤	46	① ② ③ ④ ⑤
7	① ② ③ ④ ⑤	27	① ② ③ ④ ⑤	47	① ② ③ ④ ⑤
8	① ② ③ ④ ⑤	28	① ② ③ ④ ⑤	48	① ② ③ ④ ⑤
9	① ② ③ ④ ⑤	29	① ② ③ ④ ⑤	49	① ② ③ ④ ⑤
10	① ② ③ ④ ⑤	30	① ② ③ ④ ⑤	50	① ② ③ ④ ⑤
11	① ② ③ ④ ⑤	31	① ② ③ ④ ⑤		
12	① ② ③ ④ ⑤	32	① ② ③ ④ ⑤		
13	① ② ③ ④ ⑤	33	① ② ③ ④ ⑤		
14	① ② ③ ④ ⑤	34	① ② ③ ④ ⑤		
15	① ② ③ ④ ⑤	35	① ② ③ ④ ⑤		
16	① ② ③ ④ ⑤	36	① ② ③ ④ ⑤		
17	① ② ③ ④ ⑤	37	① ② ③ ④ ⑤		
18	① ② ③ ④ ⑤	38	① ② ③ ④ ⑤		
19	① ② ③ ④ ⑤	39	① ② ③ ④ ⑤		
20	① ② ③ ④ ⑤	40	① ② ③ ④ ⑤		

〈절취선〉

TS한국교통안전공단 NCS 답안카드

성 명

지원 분야

문제지 형별기재란	
(　　　)형	Ⓐ Ⓑ

수 험 번 호						
⓪	⓪	⓪	⓪	⓪	⓪	⓪
①	①	①	①	①	①	①
②	②	②	②	②	②	②
③	③	③	③	③	③	③
④	④	④	④	④	④	④
⑤	⑤	⑤	⑤	⑤	⑤	⑤
⑥	⑥	⑥	⑥	⑥	⑥	⑥
⑦	⑦	⑦	⑦	⑦	⑦	⑦
⑧	⑧	⑧	⑧	⑧	⑧	⑧
⑨	⑨	⑨	⑨	⑨	⑨	⑨

감독위원 확인
(인)

번호	답안	번호	답안	번호	답안
1	① ② ③ ④ ⑤	21	① ② ③ ④ ⑤	41	① ② ③ ④ ⑤
2	① ② ③ ④ ⑤	22	① ② ③ ④ ⑤	42	① ② ③ ④ ⑤
3	① ② ③ ④ ⑤	23	① ② ③ ④ ⑤	43	① ② ③ ④ ⑤
4	① ② ③ ④ ⑤	24	① ② ③ ④ ⑤	44	① ② ③ ④ ⑤
5	① ② ③ ④ ⑤	25	① ② ③ ④ ⑤	45	① ② ③ ④ ⑤
6	① ② ③ ④ ⑤	26	① ② ③ ④ ⑤	46	① ② ③ ④ ⑤
7	① ② ③ ④ ⑤	27	① ② ③ ④ ⑤	47	① ② ③ ④ ⑤
8	① ② ③ ④ ⑤	28	① ② ③ ④ ⑤	48	① ② ③ ④ ⑤
9	① ② ③ ④ ⑤	29	① ② ③ ④ ⑤	49	① ② ③ ④ ⑤
10	① ② ③ ④ ⑤	30	① ② ③ ④ ⑤	50	① ② ③ ④ ⑤
11	① ② ③ ④ ⑤	31	① ② ③ ④ ⑤		
12	① ② ③ ④ ⑤	32	① ② ③ ④ ⑤		
13	① ② ③ ④ ⑤	33	① ② ③ ④ ⑤		
14	① ② ③ ④ ⑤	34	① ② ③ ④ ⑤		
15	① ② ③ ④ ⑤	35	① ② ③ ④ ⑤		
16	① ② ③ ④ ⑤	36	① ② ③ ④ ⑤		
17	① ② ③ ④ ⑤	37	① ② ③ ④ ⑤		
18	① ② ③ ④ ⑤	38	① ② ③ ④ ⑤		
19	① ② ③ ④ ⑤	39	① ② ③ ④ ⑤		
20	① ② ③ ④ ⑤	40	① ② ③ ④ ⑤		

TS한국교통안전공단 NCS 답안카드

성 명

지원 분야

문제지 형별기재란	
(　　　)형	Ⓐ Ⓑ

수 험 번 호						
⓪	⓪	⓪	⓪	⓪	⓪	⓪
①	①	①	①	①	①	①
②	②	②	②	②	②	②
③	③	③	③	③	③	③
④	④	④	④	④	④	④
⑤	⑤	⑤	⑤	⑤	⑤	⑤
⑥	⑥	⑥	⑥	⑥	⑥	⑥
⑦	⑦	⑦	⑦	⑦	⑦	⑦
⑧	⑧	⑧	⑧	⑧	⑧	⑧
⑨	⑨	⑨	⑨	⑨	⑨	⑨

감독위원 확인
(인)

번호	답안	번호	답안	번호	답안
1	① ② ③ ④ ⑤	21	① ② ③ ④ ⑤	41	① ② ③ ④ ⑤
2	① ② ③ ④ ⑤	22	① ② ③ ④ ⑤	42	① ② ③ ④ ⑤
3	① ② ③ ④ ⑤	23	① ② ③ ④ ⑤	43	① ② ③ ④ ⑤
4	① ② ③ ④ ⑤	24	① ② ③ ④ ⑤	44	① ② ③ ④ ⑤
5	① ② ③ ④ ⑤	25	① ② ③ ④ ⑤	45	① ② ③ ④ ⑤
6	① ② ③ ④ ⑤	26	① ② ③ ④ ⑤	46	① ② ③ ④ ⑤
7	① ② ③ ④ ⑤	27	① ② ③ ④ ⑤	47	① ② ③ ④ ⑤
8	① ② ③ ④ ⑤	28	① ② ③ ④ ⑤	48	① ② ③ ④ ⑤
9	① ② ③ ④ ⑤	29	① ② ③ ④ ⑤	49	① ② ③ ④ ⑤
10	① ② ③ ④ ⑤	30	① ② ③ ④ ⑤	50	① ② ③ ④ ⑤
11	① ② ③ ④ ⑤	31	① ② ③ ④ ⑤		
12	① ② ③ ④ ⑤	32	① ② ③ ④ ⑤		
13	① ② ③ ④ ⑤	33	① ② ③ ④ ⑤		
14	① ② ③ ④ ⑤	34	① ② ③ ④ ⑤		
15	① ② ③ ④ ⑤	35	① ② ③ ④ ⑤		
16	① ② ③ ④ ⑤	36	① ② ③ ④ ⑤		
17	① ② ③ ④ ⑤	37	① ② ③ ④ ⑤		
18	① ② ③ ④ ⑤	38	① ② ③ ④ ⑤		
19	① ② ③ ④ ⑤	39	① ② ③ ④ ⑤		
20	① ② ③ ④ ⑤	40	① ② ③ ④ ⑤		

〈절취선〉

TS한국교통안전공단 NCS 답안카드

성 명

지원 분야

문제지 형별기재란	
( )형	Ⓐ Ⓑ

수 험 번 호						
⓪	⓪	⓪	⓪	⓪	⓪	⓪
①	①	①	①	①	①	①
②	②	②	②	②	②	②
③	③	③	③	③	③	③
④	④	④	④	④	④	④
⑤	⑤	⑤	⑤	⑤	⑤	⑤
⑥	⑥	⑥	⑥	⑥	⑥	⑥
⑦	⑦	⑦	⑦	⑦	⑦	⑦
⑧	⑧	⑧	⑧	⑧	⑧	⑧
⑨	⑨	⑨	⑨	⑨	⑨	⑨

감독위원 확인
㊞ 인

번호	답	번호	답	번호	답
1	① ② ③ ④ ⑤	21	① ② ③ ④ ⑤	41	① ② ③ ④ ⑤
2	① ② ③ ④ ⑤	22	① ② ③ ④ ⑤	42	① ② ③ ④ ⑤
3	① ② ③ ④ ⑤	23	① ② ③ ④ ⑤	43	① ② ③ ④ ⑤
4	① ② ③ ④ ⑤	24	① ② ③ ④ ⑤	44	① ② ③ ④ ⑤
5	① ② ③ ④ ⑤	25	① ② ③ ④ ⑤	45	① ② ③ ④ ⑤
6	① ② ③ ④ ⑤	26	① ② ③ ④ ⑤	46	① ② ③ ④ ⑤
7	① ② ③ ④ ⑤	27	① ② ③ ④ ⑤	47	① ② ③ ④ ⑤
8	① ② ③ ④ ⑤	28	① ② ③ ④ ⑤	48	① ② ③ ④ ⑤
9	① ② ③ ④ ⑤	29	① ② ③ ④ ⑤	49	① ② ③ ④ ⑤
10	① ② ③ ④ ⑤	30	① ② ③ ④ ⑤	50	① ② ③ ④ ⑤
11	① ② ③ ④ ⑤	31	① ② ③ ④ ⑤		
12	① ② ③ ④ ⑤	32	① ② ③ ④ ⑤		
13	① ② ③ ④ ⑤	33	① ② ③ ④ ⑤		
14	① ② ③ ④ ⑤	34	① ② ③ ④ ⑤		
15	① ② ③ ④ ⑤	35	① ② ③ ④ ⑤		
16	① ② ③ ④ ⑤	36	① ② ③ ④ ⑤		
17	① ② ③ ④ ⑤	37	① ② ③ ④ ⑤		
18	① ② ③ ④ ⑤	38	① ② ③ ④ ⑤		
19	① ② ③ ④ ⑤	39	① ② ③ ④ ⑤		
20	① ② ③ ④ ⑤	40	① ② ③ ④ ⑤		

TS한국교통안전공단 전공 답안카드

성 명

지원 분야

문제지 형별기재란	
( )형	Ⓐ Ⓑ

수 험 번 호						
⓪	⓪	⓪	⓪	⓪	⓪	⓪
①	①	①	①	①	①	①
②	②	②	②	②	②	②
③	③	③	③	③	③	③
④	④	④	④	④	④	④
⑤	⑤	⑤	⑤	⑤	⑤	⑤
⑥	⑥	⑥	⑥	⑥	⑥	⑥
⑦	⑦	⑦	⑦	⑦	⑦	⑦
⑧	⑧	⑧	⑧	⑧	⑧	⑧
⑨	⑨	⑨	⑨	⑨	⑨	⑨

감독위원 확인
인

번호	답	번호	답	번호	답
1	① ② ③ ④	21	① ② ③ ④	41	① ② ③ ④
2	① ② ③ ④	22	① ② ③ ④	42	① ② ③ ④
3	① ② ③ ④	23	① ② ③ ④	43	① ② ③ ④
4	① ② ③ ④	24	① ② ③ ④	44	① ② ③ ④
5	① ② ③ ④	25	① ② ③ ④	45	① ② ③ ④
6	① ② ③ ④	26	① ② ③ ④	46	① ② ③ ④
7	① ② ③ ④	27	① ② ③ ④	47	① ② ③ ④
8	① ② ③ ④	28	① ② ③ ④	48	① ② ③ ④
9	① ② ③ ④	29	① ② ③ ④	49	① ② ③ ④
10	① ② ③ ④	30	① ② ③ ④	50	① ② ③ ④
11	① ② ③ ④	31	① ② ③ ④		
12	① ② ③ ④	32	① ② ③ ④		
13	① ② ③ ④	33	① ② ③ ④		
14	① ② ③ ④	34	① ② ③ ④		
15	① ② ③ ④	35	① ② ③ ④		
16	① ② ③ ④	36	① ② ③ ④		
17	① ② ③ ④	37	① ② ③ ④		
18	① ② ③ ④	38	① ② ③ ④		
19	① ② ③ ④	39	① ② ③ ④		
20	① ② ③ ④	40	① ② ③ ④		

〈절취선〉

TS한국교통안전공단 전공 답안카드

성 명

지원 분야

문제지 형별기재란	
( )형	Ⓐ Ⓑ

수 험 번 호						
⓪	⓪	⓪	⓪	⓪	⓪	⓪
①	①	①	①	①	①	①
②	②	②	②	②	②	②
③	③	③	③	③	③	③
④	④	④	④	④	④	④
⑤	⑤	⑤	⑤	⑤	⑤	⑤
⑥	⑥	⑥	⑥	⑥	⑥	⑥
⑦	⑦	⑦	⑦	⑦	⑦	⑦
⑧	⑧	⑧	⑧	⑧	⑧	⑧
⑨	⑨	⑨	⑨	⑨	⑨	⑨

감독위원 확인
ⓘ인

1	①	②	③	④	21	①	②	③	④	41	①	②	③	④
2	①	②	③	④	22	①	②	③	④	42	①	②	③	④
3	①	②	③	④	23	①	②	③	④	43	①	②	③	④
4	①	②	③	④	24	①	②	③	④	44	①	②	③	④
5	①	②	③	④	25	①	②	③	④	45	①	②	③	④
6	①	②	③	④	26	①	②	③	④	46	①	②	③	④
7	①	②	③	④	27	①	②	③	④	47	①	②	③	④
8	①	②	③	④	28	①	②	③	④	48	①	②	③	④
9	①	②	③	④	29	①	②	③	④	49	①	②	③	④
10	①	②	③	④	30	①	②	③	④	50	①	②	③	④
11	①	②	③	④	31	①	②	③	④					
12	①	②	③	④	32	①	②	③	④					
13	①	②	③	④	33	①	②	③	④					
14	①	②	③	④	34	①	②	③	④					
15	①	②	③	④	35	①	②	③	④					
16	①	②	③	④	36	①	②	③	④					
17	①	②	③	④	37	①	②	③	④					
18	①	②	③	④	38	①	②	③	④					
19	①	②	③	④	39	①	②	③	④					
20	①	②	③	④	40	①	②	③	④					

2024 최신판 시대에듀 TS한국교통안전공단 NCS + 전공 + 최종점검 모의고사 4회 + 무료NCS특강

개정13판2쇄 발행	2024년 07월 05일 (인쇄 2024년 06월 13일)
초 판 발 행	2012년 02월 20일 (인쇄 2012년 01월 20일)
발 행 인	박영일
책 임 편 집	이해욱
편 저	SDC(Sidae Data Center)
편 집 진 행	김재희
표지디자인	조혜령
편집디자인	김경원 · 장성복
발 행 처	(주)시대고시기획
출 판 등 록	제10-1521호
주 소	서울시 마포구 큰우물로 75 [도화동 538 성지 B/D] 9F
전 화	1600-3600
팩 스	02-701-8823
홈 페 이 지	www.sdedu.co.kr
I S B N	979-11-383-6748-6 (13320)
정 가	25,000원

TS
한국교통
안전공단

정답 및 해설

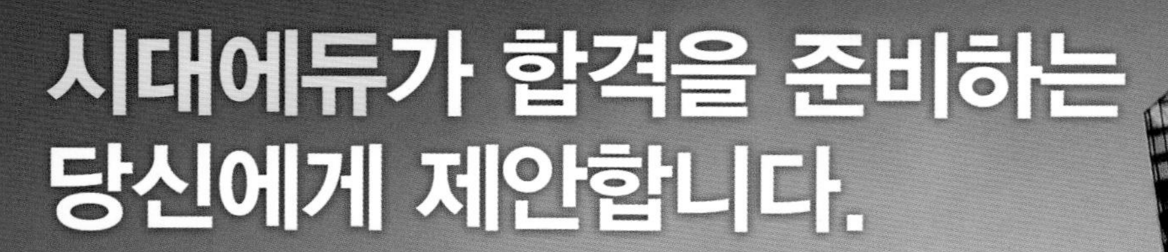
시대에듀가 합격을 준비하는
당신에게 제안합니다.